JN078335

论语与社会学

早稻田通识教育讲义

左雯敏 著

论语与社会学

早稻田通识教育讲义

左雯敏 著

東洋出版

二零二二年十二月

目录

内容概要

『論語と社会学：早稲田リベラルアーツ講義』

　著者は北京大学の社会学系で修士号・博士号を取得後、早稲田大学国際教養学部の講師を務める。専門は地域社会のガバナンスと中国社会思想史研究である。2013 年から儒教文献研究を始め、多くの研究ノートを作成した。2020 年9 月から、早稲田大学で「論語精読」の講義（中国語）を開講し、『論語』、朱熹（宋の時代）の『四書章句集注』及び『朱子語類』、王夫之（明の時代）の『四書訓義』、銭穆（中華民国期）の『論語新解』、そして程樹徳が編集した『論語集釈』等をテキストとして取り上げる。授業では、学生と共に関連文献を解読し、丁寧な解説に心掛ける。

　本書『論語と社会学：早稲田リベラルアーツ講義』は、著者が 10 年近く行ってきた儒教教育に関する研究活動のまとめである。本書は 37.5 万字の紙面を使い、『論語』原文を逐一解説した上、現代の言葉に訳し、さらに、社会学の観点から解釈を行った。社会学の分析手法は哲学と異なり、社会構造、人倫関係、行動倫理、具現性の複雑性から多面的に分析を展開することに重点を置いた。

　『論語』には中国社会と中国人についての社会学的な知見が内包されていると著者は考える。『論語』と中国の社会学をつなげるには、中国の伝統文化を再認識する必要があり、古代中国人の宇宙観、社会観、人間性論と実践論を理解し、これらを現代社会に融合するいわゆる「古をもって新とする」作業が必要である。中国と日本では、儒学を哲学の領域に分類しており、社会学の領域として考察する研究者は少ない。ヨーロッパにルーツを持つ社会学を中国に定着させ、さらに中国独自の社会学を作り上げるためにも、『論語』と社会学の対話は有意義な挑戦である。

自序：把《论语》带入社会学

我从小喜欢古典诗词，也好游历诸子典籍，好读书而不求甚解。童子疏狂，也曾挑灯夜读，以至废寝忘食。2009 年高考，考入华中科技大学社会学系，不经意间，遇见社会学。2013 年，有幸保送至北京大学社会学系周飞舟教授门下读研，恩蒙春雨，从此开始较为系统地阅读儒家文献。粗略算来，已历十年。2020 年，在张静教授门下获得社会学博士学位后，告别北大，东渡日本，担任早稻田大学国际学术院助理教授，从事社会学教研工作。我给本科生开设了四门课，其中有一门课获准用中文授课。思之再三，我决定开设"论语精读"课，和学生一起逐条解读《论语》。这是一门面向高年级本科生的通识教育课程，选课学生以中国留学生和海外华人学生为主，也有少部分精通中文的日本学生。本书《论语与社会学：早稻田通识教育讲义》是根据这门课的讲义整理而来，也是我从社会学的角度阅读《论语》的心得体会。本书的学术宗旨是，把《论语》带入社会学。

长期以来，《论语》属于中国哲学的范畴，较少有研究者将《论语》纳入社会学的范畴。民国时期，一些中国学者已经开始勾连儒家文献与社会科学，惜乎血脉中断。二十世纪末期，一些港台学者试图从社会学的角度来诠释儒家伦理。他们似乎过于急切地想要推进中国传统学术资源的现代转化，为中国传统文化"正名"，有时不免会将儒家文化或中国经验的切片比附到西方社会学理论中去，以取得西方社会学研究者的"认可"。从根本上说，这种学术范式的根还扎在西方学术传统之中。而且，这种"过于现代"的眼光，可能限制了他们对儒家文献的精细阅读和深度理解。要把《论语》带入社会学，首先要对《论语》及其背后的中国传统社会思想有一个精深的阅读和把握，整全而深入地理解中国传统社会的总体逻辑，在这个夯实的基础上，长出中国本土的社会学。

本书主要的支撑文献是，《论语》原文，宋代朱熹的《四书章句集注》（简称《集注》）和《朱子语类》，明末王夫之的《四书训义》（简称《训义》）。朱熹和王夫之对《论语》的解读，功力非常深厚，我花了很多时间逐字阅读，加以理解和消化，仍觉力有未逮。此外，本书还旁及很多相关文献，如清代刘宝楠编纂的《论语正义》，民国时期钱穆撰写的《论语新解》和程树德编撰的《论语集释》等。每个学期授课时，前两个月主要由我进行逐条讲解，后两个月主要由学生讲解。学生做课堂发表时，我要求他们任选一条《论语》条目，完成三个部分的内容。第一部分，整理和比较该条目的原文、现代汉语翻译、英语翻译和日语翻译。第二部分，逐字阅读和整理《四书章句集注》、《朱子语类》和《四书训义》。第三部分，谈一谈自己的理解和体会。此外，我还给每位选课的学生布置了一个特殊的作业，要求他们手抄半部《论语》。颇感幸运的是，"论语精读"课受到了学生的欢迎，选课人数从最初的 20 人变成了后来的 60 人。参照《四书章句集注》，《论语》20篇，共计 499 条，除去重出的 6 条，总共 493 条。来早稻田大学任教之后，每天上午，我尽量摒却诸事，伏案阅读和写作。如是两年，写成本书初稿。

理解《论语》必须注意几个陷阱。首先，反对儒学的政治化解读。这种方式把儒学片面理解为封建专制的卫道士。其次，反对儒学的教条化解读。这种方式把儒学理解为束缚人心的道德教条。再次，反对儒学的庸俗化解读。这种方式把儒学切割转化为心灵鸡汤、成功学甚至是厚黑学。本书试图从社会学的角度出发解读《论语》。本书认为，《论语》包含了一种基于儒学的社会学，从儒学可以发育出一套关于中国社会结构和社会关系的社会学知识。

从社会学的角度阅读《论语》，首先基于哲学范式的理解，而后才能进行社会科学的转化。换言之，首先必须对《论语》涉及的中国哲学概念，如天、心、性、命、理、道、仁、义等有一个准确的理解，再来展开社会学的分析。社会学侧重从社会结构、社会关系、行动伦理和实践逻辑等维度进行分析，《论语》的许多条目都可以纳入上述维度展开社会学的分析。从社会学分支学科的角度来看，《论语》直接触及家庭社会学、政治社会学、情感社会学、社会关系学、社会学方法论、社会治理、社会分层等社会学分支学科和分支领域的问题。借由《论语》，我们可以把握到儒家思想中那一整套具有中国特色的宇宙观、社会观、道德观、人生观和身体观等。总之，在经学研究或中国哲学研究的基础上，我们可以超越之，并引入社会学的分析范式来把握《论语》。那么，怎样分析《论语》才具有社会学的意味呢？试举几例。

例1：《学而》篇 1.2 章 "为仁之本" 章，释 "推己及人"。

把家风推到家庭之外的延伸机制是推己及人，推己及人的基础是先修己身。船山《训义》云："养其心于敦爱敦敬之中，则薄待生人之意不起。"自己如果能修养成一个仁敬敦厚之人，便不会薄待陌生人。即使要分亲疏尊卑和内外之别，也会守住人性本善的底线。如何推己及人？"老吾老以及人之老，幼吾幼以及人之幼"便是推己及人。举一个让座的例子来说明之。给老人让座有两种逻辑。第一种，让座是尊敬老人、遵守礼貌的美德，所以给老人让座。第二种，想起年迈的父母或爷爷奶奶，希望也有人为他们让座，所以给老人让座。这两种逻辑达成了相似的效果。但是，第一种逻辑是道德教条的逻辑，颇像心灵鸡汤。第二种逻辑是推己及人的逻辑，其基础是家庭伦理；基于家庭伦理的鲜活生命体验，从而激发出敬老孝老的仁敬之心。这样就把家庭伦理推到了家庭之外，此之谓推己及人。

例 2：《学而》篇 1.11 章"无改父道"章，释"三年无改于父之道"。

身为人子，不忍死其亲，不忍扬其过，因为父亲是自己的父亲，不是一个与自己无关的人，所以古人把父子关系称为"父子一体"。别人对父亲的批评，儿子会觉得就像是在批评自己一样。从这种一体关系而非个体主义出发，便不能简单地认为"三年无改于父之道"是一种父权制压迫。恰恰相反，这体现了一种基于血缘关系和深厚情感而培育出来的仁厚品质。从"父子一体"出发，我们也可以看到中国社会的优势与弊病。等而上者，父子相亲而不相叛，甚至愿意献出生命来保全对方。等而下者，父亲将孩子视为自有之物并握有驱使生杀之权，最后僵化为"吃人的礼教"；或者为了至亲之人，徇私枉法，背弃公共规则。这一上一下两种极端，其实来自于"父子一体"这同一个母体。在"父子一体"的关系中，父子构成一个"你中有我、我中有你"，无法彻底分清彼此的、紧密的共同体。"父子一体"的优势与流弊都非常明显，但其所产生的流弊，乃是儒家仁义之真精神走向僵化的结果。在某种意义上说，西方的自由平等观念可以对冲这种僵化。冲刷掉铁锈之后，依然可以看见亮晶晶的铁片。

例 3：《子路》篇 13.18 章 "父子相隐"，释 "父子相隐" 与思维方式。

偷盗为非，父子相隐也不对，但 "直在其中"。这种思维方式不是一种 yes or no 的逻辑而是一种 yes and no 的逻辑。Yes or no 代表思维方式中的两分法，而 yes and no 是三分法。在 Yes and no 的思维方式中，可以存在某种中间状态。比如，明知父亲偷羊是错的，但还是不去举证。此时，人的是非认知与行为逻辑发生了分离。东京大审判的时候，日本战犯总觉得自己作为个人是不赞成战争的，但是又有一种总体形势使他们不得不继续战争。受到西方法理学训练的法官对这种 yes and no 的逻辑感到苦恼。这种 yes and no 的逻辑，典型地体现在父子相隐之中。Yes 代表了法律规定与一般人情相符的部分，No 则代表了法律规定与个别人情相异的部分。西方现代法律的逻辑基础是情理两分，在现代法律的逻辑中，yes 和 no 是两种相克而无法共存的东西。但在社会学的逻辑里，yes 和 no 可以共存。

例 4：《公冶长》篇 5.6 章 "乘桴浮于海" 章，释 "乘桴浮海" 与宇宙观。

孔子浮海远行，是一种易地坚守的态度，而不是避世隔绝的态度。虽处乱世，孔子依然坚毅持守，传承道统，即使浮海远行，仍然心系天下。这是儒家之隐区别于道家之隐的地方。道家之隐，隐而忘天下；儒家之隐，隐而不忘天下。孔子浮海远行或不浮海远行，其心都是如此。子路没能理解到这一点，所以孔子说他 "无所取材"。在中国古人的宇宙观中，海是一种什么样的存在？《孟子》里也说，如果舜的父亲杀人入狱，舜会 "窃负而逃，遵海滨而处"。海似乎是一个不受行政和法律管辖的 "无政府地带"。从华夏—夷狄—海的链条，我们窥见了儒家思想中包含的某种宇宙观。华夏是工化所及之地，夷狄是礼乐未及的野蛮之境，海则是一个 "无政府地带"。从夷狄与海的存在可以看出，儒家其实允许某种 "非儒家秩序" 的存在。孔子浮海远行，恰恰是希望在那里保存儒家道统。儒家对 "非儒家秩序" 的尊重，反映出儒家对异文化的开明态度。

例 5：《为政》篇 2.12 章 "君子不器" 章，释 "君子" 与社会分层。

《朱子语类》说："君子者，才德出众之名。"君子是指才德出众的人。从君子出发，我们可以讨论儒家对人的道德分层。儒家不承认绝对的平等，也不强行追求普遍的平等，而是主张在差异伦序中各如其分又互相连通。《朱子语类》说："贤人则器，获此而失彼，长于此又短于彼。贤人不及君子，君子不及圣人。"朱子划分了圣人、君子和贤人三个层次。更进一步，儒家把人划分为以下六个层次：恶人、小人、善人、贤人、君子、圣人。恶人是道德败坏的人。小人不是指现在常说的"卑鄙小人"，而是指目光短浅、贪图小利的小民，他们虽然积极逐利但不至于故意为恶。善人则逐利之心较轻，又有善言善行。贤人在善的基础上，还有过人的才能。君子不仅具备才能，还通晓义理；较之贤人，他们不囿于才器，更加开明圆融。圣人则德才兼备，义理娴熟；较之君子，德益盛而才更茂，臻乎完人。后三类人具有治理能力，是"治人者"；前三类人没有或较少治理能力，是"治于人者"。有别于财富、权力和名望等社会分层逻辑，儒家社会思想中别有一套从道德角度进行的社会分层逻辑。道德分层虽然难以量化，却实有之。

例 6：《为政》篇 2.10 章"察其所安"章，释识人之法与人的研究方法。

"视其所以"是要观察其行为，特别要探究行为的是非善恶。"观其所由"是思考行为背后的原由或动机，特别要探究动机的义利之分。"察其所安"是要留意一个人久处不厌的东西是什么，特别要探究其人是安于天理还是安于人欲，由此可以看见一个人的内在品性。"视其所以，观其所由，察其所安"分别指向人的行为、动机和品性，是一个逐步从外到内，从浅到深的分析过程。行为和动机具有偶发性，但品性是长期修养沉淀的结果，比较稳定，难以作伪。从视到观再到察，观察的难度在逐渐增加，看得也越来越深入细致。这三个层次可以理解为行为分析、心态分析和人格分析，不失为一套社会学研究的方法。从经验的角度说，一个人无法直接识人，只能将心比心，通过自己的心来体会别人的心。先认识自己的七情六欲和难言之隐，才能理解别人的六欲七情和言外之意。因此，"视其所以，观其所由，察其所安"的前提是"视己所以，观己所由，察己所安"。在将心比心中的两颗心之间，其实更重要的是知晓自己这颗心，才能发动自己的心去体会别人的心，从而实现将心比心。

《论语》中的社会学知识，其主干是一套以人伦关系为基础的社会学理论，它的基础逻辑不同于个体主义的逻辑，其基础逻辑在于"仁"。人心就像一个永动机，只要人活着，就不可能完全麻木。见孺子将入于井，便会生出恻隐之意。人心会动，能够感受，这是仁的基础。"人二为仁"，两人相对，能够感受到对方，这就是仁，如船山所说，"人心相喻为仁"。人可以凭借心的感受力，从切近己身之处推出去，将天地万物纳入"心"的感受范围。天地万物与自己构成了不同种类、不同性质和不同层次的关系。儒家社会思想要回答的根本问题是，人应该如何处理各种关系，使其达到"天地位焉，万物育焉"的理想状态。在仁的观念中，天地万物都与自己有关系。各种关系差序性地分布在不同的伦序上，各有其正当性。此之谓"差序格局"。差序格局的理论基础是"仁"。甚至可以说，中国社会理论的基础是"仁"。

人在诸种关系中存在，如果缺少这些关系，人便不是一个完整自足的个体。这种关系主义的自我认同与西方现代社会中的个体主义逻辑具有显著的差异。个体主义逻辑主张天赋人权，崇尚个体权利，强调个体的先在性。关系主义逻辑以关系为先在，强调关系本位，重视关系伦理。以中西方家庭的理想类型来作对比。中西方的家庭都是极其重要的亲密关系团体，但是家庭内部人际关系的差异还是比较大。中国的家庭成员之间更多呈现出一种"你中有我、我中有你"，不分彼此的状态，作为整体的家庭往往高于个人。在西方人的家庭中，个人往往高于家庭，个人隐私权也较中国家庭为重。注意关系主义与个体主义的差别，是进行中西社会比较研究的一个重要前提。

在"仁"的观念中，天地万物皆与"我"有关，它们各在其位，各如其分，各得其所。这种差序性的世界观具有很大的伸缩性和包容性。既可以"非我族类、其心必异"，也可以"有教无类"；既可以封国制，也可以郡县制；既可以流官制，也可以土官制；既可以民族区域自治，还可以一国两制；家庭内部既可以有佛教徒，也可以有基督徒。这种差序关联的包容性特征，其道德基础在"仁"，大而言

9

之，其背后是一种"关系主义文明论"的总体图景。

在仁的基础上，我们可以进一步讨论义的问题。朱子《集注》云："义者，事之宜也。"事有其宜也有其不宜，有义所当为和义所不当为。在儒家的仁义学说中，义有节仁的功能。仁是一种感通，致力于达成人与人之间感通无间的亲近状态，但这种不分彼此的亲近需要节制。比如父母之爱子女，也不能溺爱；臣忠于君，不能谄媚也不可愚忠；讲究哥们义气，但也不能伤天害理。这种有所为有所不为的状态便是守义的结果。如果失去了义的节制，最后仁也实现不了。义以节仁是使发出去的仁落在恰当的分寸上。因此，义虽然是对仁的节制，但却起到了相反相成的作用。

义对仁构成某种约束，但这种约束不是从外面强加进来的。义是一种心动，是从心里发出来并表现为羞恶之心的仁。义就是一种具体的仁，礼、智、信也是具体的仁。人们很容易把义理解为一个外在的约束。我们可以用水管来进行比喻。在这种"义外"的误解之中，假如仁是水，义便是水管；只有水管约束了水，才能使水沿着理想的管道流到指定的地方。而"义内"的理解是，仁是水，义也是水；即使没有水管，仁也会沿着理想的管道流到指定的地方。这就好比，很多事情，法律或规则并没有那么细密的规定，但如果我们认定是不该做的事情，便不会去做。仁是这个水，义也是这个水，仁与义来自于同一个母体，构成一种内在约束，而非外在约束。这就是孟子所说的"义内之学"，义在内而不在外。如果没有仁作为基础，那么义便发不出来，义也失去了根本和目标。此即所谓义由仁出。爱之深责之切，也是这个道理。反之，如果没有义来裁成，仁便会不知所措，不知止于何处，或者过多而泛滥，或者过少而冷漠，难以达成仁至义尽的道德状态。所以，仁义一本，义由仁出，义以节仁，此所谓仁义相反相成之道。《朱子语类》也说："爱而不敬，非真爱也；敬而不爱，非真敬也。"这说的正是仁义一本、相反相成的道理。

把《论语》带入中国社会学，不是要复古，而是要重新认识中国传统学术，要理解儒家社会思想中的宇宙观、社会观、人性论和实践论，将之汇入现代世界，"与古为新"。那些还留存在现代世界的、日用而不知的历史沉淀物，严格来说，就是现代性的呈现，而不是将会被淘汰的历史遗留物。近年来，中国社会学的本土化使得社会学出现了一种历史转向。一些社会学研究者努力将中国社会学的本土理论扎入中国经学的传统之中，并用现代社会科学的方式将之转化出来。本书是自觉汇入中国社会学本土化这一学科发展方向的努力与尝试。

2003 年，费孝通在《试谈扩展社会学的传统界限》一文中曾经谈到了他借助于中国传统学术资源进一步发展社会学的设想。因为这篇文章的重要性，请允许我大段引用。

从过去 20 多年的研究和教学的实践来看，深入发掘中国社会自身的历史文化传统，在实践中探索社会学的基本概念和基本理论，是中国学术的一个非常有潜力的发展方向，也是中国学者对国际社会学可能作出贡献的重要领域之一。（略）

当你使用这个概念（"心"）的时候，背后假设的"我"与世界的关系已经是一种"由里及外"、"由己及人"的具有"伦理"意义的"差序格局"，而从"心"出发的这种"内"、"外"之间一层层外推的关系，应该是"诚"、"正"、"仁"、"爱"、"恕"等，翻译成今天的语言，就是说这种"内"、"外"之间的关系应该真诚、共存、协调、和睦、温和、宽厚、利他、建设性的等等，这种关系是符合"天人合一"、"推己及人"、"己所不欲"、勿施于人"等人际关系的基本伦理道德的。（略）

直接把"我"和世界的关系公开地"伦理化"（ethicization 或 moralization），理直气壮地把探索世界的过程本身解释为一种"修身"以达到"经世济民"的过程（而不是以旁观者的姿态"纯客观"、"中立"地"观察"），从"心"开始，通过"修、齐、治、平"这一层层"伦"的次序，由内向外推广开去，构建每个人心中的世界图景。（略）

人类的各种文化中，都可能蕴含着很多永恒的、辉煌的、空前绝后的智慧，我们要学会欣赏它们、理解它们、吸收它们、这也是我所说的"美人之美、美美与共"的本意之一。中国文化自古以来就是一种容纳百川的文化场合，我们对外界文化的吸收，不必拘泥于它是来自某一种文化或某一个方向的成果。……在中国本土传统中，古代诸子百家、儒家、道家的东西是我们认识中国社会的基础知识之一，不能忽视，特别是宋明理学的很多东西，非常值得重视。理学堪称中国文化的精华和集大成者，实际上是探索中国人精神、心理和行为的一把不可多得的钥匙。中国传统思想的演化的一个重要特点，就是它的实践性；理学的东西，并不是一般的学者的思辨的结果，不是纯粹的理论探讨，它的所有概念，所有内在的逻辑，实际上都是紧扣社会现实中人与人关系的要义——地位、名分、权利等等，它是中国古代现实政治、社会文化运作的经验总结和指导方略，具有很强的实践性。理学的东西，说穿了就是直接谈怎样和人交往、如何对待人、如何治理人、如何塑造人的道理，这些东西，其实就是今天社会学所谓的"机制"和"结构"，它直接决定着社会运行机制和社会结构。如果我们能够在一个新的高度上重新审视这些前人的成就，会给我们今天的探索提供很多新的启示，十分有助于开拓中国社会学的探索领域。

在《试谈扩展社会学的传统界限》一文中，费孝通认为，可以从两个方向来扩展社会学的传统界限：一个是"深入发掘中国社会自身的历史文化传统"；另一个是"在实践中探索社会学的基本概念和基本理论"。费孝通认为，宋明理学是"探索中国人精神、心理和行为的一把不可多得的钥匙"；中国传统学术"会提供很多新的启示，十分有助于开拓中国社会学的探索领域"。费孝通一生行行重行行，不断反思与提升，汇成了他晚年倡导的文化自觉理论。费孝通的文化自觉理论，很大程度上影响了我对中国社会科学发展方向的认知。本书也是在文化自觉这面大旗指引之下的自觉尝试。

本书固然还面临方法论上的困难。比如，一种碎片化的解读是否能够承担社会理论的整体关切，再比如，基于文本而非基于社会史的解读是否具有历史实践的可靠性，是否符合社会学从实求知的科学性。这两个问题目前本书还无法处置。对于第一个问题，有待于扎实阅读更多的先秦文献，特别是关于"三礼"、《尚书》、《春秋》等儒家经典文献的"社会学拓荒"。对于第二个问题，也只能有待于先秦社会史研究的进一步丰富以及"经史传统"交互印证的社会科学方法论创新。

随着现代化的逐步深入，人们日益进入一个由资本、权力和技术主导的消费-服务-控制系统之中。人们以高度个体化的方式深度嵌入了这个空前复杂的现代系统，原本的生活世界也被系统"殖民"了，似乎彻底失去了"革命"的可能性。

当人们的物质日益丰沛的时候，社会生活和精神生活的满意度却并没有相应地提高，而且现代世界频频出现重大风险。我们所生活的现代世界还不能说是一个成熟的现代世界。《论语》讨论了处于人生不同阶段以及处于不同位分上的人所面临的具体困境，并给出了相应的应对之道。如何处理关系，是儒家社会思想的重要内容。它一方面指向精神世界的丰沛，特别是解决意义虚无和精神孤独的问题；另一方面指向美好社会的构造，特别是在切近己身的地方构造融洽的关系共同体。归根结底，儒家社会思想试图回答这样一个根本问题：人在社会之中应该怎样活着才有意义？通过《论语》的经典教义，关照现代人的社会生活与精神世界，也是今天我们重温《论语》的意义所在。

2022 年 12 月 5 日
于东京寓所北斗阁

学而第一（16章）

朱子《集注》云："此为书之首篇，故所记多务本之意，乃入道之门，积德之基，学者之先务也。"

1.1 学而时习之章

子曰："学而时习之，不亦说乎？有朋自远方来，不亦乐乎？人不知而不愠，不亦君子乎？"

孔子说："学习并时时温习，不也会喜悦吗？有好友从远方来，不也会快乐吗？别人不知己，心里也不藏着怨怒，不也是君子吗？"

"学而时习之。"《论语》开篇，只是教人去学。"学"是效仿、模仿的意思。"习"是小鸟学飞时扇动翅膀发出的声音，意思是反复练习。《朱子语类》说："未知未能而求知求能之谓学；已知已能而行之不已之谓习。""学"是从无到有的过程，"习"是从有到熟的过程。"说"通"悦"。一开始的学习是模仿，其过程可能是别扭的，甚至是痛苦。那么，喜悦从何而来呢？经过学与习，达到了运用自如、自然舒适的状态，才会产生喜悦感。许多人可能体验了初学的新鲜感，也体验了学习过程的痛苦感，但没能"学而时习之"，从而体会到喜悦感。孔子勉励学生，只有坚持"学而时习之"，才能产生喜悦感。在那之前，不要放弃。

"学"是广义的学。《朱子语类》说："所谓学者，每事皆当学，便实。"学要广泛地学，踏实地学。格物致知、诚意正心、修齐治平，都是学。博学、审问、慎思、明辨、笃行，也都是学。

儒家之学，首推学"善"。儒家思想关于人性论的基本出发点是人性本善。尽管不可避免地存在社会关系上的亲疏差等和内外之别，但是其理论基底是人性本善，所以，绝不意味着对外人就可以没有底线。朱子《集注》云："人性皆善，而觉有先后，后觉者必效先觉之所为，乃可以明善而复其初也。"后觉者向先觉者学习，努力做到"明善"。实际事物总是好坏参差，交错混杂，学习者要在具体情境中做到"明善"并不容易。《朱子语类》说："凡事，好中有不好，不好中又有好。沙中有金，玉中有石，要自家辨得始得。"因此，要自己下功夫，仔细拿捏和思量，而后豁然开朗醍醐灌顶，才会产生那种喜悦感，此之谓"修"。"学"自然也不会是简单重复或者机械照搬，而是明辨是非善恶，拿捏分寸进退。

《朱子语类》说："入道之门，是将自家身己入那道理中去，渐渐相亲，久之与己为一。而今人道理在这里，自家身在外面，全不曾相干涉！……惟学之久，则心与理一，而周流泛应，无不曲当矣。"朱子认为，学习要达到"心与理一"的程度，也可以说是以身载道。通过不断"学而时习之"，不断反求诸己，然后修养出一颗通晓义理的心，从而以仁至义尽的道德状态应对天地万物，以期于达到"随心所欲不逾矩"的状态，获得一种真正的自由。

"有朋自远方来"。先秦时期所说的"朋"与我们现在泛论的朋友含义不一样。从点头之交到同学、同事和好朋友，我们现在都称为朋友。但先秦所说的"朋"，是比较亲近的人，即所谓"同门曰朋，同志曰友"。所以，"有朋自远方来"的"朋"，是亲密的友人。

"说"与"乐"有区别。朱子《集注》引程子曰："说在心，乐主发散在外"。"说"是内在的喜悦，"乐"是外显的快乐。外放的快乐，是明显地向好友释放信号。古代交通并不方便，朋友远道而来并不容易，若非好友，断然不会从远方前来看望。朋友远道而来，实际上也是认为自己值得路远迢迢前去看望，这也是对自己的认可。好友远道而来，自己特别快乐，这也说明自己人情敦厚，不忘故旧。对远方不怎么进行日常交流的朋友尚且如此热情，那对身边那些经常交流互助的朋友更会特别珍惜。所以，这种外放的快乐，实际上代表了好友之间的同情共感与心意相通，是以善及人、与人共善而产生的快乐，如船山《训义》所说，"悠然相感于道义之中"。

"人不知而不愠"。"愠"是含怒的意思，表面上看起来没事，心里却不高兴了。自己心里的那点"小九九"，往往只有自己知道，外人一般很难看出来。"人不知而不愠"意思是，即使别人不知道自己的学问和本事，也不会在内心感到不舒服。如何处理深藏于心的怨怒，会产生不同的努力方向。有的人选择"人不知而愠"，便不择手段求出名，一心要去当"网红"，结果却根本背负不起相应的名望，即所谓的"德不配位"。古往今来，多少大红大紫，落得身败名裂。有的人选择"人不知而不愠"，下足反躬自省的功夫，一心要做有德君子。追究其心迹，当初的分水岭不过是在于，"人不知而愠"还是"人不知而不愠"。在一个可以快速造就"网红"的互联网时代，尤其需要克服畸形的"网红"心态。以出名为努力方向还是以自修为努力方向，会造就不同的人生。

"人不知而不愠"，不藏怨怒于心，心里心外、人前人后，都是自然、真诚、善良的状态。船山《训义》云："以远大为期，而不争近小之功利；守性情之正，而不随外物以迁流。"所谓"人不知而不愠"，正是修得了性情之正。一个人能够主宰自己的内心，明辨是非，通晓义理，有所为有所不为，这便是君子。

"亦"字在本条出现三次。"亦"是"也"的意思。孔子承认其它情况的存在，但却别有强调。"学而时习之"，孔子承认，也许有些痛苦，但他强调学成的喜悦感。"有朋自远方来"，孔子承认，也许有些麻烦，但他强调朋友的道义感。"人不知而不愠"，孔子承认，也许多少心有不甘，但他强调修养性情的君子人。

本条强调了学习、朋友、性情的重要性。三者皆人生之重物。一个人应当努力学习，应当珍惜朋友，应当修养性情。或可概括为："慎独以学习，友群以辅仁，不愠以成德。"《论语》以此开篇，不亦宜乎？三者之中，又以"学"为统领。船山《训义》云："君子之终身于学而不自已者，诚有所得于学而不容已焉。""不容已"即是停不下来的意思，其意在于，终身学习，惟日孜孜。君子务本，其本在学，故曰："学而第一"。

1.2 为仁之本章

有子曰："其为人也孝弟，而好犯上者，鲜矣；不好犯上，而好作乱者，未之有也。君子务本，本立而道生。孝弟也者，其为仁之本与！"

有子说："如果为人孝悌，便很少会喜欢干犯尊长，不喜欢干犯尊长却喜欢悖逆作乱，那是没有的。君子在根本上下功夫，根本立住了，道也就出来了。孝悌，就是为仁的根本了吧！"

"弟"通"悌"。朱子《集注》云:"善事父母为孝,善事兄长为弟。"孝悌之人,"其心和顺",很少犯上作乱。"犯"指"干犯"。《朱子语类》说:"若暴扬其恶,言语不逊,叫唤狂悖,此便是干犯矣……人臣之事君当熟谏。……如义之羞恶,羞恶则有违逆处。"朱子认为,犯上作乱固然不该,但直言进谏或义愤而起则是应该的。比如,武王伐纣被褒扬。儒家对孝悌的理解,并没有抛弃义愤和血性。

孝悌不是家里的奴性与压迫,它对关系双方都有伦理要求,其完整表述是,父慈子孝,兄友弟悌。在父子关系和兄弟关系中,不平等是存在的,但这种不平等的基础是慈孝友悌。若没有慈孝友悌,单向度的压迫关系是很难维持下去的,家庭成员之间也不会产生深厚的感情。不能用现代人的个体主义逻辑去理解古人的家庭伦理。

一个人在家庭之中养成了孝悌品质,就很少犯上作乱。由此,孝悌构成政治稳定的一个基础。家庭伦理与国家政治秩序之间出现了一种契合性。《论语•为政》篇中,孔子说:"书云:'孝乎!惟孝,友于兄弟,施于有政。'是亦为政,奚其为为政?"孔子认为,齐家也是为政。从修身齐家到治国平天下是一条通路。儒家所谓的家国一体,贯穿其中的根本精神是孝悌,其本在仁。

把家风推到家庭之外的延伸机制是推己及人,推己及人的基础是先修自己。船山《训义》云:"养其心于敦爱敦敬之中,则薄待生人之意不起。"如果能把自己修养成一个敦厚爱敬之人,那么便不会薄待陌生人。即使要分一个亲疏尊卑和内外之别,也会守住人性本善的底线。如何推己及人?"老吾老以及人之老,幼吾幼以及人之幼"便是推己及人。举一个让座的例子来说明推己及人的意思。给老人让座有两种逻辑。第一种,让座是尊敬老人、懂礼貌的美德,所以给老人让座。第二种,自己想起年迈的父母或爷爷奶奶,希望也有人为他们让座,所以自己起身让座。这两种逻辑达成了相似的效果。但第一种逻辑是道德教条的逻辑,颇像心灵鸡汤。第二种逻辑是推己及人的逻辑,其基础是家庭伦理,它基于家庭成员之间鲜活的生命感受,从而激发出敬老孝老的道德品质。这样把家庭伦理推出到了家庭之外,此之谓"老吾老以及人之老",此之谓推己及人。

"仁"和"为仁"有区别。"仁"是指性,"为仁"是指用。朱子《集注》强调，孝悌是为仁之本，仁是孝悌之本。朱子《集注》引程子云："仁主于爱，爱莫大于爱亲，故曰孝弟也者，其为仁之本与。"为仁的第一步便是孝悌，然后逐步推出去，因此，孝悌是为仁之本。但是，仁又是孝悌之本。《朱子语类》说："仁是孝弟之母，有仁方发得孝弟出来。……仁是种子，生出孝弟的苗。……仁便是水之源，而孝弟便是第一池。"仁就像是泉眼，孝悌就是泉眼里冒出的水。孝悌从仁发出，因此，仁是孝悌之本。

仁是儒学最核心的概念，它是儒家心性论的根本。孟子将之概括为心性之四端："恻隐之心，仁之端也。羞恶之心，义之端也。辞让之心，礼之端也。是非之心，知之端也。"从仁推出去，人有恻隐之心，能事亲、仁民、爱物。从义推出去，人有羞恶之心，能从兄、尊贤、贵贵。从礼推出去，人有辞让之心，能节文。从智推出去，人有是非之心，能辨别。仁义礼智又称为心之四德，其基础为仁，又称"仁包四德"。

仁是什么？先看一些涉及"仁"的说法。

孟子："恻隐之心，仁之端也。"

孟子："不忍人之心。"

中庸："仁者人也，亲亲为大。"

朱子《集注》："仁者，爱之理，心之德。"

《朱子语类》："一念相应便是仁。"

《朱子语类》："仁是未发，爱是已发。"

《朱子语类》："仁者爱之理，理是根，爱是苗。仁之爱，如糖之甜，醋之酸，爱是那滋味。"

《朱子语类》："活泼泼。"

程子："生意"，"能发动"。

郑玄："相人偶"，"意相存问"。

船山《训义》："内外人己之间，以一心贯通而相喻，为仁矣。"

对上面这些意思进行整理。人心就像一个永动机，只要人活着，就不可能完全麻木。见孺子将入于井，便会生出恻隐。人心会动，能够感受，这便是仁。"仁"字一个人字，一个二字，"人二为仁"。两人相对，能够感受到对方，这就是仁。

即如船山所说,"人心相喻为仁"。"仁"是指心的感受力,从切近己身之处推出去,将天地万物纳入"心"的感受之中。仁即感通。这种感通最后达成的理想状态是,人与天地万物感通无间。天地万物与自己构成了不同种类、不同性质和不同层次的关系。儒家社会思想要回答的根本问题是,人应该如何处理各种关系,使其达到"天地位焉,万物育焉"的状态。在仁的观念中,天地万物都与自己有关系。各种关系差序性地分布在不同的伦序上,各有其正当性。此之谓差序格局。差序格局的理论基础是"仁"。也可以说,中国社会理论的基础是"仁"。

儒家社会思想认为,人性中有仁的品质。人之初,便能感通,便有关系。诸种关系之中,父子关系是天生的,也最为首要。人在诸种关系之中存在,缺少这些关系,人便不是一个完整自足的个体。这种关系主义的社会学认知与西方现代社会的个体主义逻辑具有显著的差异。个体主义逻辑强调个体本位,主张天赋人权和个体的先在性,崇尚个体权利。关系主义逻辑强调关系本位,主张关系的先在性,看重人伦和义务。以中西方家庭之理想类型来作比。中西方的家庭都是极其重要的亲密关系,但是个体的边界感,差异还是比较大。中国的家庭成员之间更多呈现出一种你中有我、我中有你、不分彼此的状态,此时作为整体的家庭往往高于个人。而对于西方人来说,个人往往高于家庭,因此,个人隐私权也较之中国为重。注意关系主义与个体主义的差别,是进行中西社会比较研究的一个基本点。

从"仁"出发,天地万物皆与自己有关,而且各有次序,各得其所。这种差序性的世界观具有很大的包容性,既可以"非我族类、其心必异",也可以"有教无类";既可以封国制,也可以郡县制;既可以民族区域自治,也可以一国两制;家庭内部既可以有佛教徒,也可以有基督徒。内外维度上的差序性,使中国文明具有很大的包容性。儒家社会思想中包藏着一套以"仁"为中心的"关系主义文明论",有可能发育出中国社会科学的本土理论。

1.3 巧言令色章

子曰:"巧言令色,鲜矣仁。"

孔子说："只求说话好听、脸色好看，这就没什么仁。"

"巧"是好，"令"是善。"巧言令色"是说话委婉，脸色和悦，但这些"言"和"色"都是装出来的，心有不诚，别有用心。朱子《集注》云："致饰于外，务以悦人，则人欲肆而本心之德亡矣。"务于巧言令色者，一心修其外，忽略修其心。他们努力的方向只是让别人觉得自己好，而自己的内心本质是否真的好，则不关心。巧言令色者心中无仁。在巧言令色者看来，"仁"只是一个手段，其背后则充斥着个人私欲。须知，由内而外修炼出来的"善于辞令"与利欲熏心、别有所图的"巧言令色"是截然不同的两种状态。

从巧言令色可以看到本心的状态，体现了儒家的一种认识论。船山《训义》云："为学之道，有存乎中以著乎外者，成德之验也；有治乎外以养其中者，修德之功也。"儒家主张内外交养。治其言行可以养其心，治其心也可以修其言行。这种"身心交感论"虽然难以进行实证，但却未必没有道理。基于共享的文化观念，有可能通过将心比心的方式、透过行动者的"身"去认识行动者的"心"。人际间的感通，看似不可实证，却又非常准确。

1.4 三省吾身章
曾子曰："吾日三省吾身。为人谋而不忠乎？与朋友交而不信乎？传不习乎？"

曾子说："我每天多次反省自己。为人出谋划策是否竭忠尽智？与朋友交往是否信实可靠？老师教的东西是否温习掌握了？"

巧言令色徒务于外，容易失其本心。本条主旨是，如何存养本心。其要诀在于，像曾子那样三省吾身。从三省吾身可以窥见曾子的诚身之学与治心之功。

曾子是孔门著名弟子，也是孔子学问的重要传承人，后开出思孟学派。曾子以刚毅自守、守约力行而著称。他为父母守丧时，水浆不于入口七日，远超礼制规定之三日。曾子易箦、启予手足等，是他在病重临终时依然谨守礼法的表现，读来令人心生感动与自愧。

一日三省是虚指次数多，并非实指三次。再者，省察也并不是事情做完之后再来省察，而是在做事的过程中时时处处省察，当下就去反省和改正。曾子自省三条目，分别是忠、信、习。"忠"字"上中下心"，"中于心"。朱子《集注》云："尽己之谓忠。""忠"的本意是对自己而言，忠君也是面对君主要内尽己心。忠是诚于己心的一种道德状态，其衡量标准主要不是外在标尺。是不是尽心尽力，只有自己心里才知道。可能在外人看来，做到 7 分便是忠，但其实自己可以做到 9 分，这便不能说是忠。《朱子语类》说："为人仔细斟酌利害，直似己事，至诚理会，此便是忠。"把别人的事情当成自己的事情一样尽心尽力，便是忠。忠君也是把君主交代的事情当成自己的事情来做。因此，忠不是一个外在的道德教条，而是不断反省、内尽己心的道德自觉。

《朱子语类》云："尽己之谓忠，尽物之为信"。所谓"信"，是指信实可靠。物有 7 分，便说 7 分，不去添油加醋。忠与信，一个尽己，一个尽物，一个是内，一个是外，但是有一个贯通的道理，做人做事要诚心诚意、尽心尽力。

曾子不断反省的这三件事，为人谋、与人交、传习，具有相似的性质，是否诚心诚意、尽心尽力，只有自己心里才知道。这种只有自己心里才能做出判断的事情，外力无法强迫，只有通过反躬自省的办法才能够改之勉之。

反省是一种自我净化的自觉，但不意味着清心寡欲，而是要把欲望分布在合理的范围之内。朱子说"存天理、灭人欲"也是要消灭那些不合理的欲望。儒家不是禁欲主义，而是强调推己及人，自觉到自己欲望的同时，也能意识到别人可能也有类似的欲望，从而更能理解他人的行为和约束自我的行为。

曾子每天孜孜不倦用力的方向是不断反省，力求做到忠、信、传习。相比于功名利禄，曾子念念不忘的是保全自己的道德，在是非善恶面前能够守住自己。多少德不配位却大红大紫的人，最后还是不免落得身败名裂的下场。"眼看他起朱楼，眼看他宴宾客，眼看他楼塌了。"通过时时事事的自省功夫去引导自己时时事事做出正确的选择，刚毅自守，大节不亏，这就是曾子的风骨，也是曾子能够传承孔子学问，开出思孟学派的关键。君子欲明明德，必有日省之功，择善固执，惟日孜孜。

1.5 千乘之国章

子曰："道千乘之国，敬事而信，节用而爱人，使民以时。"

孔子说："治理千乘之国，要敬其事，信其民，节约财用，爱护百姓，使用民力要在恰当的时节。"

"道"即"导"，治也。千乘之国是指可以出兵千乘的国家，是指中等规模以上的国家。在周代封建制下，天子给各诸侯分封土地，建立国家，拱卫王畿。征伐之令自天子出，各诸侯按照国家的大小，派出相应的兵力。

本条论述治国五要：敬、信、节用、爱人、使民以时。其中以敬为本。"敬"是心存敬意、郑重其事。敬的重要性放在官僚体制的链条中更好理解。"上有所好，下必甚焉。"君主的好恶很容易在官僚体制的链条中被放大，因此大事小事都不得不心存敬意、郑重其事。《资治通鉴》记载，隋炀帝出巡，地方官进献奢美食物之后获得提拔。而后沿途官员纷纷效仿，极尽奢华，劳民伤财。如果君主不郑重其事，旨意到了基层办事员那里，就变得毫无所谓了。正是意识到层层传递当中可能存在的间隙与松懈，所以层层加码的行为比较常见。如果不层层加码，最后经过层层松懈而形成的结果可能是层层缩水。因此，只有往下层层加码，最后层层汇总时才能真正意义上完成中央的预期目标。此外，在中国传统的意义上说，敬事常常不是敬规则，而是敬人。某项规则起了实质作用，往往也是相关人物重视的结果，特别是领导重视的结果。归根结底是人格为规则的效用背书。人格而非规则起关键作用，也是西方学者批评中国人不讲规则的一个原因。

节用是讲财政问题。国家需要养活一个庞大的官僚队伍。如果财政收入不足，很容易增加赋税，征之于民，取之于商，甚至上下相互侵吞。这无疑是在积累政权合法性的风险。中国历史上许多改革，直接原因都是财政危机。小说《大明王朝 1566》也起笔于国库亏空，于是开始实行"改稻为桑"，企图充实国库，这部小说非常生动地呈现了中国政治的逻辑。

有敬而不信者，有信而不节用者，有节用而不爱人者，有爱人而不使民以时者。治国五要环环相扣，自成体系。这五点其实都指向了一个目标，上下相通。

只有上意下通，下情上达，上下相通，才能形成一个良好的治理格局。上下相通的问题在大国更为迫切。治大国往往不能亲临基层一线。相比于处理实务的行政技术，治大国者更重要的是端正政策目标。而端正政策目标的基础又在于治国者要率先垂范。因此，儒家要教导为政者做君子。

1.6 行有余力章

子曰："弟子入则孝，出则弟，谨而信，泛爱众，而亲仁。行有余力，则以学文。"

孔子说："弟子要孝顺父母，敬爱兄长，做事严谨，说话信实，对众人要友好，对仁者要亲近。在践行上述德行之外，还要学习六艺之文。"

"入则孝，出则弟"，这是一种常见的互文手法，无论出入，都要孝悌。这里的"文"，是指礼乐射御书数。"泛爱众"指明人性本善的底线和推己及人的广度。儒家的"泛爱众"是一个亲疏有别的差序格局，而不是抹平亲疏差等的"兼爱说"。

"行有余力，则以学文"有两层意思。第一层意思，德行为本，文艺为末。孝、悌、谨、信、爱众、亲仁皆是德行，是为根本。如果只学文艺特长，而忽视了孝悌亲仁的德行，那不能说是成功的教育。第二层意思，儒家圣贤不会认为自己的德行已经做得多么好，因此还是会不断学习和自我完善。诗书六艺也是修养德行的重要手段，如《诗经》之思无邪陶冶君子情操，射礼之揖让涵育君子礼德等。把这两层意思结合起来，才能完整理解"行有余力，则以学文"的要义。

1.7 贤贤易色章

子夏曰："贤贤易色，事父母能竭其力，事君能致其身，与朋友交言而有信，虽曰未学，吾必谓之学矣。"

子夏说："重视贤德而轻其容貌，侍奉父母能够竭尽全力，侍奉君主能够交付身家任其驱使，与朋友打交道言而有信。这样的人，即使说没有进行过正式的学习，我也一定会认为他进行过正式的学习。"

"贤贤易色"有两种理解方式。第一种理解，"贤贤易色"是讲尊贤之道。朱子《集注》云："贤人之贤，而易其好色之心，好善有诚也。"船山《训义》云："以好色之情好贤，而以好贤之情夺其好色。"这两个意思差不多，如果尊贤之心甚于好色之心，那可以说是真的尊贤了。第二种理解，"贤贤易色"是讲夫妇伦理。君子娶妻重德胜于重色。刘宝楠《论语正义》说："明夫妇之伦，同关雎之义。"照此理解，则本条分别论述了夫妇、父母、君、朋友等关系伦理。两说似乎各有道理。

"事君能致其身"是指"以身许君，则不知己之有身"，这有几分"士为知己者死"的意味。"事君能致其身"，是说在君臣关系中，臣子不要太把自己当回事，要真诚地被君主所"驱使"，想君主之所想，急君主之所急，与君主合为一心，从而使君臣之间彼此感通，不生嫌隙，形成一个可以互相信赖的共同体。君臣之义到极致处，便能舍生取义。这种君尊臣卑的关系确实是一种不平等的关系，但儒家理想意义上的君臣关系包含了相互之间的伦理义务，如君仁臣忠，君对臣有爱，臣对君有敬。这样的君臣关系，虽然不平等，但不能说是一种压迫关系。不能以现代平等观念去推想古代的君臣关系。

1.8 不重不威章
子曰："君子不重则不威，学则不固。主忠信，无友不如己者，过则勿惮改。"

孔子说："君子不厚重则不威严，学习则会轻浮而不牢固。应当恪守忠信，不像自己这样忠信的人，就不要跟他做朋友。如果有错，不要害怕改正。"

从"身心交感"的原理出发，内心的厚重与外在的威仪具有对应关系。内心厚重者，自有一番威仪。朱子《集注》引程子曰："出入无时，莫知其向者，人心也。"人心无法通过肉眼看到，但可以通过言行举止反映出来。如《朱子语类》说，"言语简重，举动详缓，则厚重可知。言语轻率，举动轻肆，飞扬浅露，其人轻易可知。"礼的基础也在于这种"身心交感论"。如果身心之间没有交感的通道，那么礼仪就变成了不走心的虚仪，也就达不到教化人心的作用。

"无友不如己者"容易引起误会。这句话很容易被误解为，不要和比不过自己的人做朋友。船山《训义》说："君子正以此莫己若者而自戒也。……不如己者可以容蓄之，可以节取之。"船山认为，君子则要以"不如己者"引以为戒，同时，即使"不如己"，君子也应该予以包容，节取其优点。《朱子语类》说："上焉者，吾师之，下焉者，若是好人，吾教之，中焉者，胜己则友之，不及者亦不拒也，但不亲之耳，若便佞者，须却之方可。"朱子对"不如己者"做了道德分类，如果这个"不如己者"是便佞小人，那就拒之。如果不是，那就采取既不亲之也不拒之的态度。《论语·述而》7.28 章讲了孔子接见互乡童子的故事。互乡是一个民风不好的地方，有个互乡的童子来向孔子求教。但孔子还是见了他。孔子说："与其进也，不与其退也。"意思是，如果他能改过自新，追求进步，那还是应该接纳之。对于"不如己者"，只要愿意改过迁善，孔子还是非常大度的。

如果把"无友不如己者"这句话理解成，不如自己优秀的人，就不与之交朋友，那就是在教导一个人要媚上弃下。这断非儒家本意。这里的"如"字，与其理解为"比"，不如理解为"像"。意思是，不要与不像自己这样忠信的人交朋友。换言之，不忠不信者，不要与之做朋友。这样便是强调朋友之间要在忠信德行上彼此激励，此即"友以辅仁"。这样来解释"无友不如己者"，可能更加妥帖。

儒家社会思想承认差别的正当性，但主张在差别之中注入一种积极的关系纽带。既承认合理的差异，又防止社会的断裂，这种社会观中有一套关于不平等的辩证法。在社会学的意义上说，仁是一种既承认地位差异又跨越地位差异的连通。

"过则勿惮改"，字面意思是说不要害怕改正错误。但在行动上要更进一步，有过则速改。不少人在日常生活中积累了一些不良习惯，虽然也自觉到这是错误，但却积重难返。"过则勿惮改"是一种勇，有过则速改是一种大勇。

1.9 慎终追远章

曾子曰："慎终追远，民德归厚矣。"

曾子说："谨慎地办好丧礼，祭祀时追及很远的祖先，百姓的德行就会变得厚道。"

"慎终"指丧礼，"追远"指祭礼。慎终和追远都是对祖先的孝敬。朱子《集注》云："盖终者，人之所易忽也，远者，人之所易忘也，而能追之，厚之道也。"人死之后，似乎"无用"，时间久了，便易淡忘。父祖死后，一如他还活着，死后很久，也依然思念，这其实挺难做到，也说明孝心之真诚浓厚。船山《训义》云："风之所感，心之所通，凡有血气者，皆生其恻怛之心，而以背生弃死为耻。民之性情一动于此，则刻薄残忍之事自所不忍，而孝友姻睦之化成矣。"对父母和祖先的爱敬，是最容易生出的恻怛之心，是最容易长出的仁。这种仁在家庭中培育得越厚，那么便难以产生薄待生人之意，民德由此归厚。在中国人带有浓重差序格局色彩的关系结构认知中，一个人如果对父母尚且不孝，便很难相信这个人是一个真正可靠的人。如果一个中国人连自己的父母都不爱，却大谈关爱非洲困难儿童，这种爱心恐怕也是虚伪的，是别有所图。在中国社会中，孝道是人品的试金石。

1.10 温良恭俭让章

子禽问于子贡："夫子至于是邦也，必闻其政，求之与，抑与之与？"子贡曰："夫子温、良、恭、俭、让以得之。夫子之求之也，其诸异乎人之求之与！"

子禽问子贡："孔夫子每到一个国家，都要与闻国政，这是夫子求来的机会，还是别人给他的机会呢？"子贡说："夫子温厚、直善、恭敬、节制、谦逊，所以得到了与闻国政的机会。即使是夫子求来的，那也跟别人的求不一样吧！"

子贡是孔门弟子，善辞令，在经商与外交上都很成功。子禽即陈亢，是陈国的大夫，也是孔子的学生。子禽"八卦"孔子，子贡态度鲜明地维护了孔子。子贡确实擅长辞令，三言两语，次第分明。先说夫子五德容，断言孔子与闻国政的机会不是求来的，又做了一个巧妙的假设来赞扬孔子。

孔子德容有五：温、良、恭、俭、让。朱子《集注》解释为：和厚、易直、庄敬、节制、谦逊。船山《训义》解释为：和愉之色、坦白之情、端庄以自居、约以自持、退逊之度。按照"身心交感论"的逻辑，孔子仪容如此，乃是盛德所致。

子贡的概括"温、良、恭、俭、让"代表了孔子的经典形象。这是一种内敛敦厚的形象。实际上，孔子的形象更加丰富。他会非常"毒舌"地训斥学生"朽木不可雕也"，也会非常潇洒地赞叹"浴乎沂、风乎舞雩、咏而归"。看到不争气的同乡原壤，孔子会讽刺他"老而不死是为贼"。对于混淆是非做老好人的乡愿，孔子也会斥之为"德之贼"。孔子还特别喜欢音乐，多才多艺。总之，孔子能爱人、也能恶人，能内敛，也能外发，是一个个性鲜明、丰富有趣的人。

孔子周游列国的时候可以与闻国政，乃是因为各国政要听闻孔子大名之后主动前来问政于孔子。虽然孔子也希望有机会能够出仕、推行仁政，但绝不会苟且求之。船山《训义》云："心欲求之，而终无屈己以求之事。"子贡认为，即使孔子有求，也跟他人之求不一样。温、良、恭、俭、让是孔子的自然常态，而不是装饰作伪、沽名钓誉的工具。即使孔子去求，也是为社稷民生而求，不为一己之私而求，是温、良、恭、俭、让地求，而不是卑鄙无耻地求。他人之求，明明已经屈了大节，却偏偏还说什么能屈能伸。不拘小节和不择手段，差之又何止千里？

1.11 无改父道章

子曰："父在，观其志；父没，观其行。三年无改于父之道，可谓孝矣。"

孔子说："父亲还健在，可以观察孩子的志向；父亲去世了，可以观察孩子的作为。父亲去世后，如果孩子能够三年不改掉父亲的做法，可以称之为孝了。"

父亲在世，家里的事情主要由父亲做主，孩子不得擅自做主。朱子《集注》云："父在，子不得自专，而志则可知。"孩子虽不能做主，但可以从一言一行如"读书怀古"和"动作威仪"之中看出孩子的志向。

"三年无改于父之道"，很容易被现代人理解为迂腐，甚至理解为父权的压迫，生前压迫不够，死后继续压迫。这里有值得辨析之处。朱子《集注》引尹焞曰：
"如其道，虽终身无改可也。如其非道，何待三年。"朱子《集注》又引游酢曰：
"三年无改，亦谓在所当改而可以未改者耳。"父亲生前的做法可以分为三种情况：
第一种是应该改的，不必等三年；第二种，不应该改的，不仅三年不改，以后也
不改；第三种，可改可不改的，应该三年不改。"三年无改于父之道"指的正是这
种可改可不改的事情。

对于这种可改可不改的事情，如果父亲一死，儿子就马上改掉，便有"死其
亲之心"和"扬其亲之过"的嫌疑，好像是"一朝权在手，便把令来行"，仿佛马
上要让全世界知道自己的父亲错了，知道自己比父亲英明。从这里就可以看出，
儿子对父亲没有什么敬意和孝思。如船山《训义》所说："汲汲然以行其志，成其
行，而不恤其思慕之诚。"父亲去世之后，如果孝子能够一如既往地尊敬与思念父
亲，这才是真正的大孝。所谓"大孝终身慕父母"，乃是终自己之身，而不是终父
母之身。大孝之人重情重义，绝不轻言背叛。《资治通鉴》记载，隋炀帝丧母之时，
人前痛哭流涕，人后声色犬马。无怪乎隋朝二世而亡。

身为人子，不忍死其亲，不忍扬其过，这是因为父亲是自己的父亲，而不是
一个与自己无关的人。古人把父子关系称之为"父子一体"。旁人对父亲的批评，
儿子觉得就像是在批评自己一样。从这种一体关系而非个体主义出发，不能简单
地认为"三年无改于父之道"是父亲对儿子的父权压迫。恰恰相反，这反映了一
种基于血缘关系和深厚情感而培育出来的仁厚品质。

从"父子一体"出发，我们可以看到中国社会的优势和弊病。等而上者，父
子相亲而不相叛，甚至愿意献出生命。等而下者，将孩子视为自有之物并握有驱
使生杀之权，最后僵化为吃人的礼教。这一上一下两种极端，其实来自于"父子
一体"这同一个母体。在"父子一体"的关系中，你就是我、我就是你，是一个
无法彻底分清彼此的紧密的共同体。"父子一体"的优势与流弊都非常明显。其所
产生的流弊，乃是儒家仁义之真精神僵化的结果。在某种意义上说，西方的自由
平等观念可以对冲这种僵化。冲刷掉铁锈之后，依然可以看到亮晶晶的铁片。

如今，如何做父亲依然是一个重大问题。在一个传统与现代交织的世界，中
国的父亲们艰难地在平等与不平等、自由与不自由之间拿捏着分寸，把握着平衡。

1.12 和为贵章

有子曰:"礼之用,和为贵。先王之道,斯为美,小大由之。有所不行:知和而和,不以礼节之,亦不可行也。"

有子说:"行礼的时候,重要的是从容不迫。先王之道以礼和为美,大事小事都遵从和的原则。但是,和也有行不通的地方:如果只知道以和为贵,不知道以礼节之,也是不可行的。"

朱子《集注》云:"礼者,天理之节文,人事之仪则也。"礼有两种含义,一种是可见的仪文,是为礼仪。另一种是抽象的天理,是为礼义。礼是礼仪和礼义的结合。礼既是动作仪文,又是天理心性,具有合内外而为一的特点,是理解儒家社会思想的枢纽。

朱子《集注》云:"和者,从容不迫之意。"之所以从容不迫,是因为动作仪文都符合礼的要求,自己内心也认为这样做是恰当的。礼把普遍意义上的人心和情感的自然状态外显为各种动作仪文,此之谓"缘情制礼"。《朱子语类》说:"盖圣人制礼,无一节是强人……尝谓吕与叔说得数句好云:'自斩至缌,衣服异等,九族之情无所憾;自王公至皂隶,仪章异制,上下之分莫敢争。皆出于性之所有,循而行之,无不中节也。'此言礼之出于自然,无一节强人。须要知得此理,则自然和。"

礼有和的一面,也有冷峻的一面,不合于礼则应当根据礼的要求矫正过来。礼的冷峻必然要反对"知和而和",即反对"为和而和"。《朱子语类》说:"苟徒知和而专一用和,必至于流荡而失礼之本体。"不讲原则的和气,就像混淆是非的乡愿。枉顾是非,为和而和,礼便会失去教化的真义。

如果过分强调礼之冷峻,又容易出现"礼胜则离"的问题。所谓"礼胜则离",是说过分讲究礼的仪则,而忽略了人心风俗,结果导致人心离散。在这种情况下,人们便会希望脱离这种礼的约束,或者至少开始名实分离,即表面上遵守礼法,实际上却另外行事。制度规则过于严苛,便会有"礼胜则离"的问题。

"为和而和"，容易流荡而不讲规矩；"为礼而礼"，又会片面强调礼的外在形式而忽视人的内心感受。理想的礼应该是中和之节，宽严相济，不失之于一偏。朱子《集注》也说："严而泰，和而节，此理之自然，礼之全体也。"实际上，严与和之间的分寸很难把握，过于严则压迫，过于和则放肆。化解二者紧张的关键在于通过当事人的感受与拿捏，形成一种自我调适、各尽己心的状态。而把握这种分寸正是下功夫的地方，也是礼教修身之要旨。

1.13 信近于义章

有子曰："信近于义，言可复也；恭近于礼，远耻辱也；因不失其亲，亦可宗也。"

有子说："与人约定的是义所当为的事情，便能践行约定。与人相处态度恭敬，讲究节文分寸，则会远离耻辱。想要依靠的人不会抛弃亲朋，那这样的人便可以依靠。"

"信近于义"，突出一个义字。答应别人的事情应该是义所当为的事情，否则便难以兑现诺言。人们有时候会因为哥们义气或血气之勇而痛快地许下承诺，但可能并没有深思熟虑其中的是非曲直，结果说出来的话却无法兑现。"恭近于礼"，突出一个礼字。船山《训义》云："自以为恭，而人且厌其烦，自尽其恭，而人且疑其伪。"一味恭敬而不知有所节制，有可能让人觉得厌烦甚至虚伪。因此要掌握分寸，依礼而行，方能在社交中避免受辱。如果想去依靠某人，一定要先分辨清楚这个人是否可以依靠。船山《训义》说："貌与之亲，而心固不可信，乍与之亲，而久固不可保。"有些人表面上可靠，内在却不如是。有些人片刻间可靠，长久却不如是。

朱子《集注》云："此言人之言行交际，皆当谨之于始而虑其所终，不然，则因仍苟且之间，将有不胜其自失之悔者矣。"有子的这三句话都是在讲一个先见之明，即当初做决定的时候要谨慎。朱子《集注》里说的"因仍苟且"便是：不顾义的承诺，不顾礼的恭敬，不顾其人是否可靠的亲近。船山《训义》称之为"矜慷慨之气，修卑柔之节，侈广交之名"。不顾其义，却自矜为慷慨；不顾其礼，而自甘卑柔；不顾其人是否正派，而自以为黑白两道都有朋友。这些都是似是而非的情况，能自觉到这些似是而非，并且坚持有所为有所不为，这便是义。船山《训义》云："言必以义，行必以礼，所与者必正，乃君子立身之道。"

朱子《集注》云："义者，事之宜也。"事有其宜，有其不宜，有该做与不该做，有义所当为和义所不当为。在儒家的仁义学说中，义有一个节仁的作用。仁是一种感通，趋向于达成人与人之间不分彼此、感通无间的状态。但这种不分彼此的状态需要节制。比如父母之爱子女，但也不能溺爱；臣忠于君，但也不能看着君主犯错而不进谏；讲究兄弟情分，但也不能去伤天害理。所以，对人的好，也不能泛滥，不能没有原则和底线，而应该有所节制，有所为有所不为，这便是义。如果失去了义的节制与裁成，最后仁也实现不了。义以节仁即是，使得发出去的仁，落在恰当的分寸上。因此，义虽然是对仁的节制，但却是一种相反相成的逻辑。

费孝通在《乡土中国》一书中用"水波纹"来比喻差序格局，其实差序格局的背后正是儒家的仁义学说。扔下石头能够发动水波纹，便是亲亲之爱，此为仁；而水波纹按照恰当的方向和分寸延伸荡漾，便是长幼尊卑男女之别，此为义。有仁才有义，有义才能存仁与节仁，仁义本一体，相反相成之。

义对仁构成某种约束，但不是从外面强加进来的约束。在儒家的心性论中，义就是仁发出来的，或者说义就是一种具体的仁，礼、智、信也是具体的仁。义也是心动的结果，发出来表现为羞恶之心，故而有所为有所不为。

人们很容易把义理解为一个外在的约束。我们可以用水管来进行比喻。在这种"义外"的误解之中，假如仁是水，那么义便是水管；只有水管约束，才能使水沿着理想的管道流到指定的地方。而"义内"的理解是，仁是水，义也是水；即使没有水管，仁也沿着理想的管道流到了指定的地方。这就好比，很多事情，法律或规则并没有那么细密的规定，但如果我们认定是不该做的事情，便不会去做。仁是这个水，义也是这个水，仁与义来自于同一个母体，构成一种内在约束，而非外在约束。这就是孟子所说的"义内之学"，义在内而不在外。如果没有仁作为基础，那么义便发不出来，义也失去了根本和目标。此即所谓义由仁出。爱之深责之切，也是这个道理。反之，如果没有义来裁成，那么仁便会不知所措，不知止于何处，或者过多而泛滥，或者过少而冷漠，难以达成仁至义尽的最佳状态。所以，仁义一本，义由仁出，义以节仁，此所谓仁义相反相成之道。《朱子语类》说："爱而不敬，非真爱也；敬而不爱，非真敬也。"这说的正是仁义一本、相反相成之道。也正是因为人的心性结构中有内在的义，所以外在的法律约束只是道德的补充物。在更抽象的意义上说，义内为儒家，义外为法家。

"义"的繁体字是"義"，义主于我，义以自处，这也是"义内"的意思。义与不义，需要本人去拿捏与辨别。该不该做，需要本人去判断与坚守。如果只是一个外在的教条，而内心没有自觉的体认，那么很可能换一个情境便不知如何执义了。在这意义上说，仁与义有一个"熟之"的过程，仁熟义精才能应对各种复杂的情境，这也是为什么学习、阅历和历练很重要的原因。

在《三国演义》中，关羽在华容道放走曹操为什么是"义"释曹操？关羽被尊为千古第一义人而被神化，供奉于关帝庙。关羽一生最光辉的时刻，便是义释曹操。赤壁之战，孙刘联军大败曹操，曹操带着残兵败将逃到华容道，关羽以逸待劳，只要他一狠心，曹操便可手到擒来。从政治和军事利益来说，曹操是敌军最高统帅，刘备是关羽桃园结义的大哥。再者，关羽来守华容道还立下了军令状，如果他放走曹操，自己回去也会被斩首。但最后，关羽还是把曹操放走了。

曹操的策略是动之以恩情，晓之以大义。尽管当初很可能是曹操笼络关羽这名神将的办法，但曹操确实曾经对关羽有大恩。当年刘备徐州军败之后逃往袁绍军营，关羽护送刘备妻子，被曹操围困，无奈之下与曹操约定三事而投降。三事是：一者降汉不降曹，二者照顾好嫂夫人，第三条最让曹操难受——如果他日知道刘备行踪，便当任由前往投奔。但曹操还是答应了，他认为自己也许可以感化关羽。曹操对关羽特别好，上马金，下马银，三天一小宴，五天一大宴，香车美女，锦袍宝马，都赠给关羽。关羽在曹操账下，也立下了汗马功劳。他斩颜良，诛文丑，解白马之围，为曹操打败袁绍、平定北方打下基础。后来，关羽知道刘备行踪之后，过五关斩六将，曹操不但不予追究，而且派人传令放行。

在华容道，关羽想起曹操昔日大恩，不忍心恩将仇报，便放走了曹操。也许有人会说，关羽之前所做种种，已经报答了曹操。可是这种恩报又怎么能计算得清楚呢？难道在曹操帐下立过军功报了恩就可以诛杀曹操吗？这还不是恩将仇报的小人？关羽认定大义，不能恩将仇报。即使跟曹操两军对垒，即使跟刘备结义情深，即使跟诸葛亮立下了军令状，即使擒获了曹操便是盖世奇功，关羽依然不忍心斩杀曹操。关公之义，任何东西都无法撼动，这就是千秋大义。关羽对曹操尚且如此，那对刘备更不在话下，他又怎么会背叛刘备呢？刘备对关羽又有什么不放心呢？自然也可以派关羽守荆州了。《三国演义》在赤壁之战达到高潮，赤壁之战又在华容道达到高潮。倘若关羽真的杀了曹操，那么有可能改写三国的历史，但关羽也就没有了千秋大义的光辉形象。相比于事功、利害和生死，关羽更看重千秋大义。

1.14 食无求饱章

子曰："君子食无求饱，居无求安，敏于事而慎于言，就有道而正焉，可谓好学也已。"

孔子说："君子不要追求吃得饱、住得安，做事要勤敏，说话要谨慎，还要向有道之人请教，从而改正过错，这样可以说是好学了。"

本条主旨在于勉人向学。首先讲君子之志向，应该在学习上，而不是追求吃住享受。君子如果只有个人的物质理想，当以为耻。其次讲君子之言行，应该敏行慎言，做事要勤快，说话要谨慎。"就有道而正焉"，行为的方向应该靠近正道。只有学的是正道，敏行慎言才会落在正确的方向上。好学也不是一个人闷着脑袋下苦功，还要请行家高手来教正。这一条直白易懂，次第分明，言近而旨远，反复玩味便能抓住立志笃行的着手处。

1.15 富而好礼章

子贡曰："贫而无谄，富而无骄，何如？"子曰："可也。未若贫而乐，富而好礼者也。"子贡曰："《诗》云：'如切如磋，如琢如磨'，其斯之谓与？"子曰："赐也，始可与言《诗》已矣。告诸往而知来者。"

子贡说："贫穷却不卑屈谄媚，富裕却不骄横肆意，能做到这个怎么样？"孔子说："还行。但不如贫穷却快乐，富裕却好礼。"子贡说："《诗经》里说：'如切如磋，如琢如磨'（制作骨角，切了之后要反复磋；制作玉石，雕了之后要反复磨），说的是这个意思吧？"孔子说："子贡，今后可以跟你讨论《诗经》了。跟你说了过去的东西，你就能知道将来的东西。"

子贡是个成功的商人。他能够做到"贫而无谄，富而无骄"，自以为还不错，但孔子却只觉尚可。朱子《集注》云："无谄无骄，则知自守矣，而未能超乎贫富之外也。凡曰可者，仅可而有所未尽之辞。……子贡货殖，盖先贫后富，而尝用力于自守者，故以此为问。而夫子答之如此，盖许其所已能，而勉其所未至也。"孔子认为，子贡能够自守，但还未能超越贫富的视野，进入更高的境界。经过孔子的开导，子贡觉得自己还要进一步切磋琢磨，才能进步。但是，子贡也不直说，而是引用了《诗经》里关于"切磋琢磨"的诗句来回应。切大磋小，琢巨磨微，君子之学，先立其大本，而后在细微处打磨，从而循序渐进。孔子与子贡，一个善教，一个善学，可谓相得益彰。

"贫而无谄，富而无骄"与"贫而乐，富而好礼"的区别在哪里呢？无谄无骄是自守，是本分，仿佛有一种压力促使"谄"与"骄"清零。能做到这样当然不错，但更高的境界是，虽然贫穷，但还是觉得快乐；虽然富贵，但还是谦逊好礼。快乐和谦逊好礼，有一种自然而然的舒适感，能够久处其中。一般而言，久处贫穷便容易生出苟且利己、屈己谄媚之心。久处富贵则容易生出傲慢自大、不可一世之态。如果贫也能乐，富也能好礼，那便意味着有一种东西可以超越贫富。君子在贫富之外别有所追求。

富贵产生的快乐是一种快乐，而知义好礼产生的快乐是另一种快乐，这是两种性质不一样的快乐。明白这两种不同性质的快乐的差异，就能体会到"孔颜乐处"的精义所在。颜回身居陋巷、箪食瓢饮而不改其乐，孔子饭疏饮水、曲肱而枕却乐在其中。对于他们来说，产生快乐的关键并不在于贫富，而在于义理。通晓义理，知义好礼，君子之乐生焉。

1.16 患不知人章

子曰："不患人之不己知，患不知人也。"

孔子说："不要担心他人不知己，要担心自不知人。"

"不患人之不己知"，近似于"人不知而不愠"。"患人之不己知"，当别人不知道自己的能力与长处时，便有些忧心和落寞。船山《训义》云："今人之所患者，己有德而人不知所尊，己有才而人不知所用。"孔子认为，这不是忧患所在，应该忧患的是不能知人。如果他人的是非、善恶、正邪、贤愚都不能分辨，这才是应该忧患的。交错朋友，跟错领导，配非其人，轻则养成不良习惯，重则锒铛入狱，身死国灭。

"不患人之不己知"，也不是说要心安理得地活在自己一个人的世界里，不需要在乎别人是否了解自己。再者，"不患人之不己知"，但要"患己之不己知"。人还是要有个自知之明，所以要"三省吾身"。实际上，如果自己修养不够，也不好意思抱怨别人不知己。毕竟，不是每一个人都有资格感慨自己怀才不遇。

"患人之不己知"，便是为人之学，这样的学不是为了修养自己，而是为了出名。我们生活在一个能够快速制造网红的互联网时代，同样也是能够快速见证网红塌房的时代。德不配位才是应该忧患的事情。

小结《学而》篇

本篇为第一篇，儒学的基本概念如仁、义、礼都已出现。本篇就儒学的根本问题，如心性结构、修身方法和治理之道，进行了纲要性的阐述。无论是修身还是治世，基本法门都是"学而时习之"。故曰："学而第一"。

为政第二（24章）

2.1 为政以德章
子曰："为政以德，譬如北辰，居其所而众星共之。"

孔子说："为政以德，就像北极星，它就待在那个地方，其它星星都围着它转。"

"北辰"即北极星。"共"通"拱"。"众星共之"是打比方，意思是人心所向。在孔子的时代，有许多经世致用的为政之学。船山《训义》云："当春秋时，功利之习方兴，名法之学已起，古帝王修己治人之道将泯，而天下亦且散而无纪。"当时的为政之学，有重刑的法家，兼爱的墨家，还有拔一毛利天下而不为的杨朱学派。与他们的为政理念不同，孔子强调为政以德。

关于德与政的关系，《朱子语类》有两个形象的比喻。第一个比喻，政就像是一块布，为政者用火，就是烧；用水，就是湿。第二个比喻，政就像是一盏油灯，德就像是油，只有给油，灯才会亮。所以，面对同样的行政机器，注入的是德还是非德，差别很大。如果带着不良的目的去设计制度，制度再精妙也难以赢得人心。同一套制度规则，不同的人有不同的用心，会产生出截然不同的效果。所以不分析"德"，而只分析"政"是不够的。不能只进行制度分析，制度背后的人心与用意也要想办法纳入社会学的分析中来。

"德"字到底如何解释？朱子《集注》云："德之为言得也，得于心而不失也。"道之得于心为德。《朱子语类》说："'德'字从'心'者，以其得之于心也。如为孝，是心中得这个孝；为仁，是心中得这个仁。若只是外面恁地，中心不如此，便不是德。"所谓"为政以德"，主要指的是为政者之德。于是，为政的问题便回到修身的问题了。《朱子语类》说："为政以德者，不是把德去为政，是自家有这德，人自归仰，如众星拱北辰。"有德者为政是德政，做其他事情也是德行。为政的关键还在为政者之德，而不在于把制度设计得多么精致。德是第一位的，政是第二位的。故曰："为政第二"。

2.2 思无邪章

子曰："《诗》三百，一言以蔽之，曰'思无邪'。"

孔子说："《诗经》三百篇，用一句话来概括就是'思无邪念'。"

"思无邪"出自《诗经·鲁颂·駉》。这首诗讲述鲁僖公牧马之事。郑玄认为这首诗的用意是歌颂鲁僖公善遵伯禽之法。伯禽是鲁国开国时的贤君。但方玉润等认为，这首诗是以马喻贤，歌颂贤才。"思无邪"的意思是，"心之正，其品行必端向而无曲也"。朱熹《诗集传》云："盖诗之言，美恶不同。或劝或惩，皆有以使人得其情性之正。"朱子《集注》对"思无邪"的理解与他在《诗集传》中的理解一致。朱子《集注》云："凡《诗》之言，善者可以感发人之善心，恶者可以惩创人之逸志，其用归于使人得其情性之正而已。""思无邪"是说，《诗经》可使人心明辨善恶，向善去恶。"美善可法，刺恶可戒"，必使其思无邪而得性情之正。

孔子既然想说"思无邪"的道理，为何不直说"思无邪"，而要借"诗三百"来说"思无邪"呢？孔子是为了鼓励弟子们自己去读《诗经》，亲身感受《诗经》的意境与情感，或讼或讽，由诗入心，而不是由孔子来说出一个"思无邪"的道德教条。孔子希望通过诗歌来感动兴发，使人心不处于麻木不仁的状态，而处于"活泼泼"、有生意的状态。这是一种启发式教育，要学习者自己去体悟。诗要自读，学要自学。这也是为什么孔子总是以身边的事情来说理，他希望学生能够从身边的事情入手，在日常的视听言动和洒扫应对中体会那些看不见的义理，以实现下学而上达。

2.3 齐之以礼章

子曰："道之以政，齐之以刑，民免而无耻；道之以德，齐之以礼，有耻且格。"

孔子说："以政令来引导，以刑罚来治理，百姓虽然免于处罚，却没有羞耻之心。以道德来引导，以礼制来治理，百姓会生出羞耻之心，并且改过迁善。"

本条是"为政以德"的扩展版。朱子《集注》云："政，谓法制禁令也"。政刑的特点是具有某种强制力和威慑力，使民众不敢为恶。但民众内心是否产生了羞耻感，则不问。朱子《集注》云："免而无耻，谓苟免刑罚，而无所羞愧，盖虽不敢为恶，而为恶之心未尝亡也。"民众可能因为畏惧政刑而不敢有恶行，而未必没有为恶之心。

船山《训义》云："但知有刑法之可惧，而不知为恶之可愧，无耻矣。至于无耻，则托于政以文其奸，假于刑以互相讦。"为政以刑，其结果不仅是民众失去羞耻之心，而且很可能"托于政以文其奸，假于刑以互相讦"，即以政刑为借口来攻击他人，以公器来报私仇，看似冠冕堂皇，实则包藏祸心。明星郑爽与她的老公张恒在微博上论战，吵得沸沸扬扬。张恒手持国法公器，指责郑爽偷税漏税，颇为义正言辞，这倒未必说明张恒很有法律素养，大概也不过是以国法为工具来攻击郑爽而已。

为政以德以礼，则是另外一种效果。首先，为政者要率先垂范、以身作则。《朱子语类》说："必自尽其孝，而后可以教民孝；自尽其弟，而后可以教民弟，如此类。"其次，为政者要发挥礼的作用。船山《训义》云："观礼于邦国，行礼于乡党，有礼者人敬之，而无礼者人慢之，于是而自念善之不勉而恶之不去，出无以对君长，而入无以对闾里，有耻必矣。"礼的背后有一个个鲜活的人格在支撑，这些鲜活的人格都附着了某种人伦，会促使人产生羞耻之心。中国人不通过上帝观念来忏悔和改过，而是通过人伦关系中的人格力量来完成的。（从制度规则的有效性来说，中国社会也常常是以人格为规则灌注合法性。比较常见的现象就是，当领导不重视的时候，某些制度规则就容易形同虚设。）建立在羞耻之心上的改过迁善和建立在恐惧之心上的改过迁善，二者具有完全不同的心理强制力和教化效果。

船山《训义》云："奈何今之言治者，竟以政刑为尚，而置德礼于不讲，乃曰民愚而不可化，非严为之督责不可也。"船山说，有一些为政者不讲德礼，却要说百姓愚昧。这就好比当今的基层治理，简单地斥百姓为刁民，这恐怕很难达成有效治理。我们当然承认少数刁民的存在，但是另外一个问题也值得深思，为什么刁民就在干部甲面前很刁，但在干部乙面前就不刁了？在政刑与德礼的比较中，可能也包含了关于基层治理有效性这一问题的某些答案。

礼法之争是贯穿中国社会思想史的一个重要命题。先秦时期表现为儒家与法家之争，汉代表现为《盐铁论》中的文士和大夫之争，到了晚清表现为宪制与礼制之争，到当代又表现为法律与人情之争，法治与人治之争。费孝通在《乡土中国》中也提到过礼法之争的问题，如和奸伤人。如果丈夫把妻子的通奸对象打伤了，根据当时的法律，和奸是民事案件，而伤人是刑事案件。法律裁决的结果是，通奸者赔钱，伤人者拘留，而社会舆论则非常同情被拘留的男子。这就出现了法律与法意的分离。中国社会与西方社会的性质不一样，如果照搬西方法律，那么可能未得西法之利而先得西法之弊。

不过，我们也不能认为，儒家放弃政刑。儒家基本的观点是，"出乎礼即入乎刑"，政刑与德礼二者都是必要的，只是有一个内外结构。《朱子语类》干脆说："圣人为天下，何曾废刑政来？"儒家不认为只靠德礼就可以治理好国家，但是却认为，德礼而非政刑才能格人心之非。朱子《集注》说："政刑能使民远罪而已，德礼之效则有以使民日迁善而不自知。故治民者不可徒恃其末，又当深探其本也。"可以概述为：德礼为本，政刑为末。

礼治之所以有效，是因为中国独特的社会结构和伦理观念。在熟人社会中，礼治的作用更大。《朱子语类》说："古人比闾之法，比有长，闾有师，便真个能行礼以帅之。"在熟人社会中，正派的乡绅族长等地方领袖，对于礼治风气的塑造起到了关键的作用。而在陌生人社会中，法治的作用更大。熟悉感和陌生感会发生变化，所以礼治和法治的构成也在发生变化。无论是熟人社会和陌生人社会，都是礼治与法治的结合，只是二者的浓度不一样。再者说，礼治和法治，并不是截然对立，而是在社会结构的不同位置形成了相互合作的状态，往往表现为轻重有差、内外有别的分段式治理。中国古代就是礼法结合。宜法则法，宜礼则礼，礼法结合，才能形成社会风气的改善。在法治意识高扬的现代社会，礼治的治理价值却被相对漠视了。

2.4 十五志学章

子曰："吾十有五而志于学，三十而立，四十而不惑，五十而知天命，六十而耳顺，七十而从心所欲，不逾矩。"

孔子说："我十五岁时以学道作为自己的志向，三十岁时有所坚守，四十岁时不困惑于怎么做事，五十岁时知道天命，六十岁时别人说的话一听就明白其中的道理，七十岁时才可以遵从自己内心之所想，同时不会违背那些规矩。"

孔子所说的进学六阶段应该是存在的，但相应的年龄数字却未必与孔子生平完全吻合。《朱子语类》说："此处亦非全如是，亦非全无实，但须自觉有生熟之分。"

十五志于学。经过启蒙阶段的学习之后，开始从识文断字的"小学"阶段进入知义明理的"大学"阶段。所谓志于学，是说立下志向要学习君子之道，并且念念不忘，坚持学习。

三十而立，守于行。这个阶段是在实践中有所坚守，不只是依靠书本知识或师长教导。躬身实践之后，更加相信所学之道，于是能够有所坚守。三十而立是立于道，守于行，而不是现在通常所理解的"事业小有所成"的意思。儒家认为，功业是德行的结果，而且德行不必然产生功业。

四十不惑，明于事。经历多了，许多事情也知道该如何去应对了，但是，知其然未必知其所以然。

五十知天命，达于道。不仅知道事情该如何应对，而且知道为什么要这么处理。此时已经可以将许多不同事情背后的道理融会贯通，并且开始感知到那些道理背后不可言说的天命。

六十耳顺，通内外。这是声入心通的状态，对于世界万事万物，一接触马上就心领神会。虽然心领神会，但是在行动上可能还是力有未逮，不能随心所欲，也不能不逾矩。

七十而从心所欲不逾矩，一天人。这是天人合一的感觉，心通天地万物，万物皆备于我。"或以古为师焉，或不以古为师焉，或以物为则焉，或不必以物为则焉",无可无不可,仿佛有一种"天即在我"的感觉。孔子活了 73 岁,他可能也是晚年临终之前才达到这种从心所欲不逾矩的状态。

进学六阶段描述了盈科而后进的学习状态。《大学》云:"格物致知,诚意正心,修身齐家治国平天下。"孟子云:"可欲之谓善,有诸己之谓信,充实之谓美,充实而有光辉之谓大,大而化之之谓圣,圣而不可知之之谓神。"儒家的人生观认为,人生是一个不断学习的过程,是一个积极向上,不断发扬生命的过程,不断扩充人性之善和人心之德的过程,"致广大而尽精微",在终极处达到天人合一的境界。这个成长过程,其实也是"心"的成长过程。《朱子语类》说:"圣人千言万语,只是要人收拾得个本心,不要失了。日用间著力屏去私欲,扶持此心出来。理是此心之所当知,事是此心之所当为,不要埋没了它,可惜!只如修身、齐家、治国、平天下,至大至公,皆要此心为之。"学习的目标在于保持一颗仁心,感发扩充,以至于感通天地万物,又能节之以义,使其各在其位。此之谓"天地位焉,万物育焉"。

进学六阶段的基础是立志,立志于学。船山《训义》云:"性之不可恃,而学乃以尽其性也。"这里的"十有五而志于学",不是说只在十五岁到三十岁才是学。其实,终身皆是学。立志终身学习,其志不可谓小。保持终身学习的习惯,惟日孜孜,方能扩充生命,战胜虚无,过好一生。

2.5 事亲无违章

孟懿子问孝。子曰:"无违。"樊迟御,子告之曰:"孟孙问孝于我,我对曰:'无违。'"樊迟曰:"何谓也?"子曰:"生,事之以礼;死,葬之以礼,祭之以礼。"

孟懿子问孔子什么是孝。孔子说:"不违背父母。"樊迟给孔子驾车,孔子跟他说:"孟懿子问我什么是孝,我回答说:'不违背父母。'"樊迟问:"'不违背父母'具体指什么?"孔子说:"父母活着时,以礼侍奉;父母去世后,以礼安葬,以礼祭祀。"

孔子说"孝即无违",本意是,事亲以礼。所谓"无违",是指无违于礼。孟懿子是鲁大夫,属于季氏三桓之仲孙氏,无礼于鲁君,孔子以无违于礼教之。孔子担心樊迟误以为是无违父母之命,所以赶紧解释了一下。

儒家并不主张一切都听从父母之命。当父母犯错的时候,应当"几谏",从细微之处入手婉转地进行劝谏。《孟子》里面假设过一个故事。舜是天子,假如他的父亲杀了人,舜该怎么办?如果舜无违于父命,那他应该利用手中的权力开释父亲。《孟子》里给出的答案是:"舜视弃天下犹弃敝蹝也,窃负而逃,遵海滨而处,终身欣然,乐而忘天下。"舜动用权力把父亲放出来,然后不再做皇帝,逃到王法管不到的化外之地。舜之无违,不是无违于父命,而是在国法和人情之间找一个平衡点,既不杀父亲,也不违国法,尽量两相周全。相比之下,舜对于自己当不当皇帝,并不那么在乎。

但是,事亲无违的难处又在于,当父亲真的犯错时,自己应不应该去检举揭发?在《论语》里有一个"父子相隐"的故事。父亲偷了别人的羊,儿子该不该去举报?孔子认为:"父为子隐,子为父隐,直在其中矣。"孔子认为,不应该去举报,父子相隐才是对的。当然,孔子没有认为偷羊是对的。但是,保护父子之情显然比偷羊一事的对错更重要。此时,不会因为偷羊错了就去举报父亲,反而会因为这种情感关系而不计较小是小非。亲情靠谱的地方也在于,总能包容亲人的任性和错误。极致而言,就算孩子是杀人犯,父母对孩子还是有一种无言但深沉的爱。这是中国的家庭伦理最动人的地方,可能也是儒家社会思想最坚实的社会基础。

2.6 唯忧其疾章

孟武伯问孝。子曰:"父母唯其疾之忧。"

孟武伯问什么是孝。孔子说:"你要想着父母总是担心你会生病。"

孟武伯可能身体不太好,又不太重视身体健康,总是让父母担心,所以孔子说,孝就是要记着,父母会担心自己的身体,因此要保重身体。以此类推,不仅不要让父母担心自己的身体健康，也不要让父母担心自己的学习问题、情感问题甚至是人品问题等。这也就是"以父母之心为心"。

在这里，一个人的身体健康，不再只是自己的事情，而是包括爸妈在内的整个家庭的事情。儒家的身体观接续在家庭主义的脉络下，而不是个体主义的脉络下。就像中国人让座，在推己及人的逻辑里，让座并不是为了让自己获得一个礼貌的品德，而是希望自己家里的老人也有人可以给他们让座。中国人常常在特定的人伦关系中定位自己和为人处事，这种关系主义的逻辑确实有别于个体主义的逻辑。

2.7 皆能有养章

子游问孝。子曰："今之孝者，是谓能养。至于犬马，皆能有养，不敬，何以别乎？"

子游问孝是什么。孔子说："如今的人认为孝就是能养着父母。对家里的犬马，都能养着。如果只能养着父母而不能敬爱父母，那父母跟犬马有什么区别呢？"

孔子说了事父母的两层意思：第一，能养之；第二，能敬之。朱子《集注》引程子曰："子游能养，或失于敬。"船山《训义》说："子游之学，专于本而遗其末，以此事亲，将有情致而文不逮者。"子游也许能够做到养父母，但却未必能做到敬父母，所以孔子有此一说。能养活父母，只是一个基本的要求，还不能称之为孝。船山《训义》云："夫孝者，人人之所可自尽者也。"孝是一个内尽己心的事情，并没有一个做到哪一步就算是孝的外在标准。"大孝终身慕父母"说的是终己之身，即使父母去世了，只要自己还活着，便会经常思念和祭祀。对父母之爱无止境，孝亦无止境。

2.8 事亲色难章

子夏问孝。子曰："色难。有事，弟子服其劳；有酒食，先生馔。曾是以为孝乎？"

子夏问孝是什么。孔子说:"带着愉悦的脸色侍奉父母,这很难做到。遇到事情,弟子来操劳;有酒食吃,让父兄长辈先吃。难道这就是孝吗?"

孔子认为,抢着干活,礼让酒食,还不能说是孝。朱子《集注》云:"盖孝子之有深爱者,必有和气,有愉色,有婉容。故事亲之际,惟色为难耳。"侍奉父母时最难的是表情控制。一家人长时间共处于同一个屋檐之下,内心的情绪很难隐藏起来。儿女的脸色,父母都看在眼里。《朱子语类》又说:"人子胸中才有些不爱于亲之意,便有不顺气象,此所以为爱亲之色为难。"如果不是从内心生发出真挚的孝,那孝顺的和气、愉色、婉容便难以长时间伪装。再进一步说,如果父母年事已高,行动不便,甚至瘫痪或患病在床的时候,还能够和气愉悦、面带婉容,那就属于难上加难了。所以,色难的本质问题在于追问子女的心是否纯孝?如果无此纯孝之心,即使抢着干活,礼让酒食,那也不能说是孝。抢着干活、礼让酒食,这些都可以作伪,也很容易将之视为一种任务。如果作伪,那种孝行就是做给别人看的。如果是任务心理,那只不过为自己求一个心理安慰,不是出于爱父母之心。这些都不是诚挚纯粹的爱父母之心。当然,如果连抢着干活,礼让酒食都做不到,那就更不能说是孝了。

孔子对子夏如此说,大概也有教导子夏的意思。朱子《集注》引程子曰:"子夏能直义,而或少温润之色。"船山《训义》也说:"子夏之为人过于刚直,而其为学,谨于仪节而略于心得。以此事亲,即有文具而情不至者。"

中国古代二十四孝里有一个"彩衣娱亲"的故事。主人公是一个七十多岁的孝子。为了让更加年迈的父母开心,他穿着华美的衣服,像小丑一样跳舞表演,只是为了逗父母开心。七十多岁的老人为百岁的父母进行表演,只是为了让二老开心,这件事情本身就很打动人。二十四孝里还有一个故事叫"埋儿奉母",孝子叫郭巨。在闹饥荒的情况下,郭巨的母亲总是省下食物给郭巨刚出生的小孩吃。郭巨担心母亲会饿死,就杀了自己的儿子。郭巨认为:"儿可再有,母不可复得。"如果只能二选一,那只能埋儿。如果埋母,那更是天理难容。二十四孝的故事各有一个极其特殊的情境,一般人也遇不到那么特殊的情境。如果没遇到饥荒,郭巨就埋儿奉母，那只能是作伪了。但如果到了那个极端的情境下，也不得不埋儿奉母。二十四孝是用极端的故事在讲孝的道理。而且，在那样极端的情况下，恐怕也只有那样做，才能称之为孝。如果用现代眼光去打量这些孝行，那可能会视之为愚孝。但是，如果是真正的孝，又怎么会愚呢？

综观这几条"问孝"，孔子都在做针对性地回答，试图矫正弟子的弊病。《朱子语类》说："子游为人则爱有余而敬不足，子夏则敬有余而爱不足，故告之不同。"子夏和子游都是孔门高足，但也各有一些毛病，孔子对症下药，对子游是劝其敬，对子夏则是说色难。孔子的回答虽不一样，但都在"孝"中，其理一也。

2.9 不违如愚章

子曰："吾与回言终日，不违如愚。退而省其私，亦足以发。回也不愚。"

孔子说："我和颜回一天说到晚，我说的话他都遵从而不违背，就像有点愚笨的样子。但他回去后会有所反省，也会有一些新体会。其实，颜回一点都不愚笨。"

颜回是孔门弟子，朱子《集注》说颜回"深潜纯粹"。颜回德行仁厚，居陋巷而不改其乐。他很尊敬孔子，视孔子如父。颜回英年早逝，孔子痛哭"天丧予"，就好像自己死了一样。孔子和颜回能一天到晚聊个不停，也说明他俩相处得非常好。

颜回"退而省，有所发"，这是一种自主学习的状态。颜回会把孔子教的东西好好揣摩，好好温习，好好实践。《朱子语类》说："圣人说一句，他便去做那一句。"孔子教导颜回要"克己复礼"，又说要"非礼勿视、听、言、动"，颜渊便"请事斯语"。颜回学习的效果，朱子《集注》概括为"默识心融"。《朱子语类》说："说个融字最好，如消融相似。融，如雪在阳中。"颜回把孔子所教的学问与自己融为一体，益发觉得孔子说得对，所以不违如愚。如果这也是"愚"，那只要是有志于学的人，都应该"愚"。

"不违如愚"，似乎没有批判精神和创新精神，实际上是对孔子学问的敬畏。学习高明的东西，需要"不违如愚"的敬畏之心。只有先相信那些道理，才能深度进入其内部逻辑，进行了深入全面的理解之后，再来批判与创新，才能做出有意义的批判与创新。颜回之不违如愚，其实是大智若愚。

2.10 察其所安章

子曰："视其所以，观其所由，察其所安。人焉廋哉？人焉廋哉？"

孔子说："观察其行为，思考其动机，体会其心安于何处。如果这样识人，人能躲到哪里去呢？人能躲到哪里去呢？"

孔子讲述识人三法。人在社会，总要与他人产生互动，特别是那些想要亲近的人，更应加以辨别。若是寻常小事也可不必计较，但若是托付大事，如"托六尺之孤，寄百里之命"，那也必须加以辨别。这就要有识人的本领。

"视其所以"，是要观察其行为，主要看行为的是非善恶。"观其所由"，则是思考其行为背后的原由或动机，特别是看其动机是义还是利。"察其所安"，则是要看这个人久处不厌的是什么，是天理还是人欲，由此可以见其内在品性。心之所安是一个隐微的东西，能够安之于此，往往也是经过了长期沉淀的结果，甚至可能经过了"杀贼一般"的斗争。这三者是从行为、动机到品性，是逐步从外到内，从浅到深，从不稳定到稳定，从容易作伪到不容易作伪的过程。行为和动机可能具有偶发性，但品性却是长期沉淀而成的，比较稳定，难以作伪。当然观察的难度逐渐增加，从视、观到察，也是看得越来越深入细致。《朱子语类》也说："察人之所安，尤难。故必如圣人之知言、穷理，方能之。"视其所以，观其所由，察其所安，这三个层次也可以理解为行为分析、心态分析和人格分析，亦不失为一套社会学研究的方法。

从经验的角度说，一个人无法直接识人，只能将心比心，这就必须通过自己的心来体会别人的心。先认识到自己的种种，然后才能推己及人，体会到别人的七情六欲和难言之隐，如此方能识人。"视其所以，观其所由，察其所安"的前提是"视己所以，观己所由，察己所安"，这叫自知之明。因此，将心比心中的两颗心，其实更为重要的是明白自己这颗心，然后才能发动自己的心去体会别人的心，从而实现将心比心。

孔子的识人三法对观察者的洞察力提出了比较高的要求，这也需要阅历。所以，人应该读万卷书，行万里路，识万种人。

2.11 温故知新章

子曰："温故而知新，可以为师矣。"

孔子说："温习旧知识，便能产生新知识，这样就可以做老师了。"

"温"是小火反复加热的状态。朱子《集注》解释为"寻绎"，也是反复寻思探索的意思。"温故"是方法，"知新"是目标。"温故"是一种获取新知的办法。知识积累到如今，许多问题前人都已经研究过。这时候可能需要去"温故"，博览群书，以史为鉴，寻找巨人的肩膀。当然，巨人的肩膀也不是那么容易就能站上去，所以必须下足功夫去"温故"。

"温故"不是死记硬背，不是机械照搬，而是生产创造、触类旁通、举一反三。"温故"是义理之学，不是记问之学。义理之学是学习了义理，便可以应接各式各样的事物。但若是死记硬背的记问之学，一遇到新情况，就失去了思考分析的能力。记问之学是"死杀"的，义理之学是"常活"的。《朱子语类》说："守旧而不知新义，便不活，不足以应学者之求。"温故知新的义理之学可以为人师，生搬硬套的记问之学不可以为人师。

船山《训义》讨论了两种不可以为师的情况："夫人之不可为师者有二：智辨有余者，偶然有所见及，即立为一说，而不顾其所学之本业，议论一新，人乐听之，而使学者迷于所守；诵习有功者，熟于其所习，乃守其一说，而不能达于义理之无穷，持之有故，自恃为得，而使学者无所复通。"第一种，"思想火花型"。这种类型的人很聪明，但偶有所见，就立为一说，很容易被思想的火花而牵引，结果没能在根本的学问上坚持下功夫。而且，在积累不足的时候，思想的火花可能只是错误的幻象。第二种，"死记硬背型"。死记硬背者，实际上并没有锻炼出分析总结的能力，便不能温故而知新，也无法应对新情况和新问题。这两点，为师者足戒之，为学者亦足戒之。

温故知新也是思想史研究的一种方法。通过经典文本的反复阅读，历史现实的反复对话，"意尽于此而通于彼"，才能激活并涵育出有时代价值的新思想。

2.12 君子不器章
子曰："君子不器。"

孔子说："君子不囿于才器。"

朱子《集注》云："器者，各适其用而不能相通。成德之士，体无不具，故用无不周，非特为一材一艺而已。"船山《训义》云："凡适一时之用而利或及物，应一事之宜而精其数者，所谓器也。"一时一事、一材一艺者为"器"，成德至广、无所不具为"不器"。

孔子说君子"不器"，是说要突破"器"的局限性，并没有否认器的有用性。孔门也强调礼乐射御书数和言语、政事、文学的重要性。何况学道也需要在器上磨练。但是，孔子认为，不能止步于器而不进取于道。有一技之长而不能通达于道，可谓之器，有一技之长而能通达于道，便不再是器。

《朱子语类》说："人心至灵，均具万理，是以无所往而不知。然而仁义礼智之性，苟以学力充之，则无所施而不通，谓之不器可也。"人心能够通晓义理，应接万物。这是心的一个基本特征。心感道而能应万物，器不足以应万物。君子通晓义理，凭义理去应接万物，这是君子不器的关键含义。比如，器者知道如何创造核能，但君子凭借义理，知道如何运用核能，断不会用来造原子弹。

既然说君子不器，那么何为君子？《朱子语类》说："若偏于德行，而其用不周，亦是器。君子者，才德出众之名。""君子"是指"才德出众"的人。从"君子"出发，可以讨论儒家对人进行的道德分层。儒家不承认绝对的平等，也不强行追求普遍的平等，而是主张在差异性中找到各自的位分。《朱子语类》说："贤人则器，获此而失彼，长于此又短于彼。贤人不及君子，君子不及圣人。"朱子这里划分了圣人、君子和贤人三个层次。更进一步，儒家把人划分为以下六个层次：

恶人、小人、善人、贤人、君子、圣人。恶人是道德败坏的人。小人不是现在常用的"卑鄙小人"的意思，而是指眼光短浅、贪图小利的普通百姓，他们虽然逐利但不至于故意为恶。善人则有善言善行，逐利之心较轻。贤人是在善的基础上还有某些过人的才能。君子不仅具备才能，还能通晓义理，较之贤人，他们能够不囿于才器而更加开明圆融。圣人则德才兼备，义理娴熟，较之君子，德益盛而才更茂，臻乎完人。后三类人具有治理才能，是"治人者"，而前三类人较少或没有治理才能，是"治于人者"。有别于财富、权力和名望的社会分层标准，儒家社会思想中别有一套从道德层面进行社会分层的标准。道德分层虽然难以量化，但实有之。

2.13 先行后言章

子贡问君子。子曰："先行其言而后从之。"

子贡问孔子如何做君子。孔子说："先做出来，再说出来。"

孔门弟子贤才辈出。"德行：颜渊、闵子骞、冉伯牛、仲弓。言语：宰我、子贡。政事：冉有、季路。文学：子游、子夏。"子贡擅长辞令，但也可能因为能说会道而容易说出一些无法实现的话。因此，孔子以"先行其言而后从之"来教导子贡，可谓因材施教。

一般情况下，话好说，事不好办。所以，说话和做事要互相照应，"言顾行，行顾言"。孔子也说："敏于事而慎于言"，"敏于行而讷于言"。孔子说"先行其言而后从之"是想告诫子贡，要踏踏实实地说话，踏踏实实地做事，来不得半点虚浮。

2.14 周而不比章

子曰："君子周而不比，小人比而不周。"

孔子说："君子照管各方而不偏私，小人偏私而不照管各方。"

《论语》里有很多君子与小人的对举。如"君子和而不同，小人同而不和"，"君子坦荡荡，小人长戚戚"，"君子泰而不骄，小人骄而不泰"，"君子喻于义，小人喻于利"等，这些都反映了君子与小人的人格境界之差异。需要注意，《论语》里的小人不是我们现在常用的卑鄙小人的意思，而是指目光短浅、追逐私利的人，他们难以超越一己之私，故失之于偏。小人并不是道德败坏的极端贬义，但与君子相比，还是狭隘很多。

朱子《集注》云："周，普遍也，比，偏党也。皆与人亲厚之意。但周公而比私也。"《朱子语类》说："周是无不爱，比是私也。""周"是指能够照顾到各方面，然后次第做出安排。"比"则是没有公心，只顾自己的小团体，甚至结党营私。朱子认为，周与比的差别，关键在于公心还是私心，这也是君子与小人的关键差别。船山《训义》以义利之别解释公私之别："盖邪正之分，分于公私；公私之辨，辨于义利。"

君子不比，不能理解为君子不结党。其实，君子也结党。结党也分君子之党和小人之党。君子之党和小人之党的志向、气质和行为等判然有别。君子之党目标正大，推己及人，兼济天下。小人之党沆瀣一气，蝇营狗苟，真的是结党营私。

子曰："君子喻于义，小人喻于利。"君子和小人各有其亲疏轻重的关系，但君子是根据义来看是应该亲还是应该疏，小人是根据利来看是应该亲还是应该疏。君子周而不比，照管各方，使各在其位，所以和而不同，小人比而不周，结党营私，逐利而和，利尽则不和，所以同而不和。

四书《训义》里关于君子周而不比和小人比而不周的对比，有一段非常精彩的论述。"君子之用情，因其心之大公，而无所吝者也。故凡情之所必厚，分之所必隆，理之所必推，但可施也，则从而遍及之，无所遗也，如是者谓之周。唯其周也，则因物付物，而各予以应得，未尝有所偏系、相亲相附而至于失己以徇人，其不比必矣。小人之用情，唯其心之所私，而相与昵者也。故惟情之所狎，势之所倚，利之所趋，虽不可施也，必极致其厚，无有余也，如是者谓之比。唯其比也，则党同伐异，而相随以波靡，不能有所推广，泛爱曲容，以处于宽厚，其不周也必矣。"

中国古代的公私观念跟我们现在的公私观念不一样。周和比都有亲厚之意，但亲厚的范围有差别。"周"是恰如其分地致广大，"比"是有所偏私地专厚己。恰如其分为公，专厚于己为私。按照现在的公私观念，个体愿意让渡出来交给公共规则去处理的部分为公，而个人性的、比较私密的、不愿意让渡出来的部分为私。在现代公私观念中，公的前提是每个人都是平等的个体，所以这种意义上的公具有平等的内涵，而不是内涵不平等的恰如其分。

小人专厚于己，而君子能够超越一己之私。君子也有私，但能不能超越一己之私而推己及人，是君子与小人的重要区别。这种实现社会公义的逻辑与亚当·斯密的逻辑不一样。亚当·斯密认为，人人因私而可以成就社会公义。但君子的逻辑是，由一部分人超越一己之私而成为社会公义的担纲者或载体。因私以成社会公义，需要制定规则来规范公域，克制私域，其社会公义的载体是制度规则以及某种超越个人的强制系统。以君子载道还是以规则载道，体现出两种不同的社会运行逻辑。

小人虽然自私自利，但如果能照顾好一个家庭，也是不错的。君子能够超越一己之私，便能够超出家庭，超出社区，在更加广大的范围内协调各种利益，退而修身齐家，进而治国平天下。《朱子语类》说："为诸侯则爱一国，为天子则爱天下，随其亲疏厚薄，无不是此爱。"超越一己之私利并不是无私，而是推私己之爱以及于人，老吾老以及人之老，幼吾幼以及人之幼。

从社会结构的角度来说，君子也是从众多小人中冒出来的，他们能通晓义理，而能超越一己之私利，遂能出乎其类而拔乎其萃。君子是局部社会中的领袖，他们承载着局部社会的公义。这种立体式的差序格局也不是一个自私格局，而是不同人格境界的君子所带领的圈层化的社会团结格局。更高水平的君子能够在更广泛的范围团结人心。君子能够超越一己之私而改善局部社会的风气，甚至风化天下。通过局部社会中的君子以身载道来实现社会公义，这是中国社会中颇为常见的贤人政治和榜样政治的内在逻辑。

2.15 学而不思章
子曰："学而不思则罔，思而不学则殆。"

孔子说:"学而不思,便会迷惑;思而不学,便会危险。"

朱子《集注》云:"不求诸心,故昏而无得;不习其事,故危而不安。"朱子以"不求诸心"来解释"不思",以"不习其事"来解释"不学"。学而不思的结果是"拘于其迹而愈不得通",没有思考、整理和汇通,只会越学越糊涂,就像迷路一样。思而不学的结果是,"执之偏而反以成庆",只做思想实验,不去从实求知,也不知道学习别人的优秀经验,这便很危险。

"学而不思"容易变成一个"本本主义者"或"教条主义者",只知生搬硬套而不知分析整理。"思而不学"容易变成一个"民社"或"民科",甚至变成邪教异端分子,自以为有重大发现,其实不过是陷入了一个封闭的天地而自娱自乐。《朱子语类》说:"硬将来拗缚捉住在这里,便是危殆。"不过,"学而不思"与"思而不学"有轻重之别。"思而不学"更危险。"学而不思"可能只是自己一个人迷惘糊涂,"思而不学"则可能剑走偏锋,危害他人与社会。

学与思应该结合起来。朱子《集注》引程子曰:"博学、审问、慎思、明辨、笃行五者,废其一,非学也。"学与思如何结合?船山《训义》云:"致知之途有二:曰学,曰思。学则不恃己之聪明,而一唯先觉之是效。思则不徇古人之陈迹,而任吾警悟之灵。乃二者不可偏废,而必相资以为功。"学是向外效仿,思是温故知新。不拘于外,不泥于己,学思相资,古今相通,才是学者正道。

2.16 攻乎异端章
子曰:"攻乎异端,斯害也已。"

孔子说:"专门研习异端邪说,这便有害。"

朱子集注引范祖禹曰:"治木石金玉之工曰攻。"《朱子语类》说:"攻者,是讲习之谓,非攻击之攻。""攻乎异端"的"攻",不是"攻击",而是攻读、专攻、专治的意思。

儒家认为的异端有哪些呢？朱子《集注》引范祖禹曰："异端，非圣人之道，而别为一端，如杨墨是也。其率天下至于无父无君，专治而欲精之，为害甚矣！"朱子《集注》引程子曰："佛氏之言，比之杨墨，尤为近理，所以其害为尤甚。"在孔子的时代，儒家以杨朱之学和墨家思想为异端。在朱子的时代，宋儒以佛教思想为异端。杨、墨、佛等学说具有很大的影响力，也是内部成体系的学问，因此值得儒家进行辩驳。

杨朱取"为我"，"拔一毛利天下而不为"，这便是无君。墨家取"兼爱"，没有亲疏差等，这便是无父。《朱子语类》又说："杨墨为我、兼爱，做出来也淡而不能惑人。只为释氏最能惑人。初见他说出来自有道理，从他说愈深，愈是害人。……如后来士大夫，末年皆流入佛氏者。缘是把自家底做浅底看，便没意思了，所以流入他空寂玄妙之说去。"佛教主张离亲以出世，儒家主张亲亲以入世。儒家认为，出世倾向容易流入空寂玄妙，并不务实。

异端之所以能成为异端，乃是因为它有自成一套的思想观点和理论体系，才能吸引人去研习。但正是这种似是而非，藏着深深的危险。孔子批评乡愿是德之贼。乡愿是没有原则的老好人，其结果他们左右逢源，别人以为这就是仁，纷纷效仿，结果更加失了是非善恶。似是而非的东西，一时可能有用，但学到深处，推至广处，就会发现内部的重大问题，结果积重难返，所以要洞察异端之弊，更不要专攻异端。船山《训义》云："愚不肖者喜其新奇而利其便安，遂靡然而从之，未几而遍天下。其为世道人心之害，甚烈也，亦甚速也。"有些说法，好像解释力很强，但事情的本质却并不一定是这样。比如趋利或趋强的逻辑，我们以此来解释别人的行动逻辑时，很容易说某人是金钱崇拜和权力崇拜，但是一旦用这个逻辑来分析自己的行为时，又分明觉得自己不尽是这般人物，似又多了几分温情与道义。君子应该远离异端，尤须明辨那些似是而非者。

2.17 知之为知之章

子曰："由，诲汝知之乎？知之为知之，不知为不知，是知也。"

孔子说："子路，教你这个道理，你明白吗？知道就是知道，不知道就是不知道，这才是智。"

"是知也"的"知"通"智"。"由"即子路，子路字仲由，是孔门弟子。朱子《集注》云："子路好勇，盖有强其所不知以为知者。"船山《训义》云："子路之于道，已得其大端矣。而自任过勇，遂自信为是，唯勉于行，而略于知。"子路好勇，有时候逞强，难免夸口吹牛，以不知为知。所以，孔子这样教导他。

"知之为知之，不知为不知，是知也。"这句话有两层意思。第一层意思，不要自欺欺人。没搞清情况之前，不要自以为是，妄下判断，要经过认真研判才能行动，尤其是不能假装知道，否则贻害深远。第二层意思是，不能安于不知而做个"真诚快乐的傻子"。不是说不假装知道就可以了，更是要勉人去求学求智。孔子最后说"是知也"，就把两层意思都说圆了。不自欺是基础，自勉于学是进道。《朱子语类》说："上不失于自欺，下不失于自勉。"

孔子对子路说话，说得很直接，是那种很家常的对话，就好像是，"仲由，过来一下，我跟你说啊……"。从这语气中就不难看出师弟子二人关系比较亲近。在《论语·子路》篇13.3章中，子路直接说孔子"迂"，孔子则说子路"野"。如果不是关系亲近，学生可能也不太敢这样跟孔子说话，而孔子也不会这么直接，张口就"骂"。子路年纪比较大，是孔子早期的弟子，孔子与他似有几分亦师亦友的感觉。读《论语》的时候，仔细体会师徒对话的语气，会别有一番收获。这种语气之中，隐藏着孔门师徒日常生活的生动逻辑。由此，我们也不会觉得《论语》中的故事离我们很远。

2.18 慎言慎行章

子张学干禄。子曰："多闻，阙疑，慎言其余，则寡尤。多见，阙殆，慎行其余，则寡悔。言寡尤，行寡悔，禄在其中矣。"

子张学习从政之道。孔子说："多听，事情要问清楚，不清楚的要慎言，这样别人就很少怨恨。多看，事情要做踏实，不踏实的要慎行，这样自己就很少后悔。说话别人很少怨恨，做事自己很少后悔，那禄位就在其中了。"

"干禄"是指获得俸禄，即从政。子张是孔子的学生，他想学习如何出仕做官。孔子告诉他三点，第一，多闻多见。第二，阙疑阙殆。"阙"就是少的意思，少有疑虑和不安，凡事要问清楚、做踏实。第三，慎言慎行。通过这三点就能做到言寡尤、行寡悔，自然就能安稳做官。

在官场之中，这三点可以说是金科玉律。多闻多见，这是指经验的重要性，从政要面对的是上下左右、四面八方各色人群，方方面面都要照管到。阙疑阙殆，说话做事的过程中要把事情搞清楚，不然容易产生误会，这种误会不仅会牵连到自己，还会牵连到所在的工作部门，甚至可能变成政策造成广泛而重大的恶劣影响。清楚踏实，是一个以繁琐求简明的过程，如果没有当初的繁琐，后来便可能产生更大的麻烦。谨言慎行的重要性不言而喻，言行都有社会效应。说话办事不靠谱，名声也就坏掉了，那可真是难有作为了。待到要提拔的时候，可能就是各种小报告满天飞。政府是中国社会的中枢神经，出台一个政策便能影响千家万户，因此必须谨慎。

孔子说"禄在其中"，意思是说，这些不是直接求禄，但这样做了，才可以求到禄。孔子是在教子张做人，不要盯着禄位，而要盯着言行与修养。《朱子语类》说："圣人教人只是教人先谨言行，却把他那禄不做大事看。"言行修养是大事，求则得之。禄位是附带而来的东西，而且有可能求而不得。在《论语·卫灵公》篇15.28章，孔子也提到了禄的问题。子曰："君子谋道不谋食。耕也，馁在其中矣；学也，禄在其中矣。君子忧道不忧贫。""君子谋道不谋食，君子忧道不忧贫"，君子不应该把谋道当成谋食的工具。言行修养也不是干禄的工具。言行修养本身的意义高于禄位。禄位以修身为本，而修身不以禄位为归。从政的根本在修身，故曰："为政第二"。

子张或许还以为孔子平日所教与从政无关。其实孔子平日所教的君子之道与从政之道是一以贯之的学问。船山《训义》云："子勿曰，君子之学，学而已矣，用世之道别有学焉。将自昧所从，而并昧先王终始典学、择贤任职一致之心。"船山认为，不要认为君子之学与用世之道是两套学问，其实只是一致之心。修身与为政是一以贯之的学问，所用即所学，并非各有一套。此即所谓"学治一体"。

2.19 举直错诸枉章

哀公问曰:"何为则民服?"孔子对曰:"举直错诸枉,则民服;举枉错诸直,则民不服。"

鲁哀公问孔子:"怎么做百姓才会服气?"孔子回答说:"把正直加在歪曲之上,那百姓就服气;把歪曲加在正直之上,那百姓就不服气。"

本条用词不是"子曰",而是"孔子对曰"。朱子《集注》云:"凡君问,皆称孔子对曰者,尊君也。"可能是因为跟国君说话,所以孔子的语气更尊敬一些。

船山《训义》云:"夫人之遵道而行,而是非无所曲挠者,直也。其委曲徇世,言行不由于轨则者,枉也。"《朱子语类》说:"是便是直,非便是枉。"一块地,政府要征收,明明是 100 平米,政府量的结果却是 80 平米,老百姓获得的征地款就会减少,老百姓就不服。这叫"举枉错诸直"。有个钉子户,明明只有 100 平米,却非要说成 120 平米,但政府坚持就是 100 平米,这就维护了公平正义,老百姓就服气。这叫"举直错诸枉"。

直,不是一个客观的标尺,而是人心上的那个公理。父子相隐不是直,但直在其中。直不是用一把客观的尺子量出来的,而是在具体的情境中综合考虑主客观多种因素的结果。一些大学规定,学生考试作弊要被开除,但不少老师都选择睁一只眼闭一只眼,而采取其它的方式警告之,使学生既接受警告,又不至于被开除。这种做法虽然不符合学校章程,但却不能说不直。在复杂的社会环境中求是非,不能拘泥于客观标尺,而忘记了人心上的公理。

人要训练出在复杂情境中明辨是非的能力,然后才能应对有度。《朱子语类》说:"人最要见得是与不是,方有下手处。"对于国君而言,通晓义理、明辨是非就更重要了。因为政令从国君到百姓要经过漫长的行政链条。国君不正,到了下面就变得极度歪曲,结果不良风气迅速增长蔓延,危害甚烈。地方官员如果不知"举直错诸枉",不加整顿,早晚要失掉民心。政权一旦失去民心,便会危如累卵。所以,居上者不可不通晓义理,明察直枉而措处之。

2.20 使民敬忠劝章

季康子问："使民敬、忠以劝，如之何？"子曰："临之以庄，则敬；孝慈，则忠；举善而教不能，则劝。"

季康子问孔子："要使民众持敬、忠诚以及勤勉向上，该怎么做呢？"孔子说："为政者面对百姓时要端庄，百姓就会持敬。为政者孝顺父母，慈爱百姓，百姓就会忠诚。百姓的善行要加以发扬，不知道怎么做的百姓要好好教导，百姓就会勤勉向上。"

季康子是鲁国三桓季氏家族的代表人物，位高权重。他向孔子请教如何治理百姓才能使百姓能够尊敬自己、忠诚自己、勤劳而不偷懒。这是为政者关心的重要问题。船山《训义》云："民不敬，则无礼而上下乱；民不忠，则无心而国以危；民不劝，则苟且偷薄而风俗坏。"

孔子的回答是，临民以庄、躬行孝慈、举善而教不能。孔子说的这三点都是让季康子先做好自己。《朱子语类》说："'庄'，只是一个字，上能端庄，则下便尊敬。至于孝慈，则是两事，孝是以躬率之，慈是以恩结之，如此，人方忠于己。'举善而教不能'，若善者举之，不善者便去之，诛之，罚之，则民不解便劝。惟是举其善者，而教其不能者，所以皆劝。"

季康子的发问里面，那个"使"字很值得揣摩，就好像通过某种手段可以使百姓这样去做。船山《训义》曰："使民之然者，非可求之民也，亦求之天子大夫之德教而已矣。"对于老百姓，不是使其然，而是要国君大夫"躬行于上而教施于下"。因此，为政者要治理好百姓，关键不在于使百姓如何，而在于使自己如何。

2.21 是亦为政章

或谓孔子曰："子奚不为政？"子曰："《书》云：'孝乎！惟孝，友于兄弟，施于有政。'是亦为政，奚其为为政？"

有人对孔子说："你为什么不去从政？"孔子说："《尚书》里说：'孝顺吧！希望能孝顺父母，友爱兄弟，然后将之推行到政事上去。'像《尚书》里说的这个也是为政，为什么只有你说的那个才是为政呢？"

孔子一直想从政，却因为各种原因还没有得到从政的机会，有人好奇而问之。这段对话大概发生于孔子出仕之前。孔子借《尚书》里的一句话"孝乎！惟孝，友于兄弟，施于有政"阐明了自己的观点，孝亦是为政。孔子认为，治理家庭和治理国家本质上是相通的，齐家和治国平天下，其实是同一套道理。既可以孝治家，又可以孝治国，于家于国，其理一也。孔子如果有合适的机会从政，便会将这齐家之道推广到治国上去。《朱子语类》说："夫子得时得位，其为政之本，也只就人伦上做将去。"无论在家在国，都讲究人伦之道。家与国共享一套人伦之理，这是家国一体或家国同构的社会基础。

2.22 人而无信章
子曰："人而无信，不知其可也。大车无輗，小车无軏，其何以行之哉？"

子曰："人如果不能信实可靠，那就不知道这个人有什么可以肯定的了。就像大车没有輗，小车没有軏，那车怎么能走得动呢？"

輗和軏是连接车和牛马的关键物件，如果没有輗和軏，那车当然跑不动。人而无信，就像车子没有輗和軏，断断行不通，也无法堂堂正正地活着。"信"是信实可靠。"尽物之谓信"，物有几分便说是几分，既不添油加醋，也不打折扣。《朱子语类》解释为"真实诚心"。然而，有些人不仅做不到信实可靠，反而要找一些借口反其道而行之。船山《训义》云："乃无信者，且以为于己虽未实，而可以制人而使服，诱人而使从，亦利行于天下之一术也。……乃愚不肖者以讥诈为可恃，贤智者又以权变而无伤。"船山说，有的人自己明知"无信"，却还通过强力或利诱来使人服从，最后当然获利了，结果大家都去学习这种"讥诈"与"权变"，社会风气便败坏了。船山真是洞悉人性，义正辞严。

关于"信",有两种相反的说法。一种是"人而无信,不知其可"。另一种是"言不必信,行不必果",如《论语·子路》篇中说:"言必信,行必果,硁硁然小人哉!"实际情况固然是千变万化,言不必信,既可能是权变,也可能是投机。那到底是权变还是投机,要具体问题具体分析。孟子曰:"大人者,言不必信,行不必果,惟义所在。"如果"惟义所在",那便是权变,如果违背道义,那就是投机了。权变与投机,从表面上看有些相似,但从动机和人品上看,两者相差又何止千万里?

2.23 百世可知章

子张问:"十世可知也?"子曰:"殷因于夏礼,所损益,可知也。周因于殷礼,所损益,可知也。其或继周者,虽百世,可知也。"

子张问孔子:"可以预知十个朝代之后的事情吗?"孔子说:"殷朝继承夏朝的礼,可以知道一些损益变化,周朝继承殷朝的礼,可以知道一些损益变化。之后继承周朝的也是如此,即使一百个朝代之后,也可以知道一些损益变化。"

朱子《集注》云:"王者易姓受命为一世。"这里的一世指一个朝代。"因"是指因袭继承,"损益"则是增减。船山《训义》云:"裁前代之所已有余者而节去之,曰损。补前代之所不及防者而加密焉,曰益。"

孔子通过夏商周之间的因袭损益,讲了一个知变又知常的道理。有些东西继承下来了,但有些东西根据实际情况而有所损益变化。汉代马融认为:"所因,谓三纲五常。所损益,谓文质三统。"朱子《集注》云:"三纲谓:君为臣纲,父为子纲,夫为妻纲。五常谓:仁、义、礼、智、信。文质谓:夏尚忠,商尚质,周尚文。三统谓:夏正建寅为人统,商正建丑为地统,周正建子为天统。三纲五常,礼之大体,三代相继,皆因之而不能变。其所损益,不过文章制度小过不及之间,而其已然之迹,今皆可见。"

朱子认为,三纲五常大体因袭不变。步入现代社会,仁义礼智信这五常,也未曾受到质疑。但是,三纲却饱受批评。如新文化运动中便有"礼教吃人"这种说法。"三纲"的说法源于汉代《白虎通·三纲六纪》，原文如下：

> 三纲者何谓也？谓君臣、父子、夫妇也。六纪者，谓诸父、兄弟、族人、诸舅、师长、朋友也。故君为臣纲，夫为妻纲。又曰："敬诸父兄，六纪道行，诸舅有义，族人有序，昆弟有亲，师长有尊，朋友有旧。"何谓纲纪？纲者，张也；纪者，理也。大者为纲，小者为纪，所以张理上下，整齐人道也。人皆怀五常之性，有亲爱之心，是以纲纪为化，若罗纲之有纪纲而万目张也。……君臣，父子，夫妇，六人也，所以称三纲何？一阴一阳谓之道。阳得阴而成，阴得阳而序，刚柔相配，故六人为三纲。三纲法天、地、人，六纪法六合。君臣法天，取象日月屈信归功天也。父子法地，取象五行转相生也。夫妇法人，取象人合阴阳有施化端也。……君臣者，何谓也？君，群也，下之所归心；臣者，缠坚也，属志自坚固。《春秋传》曰："君处此，臣请归也。"父子者，何谓也？父者，矩也，以法度教子；子者，孳孳无已也。故《孝经》曰："父有争子，则身不陷于不义。"夫妇者，何谓也？夫者，扶也，以道扶接也；妇者，服也，以礼屈服。《昏礼》曰："夫亲脱妇之缨。"《传》曰："夫妇判合也。"

从《白虎通》的意思看，父子、君臣、夫妇是最重要的三种人伦关系。三纲六纪定下来，与人相处便能手足有措。在《白虎通》里面，三纲并不是单向度的关系压迫，而是相互之间的关系伦理，即君仁臣忠，父慈子孝，夫妇以礼，是阴阳相成、刚柔相配之道，并没有后来衍生出来的不平等的压迫意味。礼教异化，终非圣道之过，乃是好东西产生流弊的结果。中西方各种良善的理念，都可能在现实运行中产生流弊。

《礼记·大传》云："立权度量，考文章，改正朔，易服色，殊徽号，异器械，别衣服，此其所得与民变革者也。其不可得变革者则有矣：亲亲也，尊尊也，长长也，男女有别，此其不可得与民变革者也。"这句话的意思是说，亲亲、尊尊、长长和男女有别这几种人伦精神，在任何时代任何社会皆所同然，而礼在形式上则会因时因地而变化。亲亲为仁，尊尊为义，长长和男女有别则是义的延伸。尽管礼有形式上的损益变化，但其背后的仁义精神却难以变化。儒家君子致力于在人伦关系中做到仁至义尽，不安于个体主义的生活方式。

再来看其损益增减，如夏尚忠，商尚质，周尚文。《朱子语类》说："忠、质、文。忠，只是朴实头白直做将去；质，则渐有形质制度，而未及于文采；文，则就制度上事事加文采。然亦天下之势自有此三者，非圣人欲尚忠，尚质，尚文也。夏不得不忠，商不得不质，周不得不文。彼时亦无此名字，后人见得如此，故命此名。"朱子认为，夏商周社会变迁有不得不如此之形势，这种风气的概括也是后人对历史的总结。在《朱子语类》中记载了一段话，朱子在跟学生讨论过周朝、秦朝与汉朝的损益继替。原文如下：

> 先生谓"'继周百世可知'，诸公看继周者是秦，果如夫子之言否？"皆对以为秦不能继周，故所因所革皆不可考。曰："若说秦不能继周，则夫子之言不是始得。夫子分明说百世可知。看秦将先王之法一切扫除了，然而所谓三纲、五常，这个不曾泯灭得。如尊君卑臣，损周室君弱臣强之弊，这自是有君臣之礼。如立法说父子兄弟同室内息者皆有禁之类，这自是有父子兄弟夫妇之礼，天地之常经。自商继夏，周继商，秦继周以后，皆变这个不得。秦之所谓损益，亦见得周末许多烦文缛礼如此，故直要损其太过，益其欠处，只是损益得太甚。然亦是事势合到这里，要做个直截世界，做个没人情底所为。你才犯我法，便死，更不有许多劳劳攘攘。如议亲，议贤，议能，议功之类，皆不消如此，只是白直做去，他亦只为苟简自便计。到得汉兴，虽未尽变亡秦之政，如高文之宽仁恭俭，皆是因秦之苛刻骄侈而损益其意也。大纲恁地宽厚，到后便易得废弛，便有强臣篡夺之祸。故光武起来，又损益前后之制，事权归上，而激厉士大夫以廉耻。"

朱子这段话分析了从周代、到秦代再到汉代的损益变化。从周代到秦代，简化了行政，革除了周代的许多繁文缛节，但损益过甚。不过，并未变三纲五常，君臣、父子、兄弟、夫妇之礼反而更加严苛。到了汉代，以宽厚行政革除秦法严苛之弊，结果又太过宽松，所以有强臣篡夺之祸。从周代到秦汉，其因袭继承和损益变化也构成了一个变与常的辩证法。《朱子语类》说："所因之礼，是天做底，万世不可易；所损益之礼，是人做底，故随时更变。"

直到今天，父子关系、君臣关系和夫妻关系依然是中国人生活中最重要的几种关系。其中，君臣关系可以替换为工作中常见的上下级关系。君仁臣忠，父慈子孝，夫妇以礼，仍然是一种理想的关系伦理。它们在现代中国社会中做出了一些适应性的变通，但关系伦理的本质并没有太大的变化。

2.24 非其鬼而祭章

子曰："非其鬼而祭之，谄也。见义不为，无勇也。"

孔子说："祭祀不该祭祀的鬼神，是谄媚。见到义所当为的事情却不去做，是无勇。"

《论语》里的一些条目可以看出儒家的鬼神观。

祭如在，祭神如神在。子曰："吾不与祭，如不祭。"

季路问事鬼神。子曰："未能事人，焉能事鬼？""敢问死。"曰："未知生，焉知死？"

樊迟问知。子曰："务民之义，敬鬼神而远之，可谓知矣。"

子不语怪、力、乱、神。

子曰："禹，吾无间然矣！菲饮食而致孝乎鬼神……"

总体上说，孔子对鬼神是一种敬而远之的态度。儒家虽然也不确定鬼神是否存在，但总体上倾向于认为鬼神存在。不过，儒家又强调，人应该用力于人事，而非乞灵于鬼神。从殷代到周代的思想史变迁，其中一个显著变化就是从巫术鬼神到礼乐文明的转变。周孔礼教认为，人的行动不应该祈求于巫术鬼神，而要归依于礼教，从而使自己手足有措。孟子更直接说出了人都个是非之心。所以，儒家只是教人用自己的是非之心去明辨是非善恶，而不是以巫术鬼神代替自己的自省之功。

"非其鬼而祭之，谄也。"孔子主张，不能去祭祀那些不该祭祀的鬼神。不当祭而祭，便是谄媚和淫祀。无中生有或者僭越之祀，皆为淫祀，不合礼制。《论语·公冶长篇》5.17 章，子曰："臧文仲居蔡，山节藻棁，何如其知也？"孔子也在批评臧文仲不是智者，因为他过度祭祀鬼神。船山《训义》则认为，"非其鬼而祭之"的结果是，"陷于下愚"、"趋于萎靡"。

"见义不为，无勇也。"朱子《集注》云："知而不为，是无勇也。"见到义所当为的事情，自己也知道应该去做，但因为利害得失、情绪失控或认识不清等原因而没有去做。孔子认为，这便是无勇。从根本上说，还是义理认识不清，未能达到醇熟的地步。《朱子语类》说："若从源头上看下来，乃是知之未至，所以为之不力。……若知至，则当做底事，自然做将去。"严格来说，知义而不为，仍是不知义。知道和做到，相差又何止千万里？

小结《为政》篇

本篇把儒学义理放在"为政"（修齐治平）的具体情境之中展开，主旨在于阐明，儒学之道广大精微，可以"为政"。

八佾第三（26章）

3.1 八佾舞于庭章

孔子谓季氏，"八佾舞于庭，是可忍也，孰不可忍也？"

孔子评价季氏的做法时说："八佾舞列在庭院中起舞，如果这都可以忍，那还有什么不可以忍呢？"

"佾"，舞列。"八佾"是指横八人、竖八人的舞列。"八佾"是天子祭祀先王之礼。按照礼制，天子才能八佾，诸侯是六佾，大夫是四佾，士是二佾。船山《训义》云："成王以周公有大勋劳，使鲁祀以天子之礼，而乐用八佾。其后鲁祀群公皆僭用之。季友以有功于僖公，遂与公室相亢，立桓公之庙于私室，亦因而僭用八佾焉。"鲁桓公有四个儿子，其中嫡长子鲁庄公继承了国君之位，另外三个儿子分别是庆父、叔牙、季友，也就是孟孙氏、叔孙氏、季孙氏。这三家后来联合起来擅权鲁国。因为这三家都是鲁桓公的后代，所以称为三桓。季氏（即季孙氏）是大夫，按照礼制，祭祀应该用四佾，结果却用了八佾，以大夫之位而行天子之礼，即是僭越。

季氏僭越，说明其人无敬君之心。周文王三分天下有其二，论实力也可以造反，但君臣大义使他愿意以臣子之礼敬待商王。船山《训义》说："人臣之所以事君者，非力不可相亢，威不可相胁也，唯此心之怵惕不宁，不可忍而已矣。"大夫僭用天子之礼，往往会惴惴不安，这是因为臣对君有一种内在的敬。《资治通鉴》写到人臣谋反的部分，往往记载造反者小心翼翼的情状，可见其"怵惕不宁"。这实际上是因为根植于心的君臣大义。现在职场中的上下级关系也是如此，一旦要违背上司的意见，总还是有些"怵惕不宁"。

礼虽然是一套外在的仪式，却是缘情而制礼，把比较常见的情感凝结在礼制之中。船山《训义》说："礼乐者，非由天降，非由地设，由人心生者也。"礼由人心而出，但并不是跟着某一个人的人心走，而是具有某种普遍性，用以调节大家共有的情感，使人心向善，民德归厚。《礼记》云："礼有微情者，有以故兴物者。"礼一方面有节制情感的功能，一方面有兴发情感的功能。《礼记》又云："先王之制礼也，过之者，俯而就之，不至焉者，跂而及之。"对于那些情感比较厚道的人，就予以节制；对于那些情感比较凉薄的人，就予以兴发。比如父母去世之丧，礼制规定，水浆不入于口三日。情感过厚者，再悲伤也不能一周不吃饭，以免伤及身体；情感过薄者，也不能父母去世当天就大吃大喝，而要通过饥饿的感觉来兴发其对父母的哀思。丧礼上披麻戴孝、播放哀乐等仪式，也是为了兴发人们对死者的哀思。礼是外在的仪节，却是由人心所生，又可以兴发或节制人心，因此可以说，礼是合内外而为礼。

3.2 三家《雍》彻章

三家者以《雍》彻。子曰："'相维辟公，天子穆穆。'奚取于三家之堂？"

鲁国三桓祭祀结束的时候，安排的是天子才能用的颂歌《雍》。孔子说："'诸侯只是来助祭的，真正具有盛大威仪的是天子。'三桓怎么能在祭祀结束的时候歌《雍》呢？"

朱子《集注》云："彻，祭毕而收其俎也。天子宗庙之祭，则歌《雍》以彻，是时三家僭而用之。"鲁国三桓僭用天子之礼，被孔子批评了。"相维辟公，天子穆穆"出自《诗经·周颂·雍》。"相"是辅助，即助祭的意思，"辟公"是指助祭的诸侯。这首诗里提到了两种基本态度："肃肃"和"穆穆"。"肃肃"是指助祭的诸侯恭恭敬敬的态度，"穆穆"是指天子的威仪盛大高远。天子穆穆而诸侯肃肃，君臣大义自见。但是，鲁国三桓祭祀结束的时候，却僭用天子才能用的礼乐。

周武王去世之后，年幼的成王继位，由周公摄政，后归政于成王。周公功勋卓著，《尚书》里记载："一年救乱，二年克殷，三年践奄，四年建侯卫，五年营成周，六年制礼乐，七年致政成王。"周公的封地在鲁，周成王非常感激叔父周公，于是让周公的儿子鲁公伯禽以天子之礼祭祀周公，结果被后代沿袭下来了。沿袭已是错了，三桓只是大夫，却用了天子之礼，属于是僭上加僭、错上加错。孔子这里只是批评了三桓，程子和朱子进一步批评了周成王和伯禽。朱子《集注》引程子曰："周公之功固大矣，皆臣子之分所当为，鲁安得独用天子礼乐哉？成王之赐，伯禽之受，皆非也。"《朱子语类》说："便是成王赐周公，也是成王不是，若武王赐之，也是武王不是。"《八佾》开篇两条便指责三桓违礼，责之深也。

3.3 人而不仁章

子曰："人而不仁，如礼何？人而不仁，如乐何？"

孔子说："人如果不仁，有礼又怎么样？人如果不仁，有乐又怎么样？"

《朱子语类》说："若人而不仁，空有那周旋百拜，铿锵鼓舞，许多劳攘，当不得那礼乐。"汉代王莽，看似孝顺恭敬，终于还是篡位，便是心里没有那个仁，是假仁。有仁心之礼乐和无仁心之礼乐，差别又何止千万里。礼像是一个剧本，演这个剧本，若不投入感情，恐怕也演不好。朱子《集注》引李郁曰："礼乐待人而后行。"

船山《训义》诠释礼乐与仁的关系："人心有真爱真敬之诚，而以施于亲疏上下之交，则各如其心之不容已而有序，以达其欢欣愉悦之忱，则一如其心之所适而能和。其序也，显之于仪文度数而礼行焉；其和也，发之于咏歌舞蹈而乐作焉。夫真爱真敬，人心恻怛自动之生理，则仁是矣。故礼乐皆仁之所生，而以昭著其中心之仁者也。仁以行礼，则礼以应其厚薄等差之情，而币玉衣裳皆效节于动止之际。仁以作乐，则乐以宣其物我交绥之意，而管弦干羽皆效顺于沂畅之衷。乃人而不仁矣，施报惟其私，而厚薄必无其序，徒窃礼而用之，礼岂为此类颠倒而无真意者用哉！其能如礼何！人而不仁矣，喜好惟其欲，而物我不顾其安，徒窃乐而用之，乐岂为此乖戾而无真情者用哉！其能如乐何！"

船山这段话提到的不仁的表现如下：施报惟其私，厚薄无其序，颠倒而无真意，喜好惟其欲，物我不顾其安，乖戾而无真情。反过来则是仁：施报不惟其私，厚薄有其序，不颠倒而有真意，喜好不惟其欲，物我两安，不乖戾而有真情。船山认为，仁者承认亲疏差等，能超越自私自利，尽力推己及人，达到物我两安。

而礼乐所希望达到的目标也是如此。

礼不仅是外在的形式，也有其内在的精神气质。礼乐文明的内在精神气质是仁。周公制礼作乐，奠定了周代封建制度的基础。礼乐很容易流于形式，孔子为礼乐注入了仁的精神，使礼乐具有真正的生命力。周公制礼作乐，孔子以仁入礼，共同奠定了儒家学说的周孔传统。

3.4 礼之本章

林放问礼之本。子曰："大哉问！礼，与其奢也，宁俭；丧，与其易也，宁戚。"

林放问孔子什么是礼的根本。孔子说："这是个大问题！礼，与其奢侈，不如节俭。治丧，与其仪式熟练，不如情感哀戚。"

朱子《集注》云："易，治也。孟子曰：'易其田畴。'在丧礼，则节文习熟，而无哀痛惨怛之实者也。"这里"易"的意思是，治丧者在仪式上花了很多功夫，实则没有多少哀情。

朱子《集注》云："林放，鲁人。见世之为礼者，专事繁文，而疑其本之不在是也，故以为问。"林放的问题和孔子的回答，都是针对当时礼的现状有感而发。时人注重礼的仪式，但是对于礼的精神实质却放松了。

孔子对礼之"奢"与礼之"易"提出了批评。船山《训义》云："唯奢之有以侈其心也，唯易之以有分其情也。"之所以会侈其心、分其情，是因为情感发生了转移。船山《训义》云："若其但未奢也，则将谓物已备而可以为敬，敬心弛矣；但求易也，则将谓事已治而可以无悔，慕心释矣。则无怪乎终日为礼而愈离其本也。"祭祀的时候，以为祭品足够多就是尽到了心意，其实内心并无此等敬意。《朱子语类》一针见血地指出："人只习得那文饰处时，自是易忘了那朴实头处。"

既然礼之"奢"是孔子批评的，那么"俭"就合于礼的要求吗？《朱子语类》说："俭亦不是故意俭，元初且只有汙樽抔饮之类。"起初的生产力水平有限，能提供的祭品也有限，因此不得不俭。孔子也不认为俭是对的。孔子的讲法是"与其奢，宁俭”，这是指在难以两全的情况下，只好选择"俭"。这是一种退而求其次的无奈之举。这里要仔细揣摩孔子说话的语气，"与其……宁……"，这本身是一种退而求其次的讲法，严格来说，两者都有不足。朱子《集注》云："礼贵得中，奢、易则过于文，俭、戚则不及而质，二者皆未合礼。然凡物之礼，必先有质而后有文，则质乃礼之本也。"从人情的角度来说，现实生活中也很难找到所有细节都合乎标准的礼，在面临取舍的时候，还是应该"与其奢，宁俭"，"与其易，宁戚"。孔子说话真是滴水不漏，可通上下。

如果用心于仪式上的表面功夫，实际上则不"走心"，那是一种非常机械的行为。在金庸小说《笑傲江湖》中，剑宗只学习了一些招数，但是内功不足，时间久了，剑宗还是打不过修习内功的气宗。如果只是照礼的样子做，而没有一颗"活泼泼"的仁心，那这样的礼便很容易走向僵化。对于礼来说，仪式和心意固然都很重要，但是二者相比，心意更为重要。

3.5 夷狄有君章

子曰："夷狄之有君，不如诸夏之亡也。"

孔子说："夷狄尚且有君，不像华夏诸国那样，就跟无君一样。"

"亡"通"无"。这里的"不如"不是"夷狄有君比不上诸夏无君"的意思。本条的"如"，突出的是一种对比，可以译作"像"，意思是，（夷狄）不像华夏诸国那样，（华夏诸国）就跟没有君主一样。这里用夷狄的情况反讽诸夏的情况。朱子《集注》引程子曰："夷狄且有君长，不如诸夏之僭乱，反无上下之分也。"朱子《集注》又引尹焞曰："孔子伤时之乱而叹之也。亡，非实亡也，虽有之，不能尽其道尔。""亡"并不是真的无君，而是无尊君之心，无君臣之义，如《朱子语类》云："上下僭乱，不能尽君臣之道，如无君也。"孔子时常感慨天下无道，礼崩乐坏，而且这种风气是一层一层地坏下去的。船山《训义》说："诸夏之诸侯不知有天子，大夫不知有诸侯，可专则专之耳，可窃则窃之耳。"孔子这里通过夷夏之对比，尖锐讽刺了华夏无君、礼崩乐坏的状况。

3.6 旅于泰山章

季氏旅于泰山。子谓冉有曰："女弗能救与？"对曰："不能。"子曰："呜呼！曾谓泰山不如林放乎？"

季氏用天子才能用的祭祀办法"旅"去祭祀泰山。孔子对冉有说："你不能劝谏挽救一下这种违礼的行为吗？"冉有说："不能。"孔子说："啊！难道说泰山还会不如林放吗？"

"旅"不是旅行的意思，而是天子才能使用的一种祭祀仪式。船山《训义》云："诸侯祭境内山川。泰山在鲁之境内，故鲁得祭焉。然唯天子之祭名山大川也，则曰旅，合群而祀之也。诸侯祭山川，鲁祀其山川，不得曰旅，而况于大夫。"《朱子语类》解释说："天子祭天地，诸侯祭其国之山川，只缘是他属我，故我祭得他。若不属我，则气便不与之相感，如何祭得他。"因此，天子可以"旅"祭名山大川，诸侯可以祭祀自己封国之内的山川之神，但不能使用"旅"这种祭祀方式。季氏作为大夫，"旅于泰山"，便是"僭祀"。所以船山批评季氏"无君自恣"、"邀福于泰山"。

孔子的弟子冉有在季氏那里做"宰"，类似于大管家的角色。对于季氏的僭越，孔子问冉有，有没有可能纠正季氏的非礼行为。冉有说不能。孔子很感慨："难道泰山还会不如林放吗？"《八佾》篇3.4章，林放曾经问孔子"礼之本"，林放尚且知道追问礼之本，那泰山更加会知道礼之本，泰山应当会对季氏有所警示和教正吧，至少不应该让季氏所求祷的僭乱之事得以实现。正所谓，"神不享非礼"。

朱子《集注》认为，孔子是在"进林放以厉冉有也"。孔子希望激励冉有有所作为，纠正季氏的非礼行为。从这里也不难体会到孔子内心的"天下之忧"。

3.7 争也君子章

子曰："君子无所争。必也射乎！揖让而升，下而饮。其争也君子。"

孔子说："君子谦逊，不与人争。射箭的时候却一定要争！互相拱手行礼，登台射箭，结束后下台请输掉的人上台一同饮酒。这种争也是君子之争，与小人之争不一样。"

朱子《集注》解释"射礼"："揖让而升者，大射之礼，耦进，三揖而后升堂也。下而饮，谓射毕揖降，以俟众耦皆降，胜者乃揖不胜者升，取觯立饮也。言君子恭逊，不与人争，惟于射而后有争。然其争也，雍容揖逊乃如此，则其争也君子，而非若小人之争矣。"射礼，不仅是射箭比赛，还是很好的礼学教育活动。"揖"是拱手行礼的意思。要举行射箭比赛了，参加比赛的人在登台之前，彼此要先礼让一番。比赛结束之后，赢的人下来请输的人上台共饮。赢也光彩，输也服气。在技艺上是争进，但在德礼上是谦退。以礼服人，不以输赢害和睦。

所谓"其争也君子"，则意味着争有君子之争，也有小人之争。君子之争一般有个底线，小人之争有时不择手段。不择手段的话，即使赢得比赛，也难服人心。同样是争利，有的人顾着道义，有的人却不顾道义。顾着道义而争利，是君子之争。君子不是无争，而是要看争什么以及怎么争。船山《训义》云："其争者不务其实，而所争者名，不循其义，而所争者利。"船山认为，君子要争的是，天下之是非，吾心之得失，君子务要实循义，而不是去争虚名、争妄利。

大射之礼中的礼让，看起来妨碍了比赛的效率，却培育了礼让精神，塑造了君子品格。中国社会中许多的形式，背后都承载了礼的意义。所以，针对形式的革新，不能只考虑效率的问题，还要考虑礼的意义结构。理想的人类社会从来不遵从唯效率论的单一逻辑。

3.8 绘事后素章

子夏问曰："'巧笑倩兮，美目盼兮，素以为绚兮。'何谓也？"子曰："绘事后素。"曰："礼后乎？"子曰："起予者商也，始可与言《诗》已矣。"

子夏问："有句诗是'巧笑倩兮，美目盼兮，素以为绚兮'（笑容可爱，口辅周正，明眸亮眼，有这些形质之美，然后再施加粉黛），这说的是什么意思呢？"

孔子说："绘画要先有粉底素功，然后加以五彩。"子夏说："礼后于质吗？"孔子说："能够给我启发的是商，可以开始与之讨论《诗经》了。"

　　卜商，字子夏。"商"即子夏。"倩"是指"好口辅"，口辅是指嘴巴周围。"盼"是指"目黑白分也"，即是明眸。"素"是"素地"，"绚"是"采色"。朱子《集注》云："言人有此倩盼之美质，而又加以采色之饰，如有素地而加采色也。"这句诗本来是在讨论女性化妆的问题，主要意思是，先有自然形质之美，然后相应地化妆。言下之意是，自然形质比化妆更重要。

　　孔子用绘画技巧"绘事后素"解释这句诗。朱子《集注》云："考工记曰：'绘画之事后素功。'谓先以粉地为质，而后施五采，犹人有美质，然后可加文饰。"绘画与化妆一样，都是先有"素质"，而后有"彩饰"。子夏马上联想到礼与质的关系也是如此，应该是先有礼之质，而后有礼之文。朱子《集注》云："礼必以忠信为质，犹绘事必以粉素为先。"质与文，两者缺一不可，但主次先后是分明的，必是先质而后文。船山《训义》云："求之于实而已矣。"

　　子夏的应对让孔子非常欣慰。孔子认为，子夏能够由诗通于礼，可谓知诗。可能孔子自己也没有联想到这一点。所以，孔子说子夏启发了他。船山《训义》云："善学者，随所感而皆有所通，而诗之为教，托事物以兴起人心，尤其感人者也。"正如素以为绚、绘事后素、礼后于质，诗亦是如此，先有真情实感，然后有形式上的韵律节文。因此，人、诗、画、礼，四者皆是质先于文，而后文质彬彬以成君子之道。

3.9 文献不足章

子曰："夏礼吾能言之，杞不足征也。殷礼吾能言之，宋不足征也。文献不足故也，足则吾能征之矣。"

　　孔子说："夏代的礼我能说出其纲要，但仅从夏之后代杞国则不足以证明我说的夏礼确实存在。商代的礼我能说出其纲要，但仅从商之后代宋国则不足以证明我说的殷礼确实存在。这都是因为典籍和熟悉掌故的贤者太少，如果足够的话，我可以证明夏商之礼确实存在。"

"文献"分作两解，"文"是典籍，"贤"是贤者。对于"献"，朱子的解释是"贤也"。船山也作此解。《朱子语类》说，如果"献"是指法度，那么应该用"宪"而不是"献"。朱子《集注》云："征，证也。"

杞国是夏的后代，宋国是商的后代。那时候改朝换代，新朝天子会给前朝天子的后代留一个封国，而不是满门抄斩。随时代之变迁，杞国和宋国，与之前的夏与商相比，已经发生了很大的变化，典籍流传较少，熟悉掌故的贤人也比较少。船山《训义》说：杞国"缘陵迁而降用夷礼，不足征也"；宋国"内乱频而官失其序，不足征也"。《朱子语类》详细解释了杞国的情况："杞国最小，所以文献不足。观《春秋》所书，杞初称侯，已而称伯，已而称子。盖其土地极小，财赋不多，故宁甘心自降为子、男之国，而其朝觐贡赋，率以子、男之礼从事。圣人因其实书之，非贬之也。"

夏商周三代之礼有损益变化，夏尚忠，殷尚质，周尚文。三代之礼，变中有常。《礼记·大传》云："立权度量，考文章，改正朔，易服色，殊徽号，异器械，别衣服，此其所得与民变革者也。其不可得变革者则有矣：亲亲也，尊尊也，长长也，男女有别，此其不可得与民变革者也。"船山《训义》云："自古帝王之所以治教天下者，唯礼，则后之述先王之道以定人道之极者，亦唯礼。"礼是古圣先贤传下来的"大中至正之理"，尽管文献不足征，孔子依然相信之。这是孔子的思想，也是孔子的信仰。孔子认为，自己身上所承载的礼与道，就是一种证明。孔子慨然曰："天之未丧斯文也。"孔子之道正是秉承了周公开创的礼乐文明传统，圣圣相传而所自有来。

3.10 不欲观之章
子曰："禘，自既灌而往者，吾不欲观之矣。"

孔子说："鲁国的禘礼，从灌之后的部分，我不想看。"

"禘"是一种规格极高的祭祀之礼。朱子《集注》引赵伯循曰："禘，王者之大祭也。王者既立始祖之庙，又推始祖所自出之帝，祀之于始祖之庙，而以始祖配之也。"礼记大传云："礼，不王不禘，王者禘其祖之所自出，以其祖配之。""禘"专属于帝王，是祭祀帝王之始祖之所自出，并以始祖配之。帝王的"始祖之所自"，一般会追溯到天与神。《礼记·大传》郑玄注云："大祭其先祖所由生，谓郊祀天也。王者之先祖，皆感大微五帝之精以生，苍则灵威仰，赤则赤熛怒，黄则含枢纽，白则白招拒，黑则汁光纪，皆用正岁之正月郊祭之，盖特尊焉。"根据郑玄的讲法，上古时期的帝王，是感应了五帝之精灵所生，即所谓"感生帝"，即青帝灵威仰、赤帝赤熛怒、黄帝含枢纽、白帝白招拒、黑帝汁光纪。

按照祭祀之礼，不同的人祭祀所追及的祖先不一样。《仪礼·丧服》云："禽兽知母而不知父；野人曰：'父母何算焉'；都邑之士则知尊祢矣；大夫及学士则知尊祖矣；诸侯及其大祖，天子及其始祖之所自出。尊者尊统上，卑者尊统下。"郑玄注云："大祖，始封之君。始祖之所由出，谓祭天也。上犹远也，下犹近也。"位份越高的人，越能够在祭祀上追到更远的始祖。如果是帝王，便可以追到始祖之所自出，也就是天与神了。

不同身份等级的人能够追远的程度不一样。其中一个原因是财力不一样。高规格的祭祀需要大量财力，普通人家无法承受。另一方面，这是一个人仁孝程度的反映。越远越容易被忽略，倘若能够追远，则说明其人仁孝深厚。《朱子语类》说："盖人推至始祖，则已极矣。今又推始祖所自出之帝而祀焉，则其理可谓穷深极远矣。非仁孝诚敬之至，何以及此！能知此，则自然理无不明，诚无不格，于治天下真不为难矣。……禘是追远之中又追远，报本之中又报本。盖人于近亲曾奉养他底，则诚易感格，如思其居处言笑，此尚易感。若人远者，自非极其至诚不足以格之，所以难下语答他。此等处，极要理会，在《论语》中为大节目。"儒家认为，身份地位越高的人，越应该具有仁孝的德行。此即所谓"有德者爵之"。

鲁国虽不是帝王之家，但也可以行禘礼，这是有原因的。朱子《集注》引赵伯循曰："成王以周公有大勋劳，赐鲁重祭。故得禘于周公之庙，以文王为所出之帝，而周公配之，然非礼矣。"周公功劳太大，天子特赐他享受禘礼。不过，朱子认为，这有违礼制。

以诸侯身份行天子之礼，这是鲁国禘礼第一个有违礼制的地方。第二个有违礼制的地方在于，鲁国奉行禘礼的人诚意不足。朱子《集注》云："鲁之君臣，当此之时，诚意未散，犹有可观，自此以后，则浸以懈怠而无足观矣。盖鲁祭非礼，孔子本不欲观，至此而失礼之中又失礼焉，故发此叹也。"船山《训义》云："若不足以惬合人心，而曾望其勿欺于幽远乎？"如果行礼之人没有诚意，连观礼的人都感动不了，又怎么能通达远祖？朱子《集注》云："灌者，方祭之始，用郁鬯之酒灌地，以降神也。""灌"是禘礼开始的环节。这说明孔子从一开始就不想看了。总结孔子不想看的两个理由：第一，不王不禘。鲁国是诸侯而不是天子，不能行禘礼；第二，诚意不足。禘祀的时候，行礼之人精神懈怠，失却敬意，不足观也。

儒家社会思想极重祖先。《朱子语类》说："苟能全得自家精神，则郊焉而天神格，庙焉而人鬼享。……盖祭祀之事，以吾身而交于鬼神，最是大事。惟仁则不死其亲，惟孝则笃于爱亲。又加之诚敬以聚集吾之精神，精神既聚，所谓'祖考精神，便是吾之精神'，岂有不来格者！"按照宋代理学家的这个解释，祖先的身体虽然已经朽坏，但祖先的精神还凝聚在自己身上。只有仁孝诚敬的精神可以感通祖先，用仁孝诚敬的精神去祭祀祖先，祖先才会降临。按照这个逻辑，孝子身上凝聚了历代祖先的精神。一个人的孝顺，实际上是对包括了父亲在内的整个祖孙血脉负责。如果香火断了，那就祖祖辈辈便都没有人祭祀了。

2021年中国热播的电视剧《山海情》里讲到了一个移民的故事。在扶贫搬迁的过程中，老人家跟随子孙搬到了新社区，告别了祖坟。看似把先祖之根给放弃了，但是剧本却非常巧妙地从中国人的祖先观念上对这种放弃祖坟的行为进行了正当化的新解释。以往的观点认为，中国人只有一个根，在祖先那里，所以守着祖坟和故土而不愿意离开。新解释认为，中国人上有祖宗下有子孙，其实有两个根，一个根在祖先那里，一个根在子孙那里，守着祖先是守着根，守着子孙也是守着根。按照这种理解，移民搬迁并没有把根丢掉。《山海情》里把小孩称为"先人"，中国一些地方也会把孩子称为小祖宗。这些称呼很有意思，颇有几分"祖考精神，便是吾之精神"的意思。不论是祖先还是子孙，每个人都是守先待后的一环，对整个祖孙血脉负责，对这个无限绵延的、纵向的家族共同体负责。

在父子关系之中，首先存在的是这个纵向的家族共同体，父子关系只是其中的一环。父子关系是一体之亲，是微型共同体，父子二人都要对这个一体关系以及背后的祖孙血脉负责。这种父子关系，先在地认定存在一体的父子关系，而不是先把父子分开为父与子两个没有关系的个体，然后建立关系、施恩回报。按照个体主义的逻辑去理解，则会误解父子关系的"一体"本位，就会进入社会交换论的个体主义逻辑。按照这种社会交换论的个体主义逻辑，如果一旦没有了交换，或者交换不对等，那父子关系也会解体。实际上这种社会交换论的个体主义逻辑与中国社会中的父子一体逻辑并不一样。更进一步说，西方人讲的关系与中国人的关系并不一样，西方的关系（social network 或 interpersonal relationship）是以个体本位为前提展开的，展现了不同个体之间的交换逻辑和契约逻辑，而中国的关系是以关系本位为前提逐步展开，是以一体关系为基础的伦理逻辑。在这个意义上说，中国社会的逻辑起点不是个体本位，而是关系本位或伦理本位。这构成一种独特的中国社会学思想，其主要的理论根源就藏在儒家学说之中。

3.11 禘之说章

或问禘之说。子曰："不知也。知其说者之于天下也，其如示诸斯乎！"指其掌。

有人问孔子关于禘的学说。孔子说："这个我不知道。如果知道禘的学说，那他们看天下就像看一个手掌那么清晰了。"孔子说着指了指自己的手掌（意思是天下可运于掌）。

孔子当然知道禘之礼，却又推说不知道。朱子《集注》云："先王报本追远之意，莫深于禘。非仁孝诚敬之至，不足以与此，非或人之所及也。而不王不禘之法，又鲁之所当讳者，故以不知答之。"不王不禘，鲁禘非礼。面对来路不明的"或问"，孔子不想指责鲁国国君之禘礼为非礼，这是内外有别，也是"为尊者讳"。

禘礼是祭天，乃帝王之礼。从帝王合法性的角度来说，能够祭天的帝王应该是怎样的人呢？朱子《集注》云："盖知禘之说，则理无不明，诚无不格，而治天下不难矣。"其理其诚都达到"致广大而尽精微，极高明而道中庸"的程度，方可以行禘礼以祭天，承天命而治天下。这对帝王之德提出了极高的要求。如果帝王能够如此德高，那他治理天下就跟观看自己的手掌一样容易了，意思是，"天下可运于掌"。

3.12 祭神如神在章

祭如在，祭神如神在。子曰："吾不与祭，如不祭。"

孔子祭祀时就好像祭祀对象在眼前一样，祭祀鬼神就好像鬼神在眼前一样。孔子说："如果我不能亲自参加祭祀，而是请人代劳，那不祭也罢。"

祭祀时，就像祭祀的对象就在眼前一样。这是描述孔子祭祀时充满诚敬之心的样子。孔子非常重视祭祀。《左传》云："国之大事，在祀与戎。"不管对于国家还是个人，祭祀都是一件大事。朱子《集注》引范祖禹云："君子之祭，七日戒，三日斋，必见所祭者，诚之至也；有其诚则有其神，无其诚则无其神；诚为实，礼为虚。"礼若无诚，则是虚礼。礼兼内在之诚敬与外在之仪节而为一。

朱子主要强调的是主敬，而船山侧重从鬼神观的角度解释为什么需要诚敬之心。人的世界与鬼神的世界是相互分隔的。人与鬼神相通需要满足几个条件：第一，用于祭祀的恰当的食物；第二，诚敬之心；第三，正好是那个有关系的人。船山《训义》云："孝孙精气之相应……气已散而聚之，唯吾聚之也，理本隔而通之，唯吾通之也。"这也是孔子要亲自参加祭祀的原因。虽然将信将疑，但古人倾向相信，人死之后会变成鬼神。

船山《训义》说"唯吾聚之"，"唯吾通之"，似乎是在说，鬼神也"认人"。《朱子语类》说："自家精神，即祖考精神，这里尽其诚敬，祖宗之气便在这里，只是一个根苗来。""气"有几分抽象的意味，但从祖孙之间的连通来说，却实有血脉。古代祭礼中有一个"尸"，常常是找家里的一个小孩来扮演已经去世的祖先，象征性地接受子孙后代的祭品和敬意。"认人"似乎是中国文化传统的一个特点，只有特定的人才能"通"，进而产生信任。

儒家的鬼神观是处于有神论和无神论之间的不可知论者。儒家社会思想的重要贡献就是悬置了鬼神和巫术，转而在人事上建立了一套充满人文主义色彩的理性观。人们不再借助于鬼神和巫术来做决定，而是依靠自觉自身的仁义本性和是非之心。我们也可以认为，儒家的仁义学说正是脱胎于儒家的鬼神观念。如果辅以这套鬼神观念，也许我们能更好地理解殷周之变，也能更为清晰地把握儒家学说在中国社会思想史上的重大意义。由此观之，中国社会的理性祛魅可能很早就开始了。梁漱溟说中国文化具有早熟性，不能说没有道理。

借助祭祀来理解仁与推的关系。如果诚敬之心只是停留在自己身上，那还不够，必须要推到鬼神或对方那里去，产生感通，才是尽到了诚敬之心。儒家的反求诸己或慎独修身，并不是一个问心无愧的自我逻辑，因为这还不够。如果只是自己问心无愧，那很有可能是放低标准或自以为问心无愧。儒家社会思想认为，诚敬之心应该抵达对方，使其在某种具体的关系中充盈起来，从而建立起某种感通，这才是仁。所以，儒家才用"相人偶"、"意相存问"和"心之相喻"来解释"仁"的本意。如果只有问心无愧，很容易由感通主义滑入自我主义。自我非仁。

3.13 获罪于天章

王孙贾问曰："'与其媚于奥，宁媚于灶。'何谓也？"子曰："不然。获罪于天，无所祷也。"

王孙贾问孔子："'与其媚于奥，宁媚于灶。'（与其亲顺于奥，不如亲顺于灶）这句话是什么意思呢？"孔子回答说："这话不对。如果得罪了天，那就没有什么可祈祷的。"

王孙贾是卫国权臣。"媚"是谄媚亲顺的意思。朱子集注云："室西南隅为奥。"奥和灶都是行祭祀礼的地方，但有区别。许多重要的礼如五祀之礼都是在奥举行，灶只是暂时行礼的地方。朱子《集注》云："奥有常尊而非祭之主，灶虽卑贱而当时用事。"实际上这是一个暗喻。王孙贾把奥和灶比作弱主和权臣的关系。他对孔子说，与其对奥亲顺，不如对灶亲顺，言外之意是，"自结于君不如阿附权臣"。

他可能是看到孔子侍奉国君非常守礼，便暗指他媚于奥，转而又劝孔子改变"谄媚"的对象，其实可能是想拉拢孔子来媚己。孔子当然听懂了王孙贾的言外之意。孔子回答说，不管媚于奥还是媚于灶，如果得罪了上天，不管媚于什么都不管用。孔子认为："工于事媚，获罪于天。"媚本身就有问题，而媚于权臣而轻视国君的僭越就更获罪于天。

从两人的对答可以看出中国古代政治中的隐喻之风。这里以时常行礼的奥指代国君，而以偶尔行礼的灶指代权臣。王孙贾没有直接议论国君，仿佛什么也没说，但又什么都说了。王孙贾不能明说的原因在于，此种议论有违尊君之义，所以只能用隐喻的方式说出来。这反过来则说明，王孙贾尽管专权，但心里还是知道国君之尊。中国历史上的避讳或文字狱等，其实与这里的隐喻，是同根异蔓的关系，本质而言都是尊敬君长的产物。这种隐喻之风，到现在还常见于官场之中。他们常常以一号或办公地点，或其他只有内部人士才知道的暗号来指代一把手。

3.14 吾从周章

子曰："周监于二代，郁郁乎文哉！吾从周。"

孔子说："周代典章制度根据夏商两代并有所损益而成，仪节文饰丰富周到啊！我愿遵从周礼。"

朱子《集注》云："监，视也"，"郁郁，文盛貌"。"文"如船山《训义》所说："备物以章敬，尽仪以显情。""郁郁乎文"的意思是，各种名器典章、文仪礼法都很周到。周礼吸收了夏商制度的精意，还增加了更为完备的礼仪，形成了"周尚文"的特点，尤为孔子所推崇，所以孔子希望遵从周礼。

夏尚忠，殷尚质，周尚文。三代的制度精神各有不同的特点。忠指忠厚，质是朴素，文是礼文。船山《训义》云："既监于夏商先王之精意，又监于其后世子孙之流弊，于是忠之必且质，质之必且文，抑以知质所以昭其忠，而文所以达其质。"质以昭忠、文以达质，这就说明了制度变迁的损益逻辑。这种变迁不是一种革命性的断裂，而是有所继承和损益，变中仍有其常。商继承了夏的"忠"，而且增加了"质"。周代继承了夏之忠和商之质,并增加了"文"。特别是周公制礼作乐,极大繁荣了周代的礼乐制度。忠、质于中而仪文于外,忠、质在文之中而有所补益于忠、质。

《朱子语类》说:"三代之礼,其实则一。"三代的变迁有内在一致的精神,即基于人性本善的忠与质。从这种变与常出发,不能说儒家是制度意义上的保守主义者,因为儒家提倡损益变化。但可以说儒家是制度精神意义上的保守主义者,因为儒家固执于仁义精神。这也就是《礼记·大传》所说的"有可得与民变革者也,有不可得与民变革者也"。应该说,任何一种高尚的文明都不会执着于制度形式的变化,而对于体现其崇高理想的制度精神则会坚守不已。

夏、商、周的制度演进,体现了不断叠加的逻辑,似乎暗示了制度日繁的必然性。《朱子语类》说:"盖法令自略而日入于详。详者,以其弊之多也。既详,则不可复略。今法令明备,犹多奸宄,岂可更略,略则奸宄愈滋矣。"朱子认为,法令只能由略入详,而不能由详复略。制定详备的法令来防范各种奸宄弊行,似乎不可避免。适时而变的法令日繁,是随着社会生活实践的深广程度而增加的,这是必要的。从另一个角度来说,良法美意是否可能被繁杂的法令所侵蚀?制度精神反过来被制度俘获的情况又该如何避免?儒家保守主义的尚古之风,其实不过是认为,即使法令繁杂,也不可忘记良法美意。

3.15 每事问章

子入大庙,每事问。或曰:"孰谓鄹人之子知礼乎?入大庙,每事问。"子闻之,曰:"是礼也。"

孔子到周公庙去助祭,凡事都要问一下。有人就说:"谁说孔子那家伙懂礼啊?进了周公庙什么事情都要问一下。"孔子听到之后,说:"凡事都问一下,这就是礼。"

"大庙"是鲁国的周公庙。"鄹人之子"是指孔子,孔子的父亲曾经在鄹这个地方做大夫。凡事都问一下,可能有些人觉得是不懂礼,但在孔子看来,是担心出一点点差错的持敬之心。朱子《集注》云："虽知亦问，谨之至也，其为敬莫大于此。"入国问禁、入乡问俗，入周公庙而每事问，这都是担心不小心冒犯了对方，其实包含了一种敬意。周公是孔子特别敬仰的人物，他带着毕恭毕敬的态度进周公庙助祭，所以"每事问"。孔子"每事问"的态度，足为"吊儿郎当者"戒。

"每事问"，很像社会学的田野调查。这要求研究者像本地人一样，设身处地去想具体的生活实践中可能会遇到什么问题，认真体会当地人的默会之知和难言之隐。"每事问"，可以援引为田野调查的方法。田野调查的基本态度在于敬，即郑重其事、认认真真、扎扎实实地"每事问"。

3.16 射不主皮章
子曰："'射不主皮'，为力不同科，古之道也。"

孔子说："'射箭不是为了贯穿箭靶上的皮革'，因为每个人的力气不一样，古之道便是如此。"

箭靶表面有布，里面有皮革，力大者可以射透里面的皮革。"射不主皮"是说，射箭的目的不是为了射穿皮革，即射箭不是为了证明谁的力气大。射作为一种礼，有一套礼仪规定："揖让而升，下而饮，其争也君子"。射礼的目的是培养君子之德。朱子《集注》云："古者射以观德，但主于中，而不主于贯革，盖以人之力有强弱，不同等也。"《朱子语类》说："若以贯革为贵，则失所以习礼之意。……古人用之战斗，须用贯革之射。若用之于礼乐，则观德而已。"如果强调力气，容易形成好斗的习气。射礼的本意是希望涵养君子之德。射礼的变化也反映出政治气候和社会风气的变化。孔子的时代正值兵戈兴起，射箭越来越重力不重德，这会加剧"兵戎之气"，非孔子所愿。

《朱子语类》说："其初也只是修武备，圣人文之以礼乐。"乡射最初也是一种军事训练，后来加入了礼乐文明的内涵，使之"文明化"。再者说，射礼也不是一般的竞技比赛。如果是力量型的竞技运动，孔子想必也不会反对力量上的进步。《朱子语类》提到了一种"武射"，这与所谓的射礼不同，提倡力量，鼓励贯穿皮革。

3.17 爱礼存羊章

子贡欲去告朔之饩羊。子曰:"赐也,尔爱其羊,我爱其礼。"

子贡想把用于告朔之礼的活羊从仪式中去掉。孔子说:"赐啊,你重视这羊,我却更重视这礼。"

端木赐,字子贡。"赐"即子贡。"告朔"是指天子在腊月颁布下一年度的日历,特别是要明确初一是哪一天。"朔"即是"农历初一"。告朔是为了各个诸侯国能够统一时间,使各种安排能够彼此配合、井然有序。各诸侯国君要把天子颁布的日历放到祖庙中去。每个月初一这天,诸侯国君要到祖庙去"视朔",然后供上一只公羊。这意味着,新的月份到了。告朔之礼是联系天子与诸侯,诸侯与祖先的重要礼仪。船山《训义》云:"朔之必告,崇天时以授民,以奉天也;定天下于一统,以尊王也;受成命于先公,以敬祖也。其为礼也大矣。"船山认为,告朔之礼有奉天、尊王、敬祖三层重要意义。依据天时确定历法即是奉天,按照天子颁布的历法统一行动即是尊王,请示祖先施行新的历法即是敬祖。

子贡想把告朔之羊去掉也是有原因的。自鲁文公以来,鲁国国君便不再视朔,百有余年,但有关部门还是会准备告朔之羊,在朔日的时候供奉到祖庙去,即使国君不来视朔。子贡认为,既然国君不来视朔,那岂不就成虚礼了吗?所以,子贡想把告朔之羊去掉,从而节省人力物力。但是,孔子表示反对。

孔子认为,只要告朔之羊还在,将来恢复告朔之礼的可能性就很大,存其名而礼可举,去其羊则礼终废。这个礼的逐渐废掉其实表明,鲁国国君奉天、尊王、敬祖的意识可能在弱化,这也从另一个侧面说明了当时礼崩乐坏的情况。孔子对这种风气非常不满,存其羊是寄望于鲁君。孔子宁愿保留告朔之羊,目的是保住告朔之礼,意在倡导奉天、尊王、敬祖的精神。孔子认为,奉天、尊王、敬祖的精神正是不可变革者,因之不愿意放弃。告朔之羊承载了孔子的理论与方法、理想与道路。船山《训义》说:"处衰晚而想盛治,情之不忘,圣人之意念深矣。"

可能这就是孔子的固执吧。

古人没有现代社会中全球统一的精确时刻。中国以北京时间为标准，全世界以伦敦时间为标准，全世界的日历以太阳历为标准。只有统一了时间，现代社会的协同和权力的集中才是可能的。现代人的时间观念，是一种近乎于客观的存在。而中国古人的历法观念和时间观念里面，灌注了奉天、尊王、敬祖的精神。那时候使用的年号和世代，也包含了正统性和正当性的内涵，背后关联着古人的宇宙观、政治观和祖宗观念。

告朔之礼反映了天子与诸侯之间的关系。历法上的统一是认识周代封建制度下天子与诸侯关系的一个侧面。诸侯尊天子的一个表现即是重视天子所颁布的历法。除此之外，当时天子和诸侯之间还有很多制度性的联系，比如朝觐、进贡、分封、征伐、会盟等。周代封建制度虽说是封土建国，但是"分权"之中又有某种"集权"，比如上面提到的各种加强中央集权的制度。封建时代的分权中有集权，帝制时代的集权中有分权（比如皇权不下县和土司自治等）。将传统中国一概视为专制，其实有失偏颇。

3.18 事君尽礼章
子曰："事君尽礼，人以为谄也。"

孔子说："侍奉君主恪尽礼节，别人却以为这是谄媚。"

事君尽礼是恭敬。恭敬和谄媚具有性质上的本质差别。船山《训义》说，谄媚是"怀利禄以趋权门"。有的君主品性好，下属愿意"事君尽礼"。问题的复杂性在于，如果君主失德，甚至暴虐，该不该"事君尽礼"呢？当然还是应该事君尽礼。因为"事君尽礼"的礼不仅是恭顺，不只是以和为和，还包括进谏。臣子当谏不谏为非礼。君臣以义合，三谏不从则臣子去之。"事君尽礼"不能简单理解为迎合君主，否则就真的变成谄媚了。

事君尽礼到底是敬国君这个人还是敬国君这个名分？如果是敬这种名分，那就永远不能以下犯上，汤武革命也就不会有合法性。所以，应该是敬国君本人。

但也不意味着国君昏聩就该造反。敬主于我，不管什么人成为了君主或上司，都应该报以善意和敬意，做好本分。如果专门挑君主或上司的毛病，处心积虑要造反，反而指斥君主失德，其实是自己先失德了。这就是敬在外而不在内了，不是"义内"之学。遇到不好的君主或上司，还能持敬，那才是真的敬。如果到了无可挽救之时，臣子可以三谏不从而去。到被逼无奈，时势所至，也不是不可以起义。从《论语·尧曰》篇可以看出，武王伐纣时，有非常沉重的道德压力，盖不得已也。到底定性为造反还是起义，动机很重要。

3.19 君使臣以礼章

定公问："君使臣，臣事君，如之何？"孔子对曰："君使臣以礼，臣事君以忠。"

鲁定公问孔子："君如何使臣？臣如何事君？"孔子回答说："君用臣要以礼，臣事君要以忠。"

理想的君臣关系，是君臣之间以礼相待，各尽其心。朱子《集注》云："二者皆礼之当然，各欲自尽而已。"儒家之礼，首先是用来要求自己而非指责他人。船山《训义》云："礼者，君之所以重臣，即所以自重也。……任之专而不疑其权之分，授之劳而不忧其心之怨。……忠者，臣之所以效于君，即所以自效也。……事是君而唯知有此君，历事数君而唯知有此一心。"君臣互相以礼相待，各尽己心，是一种很理想的状态。现实中常常出现的情况是，君使臣如犬马，臣事君怀私心。

儒家理想的君臣关系是两相致意的状态，并不是君对臣的单向度压迫。实际政治中出现君对臣的压迫，这是流俗之弊。反过来说，如果流俗将之扭曲为一种压迫关系还能持存，可能也是因为人们普遍认为臣应该忠于君。正如把孝道扭曲为父对子的压迫，把贞洁扭曲为夫对妻的压迫，这也是因为孝道、贞洁与忠诚一样，在人们心目中具有很高的道德合法性。人们对此深信不疑，强化应用而逐渐固化僵化，孝道、贞洁与忠诚遂转变为压迫，恰恰是崇高的伦理精神被别有用心的人给利用了，反而僵化为不可怀疑的教条，甚至是吃人的礼教。一些原本应该具体分析的特殊情况，直接被扣上了"不忠、不孝、不贞"的大帽子。人心一旦蒙尘，上帝亦无可奈何。

君君臣臣是一种理想形态。如果君不君，那臣应该怎么办？《朱子语类》说："自人臣言，固是不可以不忠。但人君亦岂可不使臣以礼？若只以为臣下当忠，而不及人主，则无道之君闻之，将谓人臣自是当忠，我虽无礼亦得。如此，则在上者得肆其无礼。"儒家对君与臣各自如何自处提出了道德上的要求。如果君不君，臣也不能事之以不忠，但臣可以三谏不从而去。从君的角度来说，对那些三谏不从而去的臣子，国君不能立即把赐封的土地采邑立即收回，而是要过一段时间再收回。这是国君希望臣子能够回心转意，也是君待臣以礼的体现。儒家对君臣关系的基本看法是，君臣以义合，以不义离。孟子云："君之视臣如犬马，则臣之视君如寇仇。"像这种情况，臣子完全可以因为国君不义而离开。古代的君臣关系也不是完全不可以脱钩的人身依附关系。

君臣之义，在于各尽己心。君使臣以礼，臣事君以忠，这才是君为臣纲的本意。君为臣纲不是绝对的人身依附，也不是君对臣的单向压迫。自然，市委书记也不能够掌掴下属。

3.20 乐而不淫章

子曰："《关雎》，乐而不淫，哀而不伤。"

孔子说："《关雎》这首诗，欢乐而不放荡，哀怨而不悲伤。"

《关雎》一诗，出自《诗经·国风》。"乐"是"欢乐"之"乐"，与哀相对。"淫"是指乐过了头而失其正。欢乐也不过头，哀伤也不过分。乐而不淫为正，哀而不伤为和。这里强调的正是《关雎》这首诗蕴藏的正气与和气。

《关雎》诗云："关关雎鸠，在河之洲。窈窕淑女，君子好逑。"关雎是一种水鸟，以鸟之相偶来指代人的求偶行为。有人认为这是一首爱情诗，而朱子把《诗经》当作政治讽喻诗来解读。按照朱子的解释，这首诗讲述的是王妃给周文王找侧室的故事，体现了后妃之德。王妃给周文王物色侧室，找不到时，颇为担心，找到以后又很开心。其乐止于钟鼓，不淫；其忧止于辗转，不伤。周文王的王妃并不担心文王找了新的侧室之后便失宠，内心可谓光明磊落，亦可见周文王和王妃感情很好。这些体现出王妃不任其情的德性，所以朱子认为，王妃得"性情之正"。

诗中有正和之气，乐中亦有正和之气。《朱子语类》说："如人传嵇康作广陵散操，当魏末晋初，其怒晋欲夺魏，慢了商弦，令与宫弦相似。宫为君，商为臣，是臣陵君之象。"正和之乐，得修身养性之功，而靡靡之音不过是堕落人心的结果罢了。可见，诗乐之中有政治。

《诗经》中的正气与和气，即所谓"思无邪"和"中和"之气。以《诗经》来兴发仁德、陶冶性情，可以得性情之正。因此，儒家重诗教。

3.21 既往不咎章

哀公问社于宰我。宰我对曰："夏后氏以松，殷人以柏，周人以栗，曰：'使民战栗'。"子闻之，曰："成事不说，遂事不谏，既往不咎。"

鲁哀公问宰我如何立社。宰我回答说："夏代人栽松树，商代人栽柏树，周代人栽栗树。栗树是使老百姓战栗的意思。"孔子听说之后，说："事情已经做成了，就不再去议论；事情已势不可挡，就不再去劝谏；事情已经过去了，就不再揪住不放。"

社是祭祀神明之所，立社对国君来说是一件大事。船山《训义》云："先王为民立社，以报后土长养之德，而祈以奠民生于此土也，意甚深，义甚大矣。"鲁国国君知道孔门弟子精通礼制，遂问孔门弟子宰我如何立社。宰我说完三代立社各种什么树之后，还讲了周代之所以种栗树，是因为"栗"字有战栗之意，含义是使百姓害怕。宰我的话似乎在影射周代政治有威逼百姓之意。

朱子《集注》云："古者立社，各树其土之所宜木以为主也。"《朱子语类》认为，种树的目的是"使神依焉"。朱子认为，立社种什么树，要看土壤环境适合种什么树；立社种树的目标是使神有所凭依，并不是为了威慑百姓。以此看来，宰我对周代立社为什么种栗树的解释可能是在胡说八道。孔子听了宰我的胡说八道之后，说了一句："成事不说，遂事不谏，既往不咎。""成事不说"，说则有马后炮之嫌。"遂事不谏"，谏则有自矜之嫌。"既往不咎"，咎则有气量狭隘之嫌。其实，孔子是认为宰我说错了，但话已出口，孔子不想追咎了。孔子这是意味深长地批评了宰我。

在《论语》中，宰我经常挨骂。"朽木不可雕也"是骂宰我，"既往不咎"是骂宰我，"无父母三年之爱"也是骂宰我。船山《训义》也骂宰我，而且骂得很不留情面。船山《训义》说宰我"不思而言，务杂学而尚巧辩"。船山《训义》还说："哀公卒以戮民逞志，受齐吴之祸，而众散民离，终以失国，未必非宰我有以长其恶也。"船山《训义》将糟糕的哀公之政与宰我联系起来，责宰我深矣！

3.22 管仲器小章

子曰："管仲之器，小哉！"或曰："管仲俭乎？"曰："管氏有三归，官事不摄，焉得俭？""然则管仲知礼乎？"曰："邦君树塞门，管氏亦树塞门。邦君为两君之好，有反坫，管氏亦有反坫。管氏而知礼，孰不知礼？"

孔子说："管仲的器量，太小！"有人问孔子："管仲俭约吗？"孔子说："管仲有三个妻妾，不处理官家的事情，这怎么能叫俭约？"其人又问："那么，管仲知礼吗？"孔子说："国君把屏风放在进门处，管仲也这样做。国君宴请他国国君时，为通两君之好而使用反坫，管仲也使用反坫。如果说管仲知礼，那还有谁不知礼？"

管仲是齐国的辅政重臣，辅佐齐桓公称霸诸侯。孔子对管仲的评价是褒贬两分。在《论语·宪问》篇 14.17 章中，孔子对管仲大加赞赏："桓公九合诸侯，不以兵车，管仲之力也。如其仁！如其仁！"《宪问》篇 14.18 章云："管仲相桓公，霸诸侯，一匡天下，民到于今受其赐。微管仲，吾其被发左衽矣。"孔子认为，管仲是一个有大功劳的人，他辅佐齐桓公，不通过战争的方式却能联合诸侯共尊周天子，还阻止了蛮夷的进攻，保存了华夏的延续。但是在本条，孔子对管仲多有批评，批评他器量小、奢侈、僭越、不知礼。

"管氏有三归"，这里的"三归"有两种理解。第一种理解，纳了三个妾。朱子《集注》引苏轼云："管仲三归、反坫，桓公内嬖六人。"这里的"三归"和"六嬖"都是指纳妾。朱子所采用的是刘向《说苑》里面的记载，齐桓公爱纳妾，所以管仲故意多纳妾，以取信于齐桓公。第二种理解，有三处宅邸。清代学者俞樾即解释为"其家有三处也"。这两种理解指向了一个结论，管仲不俭。

"树"是指将屏风放在进门处。按照礼制，诸侯可以用屏风，但是管仲是大夫，他只能用帘而不能用屏风。"反坫"是诸侯国君在宴请他国国君时使用的台子，大夫使用则是僭越。因此，孔子批评管仲不知礼。

孔子对管仲既肯定又否定，如何理解这种反差？孔子认可了管仲的功业，但认为管仲所行是霸道，而不是王道，是小器，而不是大道。霸道不计较为政者的德性，只要富国强兵称霸诸侯就可以。而王道则会从仁义出发，施行仁政，既看重兴盛之结果，也注意富强之手段。王道和霸道的根本差别在于从功利出发还是从仁义出发。伊尹和周公都是辅政重臣，他们修身正己，是辅政的榜样，而管仲不是。退一步说，工于谋国而失于修身，往往会被人抓住各种各样的把柄，霸业恐怕也难以持久。齐桓公和管仲去世之后，"天下不复宗齐"。不仅如此，管仲霸业对齐国贻害深远。船山《训义》云："齐俗之陋也，以俭为小，以奢为大，以侈肆为礼，以节省为不知礼，而成乎无道之世久矣。"船山痛斥了霸道兴而王道衰的状况。实际上，本条的船山《训义》开篇便是"王道之不明于天下久矣"。

当时有不少人因为管仲的事功而为之辩护，与其功业相比较，这些瑕疵不算什么。但是孔子不这么看，无论功业大小，修身正己都是重要的事情。《朱子语类》也说："管仲只缘器量小，故才做得这些功业便包括不住，遂至于奢与犯礼。"因此，管仲之功不掩其过。

3.23 鲁太师章

子语鲁大师乐，曰："乐其可知也：始作，翕如也；从之，纯如也，皦如也，绎如也，以成。"

孔子对鲁国的乐官讲乐理时说："乐理是可知的：开始作乐时，各音相合；而后音色纯和，各音相济而不相夺，如此连绵不断，直到最后完成。"

太师是鲁国乐官名。孔子精通乐理，曾向鲁国乐官讲授乐理。朱子《集注》引谢良佐曰："五音六律不具，不足以为乐。翕如，言其合也。五音合矣，清浊高下，如五味之相济而后和，故曰纯如。合而和矣，欲其无相夺伦，故曰皦如。然岂宫自宫而商自商乎？不相反而相连，如贯珠可也，故曰绎如也，以成。"

乐中有礼，各种音色各自分明，唱和相济，然后有"相得相谐"之效。这就好比孔子对礼的一种期待，各在其位，各尽其分，各得其所，最后形成一种良好的礼治秩序。乐反映社会风气，也反映教化导向。《礼记·乐记》云："德者，性之端也；乐者，德之华也；金、石、丝、竹，乐之器也。诗，言其志也；歌，咏其声也；舞，动其容也。三者本于心，然后乐气从之。是故情深而文明，气盛而化神，和顺积中，而英华发外。唯乐不可以为伪。"好的音乐使人"情深而文明"，这是乐教之功。船山《训义》也说："乐之用大矣，以之格神人，易风俗，宣天地之气而养人心之和。"孔子对乐教的重视，不仅仅是个人的兴趣爱好，还体现了对当时礼崩乐坏的不满，寄托了自己的政治理想。

3.24 天之木铎章

仪封人请见，曰："君子之至于斯也，吾未尝不得见也。"从者见之。出，曰："二三子何患于丧乎？天下之无道也久矣，天将以夫子为木铎。"

仪封人请求拜见孔子，说："君子来到我这里，我未尝不得见。"孔子门人就让他见了孔子。见完之后，仪封人出来，说："你们这些学生，怎么还担心孔夫子没有禄位呢？天下无道已经很久了，天将会以夫子做木铎，把天道传布天下。"

仪是卫的一个城邑。朱子《集注》云："封人，掌封疆之官，盖贤而隐于下位者也。"仪封人是个小官，但是一个贤者。他听说孔子来了，请求见见孔子。见完之后，他特别佩服孔子。仪封人见过很多贤者，这样一位见多识广的陌生人夸赞孔子,更能衬托孔子的伟大。仪封人认为,孔子不是一般的师者,而是天之木铎,是代天传道的师者。所谓"木铎",就是金口木舌,像是一个铃,施政教时摇动木铎提醒众人。后来,木铎成为师者的象征(具体样子可以参考北京师范大学的校徽)。从天之木铎可以看出,仪封人对孔子评价很高。

孔子之所以影响深远,不在其政治与事功,而在其学问,在于他作为天之木铎传道于天下后世。相比事功而言,儒家更看重的是内圣之功。儒家知识分子的理想是治世,但他们又清醒地认识到,历史一治一乱,并不可能一直停留在治世的状态。不过,内圣之功是求仁得仁,可以超越治乱。一个人身处乱世,依然可以做君子,甚至更需要做君子。孔子固然没能实现他的王道理想,但却为后世留下了一个治世的乌托邦。而乌托邦不正是以其不能实现的方式发挥着作用吗?

3.25 尽善尽美章

子谓韶,"尽美矣,又尽善也。"谓武,"尽美矣,未尽善也。"

孔子评论韶乐时说,"尽美又尽善。"孔子评论武王之乐时说,"尽美未尽善。"

韶乐为舜而作,武乐为周武王而作。孔子评价韶乐尽美尽善,而评价武乐尽美而未尽善。所谓美是指作乐的技术,所谓善是指音乐中体现的人心与政治。

朱子认为,孔子这里是以乐言政。孔子一方面在讨论音乐,另一方面也是在比较舜和武王的政治。舜受尧禅而有天下,武王则是讨伐纣王而有天下。所以,武王得天下还是有一些缺憾,即程子所谓"惭德"。孟子说:"尧舜,性者也;汤武,反之也。"尧舜的仁德是天生之性,而汤武的仁德则是通过不断修炼反省而涵育激发出来的。尽管尧舜与汤武都是圣王,但孟子高尧舜而低汤武。《朱子语类》里还提到,商汤伐夏之后非常勤政,武王伐纣之后"便只垂拱"。可见,孔子、孟子、朱子都对周武王小有批评。

朱子对武王小有批评,是因为他"便只垂拱",而不是因为他起兵伐纣。朱子认为,是禅让还是革命,这是"所遇之时然尔"。据《朱子语类》记载,有个学生问朱子,如果舜处在武王的时代,他会不会伐纣?朱子回答说:"盛德益盛,使之自服耳。然到得不服,若征伐也免不得,亦如征有苗等事,又如黄帝大段用兵。……舜之德如此,又撞着好时节,武王德不及舜,又撞着不好时节。"在儒家看来,武王伐纣有其合理性。儒家不决然反对革命,但却是极其谨慎的革命派。汤武革命是不该进行但又不得不进行的革命。汤武革命是儒家政治理论的要害问题。

本条的船山《训义》有两点值得注意。第一,船山认为:"文德武功之皆以定天下,而人心之和,武功之震叠不如文德之涵濡也。"船山通过文治武功之差以高舜而低武。第二,船山认为:"帝王之有大美而不乱,有惭德而不讳,所以可封越上下,感动四方者,则一而已矣。"武王也知道自己这样做未尽善,但是又不得不如此。面对残暴的纣王,他必须解民于倒悬。《论语·尧曰》篇记载,武王伐纣之前祷告说:"万方有罪,罪在朕躬。"武王本也不想伐纣,他并不认为伐纣是对的,只是不得已而为之。武王"有惭德而不讳",他的道德自觉就体现在武乐之中。

3.26 居上不宽章
子曰:"居上不宽,为礼不敬,临丧不哀,吾何以观之哉?"

孔子说:"居上位却不宽厚,行礼却无敬意,临丧却无哀情,我还有什么可看的?"

孔子认为,居上应宽,为礼应敬,临丧应哀。其反面则是居上"苛察严刻",行礼"迭越傲慢",临丧"心安色怡"。我们一般认为这样的人,没有器量,不懂规矩,麻木不仁。船山认为,如果居上者苛察严刻,便是"下同于有司"。所谓"有司"是指负责具体操作的小吏。居上者应该宽厚,但"有司"则应该严格一些。居上者宽,也不等于规矩废弛。所谓"宽"是守规矩而不苛于规矩,"不宽"则是苛求于规矩而陷入"卑琐"之中。

小结《八佾》篇
本篇的中心是礼。周公制礼作乐,孔子注入仁义精神,奠定中国礼乐文明的基础。礼之本为仁。礼有礼义与礼仪,合内外而为礼。圣人缘情制礼,教化人心,使人进退有度，手足有措，心有所安，功莫大焉。

里仁第四（26章）

4.1 里仁为美章
子曰："里仁为美。择不处仁，焉得知？"

孔子说："乡间村落以仁厚之风俗为美。如果不选择具有仁厚风俗的地方居住，怎么能算明智呢？"

"里"是乡间村落的意思。"里仁为美"，是说一个社区以仁厚的风俗为美。各个地方风气不一，有的地方比较团结，有人情味，容易兴办公益事业。有的地方人心涣散，经常窝里斗，不容易兴办公益事业。一个人选择住处的时候，要选择具有仁厚风俗的地方居住。"里"是一个规模较小的社区，是一个可以身体力行在现场解决问题的社会空间。仁人君子身处其间，往往会带头做榜样，促成社区仁厚风气的养成。"里"有君子，求仁得仁。

4.2 仁者安仁章
子曰："不仁者不可以久处约，不可以长处乐。仁者安仁，知者利仁。"

孔子说："不仁者不可以长期简朴，也不可以长久快乐。仁者能够安处于仁，而智者会去追求仁。"

"约"是指物质条件简单。"不仁者不可以久处约"，"久约必滥"，便可能会不择手段去摆脱穷困的物质生活。"不仁者不可以长处乐"，"久乐必淫"，快活的时间久了，往往会追求更大的快乐，便可能做出一些过于放荡的事情。"久约必滥"和"久乐必淫"都是心为物役的状态，也就是朱子《集注》所说的"外物所夺"，或船山《训义》所说的"外境夺心"。仁者能够以心制约、以心制乐，而不仁者却因约夺心、因乐失心。

孔子并不是对"约"和"乐"本身有什么消极看法，而是在讨论人心不能能长时间驾驭"约"和"乐"。这种坚守其实非常不容易，由此显出德性修养的功夫。如颜回那样居陋巷而不改其乐，如果不是仁德厚实之人，万难做到。

"仁者安仁"是一种宽和雍容的状态，就像仁是自内而外散发出来的气质一样。"知者利仁"，朱子《集注》云："利，犹贪也，盖深知笃好而必欲得之也。"智者能够追求仁，利仁是因为知道仁是好东西，所以去追求之。看一个人追求什么，也可以见其智与不智。《朱子语类》说："安仁者不知有仁，利仁者是见仁为一物，就之则利，去之则害。"相比之下，安仁的境界更高。

朱子《集注》引谢良佐曰："仁者心无内外、远近、精粗之间。"仁者之心感受整个世界时，虽有内外、远近、精粗，但不会构成一种间隔，而是内外、远近、精粗相互融通的状态。不仁者只知内、近、粗，不知外、远、精，甚至连内、近、粗也处理不好，这便是"有间"的状态。仁者既知内、近、粗，又知外、远、精，所以能够推己及人，次第配置，使之协调融通而无所阻滞，这便是"无间"的状态，也就是朱子所说的"吾心浑然一理"的状态。浑然一理，融通无间，所以仁者安之。仁的理想状态是，既存在一种有差等的结构，又存在穿透和连结差等结构的力量，不使断裂与阻滞。换言之，儒家承认内外远近之差等，但又重视差等之间的连结与沟通。

4.3 仁者能恶人章
子曰："惟仁者能好人，能恶人。"

孔子说："只有仁者能够喜欢该喜欢的人，厌恶该厌恶的人。"

朱熹用"人欲之私"和"天理之公"的差别来解释这句话。朱子《集注》云："无私心，然后好恶当于理。"如果该喜欢却没有喜欢，或者该讨厌而没有讨厌，那就说明有人欲之私在作祟。

《朱子语类》说："有人好恶当于理，而未必无私心；有人无私心，而好恶又未必皆当于理。惟仁者既无私心，而好恶又皆当于理也。"朱子提到了两种情况。

第一种情况是，把"理"当做实现私欲的工具，"理"最后也变质了。第二种情况是，虽然没有私心，但依据的"理"却是歪理，也有可能好心办坏事。一个理想的状态是，天理是公的，人心是正的，心与理合一。对人心和天理都有一个恰当的把握，才能公正地判断。

仁者能好人，能恶人，所以不是乡愿。乡愿是没有原则的老好人。孔子干脆说乡愿是"德之贼"。乡愿看似是仁德宽厚的人，但其实是没有原则的妥协和奉承，是典型的"一念之私待人而曲相就"。乡愿混淆了是非，使人以为仁德就是左右逢迎，对人心风气的影响很坏。乡愿是德之贼，仁也没有那么"软"，有其严峻的一面。

"能恶人"与不合群的清高有本质的区别。"能恶人"者有入世干预的倾向，心中有大仁，动了真感情，希望被干预者改过迁善。比如，鲁迅的讽刺里藏着深厚的情感。至于不合群的清高，往往抱着一种事不关己、无所谓的态度，内心缺少仁爱之心。因此，"能恶人"与不合群的清高，二者迹近而神异，其关键差别在于，是否有仁爱之心。

4.4 志仁无恶章

子曰："苟志于仁矣，无恶也。"

孔子说："果真志于仁，就不会作恶。"

为善和为恶的差别在"志"上。"志于仁"也可能做错事，因为实际情况很复杂。但这不是内心主观上想为恶。朱子《集注》引杨时曰："苟志于仁，未必无过举也，然而为恶则无矣。"关键的差别还是"志于善"还是"志于恶"。"志于善"与"志于恶"，只有两条路，非此即彼。人一不小心就可能滑入为恶的深渊。至于刻意为恶，那就更加罪不容诛了。所以人要时时反省，刻刻慎独，勿以恶小而为之。孔子这条看似简单，其实威力很大，"逼着"人在善与恶中二选一，要求人下功夫去明辨是非善恶，一丝一毫的恶都不要作。仁者有恶（wù）而无恶（è）。

4.5 造次颠沛章

子曰："富与贵，是人之所欲也，不以其道得之，不处也。贫与贱，是人之所恶也，不以其道得之，不去也。君子去仁，恶乎成名？君子无终食之间违仁，造次必于是，颠沛必于是。"

孔子说："富贵是人所想要的，如果获得富贵的方式不正当，宁愿不要富贵。贫贱是人所讨厌的，如果摆脱贫贱的方式不正当，宁愿继续贫贱。君子如果丢掉了仁，如何成就君子之名？君子就算是一顿饭的时间也不会违背仁，即使匆匆忙忙也必定要求仁，即使颠沛流离也必定要求仁。"

君子取富贵，以其道；君子去贫贱，亦以其道。"不以其道得之"，是不仁的表现。君子不仁，便失君子之实，遑论君子之名。

求仁不仅仅是在富贵贫贱之间的选择，其实任何时候都可能面临这样的选择。所以孔子说，即使在一顿饭这么短的时间里，也不能违仁；即使是在仓皇急促或颠沛流离的时候，也要想着不能违仁。三种情况各有所指，难度也在逐渐增加。富贵贫贱之间不违仁，主要的意思是不能为了取得富贵或摆脱贫困而失却大节。终食之间的动容周旋则是指绵密的日常细节之功。在仓促或颠沛的时候，最容易找到借口来放松对自己的道德要求，越是这种时候，越是不能违仁。就像曾子易箦和子路正冠一样，即使临死之前，还坚守着君子之仁。

儒家的财富观。儒家肯定人对富贵的正常欲望，可是反对使用不正当的手段取得富贵。面对财富诱惑的时候，会不会采取不义的手段，对人是一个巨大的考验。儒家评价一个人，主要不是从富贵贫贱出发，而是看一个人的德行。有些人很贫穷，却很高尚。而有些人很富裕，却很卑劣。富贵不以其道，不处也，这是安于道义。虽贫贱而能安处之，也是安于道义。颜回身居陋巷，箪食瓢饮却不改其乐；孔子饭疏饮水，曲肱而枕却乐在其中。如果不是内心充满了道义感，断不能做到安处贫贱。他们当然不是不知道贫贱的苦楚，而是有一种强大的精神力量在支撑他们。从这种道义感出发，我们也就不难理解孔颜之乐。《论语·季氏》篇16.12 章，"齐景公有马千驷，死之日，民无德而称焉。伯夷、叔齐饿于首阳之下，民到于今称之。"儒家认为,道义胜过富贵贫贱。人一旦失去最起码的道义观,吃一点亏就变节,遇到困难就服软,那不是君子,也成不了什么事功。

君子在富贵穷达、进退出处之间有自己的选择,这种选择的背后是一套义理。对于不明白这套义理的人来说,可能觉得放弃财富和甘受贫贱是傻子行为,但对于深谙这套义理的人来说却觉得是再正常不过的事情。对于他们来说,如果不这样安贫乐道,反而会陷入不安和懊悔。进一步说,许多人口头上会说,"没钱什么都不是"、"有钱才是大爷"、"为人民币服务",但在内心却很少有人真的把钱看成是最重要的东西。在他们的心里,往往有比金钱更重要的东西,如亲情或尊严等来驱使他们那么拼命地去赚钱。

终食之间不违仁、造次颠沛不违仁,这是养仁之功,说明"存养之功密"。进退出处确实只在一念之间,但是在关键时刻的一念之间能做出正确的选择,需要长期养成的品德修养与思维习惯来做支撑。儒家的修身功夫极其细密。孔子说,非礼勿视、听、言、动。《朱子语类》说:"不要一点不仁底事著在身上。"临终前,子路正冠,曾子易簀,王阳明临终前说的"此心光明",其实都很不容易,也是让人感动的场景。他们在一生之中,面临无数次进退出处,都能保全此身,不亏大节。赤条条而来又赤条条而去,其实并不容易。"仁"像一颗种子,虽然"天命之谓性",但也需要呵护之、存养之才能成熟。务必使义利有分,我心有主,才能在无数个进退出处之间,守着这颗仁心。此之谓"仁之全功"。

4.6 一日为仁章

子曰:"我未见好仁者、恶不仁者。好仁者,无以尚之;恶不仁者,其为仁矣,不使不仁者加乎其身。有能一日用其力于仁矣乎?我未见力不足者。盖有之矣,我未之见也。"

孔子说:"我没有见到喜欢仁、讨厌不仁的人。喜欢仁的人,认为没有比仁更好的东西。厌恶不仁的人,也就是仁者了,他们不会让不仁的东西加到自己身上。有能一天用力于求仁的吗?我没见过做不到的。也许有吧,但我没见过。"

本条主旨是求仁得仁。朱子《集注》云:"为仁在己,欲之则是。"不过,真正的"好仁、恶不仁"还是难得。"如恶恶臭,如好好色",好仁"好之深",恶不仁"恶之笃",能到如此纯粹的地步,确实难得。

孔子认为,求仁并不难。无论是谁,都可以做到一天之内致力于求仁。既然可以一日求仁,那就可以日日求仁。既然短时间内可以求仁,那么长时间也可以求仁,只是需要"用力"。如果志向坚定地求仁,就不会"甫欲即之而旋已离之"。真正的好仁者,终食之间不违仁、造次颠沛不违仁。这是儒家的修身功夫。修身不虚,即在每一个仁与不仁的小决定中,都朝着仁善的方向做决定。此之谓"择善固执"。

《朱子语类》讨论了"好仁"与"恶不仁"的区别。朱子认为,"宽厚和重"者,"好仁"的成分重一些;"刚毅方正"者,"恶不仁"的成分重一些;但是,"好仁而未至,却不及那恶不仁之切底"。《朱子语类》又说:"恶不仁终是两件,好仁却浑沦了。学者未能好仁,且从恶不仁上做将去,庶几坚实。""好仁"则是人与仁合一,是一种安之自如的状态,"恶不仁"则是斗争、对抗的状态,但可以由此入手去求仁。朱子把"恶不仁"视为入道法门。由"恶不仁"到"好仁",逐步进入了安之自如的状态,是一种进步。

4.7 观过知仁章

子曰:"人之过也,各于其党。观过,斯知仁矣。"

孔子说:"人的过错有不同的类别。看一个人所犯的过错,可以知其仁不仁。"

朱子《集注》云:"党,类也。"只要是人就难免会犯错误,但仁者与不仁者错误的方向不一样。朱子《集注》引程子曰:"君子常失于厚,小人常失于薄。君子过于爱,小人过于忍。"《朱子语类》也说:"君子过于公,小人过于私,君子过于廉,小人过于贪,君子过于严,小人过于纵,观过斯知义矣。"君子犯下过错,常常是因为过于厚或过于爱。小人犯下过错,常常是因为过于薄或过于忍。允执厥中固然不易,二者不可得兼的情况下,宁可失于厚与爱,也不能失于薄与忍。

《论语》里有很多如此冷峻的句子，都是在进行心灵的拷问。当生活把人逼到角落里左右为难的时候，该怎么办？在那种复杂的情况下，大概是必须犯错了。那么要思考的问题就变成了，应该朝着什么方向犯错。孔子的回答是，宁愿朝着厚与爱的方向犯错，也不要朝着薄与忍的方向犯错。过于薄与忍，内心煎熬难受，别人也因此知其不仁。过于厚与爱，内心从容无愧，别人也因此而知其仁。因此，即使生活把人逼到角落里左右为难必须错，也要选择一种"正确的错"。

同样，我们对他人之错误，也要进行更细致的分析。事情可能确实做错了，但还是要去分析当事人的用心。用心仁与不仁，具有本质的差别。从当事人朝着哪个方向犯错，可以看出其人之用心。并不是说朝着仁的方向犯错就不是错，这依然是错，依然该罚，只是因仁而错与因不仁而错的惩罚应该有所差别。

4.8 朝闻道章

子曰："朝闻道，夕死可矣。"

孔子说："早上闻得大道，晚上就是死了也行。"

朱子《集注》云："道者，事物当然之理。"如果早上得道，晚上就可以了无遗憾地死去。这句话有两层含义。第一，孔子好道之深。为了得道，他献出生命也愿意。第二，道之难求。即使像孔子这样的圣人，也到四十才不惑，到七十才能从心所欲不逾矩。孔子这里是在勉励门人树立求道之大志。

道是什么？船山《训义》云："夫天地法象之所昭示，人伦物理之所显著，古圣先贤之所明所行，原乎一本而散乎万殊，皆可闻也，而皆不易闻也。"船山认为，道的基本特点是一本万殊，虽然千变万化，其实一以贯之。船山将道的表现形态分为三类：天地法象，人伦物理，古圣先贤。这背后都有道。一个人如果能观自然，晓社会，通人事，无论什么事来，各有办法正确地应对，那真可以说是得道了，死而无憾矣。反之，稀里糊涂地生，糊里糊涂地死，万事万物皆不自觉，便真如草木了，白在人间走一遭，死了也会留下许多遗憾，甚至留下遗憾也昏昏然而不自知。

儒家把道义看得比生命更重要，在必要的时候，可以杀身成仁、舍生取义。曾子易箦、子路正冠都是发生在人之将死的时候，他们把道看得比生命更重要。《赵氏孤儿》中的韩厥为救忠良之后可以舍生取义，《三国演义》中的关羽即使立下军令状也愿意义释曹操。儒家有一套自己的身体观和道义观。在儒家看来，个人身体或生命被寄托了超出个人以外的东西，比如仁义、孝道、天道等。"朝闻道夕死可矣"、"大孝终身慕父母"、"杀身成仁"、"舍生取义"等，展现了一套不同于个体主义的身体观、生命观与道义观。

4.9 恶衣恶食章

子曰："士志于道，而耻恶衣恶食者，未足与议也。"

孔子说："士如果真的有志于求道，却总是羞耻于吃穿较差，那这样的士还不足道也。"

孔子这句话的意思是，士不应该斤斤计较于吃穿用度，而应该追求道德修养，修齐治平。儒家从来不否定物质欲望，儒家也承认，耳目口鼻之欲，是人之所欲；富与贵，也是人之所欲。但是，士应该超越这些物质欲望，立下鸿鹄大志。衣食之志是小志，求道之志是大志。胸有大志的人，可以"拔流俗之中，而进乎高明广大之境"。小志容易实现，实现之后容易"躺平"。孔子主张，发扬生命，反对"躺平"。人其实很容易满足于小志，止步于"躺平"。孔子提出求道之大志与衣食之小志的差别，意在使人进步。孔子常常在人心险要、容易滑落处立论，直指人心，气象森严。不过，理解人的志向也不可机械。若衣食之中便是大道，便当追求衣食。贫穷人家致力于解决温饱养老抚幼，这不能说是小志。袁隆平追求的不过是个"食"字，此"食"之中便是大志。

4.10 义之与比章

子曰："君子之于天下也，无适也，无莫也，义之与比。"

孔子说:"君子对于这天下间的事情,无可无不可,就看是不是义所当为。"

朱子《集注》引谢良佐曰:"适,可也,莫,不可也。"孔子的意思是,君子行事,无可无不可,只要义所当为,便可。《朱子语类》也说:"义当富贵便富贵,义当贫贱便贫贱,当生则生,当死则死。"朱子说得酣畅淋漓。孟子云:"孔子,圣之时者也。""圣之时者",便是无可无不可的意思。儒家反对教条主义,要因人因事因时因地而制其宜。

朱子《集注》引谢良佐曰:"无可无不可,苟无道以主之,不几于猖狂自恣乎?此佛老之学,所以自谓心无所住而能应变,而卒得罪于圣人也。圣人之学不然,于无可无不可之间,有义存焉。"朱子辨明了儒家与佛老的区别。无可无不可很像佛教和老庄,佛老之学主张出世,心无所执、心无所住。但是,儒家认为,虽然无可无不可,但还是要守义、固执于义。儒家的无可无不可是反对教条主义,是指一种讲原则的灵活性。但佛老的无可无不可则是破除一切原则,一切都不拘泥。二者的根本区别在于,佛老出世而无执,儒家入世且有义。

船山《训义》重点说明了义是什么。船山《训义》云:"事之所宜然者曰义。义者,一定不易之矩则也。"如果义是一定不易的矩则,那又怎么无可无不可呢?这里很容易把义理解为一个固定不变的规则,按照这个不变的规则来就可以。这种错误的理解以为义有一个外在的标准,此即所谓"义外"。但孔子的意思是,不同的事情各有其宜,这些各有其宜便是义,也可以说是一义万则。万事有万则,万则归于一义。船山《训义》云:"义处其常而守其常,义当其变而随其变。"一义可以守其常,万则可以随其变。义便是在万事万物中洞察各自所宜之则并坚守一义。《朱子语类》说:"义是一柄利刀,看甚物来皆割得去。非是刀之割物处是义,只这刀便是义。"这刀怎么割,是万则,这刀是义。事情是不是合义,还要通过人心来拿捏。义不义,酌之于心。义在我心,所以是"义内"而不是"义外"。人心在拿捏的时候,是人心与万事万物相接的过程,因此要尊重万事万物的特性。心感万物为仁,得其所宜为义,仁义有相成之道。

合不合道理要看人心的拿捏,人心的拿捏又要看合不合道理,这不是循环论证吗?并非如此。合不合道理要看人心的拿捏,是指要人心来做出义不义的价值判断，此为一义。人心的拿捏要看合不合道理，是指要根据万事万物的特点而采取相应的措施，此为万则。因为有万则的存在，所以不能以心夺义，即不能是自己认为义就义，自己认为不义就不义。所以，合不合道理要看人心的拿捏是一个价值判断，而人心的拿捏要看合不合道理是一个事实判断。二者相辅相成。

4.11 君子怀德章
子曰："君子怀德，小人怀土；君子怀刑，小人怀惠。"

孔子说："君子保存德性，小人溺于安乐。君子担心刑罚加身，小人则贪图小利。"

朱子《集注》云："怀，思念。怀德，存其固有之善。怀土，溺其所处之安。怀刑，畏法。怀惠，贪利。"船山《训义》云："怀，耿耿于心而不忘者。""怀"可以理解为"关心、在意"。朱子《集注》引尹焞曰："乐善恶不善，所以为君子。苟安务得，所以为小人。"《论语》里的"小人"只是目光短浅狭隘、道德境界不高，还不是现代汉语意义上的卑鄙小人。在《论语》里，卑鄙无耻的人叫恶人。

这里最有争议的内容应该是"君子怀刑"。按照通常的理解，儒家主张君子内省自修，怎么会怀刑呢？在《朱子语类》里，朱子的学生也问了这个问题："所贵乎君子者，正以其无所待于外而自修也。刑者，先王所以防小人，君子何必以是为心哉？"朱子默然良久，曰："无慕于外而自为善，无畏于外而自不为非，此圣人之事也。若自圣人以降，亦岂不假于外以自修饬？所以能'见不善如探汤'，'不使不仁者加乎其身'，皆为其知有所畏也。某因思《集注》言：'君子小人趋向不同，公私之间而已。'只是小人之事莫非利己之事，私也。君子所怀在德，则不失其善。至于刑，则初不以先王治人之具而有所憎疾也，亦可借而自修省耳。只是一个公心。"朱子似乎也没有一个满意的解释。朱子认为，无待于外，是圣人之事；这里的君子还不是成德之人，而是正在修德、仁德还不够醇熟的君子；所以还要借助外刑以自修，使自己有所畏而不至于放纵。

其实，儒家从来没有主张放弃刑，刑亦是儒家政制的组成部分。对于那些礼教无法调节的行为，儒家主张采用刑来解决问题。儒家的刑具有儒家化的特征，量刑的时候，也要考虑人伦关系。比如同样是杀人，杀父比杀子量刑更重。这些以礼入法的细节，体现出中国古代法律之儒家化的特征。与此相关联的一个例子是 2016 年发生在山东聊城的"辱母案"，高利贷金主因为某女没有还高利贷，便当着她儿子的面猥亵其母，儿子愤怒，用水果刀反抗，造成一死多伤。一审判决无期徒刑，民情鼎沸，二审改判五年。法律不外乎人情。

4.12 放利而行章
子曰："放于利而行，多怨。"

孔子说："凡事依照利而行事，容易多招怨恨。"

唯利是图者常常为了争利而吵来吵去，因此怨气增多，结果"大之为兵戎，小之为争讼"，社会风气便不好。这里的"利"需要辨析。古今中外到处都是"利"。儒家讲义，但没有回避利的问题。《易经》有云："义者，利之和。"《大学》有云："以义为利。"儒家认为，义就体现在如何处理利之中。利益分配得当则为义，利益分配不当则为不义。一般情况下，自利也不会危害他人的正当利益。但是如果"放于利而行"，做事的标准只看是不是对自己有利，有利就做，无利就不做。有好处不仅做，而且想尽办法占便宜，不获其利不罢休。如此"曲折以求其必遂"，就容易苟且行事，进而损害他人的正当利益。孟子曰："何必曰利，亦有仁义而已矣。""亦"字本身也表明了两者共存的状态。儒家承认正当利益，但又认为，仁义高于利益。儒家的义利观主张"以义裁利"，反对以一己私利为中心的行事逻辑，反对"放于利而行"。当义利冲突时，要舍利而取义。其实，没有哪一种文明会鼓励唯利是图。

《朱子语类》提到了王安石变法中的青苗法。青苗法是政府给农民借粮食，让农民有种子可以播种，但要收取一点利息。本来便民的政策后来变质了，地方官为了赚取利息强行摊派，与民争利。这种强行摊派谋取利息的行为便是典型的

"放于利而行"，是"以利为利"，不是"以义为利"。

孔子这句话的重心在于义利之辨，而不是在结果上看是"多怨"还是"少怨"。一般来说，义举不会"多怨"。但也有可能出现义举招怨的情况，这固然是缺乏接受义举的社会风土。在这种情况下，即使作为少数派，也要有坚守道义的勇气，"虽千万人吾往矣"。最好的结果当然是，采取适当的方式将义注入利之中，使义利合一而两全之。

4.13 礼让为国章

子曰："能以礼让为国乎？何有？不能以礼让为国，如礼何？"

孔子说："能以礼让治国吗？这有何难？如果不能以礼让治国，那礼还能做什么呢？"

本条主旨在于讨论以礼治国的问题。朱子《集注》云："让者，礼之实也。"如果只是说得好听或者做做样子，"及到紧要处，却不能让"，那就不是真的礼让了。"辞尊居卑，辞多受少"，那是落到实处的真诚的礼。

船山《训义》阐述了"礼让治国"的效果："礼之精意本在辞于己而敬于人，于是臣让善于君，君让能于臣，而功不相竞，名不相掩，位不相逼，利不相擅，由是而君臣上下之间，相敬也，即相和也，乃以感孚于民。乡闾井里之中，相逊也，即相睦也，有为则互相成，有害则互相恤，内无专怨，而威望动四邻，于国何有乎！"这段话描述了以礼治国的理想状态。从庙堂到闾里，从君臣到四邻，如果礼让之风盛行，那治国便有比较好的民情基础。

礼与法对比。礼让之风能够"感人心于和平"，这是礼治和法治的一个根本区别。积极倡导法治的结果是"免而无耻"，积极倡导礼治的结果是"有耻且格"。二者的差别在于，是否会钻法律的空子。如果"免而无耻"，往往会认为法无禁止即可为，然后去钻法律的空子。如果"有耻且格"，往往会以高于法律的标准来自我要求，便不会去钻法律的空子。法无禁止即可为的前提是法律的完备。法律的完备性不仅是法律制定本身的问题，比如法条自身的逻辑自洽，法条与民情的契洽性，而且包括执法水平和国民法律素养的问题。

礼主于向内反省，对自己提出要求，而不是向外争利，对别人提出要求。人人自利，可以各得其所。人人礼让，也可以各得其所。但在这两种状态下，人的道德状态有一些细微却重要的差别。当人在争取自己的利益时，会有一定程度的道德紧张感，而人在礼让他人又获得他人礼让时，会有一种道德上的满足感。不同的社会理想对人心的养成有不同的效果。

4.14 不患无位章

子曰："不患无位，患所以立；不患莫己知，求为可知也。"

孔子说："不要担心没有禄位，要担心凭什么可以取得禄位。不要担心自己不为人所知，要努力让自己拥有值得为人所知的东西。"

"患无位"和"患莫己知"，是"为人之学"，是外求，是求于他人。"患所以立"和"求为可知"，是"为己之学"，是内求，是求于自己。朱子《集注》引程子曰："君子求其在己而已矣。"这句话抓住了根本，如《大学》所说，"一是皆以修身为本"。如果一心想当大官，但是手头的事情做不好，与周围的人关系也处不好，那也当不成大官。如果一心想当网红，但是自己的素质跟不上，也会有人设崩塌的一天。当然，"患无位"和进取心具有性质上的差异，宣传和炒作也不是一回事。一个人的行为，背后有什么动机，外人很难察觉出来。一个人内心，真正想要追求的东西是什么，往往只有自己才最清楚，这才是人心险要、人心惟危之处。人到底应该担心或追求什么，这是一个根本问题。

儒家认为，人本身就有可以立的东西，就有值得为人所知的东西。这即是儒家的内圣之功。儒家认为，事功不必然，求仁可得仁，内圣之功本身就代表了一个人的成就，是值得自豪的事情。外王是内圣的结果，虽然不是必然结果。人们往往盯着外王之功而忽略了内圣之功。内圣之功需要比较长的修养过程，要在一件一件的具体事情中做到"职分之所当为"，"尽吾性分之所固有"。儒家思想放眼天地之大，而用力处却只在反求诸己。

4.15 一以贯之章

子曰："参乎！吾道一以贯之。"曾子曰："唯。"子出。门人问曰："何谓也？"曾子曰："夫子之道，忠恕而已矣。"

孔子说："曾参啊！我的道一以贯之。"曾子说："是的。"孔子出去了，门人问曾子说："夫子之道是什么？"曾子说："夫子之道，只是忠与恕。"

曾子名曾参。朱子《集注》云："唯者，应之速而无疑者也。"曾子身体力行，"真积历久"，修养已经到了相应的程度，孔子一点拨便醍醐灌顶。船山《训义》云："曾子之学，以至善为归，以慎独为要。"《朱子语类》说："曾子鲁，却肯逐一用工揉去。揉得这一件去，便这一件是他底，又揉一件去。揉来揉去，事事晓得，被孔子一下唤醒云：'吾道一以贯之'，他便醒得。"这个"揉"字很重要。曾子正是在一件又一件的小事上磨砺过，才能领会这个一以贯之的道。

孔子说"吾道一以贯之"，但并没有说这个道是什么。曾子认为是"忠恕"。朱子《集注》引程子曰：忠恕"违道不远"。意思是说，忠恕近于道，但还不是道本身。《朱子语类》也说："这不是说一贯便是忠恕，忠恕自是那一贯底注脚。……此只是曾子借此以推明之。"曾子以为的夫子之道，夫子以为的道，以及理想意义上的"道"，皆不尽同。也许，道是只可意会不可言传吧。又或者，那个抽象的道只有经过自己的体会才是完整的道，才能一以贯之。

朱子《集注》云："尽己之谓忠，推己之谓恕。"朱子《集注》又云："中心为忠，如心为恕。"先解释"忠"。"尽己之谓忠"，忠的对象不是别人，也不是某个外在标准，而是自己，这是一种内尽己心的态度。忠不忠也没有一定的外在标准可以衡量，只有自己心里知道是否尽心尽力。从"尽己之谓忠"来理解忠，才是一种"义内"的理解。如果不理解这一点，"忠"就会变成一种外在的教条，很容易陷入僵化的人身依附状态。

再解释"恕"。朱子《集注》引程子云："推己及物，恕也。""恕"是一个推己及人的过程。比如，"己所不欲，勿施于人"，"己欲立而立人，己欲达而达人"。

《朱子语类》说："推不去底人，只要理会自己，不管别人；别人底事，便说不关我事。……推得去，则物我贯通，自有个生生无穷底意思，便有'天地变化草木蕃'气象。天地只是这样道理。若推不去，物我隔绝，欲利于己，不利于人；欲己之富，欲人之贫；欲己之寿，欲人之夭。似这气象，全然闭塞隔绝了，便似'天地闭，贤人隐'。"如果能推出去，就可能达到修齐治平的境界；如果推不出去，就只能落于一己之私的状态了。要注意，儒家的恕道是推己及人，不是宽容和宽恕的意思。仁者能爱人，能恶人，能以直报怨，不是佛家那样的宽恕。

解释"一以贯之"。朱子《集注》云："圣人之心，浑然一理，而泛应曲当，用各不同。"应对世间万物，一方面具体情况千变万化，另一方面万变不离其宗。这个不离其宗的"宗"，即是一以贯之道。这也即是朱子说的"理一分殊"。朱子《集注》云："盖至诚无息者，道之体也，万殊之所以一本也；万物各得其所者，道之用也，一本之所以万殊也。以此观之，一以贯之之实可见矣。"《朱子语类》说："一贯只是一理，其体在心，事父即为孝，事君即为敬，交朋友即为信，此只是一贯。"《朱子语类》还打了几个比方来说明一以贯之的状态："如一源之水，流出为万派；一根之木，生为许多枝叶。……太极便是一，到得生两仪时，这太极便在两仪中；生四象时，这太极便在四象中；生八卦时，这太极便在八卦中。"朱子的意思是说，道即在万事万物之中。无数的小道理背后有个共同的大道理。没有小道理，大道理就没有落脚之处；而没有大道理，小道理也不能融会贯通，会陷入狭隘的境地。

那么，道究竟为何物？我们可以通过船山《训义》的一段话来理解。

"万物皆有固然之用，万事皆有当然之则，所谓理也。乃此理也，唯人之所可必知，所可必行，非人之所不能知、不能行，而别有理也。具此理于中，而知之不昧，行之不疑者，则所谓心也。以心循理，而天地民物固然之用、当然之则各得焉，则谓之道。自天而言之，则以阴阳五行成万物万事之实体而有其理；即此阴阳五行之灵妙，合于人而为情性，以启其知行者，而有其心。则心之于理，所从出者，本非二物。故理者，人心之实；而心者，即天理之所著所存者也。吾心本有万物皆备之实，而但恐人之托于虚而失之；吾心本有与物开通之量，而特患人之锢其几而隘之。则虽有所得于道之一端，而明乎此者昧乎彼，行乎一曲者不足以达乎大全。圣人之教，博之以文，亦至赜矣。约之以礼，亦至慎矣。小者必谨，大者必尽，常有其经，变有其权。列之为治教政刑，修之为礼乐文章，极之于幽明法象，察之于饮食男女，然而不拂人之情，而即以顺天之纪，存不睹不闻之德，即以备位天地，育万物之功，无他，求之于此心而已矣。顾人之求道也，以为天地万物之全体大用皆通会于一心，遂欲扩其心量，以包乎广远。则务大者必略乎小，察乎小者必忘乎大，执为常者必穷于变，遂于变者反碍其常，若是者，未可以即语、以斯道之会归也。"

船山这段话把理、心、道的关系说清楚了。船山认为，万事万物各有其当然之理，而心具有识别理的能力，理也只有通过心才能认识之，充实在人心的也是理。船山《训义》云："理者，人心之实；而心者，即天理之所著所存者也。"因此，心与理"本非二物"。船山《训义》又说："以心循理，心尽而理亦尽，以理御心，理可推而心必推。……忠恕之心，即圣人之心，即天心也。凡理皆天之理，凡心皆天之心，天以此理为人之心，人即以此心体天之理。"心的特殊之处在于，能连接天与人，能够认识和容纳万事万物之理，把那些言语和文字不能弥合的缝隙也容纳进来，以致广大而尽精微，此即船山所谓"吾心本有万物皆备之实"。以心循理的路径就是道。换言之，道是人心体认天理的方法。船山把人求道的过程描述为："顾人之求道也，以为天地万物之全体大用皆通会于一心，遂欲扩其心量，以包乎广远。"总之，人心具有体察万物之理的能力，但是要存养本心而扩充之，忠恕之道是存养本心而扩充之的办法，在终极处，人心与天理合而为一，方能从心所欲而不逾矩。

4.16 君子喻于义章

子曰："君子喻于义，小人喻于利。"

孔子说："君子可以晓之以大义，小人只能晓之以利害。"

船山《训义》云："彼小人者，智不出咫尺，识不越旦夕，而心之所欲，身之苟安，则汲汲以求之，而他皆所不顾，故役其聪明于斗筲之中，以精察其多少得丧之数，遂自谓天下之至巧。"小人的特点是目光短浅、贪图小利。

君子与小人对举，意在突出义利之辨。朱子和船山都认为，义是天理之公，利是人欲之私。义与利有时相合，有时相异。相合时，利即是义。相异时，利便是人欲之私。当义与利不一致时，要见利思义。这时，义利之辨就很重要了。

《朱子语类》说："君子喻于义，小人喻于利，只是一事上，君子只见得是义，小人只见得是利。"同一物事，君子所见是义，小人所见是利。比如，一所新宅子，有人见到时，希望据为己有。也有人见到时，希望"大庇天下寒士俱欢颜"。同样的结果，有可能是利益驱使，也可能是大义使然，但两者的道德境界，相差又何止千万里。

义与利代表了组织社会的不同方式，君子以义合，小人以利合。义与利也代表了观察社会的不同的理论眼光。有的人习惯于用利的眼光观察社会，而有的人可以超越利益而用义的眼光观察社会。能不能超越利益看到背后的义，其实比较考验一个人的道德境界和理论眼光，具有一定的挑战性。待到义精仁熟，便可以用义的眼光来观察社会，一事当前，自然而然地重视义不义，而不是利不利。

4.17 见贤思齐章
子曰："见贤思齐焉，见不贤而内自省也。"

孔子说："见到贤者要想着向其看齐，见到不贤者要自我反省。"

朱子《集注》云："思齐者，冀己亦有是善；内自省者，恐己亦有是恶。"朱子《集注》引胡寅曰："见人之善恶不同，而无不反诸身者，则不徒羡人而甘自弃，不徒责人而忘自责矣。"举一个小例子来解释见贤思齐。老师在你面前夸了另一个不在跟前的同学。老师的本意是希望你能见贤思齐，而不是让你带着美言去跟他套近乎，或者借你的嘴巴告诉他老师有多好以此来得人情。中国社会常常通过树立榜样来改善人心和风气，这便是希望人们能够见贤思齐。见贤思齐和反躬自省都是在修身上下功夫，长此以往，可以进德寡过。《论语》里的"友以辅仁"、"无友不如己者"也都包含了类似的意思。一个人要在社会交往中历练和成长，不应离群索居而退入一种狭隘的个体主义之中。

4.18 事父母几谏章

子曰："事父母，几谏。见志不从，又敬不违，劳而不怨。"

孔子说："侍奉父母，要小心翼翼地劝谏。如果父母不听，还是要保持恭敬，要劳心劳力而没有怨言。"

朱子《集注》云："几，微也。微谏，所谓'父母有过，下气怡色，柔声以谏'也。""几"字是关键。当父母有错的时候，子女应该如何进谏？这事情也确实难办。船山《训义》云："子之事父母也，至于谏而难言矣。不忍陷亲于不义，则不容不谏；不忍责善以贼恩，则又不如匡君规友者之可持其正也。故事父母者，必明乎谏之法焉。"船山的意思是，给父母进谏和给君、朋友进谏不一样，给君、朋友进谏，可以持其正以直言相告，这是诤臣、诤友。君臣、朋友以义合，如果三谏不从，可以离去。但是对父母如果直言相告，容易伤害感情，这叫"贼恩"。相比之下，父母之恩情比君、友都要深，因此，要照顾好父母的感情。父母是天伦，给自己生命，把自己从小养到大，将来还会保持紧密的互动，不能一走了之。如果强谏、极谏，很有可能伤了父母的心。问题难就难在，也不能看着父母去犯错。所以，一方面不能伤恩，一方面不能犯义，确实是两难的问题。孔子认为，应该几谏。

那么，如何几谏？朱子《集注》云："父母有过，下气怡色，柔声以谏。"这出自《礼记·内则》。《礼记·内则》云："父母有过，下气怡色，柔声以谏。谏若不入，起敬起孝，说则复谏。不说，与其得罪于乡党州闾，宁孰谏；父母怒，不说，而挞之流血，不敢疾怨，起敬起孝。"这句话有几层意思。第一，要用和婉的态度跟父母进谏；第二，要注意选择合适的时机特别是父母心情好的时候跟父母进谏；第三，如果父母还是不听，可以极言进谏，不然父母犯的错可能会使其得罪乡党邻里；第四，即使父母怪罪，甚至动手打人，内心也不要生出埋怨，还是要孝敬父母。《内则》反复说"起敬起孝"。

给父母进谏的目的是为了父母好，而不是为了显得自己比父母厉害，也不是为了彰显哪个抽象的道理是对的。为人子女，即使知道是非对错，也会更在乎父母与子女之间的感情。所以，孔子会认为，父子相隐，直在其中。儿子并不是不知道父亲偷羊是错的，但儿子不应该去告发，如果告发了那就严重伤了父亲的心，以后父子间的关系就会非常别扭。微妙的地方在于，这种事情也不能机械地套公式。重感情是不错的，但要看事情的大小。如果事情太大，机械地偏向感情，最后可能反而害了父母。正因为对父母有爱敬之心，所以对父母进谏，首先应该几谏，不能直接极谏和强谏。如果直接极谏，就会闹得不愉快，需要花很长的时间来修补感情的裂痕，这就叫"伤恩"。可以说，对父母的爱敬之心就体现在这一步一步的委婉曲折之中。从几谏到悦谏再到极谏，自始至终都保持着爱敬之心。这就叫仁至而义尽。仁是爱亲之仁，不忍伤了父母的心；义是不得不谏，不能眼看着父母犯错而不规劝，那只会陷父母于不义之中。这种曲尽人情，最能看出仁至义尽的妙处。如果能理解几谏的良苦用心，便不难体会仁至义尽的道德状态。

如果事情真的发展到极谏的程度，为人子女也应该秉持着爱敬之心。这其中固然有几分苦涩，但除此之外，还能怎么做呢？即使被父母揍一顿，也只能忍着。从父母一方来说，又有哪个父母愿意真的痛打自己的孩子呢？父子相仇该是多么痛苦的事情。一般情况下，几谏和悦谏就会有效果，不至于到极谏伤恩的地步。

4.19 不远游章
子曰："父母在，不远游，游必有方。"

孔子说："父母还在世的话，就不要游走远方，如果一定要去，也要告诉父母去哪里。"

在古代，儿子不远游是因为要侍奉双亲，有"温清定省"之礼。所谓"温清定省"是指，冬天让父母暖和，夏天让父母清凉，睡觉让父母安稳，醒来给父母问安。核心意思是，子女要待在父母身边好好侍奉尽孝。如果远游，从儿子的角度来说是不能在父母身边尽孝；而从父母的角度来说，他们也不是非要儿子守在身边尽孝，可能也只是对远游的孩子会有许多担心和思念。古代的交通不如现代便利，也没有电话和视频。"临行密密缝"，不过是因为"意恐迟迟归"。

"游必有方"的意思是，如果不得已要远游，也要告诉父母自己去了哪里，时时写信回家，减少父母的担心。如果家里万一有事，也方便报信。特别是一旦遭遇意外，比如父母得了重病甚至去世，那孩子收到信之后，就必须尽快回家侍奉或奔丧。

船山《训义》云："善事亲者，慎勿以此为疑，而恐依亲者废吾生平之志业也。"船山提到了一种常见的理由，有些人因为工作事业比较忙，担心照顾父母而耽误了工作和事业，以此作为自己不能尽孝的理由。但是，一般人也不至于忙到那种程度，对于绝大多数人来说，多少还是孝敬之心不够或是没有找到合适的表达方式。总之，尽孝道要"以父母之心为心"，并落实在行动上。知道和做到之间，差距还很大。

在流动性高度发达的现代社会，特别是对于一些农村出身的孩子而言，如果不出去工作，而是留在父母身边安稳度日，反而可能会被人（有时也包括自己的父母）认为是没出息、不孝顺的表现。然而，到了现代社会，一个人尽孝道竟要以离别远行为代价，多少有些无奈。所以，不管在哪里工作或学习，常回家看看吧。

4.20 无改父道章

子曰："三年无改于父之道，可谓孝矣。"

本章重出。参见《学而》篇 1.11 章。

4.21 父母之年章

子曰："父母之年，不可不知也。一则以喜，一则以惧。"

孔子说："父母的年龄，一定要知道。一方面会高兴，另一方面也会害怕。"

为什么记得父母的年龄会又喜又惧呢？喜是"喜其寿"，惧是"惧其衰"。高兴的是，父母还健在，忧心的是，父母已然年老体衰，说不定哪天就去世了。"喜其寿"，所以有"和怡之情"，高高兴兴在一起享受天伦之乐。"惧其衰"，所以生"恋慕之意"，总有一种舍不得的感觉，担心哪一天就阴阳两隔了，所以要及时尽孝。有些人因为家中有年迈的父母，即使半夜也不敢关机或静音，从这个细节就可以理解此处所说的"惧"。知道父母的年龄并不是要记住一个数字，而是说要时刻牵挂着父母。这代表了子女对父母的爱敬之心，其根本原则是"以父母之心为心"。

4.22 言之不出章
子曰："古者言之不出，耻躬之不逮也。"

孔子说："古代的人不轻易把话说出来，因为他们会因为做不到而感到羞耻。"

这里的"言"，既包括日常生活中的说话与承诺，也包括著书立说。"言之不出"是慎言，因为话好说，事不好做。朱子《集注》引范祖禹曰："非言之难，而行之难也。"朱子侧重批评了那些说到却做不到的情况，而船山则侧重批评了那些立言乱世的现象。船山《训义》云："今之人以不能言为耻，故百家争论而不相下。"船山认为，一些言论"穷高极幽"，其实没什么实际价值。

孔子下一"耻"字，是这一条的重心所在。轻言者如果能够知耻，也就不会轻言了，而是会"先行其言而后从之"，"讷于言而敏于行"。对于著书立说者来说，则应当与闻大道，扎扎实实做研究；以不能扎扎实实做研究为耻，而不是以不能言为耻。

4.23 鲜以约失章
子曰："以约失之者鲜矣。"

孔子说:"因为俭约自守而犯错的情况非常少见。"

朱子《集注》引谢良佐曰:"不侈然以自放之谓约。"《朱子语类》说:"须要检束,令入规矩准绳,便有所据守,方少过失。""约"是一种自我节制的状态,生活上不奢侈,言行上守规矩,思想上不放纵。但是,"约"不是一个向内过度挤压的状态,而是一种恰到好处的内外平衡,既不向内过分压迫自己,又不向外过分放纵自己。向内过分挤压,便不是一个舒展的状态,也就难以久处约。

船山《训义》以"专精"解释"约"。船山《训义》云:"其力行也笃,在一事而毕一事之条理;其用情也挚,在一人而尽一人之爱敬。"船山的解释可谓精妙,还指示了守约的两大法门:力行也笃,用情也挚。那么,儒家的守约守的是什么呢?守得是仁义之道。心感万物,有所为有所不为,修齐治平,一以贯之,止于至善,仁至义尽。"事势有变而难穷,人情有险而难平",非仁至而义尽,不足以应天下。

儒家思想讲的"约"跟佛、道讲的清心寡欲不一样。儒家讲究守约而施博,一以贯之以平治天下,这是入世取向,而佛道出世取向。

4.24 讷言敏行章
子曰:"君子欲讷于言而敏于行。"

孔子说:"君子希望自己说话谨慎,同时做事勤快。"

这一条与本篇4.22章"古者言之不出,耻躬之不逮也"意思相通。朱子《集注》引谢良佐曰:"放言易,故欲讷;力难行,故欲敏。"话很容易说,也很容易错,所以要精神一点。事比较难做,也容易废弛,所以要勤快一点。船山《训义》云:"学者之病,莫患于轻,而事之渺终,或由于惰。"船山认为,孔子这句话针对的两个毛病,一个是轻,一个是惰。情况还没搞清楚,就不要轻下断言。事情要想做成功,就必须勤快扎实、惟日孜孜,三天打鱼,两天晒网,终不足以成事。之所以轻,之所以惰,说到底是少了个主敬之心,未能郑重其事。

4.25 德不孤章

子曰："德不孤，必有邻。"

孔子说："有德者不会孤立，一定有人与之相邻往来。"

朱子《集注》云："德不孤立，必以类应。故有德者，必有其类从之，如居之有邻也。"意思是，修德之事，并不孤立，一定有人来跟自己交流应和，就像邻居一样。《朱子语类》说："非惟君子之德有类，小人之德亦自有类。"君子与小人，各有同声相应、同气相求的人。修德之事，不是一个人关起门来离群索居，而是要走出自我，关心他人与社会，在各种具体事情上磨练德性，在各种人伦关系中修炼德性。当然，在抽象意义上说，有德君子还可以与古之贤者为邻为友。

4.26 事君数斯辱章

子游曰："事君数，斯辱矣；朋友数，斯疏矣。"

子游说："臣谏君，多次不听还去进谏，会自取其辱；规劝朋友，多次不听还去劝谏，会关系疏远。"

君主和朋友不愿意纳谏，有很多原因。如果反复强谏，对方可能会误以为臣子、朋友已经生出"二心"或别有用心，这很可能会导致关系疏远甚至自取其辱。但是眼看着君主或朋友犯错，又于心不忍。

关于劝谏，可以先看两组对比。第一组对比，贵戚之卿和异姓之卿。贵戚之卿是君的亲戚，如叔父或兄弟。异姓之卿是没有血缘关系的卿。如果是贵戚之卿，"君有大过则谏；反复之而不听，则易位。"如果是异姓之卿，"君有过则谏，反复之而不听，则去。"异姓之卿，三谏不从则去；贵戚之卿，因为要共守祖先社稷，三谏不从也不能去，要想办法换一个亲人来做君，以保祖宗基业。

第二组对比，谏父母和谏朋友。谏父母应该几谏，和悦地、小心翼翼地进谏；

而谏朋友则可以直言相告。谏父母，从几谏到悦谏到极谏，逐步深入而不放弃；但是谏朋友，不会反复极谏，差不得就应打住，否则很可能造成关系的疏远。

贵戚之卿谏君，异姓之卿谏君，谏父母，谏朋友。这四种情况下，关系各有不同，因此有不一样的关系伦理和行为期待，也应该采用不一样的交往方式。贵戚之卿和父母，是具有血缘关系的天伦。天伦是分割不开的关系。贵戚之卿三谏不从也不能去，父母再怎么不听规劝，也不能弃之而去。越是关系亲密，越要注意感情的培育，一旦处理不慎，就会产生诸多不愉快。因此。越是亲密关系就越要用心相处。异姓之卿和朋友没有血缘关系，他们是以义合，也可以以义离。双方按照彼此应有的方式来相处，如果不义，可以一拍两散。孟子也说："君之视臣如手足，则臣视君如腹心；君之视臣如犬马，则臣视君如国人；君之视臣如土芥，则臣视君如寇仇。"

到了实在不听劝谏的地步，贵戚之卿可以想办法换君主以保祖宗社稷，异姓之卿可以三谏不从则去，谏父母应该几谏且不放弃，谏朋友应该直谏并适可而止。不过，不管哪一种劝谏，都应该保持一颗仁厚的心。

《论语》中许多条目都像本条一样洗练，直指问题核心，而且给出了应对之道。如何处理人伦关系，是儒家社会思想的重要内容。它一方面指向个人的精神世界，特别是解决孤独的问题；另一方面指向美好社会的构造，特别是如何在切近己身的地方构造融洽的关系共同体。归根结底，儒家社会思想试图回答这样的问题，人应该如何在社会中过有意义的生活？通过《论语》的经典教义，关照现代人的精神世界与社会生活，也是今天我们重温《论语》的意义所在。

小结《里仁》篇

本篇要旨在于阐释"仁"与"孝"，此乃人伦关系之大本。

公冶长第五（27 章）

5.1 公冶长可妻章

子谓公冶长，"可妻也。虽在缧绁之中，非其罪也。"以其子妻之。子谓南容，"邦有道，不废；邦无道，免于刑戮。"以其兄之子妻之。

孔子评价公冶长说，"这个人可以嫁。虽在牢狱中，但不是他的罪。"孔子把女儿嫁给了公冶长。孔子评价南容说，"邦国有道，他能发挥才干；邦国无道，他能免遭刑罚。"孔子把哥哥的女儿嫁给了南容。

孔子臧否人物的本意是树立榜样以教导弟子，希望弟子们见贤思齐。公冶长和南容都是孔门弟子。孔子以婚姻来品评人物，直击人心，令人信服。如果愿意以身相许或结为亲家，那就应该是真的信得过男方。

公冶长。船山《训义》说，公冶长"严气正性，为能正身以刑于家室"。公冶长一身正气，修身齐家都可以做好。公冶长坐过牢。孔子却说，公冶长虽然坐过牢，但这不是他的错。公冶长有可能是被陷害，也可能是他违反了法律但遵守了道义。孔子很信任公冶长的德性，后来把女儿嫁给了他。由此，我们也可以看出，儒家超越法律看问题。一个人如果德性好，即使违背了法律，儒家依然对这个人给予积极的评价。法律只能反映人性的一部分事实。

南容。南容无论身处乱世还是治世都可以过得不错。身处治世，他可以施展才干；身处乱世，他也可以免遭刑罚。言下之意是，南容言行无亏，无论治乱，都能保全己身。朱子评价他"谨于言行"。《先进》篇 11.5 章提到南容三复"白圭"。"白圭"是《诗经》里的诗句："白圭之玷，尚可磨也；斯言之玷，不可为也。"意思是，玉上的污点可以磨掉，但说错的话却没办法挽回，所以要谨于言行。南容反复念这句诗，是体会到了其中的精义。南容如此靠谱，所以孔子主张把哥哥的女儿嫁给南容。

5.2 子贱君子章

子谓子贱，"君子哉若人！鲁无君子者，斯焉取斯？"

孔子评价子贱说，"子贱真是个君子啊！如果鲁国没有君子，那子贱从哪里学
到君子之风呢？"

子贱是孔门弟子。孔子认为，子贱是君子；而且，子贱能成为君子，与鲁国
的君子之风有密切关系。朱子《集注》引苏轼曰："称人之善，必本其父兄师友，
厚之至也。"夸别人的好，要想到他身边还有一群好人。意思是说，一个人的德行，
是在有德行的群体中养成的。君子之风互相振荡，君子在社会关系中修养德行。
群体风气对个人的塑造，正是通过一束束具体的人伦关系而产生影响的。中国社
会没有上帝，而是在人伦关系中修养德行，这是中国社会的成德之方。

5.3 子贡瑚琏章

**子贡问曰："赐也何如？"子曰："女，器也。"曰："何器也？"曰："瑚琏
也。"**

子贡问孔子："我这个人怎么样？"孔子说："你是个器。"子贡问："什么器？"
孔子说："瑚琏。"

子贡是孔子的弟子，姓端木名赐，故自称"赐"。瑚琏是古代的礼器，祭祀时
装盛祭品，以玉装饰，属于"器之贵者"。船山《训义》云："赐也问心而若有可
自许，望道而亦有所难至，殆何如也？"子贡自认为自己做得还不错，但又觉得
离孔门之大道还比较远，他不知道该怎么办，所以去请教孔子。

《论语·先进》篇 11.2 章，"德行：颜渊、闵子骞、冉伯牛、仲弓；言语：
宰我、子贡；政事：冉有、季路；文学：子游、子夏。"子贡被列入言语科，他善
于辞令，是成功的外交家和商人。孔子在《为政》篇 2.12 章里说"君子不器"，
这里又评价子贡为"器"，这是什么意思呢？孔子认为，子贡是器，但却是器之贵

者。作为"器"来讲,子贡已经做得非常好了。从外交和商业上的成就来说,子贡已经成功了。在孔子看来,子贡还是器,未达于道。儒家并不以事功为达道的标准。

"器"与"不器"的区别在于,"器者"只是要学一技之长,成一己之功,思虑所及常常局限于个人;"不器者"通晓义理,推己及人,超出一己之私利为社会做贡献。以子贡之修为,孔子尚且认为他是"器",其不如子贡者,更当锲而不舍、修德入道,以成不器之君子。

5.4 焉用佞章

或曰:"雍也仁而不佞。"子曰:"焉用佞?御人以口给,屡憎于人。不知其仁,焉用佞?"

有人说:"仲弓仁德,但口才不行。"孔子说:"只会巧言,哪里有用?回答别人的问话,总想争赢,便会屡屡招来嫌恶。如果不知仁,只会巧言,哪里有用?"

雍即仲弓,孔子的学生,以德行著称。朱子《集注》云:"重厚简默。"仲弓稳重厚道、做事利落、话不多。"佞"指巧言,只会耍嘴上功夫,缺少真才实学、真情实感,也没有实际行动。朱子《集注》云:"佞人所以应答人者,但以口取辨而无情实,徒多为人所憎恶尔。"《论语・先进》篇有德行、言语、政事、文学四科。言语是指口才好,而口才好与"佞"不一样。口才好的人能够言以传情,行从于言,其基础是"仁",与"佞"相差又何止千万里。孔子重复"焉用佞",可见他对"佞"的讨厌。只可惜不少人反而以"佞"为能,殊为可叹。

5.5 漆雕开仕章

子使漆雕开仕。对曰:"吾斯之未能信。"子说。

孔子想推荐漆雕开去当官。漆雕开对孔子说:"为政之道,我还不相信自己能做到。"孔子听后感到喜悦。

漆雕开是孔子的弟子，他觉得漆雕开可以去从政。但是，漆雕开觉得自己还做不到孔子所说的为政之道，所以推辞了。漆雕开能听懂孔子讲的为政之道，但未必能够笃信和笃行之。怎样才是笃信呢？《朱子语类》有个比喻："譬如五谷可以饱人，人皆知之。须是五谷灼然曾吃得饱，方是信得及。"五谷可以吃饱肚子，要自己吃过了，也真的吃饱了，才会笃信。又比如，叫人去喝100摄氏度的开水，必不肯喝，这是笃信。如果漆雕开不能笃信，自然也没办法笃行，所以漆雕开选择暂时不要出仕，而是继续待在师门好好学习。可见，漆雕开面对自己的内心是非常诚恳的。《朱子语类》称之为"至实无妄"。倘若他内心并不如此诚正，或禄位之欲盖过了内心诚正，便会按下这点隐微之情，而接受孔子的推荐。若是不能笃信笃行，不仅不能造福百姓，还可能在复杂的官场中遭人暗算，那就贻害深远了；那还不如待在孔门继续学习，待学成之后再出来从政。漆雕开心里的几微之处，其实只有他自己知道，别人很难看出来。如果这种只有自己知道的隐微之处尚能把握住，那其它地方自然也会尽心尽力。漆雕开能够诚实地面对自己的内心，这就是"尽己之谓忠"。再者，漆雕开选择继续留在孔子身边好好学习而非急于出仕，表明禄位在他心中并不那么重要。他有更重要的事情要做。漆雕开志向高远，欲闻大道。有这样的好学生，孔子焉能不悦？

5.6 乘桴浮于海章

子曰："道不行，乘桴浮于海，从我者，其由与？"子路闻之，喜。子曰："由也好勇过我，无所取材。"

孔子说："如果道不能行，我就乘坐木筏去海上，会跟我一起去的应该是子路吧？"子路听了，很高兴。孔子又说："子路比我好勇，但他不知如何取舍裁定。"

孔子周游列国不得志，有时也想浮海远行去海上隐居。孔子认为，即使浮海隐居，子路也会跟他一起去。这是孔子赞扬子路之勇。但是，孔子马上又批评子路"无所取材"，这是什么意思呢？朱子《集注》云："讥其不能裁度事理以适于义也。"《朱子语类》说，子路"凡事粗率，不能深求细绎那道理"。孔子批评子路"无所取材"，其实是因为他没有明白孔子为什么浮海远行。船山《训义》曰："以我尚有悲悯之心，而由但守其疾邪远恶之志也。"船山认为，孔子浮海远行的背后是"悲悯之心"，而子路的用意是"疾邪远恶"。孔子是处江湖之远，仍然悲悯天下。而子路则是一副要隔绝乱世而忘天下的隐居心态。孔子浮海远行，是一种坚守的态度，而不是隔绝的态度。虽处乱世，孔子依然坚毅持守，承传道统。孔子即使浮海远行，仍然心系天下。这是儒家之隐区别于道家之隐的地方。道家之隐，隐而忘天下；儒家之隐，隐而不忘天下。孔子浮海远行或不浮海远行，其心都是如此。子路没能理解到这一点，所以孔子说他"无所取材"。

在中国古人的宇宙观中，海是一种什么样的存在？《孟子》里也说，如果舜的父亲杀人入狱，舜会"窃负而逃，遵海滨而处"。海似乎是一个不受行政和法律管辖的"无政府地带"。那么，儒家思想中的宇宙观就可以划分为：华夏，夷狄和海。华夏是王化所及之地，夷狄是野蛮的统治秩序，海则是一个"无政府地带"。从夷狄与海的存在，可以看出儒家其实允许某种"非儒家秩序"的存在。孔子浮海远行，恰恰是希望在那里保存儒家道统。儒家对"非儒家秩序"的尊重，反映出儒家思想对异文化的开明态度。

5.7 不知其仁章

孟武伯问："子路仁乎？"子曰："不知也。"又问。子曰："由也，千乘之国，可使治其赋也。不知其仁也。""求也何如？"子曰："求也，千室之邑，百乘之家，可使为之宰也。不知其仁也。""赤也何如？"子曰："赤也，束带立于朝，可使与宾客言也。不知其仁也。"

孟武伯问孔子："子路达到了仁的品德吗？"孔子说："不知道。"孟武伯又问，孔子才说："子路，可以给千乘之国带兵，有没有达到仁，我就不知道了。"孟武伯又问："冉有怎么样？"孔子说："冉有，可以给千室之邑或百乘之家做家宰，有没有达到仁，我就不知道了。"孟武伯再问："公西华怎么样？"孔子说："公西华，可以穿着礼服为国家接待宾客，有没有达到仁，我就不知道了。"

孟武伯是鲁国三桓之后，孔门弟子。一车四马为一乘，一乘配兵百人，千乘之国战车千辆，带甲十万，在东周属于中等规模和战力的国家。"治其赋"是指治兵。朱子《集注》云："赋，兵也。古者以田赋出兵，故谓兵为赋。""千室之邑"是大城，"百乘之家"是卿大夫之家。

孔子说明了子路、冉求和公西华三位学生的才能，但对于他们是否达到了仁的状态，则不置可否。《朱子语类》说："夫子虽不说三子无仁，但言不知其仁，则无在其中矣。"意思是，他们没有达到仁的理想境界。仁是一个难以完全达到的境界，所以孔子不轻许人以仁。

从人性本善的角度来说，每个人都有仁的根苗与能力。从成德的境界来说，仁需要长时间的修养才能到达。仁既指天性（天仁），又指能力（仁术），既是过程（熟仁），又是结果（成仁）。"人二为仁"，"仁"的最初含义是两个人相互感通的状态。推而广之，代表了修齐治平所需要的"心之全德"。船山《训义》云："易成者，才也；难纯者，仁也。"《朱子语类》说："仁，譬如一盆油一般，无些子夹杂，方唤做油。一点水落在里面，便不纯是油了。浑然天理便是仁，有一毫私欲便不是仁了。……仁如白，不仁如黑。白，须是十分全白，方谓之白。才是一点墨点破，便不得白了。"孔子这几个学生才能出众，但没有达到纯仁的境界。人性中有仁的根苗，人人都有成仁的可能性，但又不容易达到纯仁。

才与仁的区别。举例言之，比如刀，刀具有切割的功能，这是才的问题；而刀用来切菜改善生活，还是用刀来杀人作恶，这是仁的问题。再比如，核能具有巨大的能量，这是才的问题；用核能来发电缓解能源紧张状况还是用来打仗威胁世界和平，这是仁的问题。再比如，个人的聪明才智是才的问题，而用聪明才智来服务社会还是违法乱纪，这是仁的问题。才就像高铁，跑得很快，但行驶的方向是由轨道决定的，这轨道就像是仁。所以，才是一种能力，而仁则决定了这种能力的使用方向。

5.8 闻一知十章

子谓子贡曰："女与回也孰愈？"对曰："赐也何敢望回？回也闻一以知十，

赐也闻一以知二。"子曰:"弗如也。吾与女弗如也。"

孔子问子贡:"你和颜回谁更厉害一些?"子贡说:"我哪里比得上颜回?颜回闻一知十,我闻一知二。"孔子说:"是比不上。我要表扬你的自知之明。"

朱子《集注》云:"愈,胜也。""吾与女弗如也"的"与",朱子《集注》云:"与,许也。"这个"与"是赞许的意思。孔子赞扬子贡的自知之明,勉励他继续精进。

子贡是聪明有才的人,孔子担心他"以此自矜",所以让他反省一下跟颜回的差距在哪里。子贡认为自己和颜回的差距在于,颜回"闻一知十",而自己只能"闻一知二"。"闻一知十"是"明睿所照,即始而见终","闻一知二"是"推测而知,因此而识彼"。《朱子语类》说:"'明睿所照',如个明镜在此,物来毕照。'推测而知',如将些子火光逐些子照去推寻。"颜回"体全而用备",子贡"不大明于终始,择言而不精,守焉而不顾"。这就是颜回和子贡的差距。

船山《训义》曰:"回之沉潜,即为回之高明,女之明慧,即为女之近小,夫安得如回乎!"船山认为,颜回反复沉潜琢磨,这正是其高明之处;子贡虽然聪慧,但这反而是子贡的缺点。看起来是颜回之短,其实是其所长;看起来是子贡之长,其实是其所短。颜回低调地努力,反而能够稳步前进;子贡聪明通透,一点就通,反而止步于此,未能精进。船山的话很辩证,且一针见血,足以为"小聪明者"戒。

5.9 朽木不可雕章

宰予昼寝。子曰:"朽木不可雕也,粪土之墙不可杇也,于予与何诛?"子曰:"始吾于人也,听其言而信其行;今吾于人也,听其言而观其行。于予与改是。"

宰我大白天睡懒觉。孔子说:"腐朽的木头不能雕刻,一雕刻就会坏。粪土垒成的墙不能刷,一沾水就会塌。对于宰我,我还能怎么指责呢?"孔子又说:"当初，我听了别人说的话，就相信他会这么做。现在，我听了别人说的话，还要看看他会怎么做。这种改变就是从宰我这里开始的。"

宰予，字子我，即宰我。读《论语》要"以意逆志"。"以意逆志"的意思是，以读者之意去迎接作者之志，而不是拘泥于字词形迹。孔子倒也不会严苛到白天不让学生睡觉的程度。想必是宰我本该用功却没有用功，或是已经许诺了会用功学习却还在睡懒觉，然后被孔子发现了。孔子言辞如此激烈，表明他确实生气了。孔子即使很生气，也还是使用了打比方的委婉说法，应该说比较克制了。宰我后来也很有出息，他没有辜负孔子的教诲。

正常的休息没有人会反对，但若是懈怠，应该怎么应对呢？朱子《集注》引范祖禹曰："君子之于学，惟日孜孜，毙而后已。"船山《训义》说："学者之于道，知之非艰，行之维艰。知而不行，犹无知也。"从上面可以提炼出两句话作为应对懈怠的方法。第一句，惟日孜孜。不管是做大事还是小事，都要转化为每一天的努力，孜孜不倦地力行。第二句，知而不行，犹无知也。道理都明白，但是没做到，其实依然是不懂这道理。宰我也知道自己应该努力，但还是去睡懒觉了。知道和做到，相差何止千万里。这里提炼的两句话，第一句是化难为易，第二句敦人笃行，可以作为应对懈怠的方法。

另外，孔子这里还提到了"观人之法"。判断一个人的品格，不能只听他说了什么，还要看他做了什么。巧言令色鲜矣仁，厚重笃行真君子。

5.10 焉得刚章
子曰："吾未见刚者。"或对曰："申枨。"子曰："枨也欲，焉得刚？"

孔子说："我没见过刚强不屈的人。"有人对孔子说："申枨就是啊。"孔子说："申枨多欲，哪里刚强？"

朱子《集注》引程子曰："能胜物之谓刚……为物掩之谓欲。""刚"是"坚强不屈"，"足以有为"，"足以有守"。"欲"则很容易被外物所牵引，心中"无所主"，一遇到问题就守不住底线。孔子认为，申枨只是"色庄"，其实很计较胜负得失："其气盛，其自命不挠"，申枨是要强而不是刚强，似刚而非刚。"刚"是由内而外散发出的志气。如果不是义理醇熟，笃信于道，很难有这种自内而外的志气之刚。刚者守义，并非徒恃血气之勇，更不是声张私欲。船山《训义》云："唯刚为近仁。"刚与欲之间，说到底还是个志向的问题。志于仁则刚，志于利则欲。君子择善而从，持守坚毅，方能壁立千仞，无欲则刚。

5.11 无加诸人章

子贡曰："我不欲人之加诸我也，吾亦欲无加诸人。"子曰："赐也，非尔所及也。"

子贡说："我不希望别人把事情强加给我，也不想把事情强加给别人。"孔子说："赐啊，这个你还做不到。"

朱子《集注》引程子曰："我不欲人之加诸我，吾亦欲无加诸人，仁也；施诸己而不愿，亦勿施于人，恕也。恕则子贡或能勉之，仁则非所及矣。"这里涉及到仁与恕的差别。朱子《集注》云："'无'者自然而然，'勿'者禁止之谓，此所以为仁恕之别。"朱子从"无"与"勿"的差别出发，点明了仁与恕的差别。仁是"己所不欲，无施于人"，恕是"己所不欲，勿施于人"。"勿"字反映了某种强制性，需要勉强自己去做。恕道也常表述为"强恕而行"。这种状态很像"时时勤拂拭，莫使惹尘埃"。"己所不欲，无施于人"是仁的状态，"无"字说明是没有强制，自然而然。这种状态很像"本来无一物，何处惹尘埃"。子贡说"我不欲人之加诸我也，吾亦欲无加诸人"，子贡用了一个"无"字，孔子却认为子贡还达不到这种自然而然的境界。

"强恕而行"是求仁之方，勉强着、勉强着，慢慢也就能够越做越好了。求仁者应当"退一步做功夫"，转而去求恕道。学习者应该勉力于恕，以进于仁。如果不能脚踏实地在恕道上下功夫，是求仁之大忌，尤其是那些"小聪明者"的大忌。子贡很聪明，孔子对子贡说"非尔所及"，是想提醒子贡，虽然做得不错，但还没有到"仁"的境界；求仁不能只靠聪明，要靠脚踏实地、持之以恒地践行"恕道"。

5.12 性与天道章

子贡曰："夫子之文章，可得而闻也；夫子之言性与天道，不可得而闻也。"

子贡说："孔子的礼仪文辞，可以听闻得到；孔子讲性与天道，就听闻不到了。"

朱子《集注》云："文章，德之见乎外者，威仪文辞皆是也。"这里的"文章"包括了礼仪服饰和书写表达，从这些外显的东西可以体会孔子之德。

朱子《集注》云："性者，人所受之天理；天道者，天理自然之本体。其实一理也。"《朱子语类》说："其流行者是天道，人得之者为性。元亨利贞，天道也；人得之，则为仁义礼智之性。"孔子很少直接讨论性与天道的话题。怎么才算是直接讨论呢？比如，《易经》有云："一阴一阳之谓道，继之者善也，成之者性也。"或如孟子云："恻隐之心，仁之端也；羞恶之心，义之端也；辞让之心，礼之端也；是非之心，智之端也。"孔子教育学生，讲究循序渐进。礼仪文辞，性与天道，这二者不是一个层次的学问。礼仪文辞是具体的，性与天道是抽象的。如果越过礼仪文辞而直接讨论性与天道，学生可能难以体会其深妙，反而容易陷入一种空洞的思辨当中。

礼仪文辞和性与天道不是截然分开的，礼仪文辞之中便有性与天道。孔子的视听言动本身就是性与天道的体现。船山《训义》云："夫子之文章莫非性也？莫非天道也？"孔子很少直接讨论性与天道。他喜欢深入浅出地打比方，把义理与实践融合在一起，而非空谈义理。

5.13 惟恐有闻章

子路有闻，未之能行，惟恐有闻。

子路听到一个道理，觉得应该做却没有做，就会害怕听到这个道理。

船山《训义》云："人以多闻为得者，彼以多闻为忧。"为什么子路"惟恐有闻"？"有闻"是指听说了新的道理。如果一旦学到新道理，却又不能做到，子路就会觉得很不安，那还不如不知道这个道理。我们将心比心地理解子路内心的那种不安，就能明白子路的诚恳与纯粹。由此我们可以更理解子路之勇。子路之勇，不是勇于血气，而是勇于正道。

船山《训义》云："学者之患，莫大于贪闻道而惮于行。自居于好学之列，汲汲然向师友以问之，非所可至，而知其概，究其日用之间，未尝有一事称乎所闻，故终身学，而所成者无几也。"船山批评了一种人，看起来很好学，四处向师友请教，只知道个大概就浅尝辄止，未能把握其精义，更没有落实在行动上，最后的结果往往也只能是学无所成。《朱子语类》也说："今人唯恐不闻，既闻了，写在册子上便了，不去行处著工夫。"意思是，听闻道理之后，只在纸上画一画，随便记一点笔记，不做进一步探究，也不去实践。这样的学习，多是一知半解。即使知道再多的概念和道理，也不过是表面功夫，无以修己，无以知人，无以应事。

5.14 不耻下问章

子贡问曰："孔文子何以谓之'文'也？"子曰："敏而好学，不耻下问，是以谓之'文'也。"

子贡问孔子："孔文子的谥号为什么称为'文'？"孔子说："聪明而且好学，爵位虽高，但不耻于向位卑者请教，所以称他的谥号为'文'。"

孔文子即孔圉，是卫国的大夫，谥号为"文"。谥法始于周代。"生有爵，死有谥"，生前有爵位的人，死后才能得到谥号，代表对他生前的评价。谥号分为官谥和私谥，官谥来自官府，私谥来自民间。谥分上中下，上谥为褒扬，中谥为同情，下谥为贬抑。一般来说，有身份的人才有谥号。船山《训义》云："周制以谥易名，因以使臣子得崇其君父，而劝善警恶之意亦存焉。大行受大名，小行受小名，无敢有溢美者焉。"谥号有劝善警恶的功能，以盖棺定论的名声来敦促人们在活着的时候行善去恶。

日本人死后会得到一个戒名。他们认为，人死之后成佛，戒名就是日本人在死后的那个佛的世界的名字。福泽谕吉的戒名是"大观院独立自尊居士"，大隈重信的戒名是"凤猷院殿尚宪重信大居士"。"独立自尊"和"尚宪重信"就是对这两人的盖棺定论，很像中国的谥号。谥法体现了中国人的道德观，而且这种道德观可以跨越生死，超越了个体生物生命的有限性。有的人万古流芳永垂不朽，有的人遗臭万年殃及后代。谥号的劝善警恶作用不可谓不大。

《逸周书·谥法解》记载："经纬天地曰文，道德博闻曰文，学勤好问曰文，慈惠爱民曰文，愍民惠礼曰文，赐民爵位曰文。""文"是一个很好的谥号。子贡对孔文子能得到一个这么好的谥号有所质疑。子贡觉得，孔文子生前的一些行为并不怎么光彩。朱子《集注》引苏轼曰："孔文子使太叔疾出其妻而妻之。"孔文子劝太叔疾休妻，然后把自己的女儿嫁给了他。《朱子语类》说，谥法是"节以一惠"，"如有十事皆善，只举一善可以包。如九事不善，只有一善，则亦可以一善为谥。"孔子认为，孔文子之所以谥号为"文"，也是节取一善的结果。当然，孔文子之"文"不是经纬天地之"文"，也不是道德博闻之"文"，而是学勤好问之"文"。

聪明之人容易自恃聪明而不好学。位高之人可能抹不开面子去向地位更低的人请教问题。本来聪明和地位高都是优点，但是也可能转化为缺点。孔文子可以做到"敏而好学，不耻下问"，也算难能可贵。

儒家承认等级制，但是认为等级制应该充满"仁"的精神。不同等级之间不应该是隔绝封闭的状态，而应该是连结感通的状态。位高者也可以向位卑者学习请教，这也是下情上达的一个通道。位高者如果陷入了封闭的无知或无知的封闭之中，等级便会固化，其结果往往是民怨的积累，最后，位高者真的会变成孤家寡人而下台。

5.15 子产君子章

子谓子产有君子之道四焉："其行己也恭，其事上也敬，其养民也惠，其使民也义。"

孔子说子产在四个方面有君子之道:"自处时恭谨谦逊,事上忠敬不怠,对百姓施加恩惠,使役百姓时只做义所当为之事。"

子产是郑国的执政重臣。孟子评价子产"惠而不知为政"。意思是,子产治民只知道给一些小恩小惠。但孔子对子产的评价还是比较高的。他认为,子产有恭、敬、惠、义等值得称道的品质。船山《训义》云:"子产之在当时,有称其博物而致盛名者,有称其善谋而御强大者矣。夫子以为此皆当世名卿大夫之所能,而未足取也。"当时人们普遍以事功之大赞扬子产。但孔子认为,那些事功,当时的名卿大夫都可以做到,却未必能做到像子产那样恭、敬、惠、义。

5.16 久而敬之章

子曰:"晏平仲善与人交,久而敬之。"

孔子说:"晏子善于与人交往,时间久了别人还能敬重他。"

晏平仲即晏婴,人称晏子,是齐国贤相。孔子认为,晏子善于与人交往,因为跟他交往时间久了还能保持对他的敬意。朱子《集注》引程子曰:"人交久则敬衰,久而能敬,所以为善。"交往时间久了,大家彼此知根知底,也不那么讲究,有时甚至没了规矩,不该说的话也说,不该做的事也做。他们以为彼此熟悉就可以不讲规矩,以为彼此感情要好就可以得到偏袒,于是有进退失仪者,有轻侮犯上者,有恃宠而骄者。由是有"交久敬衰"之弊。此外,交往久了,一些比较隐蔽的毛病往往会暴露出来,但晏子修养好,久处也没什么问题,反而愈发让人尊敬。

人与人之间交往的分寸确实难以把握,"近则易狎也,远则易疏也","近之则不逊,远之则怨"。一个懂得修德自守的人在与他人交往时会注意做到:"情相好,而不以情深而忘敬;事相接,而不以事熟而弛敬。"过于情而失于敬,就容易"交久敬衰"。正因为感情深,所以才更应该多花心思,该持敬的地方更要持敬,该讲礼的地方更要讲礼，否则就辜负了这份感情。船山《训义》云："盖友也者，以情相得，实以义相合者。久而敬，则情至而义孚，斯诚交友之定理。"久而能敬是情深义重的表现，是一种情义兼备、仁至义尽的状态。

5.17 山节藻棁章
子曰："臧文仲居蔡，山节藻棁，何如其知也？"

孔子说："臧文仲居住在藏龟之室，在斗拱上画山，在梁柱上画藻，哪有像这样的智？"

臧文仲是鲁国的大夫。朱子《集注》云："居，犹藏也。蔡，大龟也。节，柱头斗棋也。藻，水草名。棁，梁上短柱也。盖为藏龟之室，而刻山于节、画藻于棁也。当时以文仲为知，孔子言其不务民义，而谄渎鬼神如此，安得为知？"臧文仲住在藏龟之室，刻山于斗拱，画藻于梁柱。朱子《集注》认为臧文仲这么做是"谄渎鬼神"，并不像人们所说的那样明智。

船山《训义》认为，臧文仲不仅谄渎鬼神，而且存在僭越的问题。船山《训义》云："以龟为宝者，诸侯之守也；山节藻棁，公宫之制也。而文仲冒昧而为之。"臧文仲以大夫而行诸侯之礼，在私室而用公室之仪，是为僭越。既谄媚鬼神又僭越礼制，臧文仲怎么算得上是智者呢？

船山《训义》云："夫天地自然之理，因龟而见端，夫人诚信之至，假龟而决疑，其灵非龟也。"船山的意思是，以龟甲来占卜决策，关键不在于龟甲之灵，而在于天地自然之理和人之诚信之至。说到底这是人的问题，而不是龟甲的问题。儒家教导人们从鬼神巫术中摆脱出来，把对世事的判断建基于天地自然之理和人之诚信之至。周孔缔造的礼乐文明传统，使人们可以按照礼制，抉择有方，手足有措。这也可以说是一个"理性化"的转变，只是这个理性不同于现代意义上的理性。到了孟子那里，他干脆就说："恻隐之心，人皆有之；羞恶之心，人皆有之；恭敬之心，人皆有之；是非之心，人皆有之。"人之行事吉凶与否、恰当与否，不再依赖鬼神巫术，转而依靠圣贤制定的礼乐和每个人都有的是非善恶观念。宋儒张载也说:"圣人不教人避凶而趋吉,只教人以正信胜之。"从鬼神巫术到礼乐道德,殷周之际发生的"理性化"变革,本质上是"礼乐化"和"道德化"的变革,这是中国社会思想史上的一个大转折,极当注意。

5.18 令尹子文章

子张问曰:"令尹子文三仕为令尹,无喜色;三已之,无愠色。旧令尹之政,必以告新令尹。何如?"子曰:"忠矣。"曰:"仁矣乎?"曰:"未知。焉得仁?""崔子弑齐君。陈文子有马十乘,弃而违之。至于他邦,则曰:'犹吾大夫崔子也。'违之。之一邦,则又曰:'犹吾大夫崔子也。'违之。何如?"子曰:"清矣。"曰:"仁矣乎?"曰:"未知。焉得仁?"

子张问孔子:"令尹子文三次出任令尹,他脸上没有喜色;三次被罢免令尹,他也没有不高兴的脸色。旧令尹的政策,他一定告知新令尹。令尹子文怎么样?"孔子说:"这是忠了。"子张问:"达到仁了吗?"孔子说:"不知道。哪里达到仁了呢?"子张又问:"崔杼弑杀了齐国国君,齐国大夫陈文子有车十乘,他放弃了,离开了齐国。陈文子出奔到另一个国家,他说:'这里的大臣也像崔杼一样。'他离开了。又到了另一个国家,他说:'这里的大臣也像崔杼一样。'于是他又离开了。陈文子怎么样?"孔子说:"这是清了。"子张问:"达到仁了吗?"孔子说:"不知道。哪里达到仁了呢?"

孔子品评了两个人物,令尹子文和陈文子。令尹子文是楚国大夫,陈文子是齐国大夫。令尹子文在令尹的位置"三上三下",脸上的表情非常平静,并且非常认真地做好了工作交接。朱子《集注》云:"知有其国而不知有其身,其忠盛矣。"船山《训义》也说:"知有国家之利病,不知有己之功名,人臣如此,可谓忠矣。"陈文子离开弑君作乱的齐国大臣崔杼,去往别的国家,发现也是崔杼一样的人在掌权,就离开了。朱子《集注》云:"文子洁身去乱,可谓清矣。"令尹子文是忠,陈文子是清,都是难能可贵,但孔子并未许之以仁。对于令尹子文,朱子《集注》云:"未知其皆出于天理而无人欲之私也,是以夫子但许其忠,而未许其仁也。"

对于陈文子，朱子《集注》云："未知其心果见义理之当然，而能脱然无所累乎？抑不得已于利害之私，而犹未免于怨悔也。故夫子特许其清，而不许其仁。"朱子认为，义理"要在心上求"，"事虽可观，而其本心或有不然也"。他们未必果真体认到了天理和义理之当然，所以不能轻易说仁。

船山《训义》云："仁道之大也，万美皆于此统焉，以之事君则忠，以之立身则清。"船山以仁作为心之全德，他还说，"仁者必忠，仁者必清"。忠、清与仁的关系是一种体用的关系。仁为体，忠、清为用。可以说"仁者必忠，仁者必清"，但是不能反过来说"忠者必仁，清者必仁"。船山《训义》云："若忠者之未必能仁，则唯知有君，而欲其事之济"；"若清者之未必能仁，则惟知疾恶，而不必心之安"。只有忠而没有仁，容易变成"唯知有君"的愚忠；只有清而没有仁，容易变成"惟知疾恶"的清高。因此，忠、清也只是执仁之一端，到底不及仁之深厚纯粹。换言之，忠和清也只是尽了一部分义理。

孔子认为令尹子文和陈文子都达不到仁的境界。历史上，这两个人也确实做了一些不甚光彩的事情。船山《训义》提到，令尹子文"佐荆楚而蔑宗周"，陈文子"乘危乱而执齐政"。真正的仁者，"存之也熟，审之也密，学问之纯，存养省察之无间"。虽然每个人都有仁的根苗，但要达到"仁熟义精"的程度还是非常不容易的。所以，孔子不轻许人以仁。

5.19 三思而行章
季文子三思而后行。子闻之，曰："再，斯可矣。"

季文子总是三思而后行。孔子听到后说："不用三思，再思就可以了。"

季文子是鲁国的大夫，做事非常谨慎。"三思而行"是指喜欢思考，行事谨慎，一般来说有褒义。但孔子这里却有几分批评的意思。实际上，季文子这个人也确实有一些问题。朱子《集注》曰："宣公篡立，文子乃不能讨，反为之使齐而纳赂焉。"

关于"再斯可也"的理解，朱子《集注》引程子曰："再则已审，三则私意起而反惑矣。"意思是说，反复思虑，不断算计，就会有一些私心杂念冒出来，反而会干扰之前正直的判断。朱子《集注》又说："君子务穷理而贵果断，不徒多思之尚也。"船山《训义》说："吾心之则，是非而已矣，无难辨也。思之不已，则必有周旋委屈之术可以饰于义而济其利者存，则公忠直谅之情移矣。"船山明察人心之秋毫，他觉得如果过于算计，就很可能会为了一己私利而曲曲折折、勉勉强强地行事，便不能正大光明。明明不该做的事情，还要千方百计找理由去做。《朱子语类》说："千思百算，意上生意，天下事哪里被你算得尽？"在这些曲曲折折的算计之中，人之本心渐失，便成了精致的利己主义者。

事情该不该做，应该问义不问利。义未必不利，利也未必不义，但义利有冲突的时候，应该舍利而取义。以义为利和以利为义，是两种不同的思维方式和人生目标，也是两种不同的道德追求和思想境界。朱子说的"存天理、灭人欲"就是这个意思。事情该不该做，但问天理，不问人欲。天理中未必没有人欲，人欲也未必不合天理，但天理、人欲相冲突的时候，应该舍人欲而取天理。

"再斯可也"是说，不要千方百计去为那些义所不当为的事情找借口。"三思"也只是一个概数，意思是想得太多。如果做决定之前，不清楚是不是义所当为的事情，那想一百遍、一千遍也是应该的。爱思考本身不是坏事，但是要看思考什么事情，以及目的是否善良，手段是否正直，不能因为三思而乱了是非。

5.20 愚不可及章

子曰："宁武子，邦有道则知，邦无道则愚。其知可及也，其愚不可及也。"

孔子说："宁武子这个人，在国家治理有方的时候，他很聪明；在国家无道的时候，他很愚笨。宁武子的聪明，别人还做得到；宁武子的愚笨，别人却做不到。"

"愚不可及"在现代汉语中是贬义词，但是孔子评价宁武子"愚不可及"其实是表扬他。宁武子是卫国的大夫。卫文公励精图治，宁武子辅佐有方。到了卫成公的时代，卫国国政混乱，宁武子周旋其间。

为什么孔子夸宁武子智呢？船山《训义》云："武子虑深而不轻有所表见，故不为福先，而亦不为祸始，智矣。"卫文公时，卫国治理有方，宁武子只管做好本职工作。他看问题看得远，又不轻易发表意见，所以少有是非。虽然好事不会先到他头上，但坏事也不会先到他头上。

孔子又为什么夸宁武子愚呢？宁武子的愚是一种低调，看起来笨笨的样子，好像没有主见，实则谋虑深远，而且他总是默默做好本分的事情。卫成公之时，国家危乱，很多所谓的智巧之士，为求免于祸乱，都选择明哲保身。但是，宁武子没有置身事外，而是"周旋其间，尽心竭力，不避艰险"，忠心耿耿而又低调务实地做了不少事情，而且最后还能悄无声息地全身而退。大厦将倾，但宁武子还在那里修补支撑，在许多人看来，这就是愚。船山《训义》对此高度评价："盖人臣当无可如何之日，唯此知进而不知退、知存而不知亡之心，可以托社稷之寄。"总结一下，孔子说宁武子"愚不可及"，其实有两层意思。第一，卫国衰乱而宁武子勉力维持，其愚为忠。第二，宁武子能够"沉晦免患"，又能够"周旋成事"，还能够"保其身而济其君"，其愚为智。如此忠智双全的愚，一般人难以企及。

朱子《集注》引程子曰："亦有不当愚者，比干是也。"程子将宁武子与商末忠臣比干做对比。比干死谏纣王，献出了生命。比干没有装糊涂，而宁武子却选择了装糊涂。程子认为，宁武子可以装糊涂，但比干本来就不应该装糊涂。《朱子语类》说："比干却是父族，微子既去之后，比干不容于不谏，谏而死，乃正也。人当武子之时，则为武子；当比干之时，则为比干，执一不得也。"朱子认为，当比干之时，便学不得宁武子。商纣王不可救，非沉晦所能周旋，非死谏不能震醒，甚至死谏也不能震醒。当宁武子之时，也学不得比干，死谏忠则忠矣，然终不能济其君。所以，邦无道之时，可以进，可以退，可以犯颜死谏，可以沉晦周旋。君子审时度势，竭忠尽智而处之。其势不同，其道　也。

5.21 斐然成章章

子在陈，曰："归与！归与！吾党之小子狂简，斐然成章，不知所以裁之。"

孔子在陈国时说："回去吧，回去吧！我鲁国的一些弟子，志大而行简，他们做成了一些漂亮的事情，但不知如何进一步裁节。"

朱子《集注》曰："吾党小子，指门人之在鲁者。"孔子与跟随他周游列国的弟子如子路、颜回、子贡等朝夕相处，有所教导和裁正，各成其贤。而留在鲁国的弟子，孔子则有些记挂与担心。

"狂简"是指"志大而略于事也"。"斐然成章"是说能做成一些事，有模有样，有可观者。狂简之士，斐然成章，这便是已经有了不错的基础，但未能真正入道。孔子希望裁成教导之，使入于大道。"狂简"之士志向远大，能冲决罗网，但往往不肯从小处做起，缺少惟日孜孜的实行；容易暗自托大，渐入异端，自以为高妙，其实于世事并无补益。当时是百家争鸣的时代，各种思想都存在，如果不加裁节，恐怕不能入世济事。孔门弟子本来都是有潜质的人，孔子担心他们只是因为缺乏裁成，最后难以入道，所以发出思归之叹。

关于难以入道的原因，船山《训义》有一段论述。"学者之不可与入道，有二患焉。以当世之习见习闻为风尚，而谓古人宏远之规模为太高而不可行，以目前之小功小名为志力，而谓此止事为之名迹为必详而不可忽。于是虽有好善恶恶之心，而殉时俗之惠誉，虽有致知力行之能，而勤琐屑之猷为。其唯圣人，则斟酌百王而不违乎时，谨小慎微而即以致远。外此者，知有当世，则不知有千古，始于事业者，终于利欲。此后世之人才所以施之造就而不能也。"船山认为，学者难以入道有两个原因：一是薄古，二是泥小。薄古则容易随波逐流赶时髦，总是浅尝辄止；泥小则容易勤于琐屑，在一些边边角角的小问题上下功夫。学术与政治，都需要去思考大道之所在。明白了大道所在，便有了方向，然后每日坚持下功夫，经年累月，积功累仁，终有入道之日。

朱子《集注》云："此孔子周流四方，道不行而思归之叹也。"朱子认为，孔子周游列国、行道受挫，这时候想回到鲁国传道。船山《训义》则说："吾归而道其不丧，何必行于天下哉？"孔子周游列国，是在传道；返鲁教书，也是在行道。圣人毋必，颠沛造次不离道。

5.22 不念旧恶章
子曰："伯夷、叔齐不念旧恶，怨是用希。"

孔子说:"伯夷、叔齐不记挂别人先前的恶,所以很少有人怨恨他们。"

商朝末年,孤竹国国君要把王位传给叔齐,叔齐不是嫡长子,便让给嫡长子伯夷。伯夷觉得父命是叔齐而不是自己继位,于是也不愿意继位。最后伯夷、叔齐两兄弟都没有继位,一起去隐居了。后来,武王伐纣建立周朝,两兄弟不食周粟而亡。

孟子评价伯夷时说:"伯夷,圣之清者也。"具体表现为:"伯夷目不视恶色,耳不听恶声;非其君不事,非其民不使;治则进,乱则退。横政之所出,横民之所止,不忍居也。思与乡人处,如以朝衣朝冠坐于涂炭。当纣之时,居北海之滨,以待天下之清也。故闻伯夷之风者,顽夫廉,懦夫有立志。"伯夷可以说是嫉恶如仇,但正是这样嫉恶如仇的人,偏又能做到不念旧恶。伯夷、叔齐能够做到,说明他们的内心非常通透纯粹,能够拿得起、放得下。《朱子语类》说:"不是恶其人,但是恶其恶耳。"他们所厌恶的是恶本身,不是这个人。一个人能改掉他的恶事恶习,便不是一个应该被厌恶的人。朱子《集注》引程子云:"不念旧恶,此清者之量。"《左传》评价伯夷叔齐:"能以国让,仁孰大焉。"《朱子语类》干脆说,伯夷叔齐"胸中都是义理"。若不是义理醇熟,哪有不念旧恶的雅量呢?

船山《训义》提到了另外一种人:"以偏心而托于恶恶者,取怨当世,而自以为非己之自致者。"他们以"恶恶"为名义打击他人以自利。过而能改,善莫大焉,过于斤斤计较则可能是别有用心。孔子对互乡之童子也是"与其进而不与其退"(见《述而》篇 7.28 章),可以改过自新则赞赏之,如果再犯则贬斥之。不过,他人之心理活动不易察觉。《论语》的一个重要内容便是教人如何去知人识人。在他人没有作恶迹象之前,应该以人为善,而不是先入为主地以人为恶。

伯夷、叔齐不念旧恶,极少招来他人之怨恨。但事情的复杂之处在于,依然还是会有人怨恨他们。因为可能有些人会觉得伯夷、叔齐这种宽宏雅量是颇有心机的作秀。所以,伯夷、叔齐也只能达到"怨是用希"的程度,不能完全无怨。这就是孔子深谙世事、人情练达的地方了。

孔子既讲不念旧恶,又讲以直报怨,其实互不矛盾,关键还是要心诚。对旧恶是嫉恶如仇，还是不念旧恶，恐怕也还是因人而异。放得下就放，放不下也不是不可以继续嫉恶如仇，这里大概可以取"以直报怨"之意吧。话说回来，一个人不管忘不忘他人之恶，首先最该反省的是自己身上有没有恶念恶事。分分秒秒的时间，都不为恶，大大小小的事情，都向善去，庶几可无怨矣。

5.23 微生高乞醯章

子曰："孰谓微生高直？或乞醯焉，乞诸其邻而与之。"

孔子说："谁说微生高正直啊？有人找他讨点醋，他跑到邻居家讨了一点给那人。"

微生高，鲁国人，素有直名，但孔子不以为直。"醯"即醋。从微生高向邻居讨醋这件小事，就可以看出微生高是一个怎样的人。朱子《集注》认为，微生高"曲意殉物，掠美市恩"。《公冶长》篇 5.19 章，《朱子语类》讨论了微生高讨醋的事情："如乞醯，若无，便说无，若恁地曲意周旋，这不过要人道好，不过要得人情。"朱子认为，微生高不过是让别人承受损失，自己来得人情。

这个故事很具体。可以推敲一下，什么人在什么样的情况下会来讨醋呢？最大可能性是，邻居马上要做饭了，发现没有醋，已经来不及买了，就想到微生高家里借一点。不巧的是，微生高家里也没有醋了，于是就到邻居家讨了一点醋给他。微生高、讨醋的邻居和给醋的邻居，三个人大概是邻居。微生高其实可以让讨醋的邻居直接去找给醋的邻居，但是微生高要自己去。既然是讨醋，那就意味着不用还。假如这是一个必须要微生高出面的场景，那么事情另当别论。在这个场景中，微生高冲到前面，以几乎没有成本的方式得了一个人情。用现在流行的话说，这叫"白嫖"。从这点平常小事上，孔子能看出微生高之为人，真是"火眼金睛"。

其实，人们之间的往来施报，往往也依托人情展开。但人情是真心实意的结果，不应陷入一种人情工具论的功利逻辑。而且，如果一味迁就人情，可能会失掉是非大义。像微生高这般只是要得人情，已然近乎乡愿，又何直之有哉？

5.24 丘亦耻之章

子曰："巧言、令色、足恭，左丘明耻之，丘亦耻之。匿怨而友其人，左丘明耻之，丘亦耻之。"

孔子说："只是言辞讨巧，表情美好，举止过于顺从，左丘明认为可耻，我也认为可耻。如果把自己对人的不满隐藏起来，还要强行去跟他交朋友，左丘明认为可耻，我也认为可耻。"

《朱子语类》说："左丘是古有此姓，名明，自是一人。作《传》者乃左氏，别自是一人。"这一条里的左丘明与《左传》作者左丘明不是同一人。

第一句批评"巧言、令色、足恭"。朱子《集注》曰："足，过也。""足恭"是过于恭敬，近乎谄媚。船山《训义》云："于言也巧也，以邀人之乐听；于色则令也，以诱人之小喜；以恭则足也，以媚人之相容。"故意说讨巧的好话，故意使自己脸色好看，故意表现得极其恭敬，这些是近乎虚伪和谄媚的表现。船山认为，这些是"诈懦"的表现，使人"不复有丈夫之气也"。口才好不等于巧言，表情让人舒服不等于令色，对人恭敬也不等于足恭。

第二句批评"匿怨而友"。明明对这个人有怨言，还要勉强自己去跟他交朋友，这就是"匿怨而友"。《礼记》云："同门曰朋，同志曰友。"古时候的朋友不像我们现在这么宽泛，而是指志同道合的亲近友人。朋友之间性情相合、趣味相投，打交道自然比较舒服。"匿怨而友其人"，就非常刻意了，往往是别有用心，不是真诚的交友之道。对于有些人，即使不跟他们交朋友，也不必去交恶，保持起码的尊重就可以，只是不像朋友那般亲近罢了。

朱子《集注》引谢良佐曰："二者之可耻，有甚于穿窬也。"所谓"穿窬"，就是钻墙洞、翻墙头，也就是贼。怎么来理解这种道德上的穿窬之心呢？简单来说就是似是而非。因为相似，所以容易鱼目混珠，就像是道德上的偷盗行为。比如乡愿，本质上是左右逢源、毫无原则的老好人，但旁人还以为这就是仁，但其实不是，似是而非的乡愿对仁伤害最大。本条也涉及到几种似是而非的情况。巧言容易让人以为这就是智，令色容易让人以为这就是仁，足恭容易让人以为这就是敬，匿怨容易让人以为这就是礼。这些都是似是而非的情况。巧言贼智，令色贼仁，足恭贼敬，匿怨贼礼，都是道德上的穿窬之心。"直道丧，正气亡"，孔子借左丘明之口反复感叹，意在严厉批评这种虚伪、谄媚、诈懦之风，务必使弟子引以为耻。

5.25 各言尔志章

颜渊、季路侍。子曰："盍各言尔志？"子路曰："愿车马、衣轻裘，与朋友共，敝之而无憾。"颜渊曰："愿无伐善，无施劳。"子路曰："愿闻子之志。"子曰："老者安之，朋友信之，少者怀之。"

颜渊、子路侍奉孔子。孔子说："你们何不各自说说自己的志向？"子路说："希望有车马，穿轻暖的裘衣，与跟朋友共享，车马衣服用烂了也没什么遗憾。"颜渊说："希望可以做到，做了善事不自我炫耀，为人效力不夸大功劳。"子路问："想听一听夫子的志向。"孔子说："使老年安养，使朋友有信，使少年感恩。"

朱子《集注》云："伐，夸也……施，亦张大之意"。我们现在谈志向，多半是从事功上说，而孔门弟子谈志向，多是从修养上说。朱子《集注》引程子曰："凡看《论语》，非但欲理会文字，须要识得圣贤气象。"我们可以从这一条领略一下子路、颜回和孔子的圣贤气象。

子路希望能照顾好自己的朋友，可以和朋友们共享荣华富贵，可以说是轻财好义，义气深重。《朱子语类》说："子路是有些战国侠士气象。"

颜回低调，做了好事也不显摆，为人效力了也不夸大自己的功劳。《朱子语类》说："颜子之志，不以己之长方人之短，不以己之能愧人之不能。"颜回不会拿自己的优点去反衬别人的缺点，不会拿自己的能干去反衬别人的无能。《朱子语类》说，颜回只是"就性分上做工夫"。对于子路，侧重强调了他在处人处物上的过人之处。对于颜回，侧重强调了他在自处上的过人之处。

孔子希望能够让老少皆宜，各得其所。用程子的话说，这是"天地气象"，船山《训义》认为这是"万物一体之怀"。《朱子语类》干脆说:"其形骸虽是人,其实只是一团天理。"

孔子、颜回和子路,三人各有特点,修养功夫也各有深浅。朱子《集注》引程子云:"夫子安仁,颜渊不违仁,子路求仁。"《朱子语类》说:"子路有济人利物之心,颜子有平物我之心,夫子有万物得其所之心。"《朱子语类》又说:"子路底收敛,也可以到颜子,颜子底纯熟,可以到夫子。"三人境界虽然不一,但都向着仁善而去,都立于正道之上。

朱子《集注》引程子云:"子路、颜渊、孔子之志,皆与物共者也,但有小大之差尔。""与物共"的背后是天地万物一体的宇宙观,这种宇宙观的根本德性是仁。仁是心体万物的德性与能力。万物各在其位,各得其所的道理则是朱子所说的天理,得之于心则为义理。圣贤气象是义理充沛而外显的结果。义理充沛而不能已者便是大道之生处,油然沛然,不可阻挡。子路求仁、颜渊不违仁,孔子安仁,皆是在这义理不能已处下功夫,最后才能从心所欲不逾矩,成为"一团天理"。

5.26 内自讼章
子曰:"已矣乎!吾未见能见其过而内自讼者也。"

孔子说:"好吧!我还没见过那种看到自己有过错却能在内心打官司的人。"

朱子《集注》云:"人有过而能自知者鲜矣,知过而能内自讼者为尤鲜。""讼"即是打官司,要争辩是非,有个结果。"内自讼"不是说内心知道错了就可以,而是要更进一步,知道错了以后还要揪住不放,自己在心里打一架,必须把恶念打败。知错而不能改者大有人在。船山《训义》云:"天理人欲两不相下之势,以必争其胜。"天理和人欲在心里打一场官司,务必要使天理打赢这场官司。孔子说没见过"内自讼"的人,正是在教导弟子要诚于己心,明辨是非,勇于改过。

5.27 丘之好学章
子曰:"十室之邑,必有忠信如丘者焉,不如丘之好学也。"

孔子说:"在十室之邑这样的小城,也一定有人像我一样的忠信,但恐怕没有我好学。"

孔子以自己作喻,勉人好学。孔子认为,就忠信之质而言,别人跟自己也差不多,但是自己比别人更加好学一些。朱子《集注》云:"美质易得,至道难闻,学之至则可以为圣人。"儒家认为,人性本善,皆有仁之根苗;但是如果后天之学习不一样,差别就会拉大。不学者有可能"抱忠信之质而终于妄",实为可惜。

怎么算是好学呢?船山《训义》说:"心可尽,而穷乎理,乃能知其所必尽之诚,而不容以虚妄之情,期固有之天德。理可循,而纯其心,乃能知其所不可违之实,而不容以二三之见,测事物之常经。丘于此求之心而不得,则求之先知先觉,而得范围之不过。求之理而不得,则求之存养省察,而得几微之不爽。"船山的意思是,学习者要同时在心与理上做功夫;心不足,则征之理,理不足,则求其心,二者相互促进。具体的学习办法有两个:一是向先知先觉学习,包括历史上的先贤和现实中的榜样;二是慎独自处,时时处处存养省察,反求诸己。

小结《公冶长》篇

本篇主要记述圣贤气象,可以见仁者之心。学习者应当见贤思齐,反躬自省。

雍也第六（28章）

6.1 雍可南面章

子曰："雍也可使南面。"仲弓问子桑伯子。子曰："可也，简。"仲弓曰："居敬而行简，以临其民，不亦可乎？居简而行简，无乃大简乎？"子曰："雍之言然。"

孔子说："仲弓可以南面为君。"仲弓问子桑伯子这个人怎么样。孔子说："还行，比较简约。"仲弓说："他自处时庄敬，做事时简约，这样治理百姓，不也是可以的吗？但如果自处时简约，做事也简约，那不是太简了吗？"孔子说："雍的话说得对。"

雍即冉雍，字仲弓，是孔门弟子，以德行著称。孔子称赞仲弓可以南面为君。《仪礼·丧服》郑玄注云："天子、诸侯及卿大夫有地者皆曰君。""君"不特指国君和天子，大夫有地也可以称君。

为什么孔子觉得仲弓可以南面为君？朱子《集注》概括为四个字："宽洪简重"。这四个字的意思分别是：心胸开阔、思虑宏远、简要不烦、郑重其事。宽则得众，洪则虑远，简则不烦，重则有守。这样的人既有聪明才智，又有器量远见，还能抓大放小而不斤斤计较；同时，因为言行持重，所以下面的人也不敢放肆。

孔子和仲弓的讨论围绕着敬与简的关系展开。《朱子语类》说："居敬是所守正，而行之以简……居敬是自处以敬，行简是所行得要。""居敬"指向的是自处，自己不能过于随便，该郑重其事则要郑重其事。"行简"指向的是处人处物，要抓住要点，不能斤斤计较。敬与简有一个内在的辩证法。朱子《集注》引程子曰："内主于敬而简，则为要直，内存乎简而简，则为疏略。"《朱子语类》说："居敬行简，是有本领底简；居简行简，是无本领底简。"程子说："居敬则心中无物，故所行自简，居简则先有心于简，而多一简字矣，故曰太简。"内敬而外简则可，内疏而外简则不可。内心不郑重其事，处人处事也不能抓中要点，会造成事业废弛。如果领导本身比较松懈，那么即使只做几件重要的事情也会漏洞百出，其他相对不那么重要的工作则更容易荒废敷衍。反之，内敬而外简，则可以通过重点工作带动全局。领导的"敬"与"简"会对整个组织的风格产生影响。一般来说，内敬而外烦，则过于严苛。内敬而外简，则宽严相济。内简而外烦，则作伪生怨。内简而外简，则过于疏略。对于子桑伯子，孔子的评价是"可"，意思是还不错，但不够好。子桑伯子属于内外都简，容易流于疏略。儒家重视的"简"以"敬"，"以敬御简"需要内外两头做功夫。

船山《训义》认为，儒家尚简而法家尚烦。"治理之得失，道与法而已矣。凝道也以敬，而体道者必简，帝王之以治世而治民者也。若夫任法者，则求详于政刑而侈于事功，不能简也。事愈烦而心愈移，贤者以矜才尚智而骄，又其下者则且以丰亨豫大之说文其声色货利之私，而心放不知求甚矣。故圣人甚恶夫名法术数之害治贼名，而有取于简焉。"船山这段话有几个要点。第一，"求详于政刑而侈于事功，不能简也"。如果把政刑作为政绩的话，可能产生的后果是，官员夸夸于政刑而继续制定新的政刑，结果导致越来越依赖政刑，各种繁琐的束缚越来越多。第二，"事愈烦而心愈移"。过于重视繁琐的政刑，则容易因为这些条条框框而放弃对人心人情的体会，以至于人之常情牺牲在政刑条文之下。第三，"其下者则且以丰亨豫大之说文其声色货利之私"。政刑太多则管理环节会增加，各个环节都可能增加徇私舞弊和弄权索贿的风险，以至于行政效率更低。即使如此，儒家思想并不否定政刑的重要作用，只是希望政刑简要。

6.2 不迁不二章

哀公问："弟子孰为好学？"孔子对曰："有颜回者好学，不迁怒，不二过，不幸短命死矣。今也则亡，未闻好学者也。"

鲁哀公问孔子："弟子之中哪个好学啊？"孔子说："颜回很好学，他不把怨怒转嫁给别人，同样的错误不会犯两次。不幸的是，他寿命太短，已经去世了。如今，我没有那么好学的弟子了，我也没有听说过那么好学的人了。"

孔子认为，在诸多弟子中，颜回最好学。颜回好学有什么独到的体现呢？孔子认为是"不迁怒、不二过"。朱子《集注》云："怒于甲者不移于乙，过于前者不复于后，颜子克己之功至于如此，可谓好学矣。""不迁怒、不二过"不是嘴上功夫，而是体现在具体行动中的修养，其实很难做到。颜回能做到，是因为他下了很深的功夫去克己复礼，也就是"非礼勿视，非礼勿听，非礼勿言，非礼勿动"。《朱子语类》说："克己复礼，到得人欲尽，天理明，无些渣滓，一齐透彻，日用之间，都是这道理。"《朱子语类》又说："心中思虑才起，须便见得哪个是是，哪个是非……天下只是个分别是非……见得道理透，自不迁不二"。颜回恪守"克己复礼"四句箴言，在每一件具体的事情上分清是非善恶，做每一个细小的决定时都朝着仁善的方向去。

程子是从性情上解释颜回的"不迁怒、不二过"。朱子《集注》引程子曰："天地储精，得五行之秀者为人。其本也真而静。其未发也五性具焉，曰仁、义、礼、智、信。形既生矣，外物触其形而动于中矣。其中动而七情出焉，曰喜、怒、哀、惧、爱、恶、欲。情既炽而益荡，其性凿矣。故学者约其情使合于中，正其心，养其性而已。然必先明诸心，知所往，然后力行以求至焉。若颜子之非礼勿视、听、言、动，不迁怒二过者，则其好之笃而学之得其道也。"所谓性，是仁义礼智信；所谓情，是喜怒哀惧爱恶欲。程子认为，颜回能够正其心，养其性，力行之，所以能够做到"不迁怒、不二过"。

船山认为，颜回之所以好学是因为他所好之学是大道。如果不是大道，恐怕颜回也不会这样好学。船山《训义》说："不引古今民物之理，不合于性之所安，则徒侈见闻，而习之劳则倦；不循大中至正之矩，而见为情之所必协，则徒修度数，而苦其拘而不乐。故学之难，好之者难也。"未闻大道就是船山这里所说的"徒侈见闻"和"徒修度数"，结果是"习之劳则倦"，"苦其拘而不乐"。颜回则是在一些根本问题上下功夫，"深有所得于天理人欲之大辨，而以日新其德者也"。

好学之"好"，包含了"乐"的情感，是带着积极愉悦的心态在学习。不迁怒，仁者之功；不二过，义者之为。颜回有仁有义，从天人物我之间的融通协调中生出了愉悦之情。这是畅行仁义之道的愉悦感，也是孔颜乐处的"秘密"所在。

6.3 冉子请粟章

子华使于齐，冉子为其母请粟。子曰："与之釜。"请益。曰："与之庾。"冉子与之粟五秉。子曰："赤之适齐也，乘肥马，衣轻裘。吾闻之也，君子周急不继富。"原思为之宰，与之粟九百，辞。子曰："毋！以与尔邻里乡党乎！"

公西华受孔子之命出使齐国，冉子请求孔子给公西华的母亲一些粟米。孔子说："那就给一釜吧。"冉子请求多给一些。孔子说："给一庾吧。"最后冉子给了五秉。孔子对冉子说："公西华去齐国，乘肥壮之马，穿轻暖裘衣。我听说，君子周济那些确有急需的人，而不会补助富有的人。"原思是孔子做鲁国司寇时的家宰，孔子给他粟米九百，他推辞了。孔子说："不要推辞！可以送给你的邻居和乡党们。"

子华、冉子和原思都是孔门弟子，子华即公西赤，冉子即冉求，原思即原宪。公西华为孔子出使齐国，原思当孔子的家宰，这应该都是孔子当大司寇之时的事情。给子华之母请粟米，或者给原思粟米九百应该都不是常规操作，否则冉子就不用去请示孔子，原思也不用推辞。不过，对于公西华，孔子主张少给一些。而对于原思，孔子主张多给一些。孔子差别对待的原因是什么呢？

冉子给子华之母请粟米的意思是，子华受孔子之命去齐国，没有办法在家照顾母亲，所以希望孔子给一些粟米，是提供帮助和表达慰问的意思。本来是可给可不给，但冉子提出来了，也可以给。孔子认为，如果子华家是穷困的家庭，那就应该补助，而如果子华家是富裕的家庭，那也可以不补助。多给原思一些粟米，应该是原思工作做得好，孔子以示嘉奖。原思觉得太多，故而推辞。于是孔子让他带回去分给乡党邻里，也有启发原思做个亲亲仁民之君子的意思。对于这两个人，孔子打算一个多给，一个少给，但内在的道理是一贯的。孔子绝不是吝啬粟米，而是要看该不该，义不义。

本条讲的是孔子的用财之道或处物之道。船山《训义》说："众人见物不见道……圣人之心视之皆道……圣人以道处物，而即物以尽道。"孔子处物方法的背后有道可循。孔子能够超越物与利，眼里心里满是道与义。这反映了不同的理论眼光和思维习惯。孟子见梁惠王的时候也说："何必曰利，亦有仁义而已矣。"圣贤以仁义处利，用利以尽仁义之道。

6.4 犁牛之子章

子谓仲弓，曰："犁牛之子骍且角，虽欲勿用，山川其舍诸？"

孔子评价仲弓说："犁牛之子，毛色通红，牛角周正，即使想不用来祭祀，山川之神会舍得吗？"

仲弓即冉雍，孔门弟子。他就是《雍也》篇 6.1 章中，孔子认为可以南面为君的那个弟子。"犁牛"是毛色杂乱的牛，"骍"是红色，"角"是指牛角周正。毛色杂乱的犁牛不适合用来祭祀，而毛色通红、牛角周正的牛很适合祭祀。孔子把仲弓的父辈比作犁牛，而把仲弓比作犁牛之子，意思是，仲弓家庭虽然不好，但仲弓是个人才。虽然当时的人们非常重视家庭出身，但是孔子认为，不能否定自致性的努力。孔子以牛喻人，颇有几分英雄不问出处的意思。

仲弓的父亲是一个德行不端的恶人，朱子《集注》形容为"贱而行恶"。而仲弓是一个宽洪简重的君子。仲弓当时没有得到重用，一些人认为这是因为仲弓的父亲"贱而行恶"。这种以父代的品行来判断子代的做法，被称为"世类"，大意是世世代代都类似，用俗语来说就是，"龙生龙，凤生凤，老鼠的儿子会打洞"。但是，孔子认为，仲弓跟他的父亲不一样，将来一定会得到重用。孔子不直接批评仲弓的父亲，委婉地用了这个犁牛之子的比喻，意在劝仲弓不要太在意家庭出身，应当积极进取。

孔子反对"世类"说。他不认为代际之间的阶层地位是固化的，完全有可能因为学问德行的不同而发生向上或向下的流动。儒家承认等级性，但又认为这种等级绝不是僵化的，而是一种流动的、有活力的等级制，能够使得像仲弓这样虽然家庭出身不好但却德才兼备的人可以向上流动。

6.5 三月不违仁章

子曰："回也，其心三月不违仁。其余则日月至焉而已矣。"

孔子说："颜回能够做到三个月心不违仁。其余的人则只能做到一天仁一次或一月仁一次罢了。"

朱子《集注》云："日月至焉者，或日一至焉，或月一至焉，能造其域而不能久也。""三月"是指时间久，比较稳定。孔子评价颜回"三月不违仁"是赞扬他的存养之功。颜回存养之功密，非礼勿视、听、言、动，不迁怒，不二过。

"不违仁"是一种什么样的状态呢？《朱子语类》说："仁与心本是一物，被私欲一隔，心便违仁去，却为二物。若私欲既无，则心与仁便不相违，合成一物。心犹镜，仁犹镜之明，镜本来明，被尘垢一蔽，遂不明。若尘垢一去，则镜明矣。"朱子借用了六祖慧能的故事。朱子认为，不违仁就是"时时勤拂拭"，务必保持心镜清明。船山《训义》说："有所感，则见理于事，无所感，则见理于心。有所思，则体天理流行之大用；无所思，则存吾心虚静之本体。无非与仁而相依，而后其仁纯矣。"船山认为，所谓"不违仁"就是，不管在什么样的状态下都要"与仁相依"，念念相续不违仁。

朱子《集注》引张载曰："始学之要，当知'三月不违'与'日月至焉'内外宾主之辨。""三月不违仁"是"内之主之"的状态，"日月至焉"则是"外之宾之"的状态。"内之主之"是仁主于内、仁我合一。"外之宾之"则是说，仁就像是个客人，来一下马上又要走，或者像身外之物，有可能丢失。关于"外之宾之"的状态，《朱子语类》里有一个形象的说法，"被人叫一声便走了"。如果是内之主之的状态，别人就很难叫得走了。

孔子赞扬颜回"三月不违仁"，是激励其他学生以颜回为榜样，做到时时反省，处处留心，保持我心清明。仁与不仁，义与不义，礼与非礼，间不容发，不可不慎。

6.6 可使从政章

季康子问："仲由可使从政也与？"子曰："由也果，于从政乎何有？"曰："赐也可使从政也与？"曰："赐也达，于从政乎何有？"曰："求也可使从政也

与？"曰："求也艺，于从政乎何有？"

季康子问孔子："子路可以从政吗？"孔子说："子路果决，从政又有何难？"季康子又问："子贡可以从政吗？"孔子说："子贡通达，从政又有何难？"季康子再问："冉求可以从政吗？"孔子说："冉求多才多艺，从政又有何难？"

朱子《集注》曰："果，有决断；达，通事理；艺，多才能。""于从政乎何有"的意思是"于从政乎何难之有也"。子路、子贡、冉求这三个人各有所长，都可以从政。季康子是鲁国权臣，他询问孔门弟子的才干，可能是想从孔门弟子中发掘从政的人才。如果我们仔细揣摩"于从政乎何有"的语气，不难体会到孔子对自己学生的自信。船山《训义》也说："三子者，学之有本，推之可大，岂但一从政之才哉？"

冉求后来成为季氏家臣，助其聚敛钱财。孔子很生气，说："非吾徒也，小子鸣鼓而攻之可也。"由此观之，孔子夸赞冉求似乎少了点知人之智，先见之明。孔子也是人，如此事后诸葛亮地评价孔子，未免过苛。船山《训义》的处理比较谨慎，他把孔子这里说的三个"于从政乎何有"都做了界定，子路是"何有于纠纷之难断也"，子贡是"何有于事几之难审也"，冉求是"何有于经理之难尽也"。那么，冉求日后为季氏聚敛钱财，确实也算是发挥了他"经理"的专长。船山真会读书，可谓善体圣心者也。

6.7 必在汶上章
季氏使闵子骞为费宰。闵子骞曰："善为我辞焉。如有复我者，则吾必在汶上矣。"

季氏派人来请闵子骞出任费宰。闵子骞说："请好好为我推辞。如果还来召我，那我肯定在汶水边上了。"

闵子骞是孔门弟子。汶水是齐鲁边界上的一条河流，过了汶水就离开鲁国到了齐国。季氏是鲁国的权臣，擅权专政，为孔门所不齿。季氏派人来请闵子骞出任费邑长官，闵子骞果断拒绝了。"善为我辞焉"。他用一个"善"字表达了强硬的语气。"必在汶上"的意思是，如果季氏再逼他去给季氏当官，那他打算离开鲁国前往齐国。闵子骞通过这种方式进一步表达了自己对季氏的决绝。闵子骞在进退出处之间能够深明大义。他很清楚，如果为擅权的季氏当官会很危险，"刚则必取祸，柔则必取辱"，所以果断拒绝任命。不义之富贵，于闵子骞如浮云，由此亦可见闵子骞德行之高，难怪他被孔子列为孔门德行科的四个代表人物之一。

孔门弟子也有给季氏做官的，比如冉有和子路，孔子其实也没有一概否定。虽然面对的都是擅权的季氏，但是弟子们的做法并不一样。闵子骞直接拒绝出仕季氏，子路即使面对季氏专权也能仗义而行。至于冉有则不然，他依附季氏，助其聚敛，被孔子大加批评，号召弟子"鸣鼓而攻之"。孔子之所以赞闵子骞，因为他在义利出处之间深明大义，并不是赞其不仕耳。若是闵子骞愿意出仕，想来孔子也不会反对。但其从政于季氏的风险仍然是存在的，"刚则必取祸，柔则必取辱"。若不是那种义智兼备的人，恐怕难以在乱世之中既保全己身，又有所作为。越是在这种危险的境地里，越能显示出儒家学问的用处。儒学想教的就是这样一种学问，既能处理平时的待人接物，使人从容不迫，手足有措，又能处理重大而紧急的事件，使人出处有度，大节不亏。对于《论语》中的教义，阅历丰富的人可能更能体会其朴素与深意。

6.8 伯牛有疾章

伯牛有疾，子问之，自牖执其手，曰："亡之，命矣夫！斯人也而有斯疾也！斯人也而有斯疾也！"

伯牛得了重病，孔子去探望，从窗口握着伯牛的手，说："没办法，这就是命。这么好的人竟然会得这种病！这么好的人竟然会得这种病啊！"

冉伯牛是孔门德行科的四个代表人物之一。伯牛得病，孔子去探病。伯牛可能是得了恶疾，即将离世。孔子非常惋惜，反复感叹"斯人也而有斯疾"。对于伯牛这样的君子，孔子感慨他不应该得这样的恶疾。而对于另外一些人，比如原壤，孔子却要怒斥"老而不死是为贼"。

这一条比较难理解的是，孔子从窗户口跟躺在病榻上的伯牛握手这一细节。有些人认为这是传染病，所以要隔着窗户。但如果是传染病，那似乎不应该握手。朱子《集注》云："牖，南牖也。礼：病者居北牖下，君视之，则迁于南牖下，使君得以南面视己。时伯牛家以此礼尊孔子，孔子不敢当，故不入其室，而自牖执其手，盖与之永诀也。"要理解朱子这句话，要先了解一下当时的房屋结构和尊卑观念。南面为尊，也就是坐北朝南为尊，伯牛卧病的床在家里的北边。孔子来探病的时候，伯牛把病榻搬到了南边靠窗的位置，以尊孔子。而孔子看到了这层敬意，他觉得南面之君位他是担不起的，所以也没有南面伯牛，而是来到南边的窗户口跟伯牛握了握手。伯牛即使在人之将死也不废敬师之礼，而孔子大概是认为师有别于君，不得南面，有以自谦。伯牛移榻以尊其师，孔子于户牖执其手而让之，交相推让，各尽心力，看似曲折，却有几分动人。

伯牛移榻与曾子易箦、子路正冠的故事都是发生在人之将死的时候。正是这种时候，他们仍然念念不忘大义，更照见其德行之高。《论语》里这种小故事非常好看，常常令读者生出一种莫名的感动。圣门教化，于斯可以管窥。

6.9 箪食瓢饮章

子曰："贤哉，回也！一箪食，一瓢饮，在陋巷。人不堪其忧，回也不改其乐。贤哉，回也！"

孔子说："贤德啊，颜回！一筒饭，一瓢水，住在破陋的巷子里。别人无法承受这种忧愁，但颜回没有改变他的快乐。贤德啊，颜回！"

《论语·述而》篇7.15章，子曰："饭疏食，饮水，曲肱而枕之，乐亦在其中矣。不义而富且贵，于我如浮云。"孔子饭疏饮水，曲肱而枕，而乐在其中。颜回箪食瓢饮，身居陋巷，而不改其乐。这一对师徒都有"乐处"的精神。根据朱子《集注》记载，程子在周敦颐处求学的时候，周敦颐"每令寻仲尼、颜子乐处所乐何事"。那么，孔颜乐处到底所乐何事呢？

处贫贱之中，人自然是要吃苦的。孔子说"乐亦在其中"，这个"亦"字的意思是，苦在其中，乐亦在其中。颜回是"不改其乐"，先前已经有一种乐了，颜回带着这种乐进入陋巷，并没有改变这种乐。这是一种什么样的乐呢？《朱子语类》说："只是博我以文约我以礼后，见得那天理分明，日用间义理纯熟后，不被那人欲来苦楚，自恁地快活。"颜回体会到了修身养德、义理纯熟之乐。这种乐即使身居陋巷也不会改变。

颜回之乐，不仅是处贫贱不改其乐，处富贵也不改其乐。一般人处富贵之乐，是声色之乐，四体之乐，而颜子处富贵之乐，仍然是以义理纯熟为乐，"义当处富贵则处富贵"。儒家没有故意苦行追求贫贱，而是认为，富贵贫贱不完全由人决定，有命定的成分。该贫贱的时候就要安于贫贱，不要不择手段去摆脱贫困。该富贵的时候应安于富贵，但也不要因为富贵而膨胀迷失。对于颜回来说，无论贫贱富贵，他都能自觉到天理流行，然后去做克己复礼的功夫，进而体会到修身养德、义理纯熟之乐。他很明白为什么处贫贱以及如何处贫贱，又为什么处富贵以及如何处富贵。所以，颜回既能乐处富贵，也能乐处贫贱，其道一也。质言之，颜回之乐，在富贵贫贱之外，而别有所乐。其乐在于修身养德和义理纯熟。

有的人处贫贱则怨天尤人，不相信所学的道理；处富贵则安逸膨胀，忘记了修身的功夫。而颜回和孔子不是这样。无论贫贱富贵，颜回依然坚持相信之前所学的道理，所学益深，而所信益笃；所信益笃，而所行益坚；故能知其乐而不改其乐。颜子之乐，说到底是因为宗于儒学。孔颜乐处，正是儒学道大之象征。不过，一定要惟日孜孜、切近己身地修心养性，明了儒学大道之所在，方能真正理解孔颜乐处的境界。

6.10 力不足也章

冉求曰："非不说子之道，力不足也。"子曰："力不足者，中道而废。今女画。"

冉求说："不是不喜欢夫子的道，只是能力达不到啊。"孔子说："能力达不到的人会按道去做，尽力之后再停下来。但你现在只不过是画地自限。”

冉求是孔门弟子，冉氏三兄弟（冉伯牛、冉仲弓、冉有）中的老三。"画"是指画地自限。朱子《集注》曰："力不足者，欲进而不能；画者，能进而不欲。""中道而废"，不是半途而废的意思。半途而废多是指人懒惰，缺少坚持的意志力和行动力。"中道而废"则是指人按照正确的做法尽力去做了，不得已之后才停下来。半途而废者不思进取，"中道而废"者思进取而不能也。

"求也艺"，冉求以才艺见长，能力出众，却画地自限而没能更进一步。他当然以"力不足"为借口。那么，夫子之道真的那么难以到达吗？当然不是。船山《训义》说："天下何者而谓道哉？人之所可知者，因而知其当然也，人之所能行者，因而信其必然也。人所可知可行之外，道之所不设固也。"船山的话很直接，人人可知可行才是道。道不是故作高深，更不是专属于某些人的一种文化区隔。所以孔子说，"道不远人"。真正的道，既穷极高妙，又切近己身。按照正确的方向，循序渐进，惟日孜孜，必能有所得。所以，真正的道境界很高，门槛很低。

后来，冉求为季氏聚敛钱财，悖离了夫子之道，其实在这一条里似乎已见端倪。人心惟危，君子可不慎哉？

6.11 君子儒章

子谓子夏曰："女为君子儒，无为小人儒。"

孔子对子夏说："你要做君子儒，不要做小人儒。"

朱子《集注》云："儒，学者之谓。"朱子《集注》引程子曰："君子儒为己，小人儒为人。"这里的"为己"和"为人"与《宪问》篇里"古之学者为己，今之学者为人"的"为己"和"为人"是一样的意思。"为己"是为修炼自己，塑造君子；"为人"是希望为人所知，为求出名。

孔子为什么告诫子夏不要做"小人儒"呢？《朱子语类》说："子夏是个细密谨严底人，中间忒细密，于小小事上不肯放过，便有委曲周旋人情、投时好之弊，所以或流入于小人之儒也。"朱子认为，子夏谨于洒扫应对，注重细节，但有时会委曲求全，投人所好。在《论语·子张》篇中，子夏曰："大德不踰闲，小德出入可也。"小德出入可也，在朱子看来就是立身不够严谨。相比于颜回的克己复礼，便是放松了要求。由此看来，子夏可能确有"小人儒"的问题，所以孔子警之。

船山《训义》云："若夫以明道为求名之计，以行道为见功之地，无所求慊于幽独，而但以立门庭而动天下，则虽儒而实小人也，以儒而济其小人也。"船山的意思是，"小人儒"以儒作为手段来满足其功名利禄之心。君子儒则不同，他们的目标是修己之德做君子，不是为了为人所知做"网红"。君子儒分得清义利，见利思义，由义而行。德之不修，小事或许觉察不出，到关键时刻便不济事。本来就已经做错了事情，反而还要迂曲地文过饰非，更是错上加错。

从义出发来理解世界会形成一套知识体系，从利出发来理解世界也会形成一套知识体系。通过利的识别和规范可以构造人类的美好生活，而通过义的识别和规范也可以构造人类的美好生活。两个体系都在想办法对付那些超过必要的利的诱惑。但是，人性本恶、法律至上的观念与人性本善、克己复礼的观念，会形成不同的"法律—道德结构"，对人心风气的引导大不一样。《为政》篇 2.3 章，子曰："道之以政，齐之以刑，民免而无耻；道之以德，齐之以礼，有耻且格。"

6.12 澹台灭明章

子游为武城宰。子曰："女得人焉尔乎？"曰："有澹台灭明者，行不由径；非公事，未尝至于偃之室也。"

子游出任武城宰。孔子问他："你得到了什么人才吗？"子游说："有一个叫澹台灭明的人，走路不走小路；如果不是公事，他从来不到我办公的地方来。"

朱子《集注》引杨时曰："为政以人才为先。"孔子关心子游为政之事，问他手下有没有什么人才辅佐他治理武城。子游提到了一个叫澹台灭明的人才。"行不由径"是双关语，意思是，澹台灭明这个人走路要走大路，不走小路，不走捷径。言下之意是，澹台灭明做事正大光明。不是公事不到子游的办公室来见他，说明这个人公私分明，不会徇私。像澹台灭明这样的行为，乍一看可能会让人觉得有点奇怪。"行不由径"，"人必以为迂"，而非公事不到上司办公室去，也可能被认为简慢上司，不通人情。别人还有可能认为他是"故为奇行"的作秀。但子游不这么认为。子游是澹台灭明的伯乐，他重用了澹台灭明。船山《训义》对澹台灭明评价比较高："盖灭明之为人，持志而不枉，谨小慎微，以养其刚大之气者也。"

澹台灭明是一个公私分明的人，但不是说澹台灭明与子游没有私人感情。澹台灭明在办公的地方只与子游谈公事，至于私人感情或私事，则另有别的场合可以谈。这恰恰说明澹台灭明是一个谨守礼制的人。古人常以伦理关系引导职业关系，不像现代科层制那样，试图在职业关系中尽力革除私人感情的因素。

6.13 孟之反不伐章

子曰："孟之反不伐。奔而殿，将入门，策其马，曰：'非敢后也，马不进也。'"

孔子说："孟之反不自夸。有一次，鲁国战败撤退，孟之反主动殿后，等军队撤到城门边，他赶紧策马撤退，后来他说：'我不敢殿后，但是马儿跑不到前面啊。'"

孟之反是鲁国的大夫。两军交战时，为军队殿后，是非常危险的事情，可谓是"生死之际"。孟之反主动殿后，挽救了大军。当大军安全撤退到城门附近之后，孟之反赶紧策马撤退。孟之反殿后救军有功，却不自夸，而只是说，"我不敢殿后，但是马儿跑不到前面啊"。看似云淡风轻的一句玩笑话，却体现出孟之反的气度不凡。

船山《训义》认为，孟之反不仅"以不伐为道"，而且是"工于不伐者也"。"伐"是自夸的意思。被人夸奖的时候，孟之反没有回答说"这是我应该做的"、"此乃职所当为也"等。这些回答与孟之反的回答相比，到底还是差了一截。《朱子语类》说："我却尽职分，你却如何不尽职分？"意思是，孟之反如果说自己在尽职分，就好像在影射其他官兵未尽职分。当生死之际，孟之反能够默默地主动殿后，之后还这么幽默一把，毫不隐射和矮化他人，确实是"工于不伐者也"。

《朱子语类》说："虽孟之反别事未知如何，只此一节，便可为法。"孟之反不顾个人安危殿后救军,之后又能如此云淡风轻,不以自夸,那么其他小事,他就更不会自夸了。通过这件事情便可以认定,孟之反是应该学习的榜样,是可以信任的对象。"举重以包轻",是中国人知人论事的常见逻辑。

6.14 祝鮀宋朝章

子曰:"**不有祝鮀之佞,而有宋朝之美,难乎免于今之世矣。**"

孔子说:"如果没有祝鮀那样的巧言,那就要有宋朝那样的姿色,否则就难免埋没于当今之世。"

祝鮀是卫国的大夫,有巧言。宋朝是宋国的公子,有颜值。朱子《集注》说:"衰世好谀悦色,非此难免,盖伤之也。"朱子认为,世道衰落的时候,往往只以阿谀和美色取人,如果这二者都没有的话,可能就要被埋没了。在这样的社会风气之下,人们竞相学习如何巧言,如何美色,而厚德载物的修养之功就下得少,于世道人心大不利。孔子也不是觉得辞令之达和姿色之美不好,而是担心世人徒务于佞,则失于厚;徒工于美,则疏于德。故孔子有以警之。

6.15 出不由户章

子曰:"**谁能出不由户?何莫由斯道也?**"

孔子说:"有谁不从房门进出呢?有什么不是按照道来运行呢?"

孔子这句话一语双关,出必以户,而行必以道。船山《训义》云:"人之有伦,有伦则有以尽此伦者,尽之而后相爱相敬以不爽于情。物之有理,有理则有以遵此理者,遵之而后知明处当以善成其事。"人有伦,物有理,尽人伦、遵物理,此即为道。

《论语·里仁》篇,孔子说,"吾道一以贯之"。那一条的船山《训义》云:"万物皆有固然之用,万事皆有当然之则,所谓理也。乃此理也,唯人之所可必知，所可必行，非人之所不能知、不能行，而别有理也。具此理于中，而知之不昧，行之不疑者，则所谓心也。以心循理，而天地民物固然之用、当然之则各得焉，则谓之道。"船山认为，以心循理之谓道。道即是用心感受人伦物理的存在，然后找到尽人伦、遵物理的方法，从而使"天地民物固然之用、当然之则各得焉"。

6.16 文质彬彬章

子曰："质胜文则野，文胜质则史。文质彬彬，然后君子。"

孔子说："如果质胜于文，则朴素而显略粗野；如果文胜于质，则练达而不够朴素。文质平衡，二者兼得，方是君子。"

朱子《集注》曰："野，野人，言鄙略也。史，掌文书，多闻习事，而诚或不足也。"船山《训义》云："守之于己，而不求其尽美，施之于人，而不求其可歆，此质也。……以其事饰其心，修之于己，而必求其可观，施之于人，而必求其相得，此文也。"质偏重于内，而文偏重于外。举例而言，如果一个男生喜欢一个女生，决定去表白。内心这种朴素的喜欢就类似于质，而表白的形式则类似于文。不顾及场合地死缠滥打，这就类似于野。若能把感情有礼有节地表达出来，"必求其可观"，这种体面就类似于文。质胜于文，则往往"不能达其情，充其念"，有时还会得理不饶人，甚至言行莽撞。文胜于质，则容易"饰外而忘中"，可能只是做点表面功夫，内心的真情实感却有不足。

文胜于质与质胜于文，都有某种偏颇。孔子认为，君子要文质兼修，以达于文质彬彬。朱子《集注》云："彬彬，犹班班，物相杂而适均之貌。"船山《训义》云："其质也，尽乎天德之美，而人情物理之胥宜；其文也，必推诸所性之安，而使太过不及之有节，然后其为君子果成乎其为君子者也。"质者善于守义，文者善于推仁，文质彬彬，仁义兼至，所以为君子也。

朱子《集注》引杨时曰："文胜而至于灭质，则其本忘矣。虽有文，将安施乎？然则与其史也，宁野。"意思是说，假如文与质二者不可兼得，那么便舍文而取质。质近于朴素，文近于虚伪，二者不可兼得时，宁愿朴素一点。

6.17 人之生也直章

子曰："人之生也直，罔之生也，幸而免。"

孔子说："人只有正直才能好好活着，如果不正直却能好好活着，那是侥幸而得免。"

孔子以委婉的方式表达了这个意思：不正直，毋宁死。"直"可以理解为一把直尺，按直尺来，才能画出直线。不按直尺而能画出直线，那只是侥幸。人不正直，但是还能好好活着，那也只是侥幸。《朱子语类》说："人之灭绝天理，便是合死之人，今而不死，盖幸免也。"

《朱子语类》好几处讨论"直"是什么："如饥食渴饮，是是非非"；"如父子，便本有亲，君臣，便本有义"；"如见孺子将入井，便有个恻隐之心。见一件可羞恶底事，便有个羞恶之心。这都是本心自然恁地发出来，都遏不住"。朱子认为，"直"包括了生理之欲，也包括了道德之理。反过来也可以说，朱子的天理其实包含了正当的人欲。把朱子说的"灭人欲"理解成禁欲主义，是一种曲解。《朱子语类》还说，"不直"就是"当仁而不仁，当义而不义"。《朱子语类》又说："生理本直。"这就把"直"抬到了"天命之谓性"的高度了。

船山《训义》云："直也，顺乎理而因乎心，功有所不邀，过有所不避也。"船山认为，存其心，循其理，那就是直。只顾着心，容易枉法；只顾着理，容易伤恩。这二者都不是直。存心不明，认理不清，知人不谨，遇事不慎，都可能造成"罔"的情况。在一个复杂的社会环境中做到"直"，其实也不容易，需要不断地修养和历练自己，增强分辨和处置复杂事务的能力，逐步达到"义精仁熟"的程度。

6.18 知之好之章

子曰："知之者不如好之者，好之者不如乐之者。"

孔子说："知道之不如爱好之，爱好之不如快乐之。"

本条孔子在讲治学三境界。船山《训义》的理解如下。知之："道止于此，则且有得其大辨，而未尽其细微也"；好之："循之不舍，而求之必亲，习之不倦，而致之益密"；乐之："身与之相亲，而见为身之所安，心与之相顺，而见为心之不容已"。第一重境界，知其大概，未尽细微；第二重境界，穷其细节，行之不倦，第三重境界，身心愉悦，心不容已。举个例子。一个中国人来到日本旅行，感觉到日本的空气质量和卫生环境很好，此为知之。后来他来到日本工作，体会到日本人的彬彬有礼，善于合作，以及精神层面的可敬可爱之处，此为好之。最后，他干脆加入日本国籍，娶了个日本太太，此为乐之。

《朱子语类》引程颢曰："好之者，如游他人园圃，乐之者，则己物耳。""乐之"的状态就像成为自己的一部分。知之可以说是一种自觉的、清明的认识，而好之则是情感上的刺激与好感。乐之则是已经形成了一种浓郁的感情，完成了理性与感性，道理与人的高度结合，所好之物仿佛是自己的一部分了。也可以说，乐之是好之的稳定状态。

从认识论的角度来说，儒家学说肯定情感价值的投入，但前提是有一个理性自觉的认识。先价值中立，而后价值投入。价值中立是自觉认识的过程，而价值投入则是创造意义的过程，两者构成分段负责、合二为一的循环结构。

6.19 中人以上章
子曰："中人以上，可以语上也；中人以下，不可以语上也。"

孔子说："资质中等以上，可以跟他讲高深的学问；资质中等以下，不可以跟他讲高深的学问。"

教育应该因材施教、循序渐进。资质好的人，跟他讲高深的东西，他可以领悟。但如果资质不好，跟他讲高深的东西，他不仅听不懂，还可能对他产生误导。资质不好的人不能"切问近思"，他们听说了一些高深的道理，也能说出几个高级概念，还容易陷入一种大词的亢奋之中，结果一进入实操就会陷入所学无用的困境。本质而言，这是教育上的一种教条主义，正是所谓"学而不思则罔"。《朱子语类》说："就他地位说时，理会得一件，便是一件，庶几渐渐长进，一日强似一日，一年强似一年。不知不觉，便也解到高远处。"如果中人语上，"智识未理会得此义理者，语之无益尔"。

中人以上和中人以下采用不同的教育方法，并不是说中人以上就好好教或教好东西，中人以下就不好好教或不教好东西，而是说教育要循序渐进、因材施教。教授的东西并没有优劣之分，教导的态度也是一以贯之。《朱子语类》说，"理只是一致。譬之水，也有把与人少者，有把与人多者。随其质之高下而告之，非谓理有二致也。"颜回、仲弓和司马牛三个人问仁，孔子的回答不一样。《朱子语类》说："告颜渊以克己复礼，告仲弓以持敬行恕，告司马牛以言之讱。盖清明刚健者自是一样，恭默和顺者自是一样，有病痛者自是一样，皆因其所及而语之也。"孔子的回答虽然不一样，却都是针对他们各自的禀赋特点而进行回答的，本质上都是在讲仁，并无二致。

本条是讲教法，反过来看，教法亦是学法。学习者应该"眼高手低"，眼界要高远，功夫要平实，循序而渐进，方可入于道。

6.20 敬而远之章

樊迟问知。子曰："务民之义，敬鬼神而远之，可谓知矣。"问仁。曰："仁者先难而后获，可谓仁矣。"

樊迟问孔子什么是智。孔子说："做一个人义所当为的事情，敬奉鬼神又不近媚鬼神，这可以说是智了。"樊迟又问什么是仁。孔子说："仁者先做难做的事，获利的事是次要的考虑，这可以说是仁了。"

"鬼神"是指逝去的先祖和山川之神。"知"通"智"。孟子曰："是非之心，智之端也。""智"是指明辨是非的能力。朱子《集注》曰："民，亦人也。"务民之义，即是务人之义。这里不能把"务民"理解为治理百姓，"民"应作"人"字解，与鬼神相对。大概是当时人们遇事不决多寄托于鬼神，以为敬奉鬼神就可以解决问题。孔子则主张"敬而远之"，转而通过明辨是非来解决问题。

孔子对鬼神的基本态度是敬而远之，这是一种又敬之又远之的暧昧态度。朱子《集注》引程子曰："多信鬼神，惑也，而不信者又不能敬，能敬能远，可谓智矣。"《朱子语类》说："敬而远之，是不可亵渎，不可媚。"敬之是不亵渎，远之是不谄媚。这样就不再依靠祈祷鬼神来解决问题，转而依靠明辨义理。《朱子语类》说："若义理合当做底事，却又疑惑，只管去问卜筮，亦不能远也……今若不肯自尽，只管去谄事鬼神，便是不智"。只是求神问卜，事情并不会自动出现转机，还是得凭着义理，按照正确的方式去做正确的事情。

这种敬而远之、半信半疑的态度也体现在儒家的葬祭之礼中。《礼记·檀弓》云："之死而致死之，不仁而不可为也；之死而致生之，不知而不可为也。"完全把死去的人当作没有知觉的死人，那是不仁；如果认为死去的人还活着，那又是不智。所以，给死者陪葬或祭祀鬼神所使用的礼器，有不少都是半生半死的设计。比如吃饭喝酒的器皿，既不能没有，又要跟活人所使用的有些不一样。如果没有陪葬品或祭器，便是把祖先当成完全的死物而不管不顾，是为不仁。如果陪葬品、祭器与活人使用的一模一样，又是把祖先当成完全的活人，这是枉顾生死之别，是为不智。

儒家似乎承认鬼神的存在，但努力弱化鬼神对人事的影响。当时的鬼神观念和巫卜技术比较发达，以仁义观念代替鬼神观念，以礼乐制度代替巫卜技术，背后是一套新的学问和理论，是社会形态和意识形态的巨大转换。这种"礼乐文明"式的理性化祛魅可以说是周孔礼教的巨大贡献。

樊迟接着问"仁"，孔子答"先难而后获"。朱子《集注》引程子曰："先难，克己也，以所难为先，而不计所获，仁也。"程子说的克己，是克己之"计获之心"。《朱子语类》说："先难后获，只是无期必之心……若方从事于克己，而便欲天下之归仁，则是有为而为之，乃先获也。"《朱子语类》又引董仲舒云："仁人明道不计功。"

从求仁的角度来说，"先难而后获"，讲的是做功夫的问题。《朱子语类》说："学者之于仁，功夫最难。""先难"是要以刚毅勇决的志气下功夫去求仁，义所当为则无所畏惧。

6.21 乐山乐水章
子曰:"知者乐水,仁者乐山。知者动,仁者静。知者乐,仁者寿。"

孔子说:"智者以水为乐,仁者以山为乐。智者动,仁者静。智者常快乐,仁者多高寿。"

本条可观圣贤气象。朱子《集注》云:"智者达于事理而周流无滞,有似于水,故乐水。仁者安于义理而厚重不迁,有似于山,故乐山。动静,以体言,乐寿,以效言也。动而不括,故乐;静而有常,故寿。"仁者和智者的气质有差异,《朱子语类》说,仁者是"厚重底人",智者是"伶俐底人"。船山《训义》说,仁者"敛于己而不随物感以迁",智者"迎于物而即有观理之心"。

本条的这些对比是就圣贤气质之盛处来立言,不能认为仁者乐山便不乐水,仁者静而不动,仁者寿而不乐,这些机械的理解都不可取。至于说颜回仁而不寿,那就更是强词夺理的抬杠。儒家育人,不是照一个模子去复制,而是因材施教。孔门弟子气象万千,但这些气象万千又皆有所本,本于圣门之道。

圣贤气象是自内而外散发出来的,有容于中而扩发于外。如仁者之静,天天坐在那里像个木头,也是静,却非仁者之静。《朱子语类》说:"看圣人言,须知其味。如今只看定'乐山乐水'字,将仁知来比类,凑合圣言而不知味也。譬如吃馒头,只吃些皮,元不曾吃馅,谓之知馒头之味,可乎?今且以知者乐水言之,须要仔细看这水到限深处时如何,到峻处时如何,到浅处时如何,到曲折处时如何。地有不同,而水随之以为态度,必至于达而后已,此可见知者处事处。"朱子认为,要从过程和内在来体会圣贤气象,一事一物都是一以贯之的圣贤气象。反之,如果不能在一事一物上孜孜不倦地下功夫,也无法养成这种圣贤气象。所以,观圣贤气象要好好体味,深度感通,进而反躬自省,见贤思齐。

6.22 齐一变章

子曰："齐一变，至于鲁；鲁一变，至于道。"

孔子说："齐国变一变，可以达到鲁国的状态；鲁国变一变，可以达到先王之道的状态。"

孔子论齐鲁之国风。朱子《集注》曰："孔子之时，齐俗急功利，喜夸诈，乃霸政之余习。鲁则重礼教，崇信义，犹有先王之遗风焉，但人亡政息，不能无废坠尔。道，则先王之道也。言二国之政俗有美恶，故其变而之道有难易。"按照朱子的理解，齐国就像是一个身体很强壮但不太善良的孩子，而鲁国则像是一个比较善良但身体比较虚弱的孩子。时人多以国力之强盛来评价齐鲁之别，而孔子却更加看重齐鲁国风之差异。时人以为齐强鲁弱，但孔子却觉得鲁国国风更好。那么，齐鲁风气之差异何在？《朱子语类》里有下面这样一段问答。

问："伊川谓：'齐自桓公之霸，太公遗法变易尽矣。鲁犹存周公之法制。'看来鲁自桓公以来，闺门无度，三君见弑，三家分裂公室，昭公至于客死，以至不视朔，不朝聘，与夫税亩、丘甲、用田赋，变乱如此，岂得是周公法制犹存乎？"曰："齐鲁初来气象，已自不同。看太公自是与周公别。到桓公管仲出来，又不能遵守齐之初政，却全然变易了，一向尽在功利上。鲁却只是放倒了，毕竟先世之遗意尚存。如哀公用田赋，犹使人来问孔子。他若以田赋为是，更何暇问。惟其知得前人底是，所以来问。若桓公管仲却无这意思，自道他底是了，一向做去不顾。"

齐国是姜太公之后，鲁国是周公之后。朱了认为，齐国到齐桓公时，便不顾先王之法，只管富国强兵了；而鲁国却对先王之法有些保留，社会风气胜于齐国。孔子观政，首重人心风气。两国人心风气不一样，若要进行改革，方法也不一样。齐国如果直接施行先王之法，却没有鲁国那样的人心风气做支撑，也不大可能。所以，齐国要先变成鲁国，然后才有可能施行先王之法。

孔子并不反对富国强兵，只是反对富国强兵的变法中那些有害于人心风俗的政策。如果变法的结果是破坏人心、薄寡风俗，那这样的变法便有问题。《朱子语类》讨论王安石变法时说："今日变时，先变熙丰之政，以复祖宗忠厚之意，次变而复于三代也。"朱子认为，王安石变法缺少忠厚之意。

政策的出台不能只考虑富国强兵，更要考虑对人心风气的长远影响。如果有害于人心风气，那将来会有更大的恶果，需要付出更大的治理成本。这确实考验政治家和思想家的眼光与魄力。

6.23 觚哉觚哉章

子曰："觚不觚，觚哉？觚哉？"

孔子说："觚不像觚，还是觚吗？还是觚吗？"

觚是一种酒器，有特殊的形制，如果没有这种形制，那自然就不是觚了。孔子的意思是，觚就要有觚的样子。言下之意，人也要有人的样子。朱子《集注》引程子曰："天下之物莫不皆然。故君而失其君之道，则为不君；臣而失其臣之职，则为虚位。"程子从觚引论到了君臣本分上。船山《训义》也说："居其职而修其业，为其事则必顺其理，行其道则必修其德，岂不犹夫制其器者必肖其形哉？"觚有觚的形制，人有人的本分，孔子以觚取譬，说了一个"君君、臣臣、父父、子子"的道理。觚要有觚的样子，人要有人的样子，这道理什么时候都不会过时。

6.24 不可罔章

宰我问曰："仁者，虽告之曰：'井有仁焉'，其从之乎？"子曰："何为其然也？君子可逝也，不可陷也；可欺也，不可罔也。"

宰我问孔子："一个仁者，即使告诉他'井里有仁'，他会跳到井里去吗？"孔子说："为什么会这样呢？这个人如果是个君子，你可以让他去井里救人，但无法将他陷在井中；你可以用正理欺骗他，但无法用歪理欺骗他。"

朱子《集注》曰："逝，谓使之往救。"听到有人说"仁在井里"就跳到井里去，这不是仁者，而是愚者，不是君子，而是傻子。《朱子语类》说："不惟不晓义，也不晓那智了，却只是个獃人。"獃即呆，类似于刻舟求剑之愚。君子之道绝不是墨守成规的教条主义，更不是刻舟求剑的楚人之愚，而是在一个复杂的社会环境中把握进退出处，凭着仁义之道做成事情，推而广之，可以齐家治国平天下。

孟子曰："君子可欺以其方，不可罔以非其道。"这句话与本条的"可欺不可罔"是一样的意思。使用正理，或许可以利用君子的正直善良来行骗；但如果使用歪理，那君子肯定不从，自然也就无法行骗。"欺人以方"对于社会风气有非常恶劣的影响，使人们对于正直和善良产生怀疑，罪莫大焉！

6.25 博文约礼章
子曰："君子博学于文，约之以礼，亦可以弗畔矣夫！"

孔子说："君子如果广博地学习仪文，严谨地遵守礼法，也就可以不背于道了。"

文与礼都是心之表达，道之载体。但是，文比礼的范围更加广泛，如诗书六艺是文而不是礼，应事接物是礼又是文。程子认为，博而不约容易变得"汗漫"，即大而无当，不着边际。所以要"约之以礼"。船山《训义》也说："礼皆修道之事，于其切于身者，尤体道之实也。""约之以礼"，是从自己身边的礼仪入手来修养自身，不至于陷入漫无边际的虚理之中。船山《训义》又说："勿疑为道之一曲，而非其大焉者也。"船山认为，其道本大，而见于礼之一曲；做小事也是入道之功夫。大江大海是水，一小滴水也是水。只要向道而行，无论博与约，都是进道之功夫。

博不是杂，更不是漫无目的的猎奇。"博"是有结构的广大，否则也容易走入小路或岔道，甚至接受异端邪说。博的问题是，容易"汗漫"而"无归宿"。守约方能切近己身，由规矩而入道。"约之以礼"，是一种实用性、实践性的思维。《朱子语类》说："博学是致知，约礼则非徒知而已，乃是践履之实。""约之以礼"是做一事则用一礼，用一礼则尽一礼。《朱子语类》又说："博者可以择中而居之不偏，约者可以应物而动皆有则，如此则内外交相助。"博文约礼并重，宽广的认识与谨慎的实践相结合，这是重要的学习法门。

6.26 子见南子章

子见南子，子路不说。夫子矢之曰："予所否者，天厌之！天厌之！"

孔子见南子，子路不高兴。孔子发誓说："如果我违礼了，天会厌弃我！天会厌弃我啊！"

朱子《集注》曰："矢，誓也。"即赌咒发誓的意思。船山《训义》把"矢"解作"陈"，表示陈情明义的意思。朱子《集注》云："否，谓不合于礼，不由其道也。"

朱子《集注》云："南子，卫灵公之夫人，有淫行。孔子至卫，南子请见，孔子辞谢，不得已而见之。盖古者仕于其国，有见其小君之礼。而子路以夫子见此淫乱之人为辱，故不悦。"卫灵公夫人的生活作风有问题，据说，本篇6.14章中宋国公子宋朝这个大帅哥就与南子有染。子路觉得孔子不应该去见这种有淫行的女人。但孔子认为，自己只是依礼去见"小君"（诸侯夫人尊称为"小君"），只不过刚好"小君"是南子。孔子赌咒发誓，对自己的守礼行为非常有信心，绝对不会假礼行私，也不会"求援于宫闱"，即通过国君夫人南子的关系来谋求高官厚禄。

孔子和子路的心态有什么差别呢？子路是一种隔绝的心态，既然南子有淫行，那就眼不见为净，子路有恶恶之仁，可谓直矣。以毒品来打一个比方。子路的心态是，对于毒品眼不见为净。而孔子的心态则是，毒品虽放在眼前，不该吸的话就一定不会去吸，无论吸毒的快感多么强烈都不会去吸。孔子光明磊落，即使入淤泥也能不染，这就是圣之时者、无适无莫、无可无不可的境界。不可无不可，并不是没有原则，而是在一个黑白交织的复杂社会中依然能够明辨是非，进退得当。这是孔子仁熟义精的体现，非子路所能及。

6.27 中庸之为德章

子曰："中庸之为德也，其至矣乎！民鲜久矣。"

孔子说："中庸是一种德性，而且可以说是德性的极致。民众缺少这种德性已经很久了。"

朱子《集注》引程子曰："不偏之谓中，不易之谓庸。中者，天下之正道，庸者，天下之定理。自世教衰，民不兴于行，少有此德久矣。""中"是无过无不及的分寸，"庸"则是不多也不少的恒常。中庸之道是一种超越时空的稳定性，也就是程子所说的正道与定理。《中庸》开头三句话是："天命之谓性，率性之谓道，修道之谓教。"人之性来源于天，天性与人性是合一的；率循此性便是道，使人性达于天性；修习此道便是教，使人道合于天道。中庸之道在人性论上主张人性本乎天性，此即天人合一；在方法论上也是一种"尽人合天"的态度。尽人，是推己及人之仁；合天，是道法天则之义。中庸之道即是使人超时间、超空间、长期稳定地处于仁义之中，是一种仁至义尽的道德稳态。"民鲜久矣"，大道还在，只是民不识之而已矣。极高明而道中庸，中庸至德不易求。孔子当然不是责之于普通百姓，而是对为政者有所批评。此所谓"《春秋》责备贤者"。

6.28 能近取譬章

子贡曰："如有博施于民而能济众，何如？可谓仁乎？"子曰："何事于仁，必也圣乎！尧舜其犹病诸！夫仁者，己欲立而立人，己欲达而达人。能近取譬，可谓仁之方也已。"

子贡问："如果能够广泛地施惠于民和接济众人，怎么样？可以称之为仁吗？"孔子说："这岂止是仁，必然是圣吧。连尧舜都担心自己做不到。所谓仁，是自己想立身，也帮助别人立身，自己想成功，也帮助别人成功。能够以身边的事情来进行类比，这就是求仁的方法了。"

本条孔子阐述了他对仁的基本看法，以及求仁的方法。"博施济众"是崇高的境界，非一般人所能及，就算是尧舜这样的圣人，也担心自己做不到。孔子不希望弟子们好高骛远，高谈博施济众。如果连身边的小事都做不好，是无法成仁的。对身边的人情世故尚且麻木不仁、一窍不通，能寄希望于这样的人来博施济众、治国平天下吗？反过来说，只有先把身边的小事做好，才会逐渐生出修齐治平的气象。

"己欲立而立人，己欲达而达人"，按照字面意思很容易理解成，因为自己想要立身成功，所以去帮助他人立身成功。这样理解的话，意思就变成了，一个人去帮助别人，其实是为了让别人成功之后再来帮助自己。这就变成了一种工具主义的逻辑，是对孔子意思的曲解。船山《训义》云："求仁者于己欲立之际，能即取此欲立之心而譬之。"意思是，要用自己想立身成功的心去类比别人的心，明白别人也有想立身成功的心。这就是推己及人的"仁者之心"。所以，君子不会故意给人使绊子、告黑状，而是愿意成人之美，助人立达。朱子对"己立立人、己达达人"的境界评价很高。《朱子语类》说："盖己欲立，则思处置他人也立；己欲达，则思处置他人也达。放开眼目，推广心胸，此是甚气象！"

能近取譬，是求仁之方。朱子《集注》云："譬，喻也。……以己之所欲譬之他人，知其所欲亦犹是也。"意思是，以自己的欲望来推想别人也有跟自己差不多的欲望。有人可能要说，在跨文化交流中，要避免推己及人。自己喜欢吃泡椒凤爪，别人未必喜欢吃泡椒凤爪。可是，推己及人的意思应该是，自己喜欢美食，就要明白别人也喜欢美食。再举一例。公交车上给老人让座有两种心理逻辑。第一种，让座是一种礼貌和美德。第二，想到自己家里的老人上了公交车也有人让座，于是起身让座。前一种是道德教条的逻辑，后一种是推己及人的逻辑，也就是孟子所说的"老吾老以及人之老"。推己及人的逻辑，从自身出发，使道德教条涌起鲜活的生命感，不再生硬和僵化。能近取譬，是以自己身边的事情来打比方，这就说明"走心"了。理解远方和古代的事情，也要拉近到自己身边来理解，也许就能明白其中的深层逻辑了。能近取譬、切问近思都有这个意思。

子贡之问和孔子之答不在同一个维度上。子贡以事功发问，而孔子以仁心作答。孔子认为，事功与仁心没有必然的关系。无论事功大小，都可以仁心充沛。《朱子语类》有一个比喻："博施济众，固仁之极功，譬如东大洋海同是水。但不必以东大洋海之水方为水，只瓶中倾出来底，亦便是水。博施济众固是仁，但那见孺子将入井时有怵惕恻隐之心，亦便是仁。此处最好看。"朱子认为，大洋之水是水，一小瓶水也是水。博施济众是仁，恻隐之心也是仁。以事功论，是数量判断，以仁心论，是性质判断。仁与不仁，不在事功之大小。无论事功大小，都有仁与不仁。换言之，不是只有事功大者才可以称之为仁。《朱子语类》说："有圣人之仁，有贤人之仁，有众人之仁。"虽然他们对仁的扩充程度不一样，但都是仁。

朱子《集注》曰："仁以理言，通乎上下。……天理之周流而无间矣。"朱子认为，仁的本体是广大而精微的天理。"日月有明，容光必照"，天理就像日月之明，世间万事万物都在其普照之下，虽然各有规律，但其实是一种"理一分殊"的样态。船山《训义》也说，仁之本体是"天理同流，万物一体之实"；"圣人之仁，一实之理生于心，非一心之想成乎理"。船山认为，理胜于心。一任其心，则容易如阳明心学之流弊那样高谈心性而失之于迂阔。以理制之，则可使其落在自身的实践上，比较务实。

子贡说了个事功，孔子答了个仁心。孟子补充了个义，是为对仁的充实与节制。朱子和船山又解释了个理，在佛教的刺激下，建立了儒学的义理体系。从这里似乎可以看到儒学层层递进的发展逻辑。

小结《雍也》篇

本篇与《公冶长》篇的风格类似，多为臧否人物，在具体的人事物中体会为仁之方。

述而第七（37章）

朱子《集注》云："此篇多记圣人谦己诲人之辞及其容貌行事之实。"

7.1 述而不作章

子曰："述而不作，信而好古，窃比于我老彭。"

孔子说："我传习旧学而不创作，信奉且喜好古道，我悄悄自比为我的老彭。"

朱子《集注》云："老彭，商贤大夫，见《大戴礼》，盖信古而传述者也。"老彭是商代的贤大夫，大概也是一个述而不作、信而好古的人。孔子跟老彭很像，也是个述而不作、信而好古的人。孔子修订六经，只是"集群圣之大成而折衷之"，并未自己创作。我们不能认为孔子"述而不作"是没有创新精神。创新需要有基础，基础越牢固，越能够做出真正的创新。基础不牢固，则不过是博人眼球的新鲜，经不起历史的检验。孔子述而不作，折衷前贤，挽救世道人心，虽曰不作，其实是存亡继绝、与古为新。

孔子厚古薄今，他厚古的目标在于传承古圣先贤之遗风，挽救当时的礼崩乐坏。厚古反映了孔子的历史观，这种厚古的态度中有一种古今相通的胸怀，这是对待历史的温情与敬意。孔子建立的"儒学乌托邦"虽然没有实现，但却以乌托邦这样一种特殊的方式，对后世产生了巨大而深远的影响。

7.2 学而不厌章

子曰："默而识之，学而不厌，诲人不倦。何有于我哉？"

孔子说："默默记在心里，学习不知满足，教人没有倦意。这几点我有哪一点呢？"

有人用"默而识之，学而不厌，诲人不倦"来赞美孔子，孔子以"何有于我哉"作答，有以自谦。孔子明明做得很好，还这样谦虚，这不是一种"凡尔赛"吗？与其说这是一种自谦，更可以理解为一种自省。孔子经常反省，提醒自己要"默而识之，学而不厌，诲人不倦"。很多人可能会在满足或疲倦之后就停下脚步，而孔子却依然能够时时自省，时时自新；继续学，继续教。

如此细密的学与教，孔子何以能够做到呢？船山《训义》云："唯日念毕吾生以几之，诚有不容自己者矣。……此圣人之所以终日乾乾，与天合德，而非人之所可及也。"即使在几微之处也不容自己停下来，片刻之间、几微之处，不违于仁；每天都孜孜不倦地去下功夫，尽量做合于天理的正确的事情。孔子不仅有博大的胸怀和高远的目标，而且肯下功夫，终日乾乾，惟日孜孜，终身学习，这是孔子的入圣之功。难则难矣，却也不算高深，求仁得仁而已。

7.3 孔子四忧章

子曰："德之不修，学之不讲，闻义不能徙，不善不能改，是吾忧也。"

孔子说："不修德，不讲学，听闻义却不能靠近，有不善却不能改掉，这些是我的忧虑。"

本条述"孔子四忧"。孔子以此自警，亦是警醒弟子。朱子《集注》引尹焞曰："德必修而后成，学必讲而后明，见善能徙，改过不吝，此四者日新之要也。苟未能之，圣人犹忧，况学者乎？"孔子的功夫是，反四忧而行之：德之必修，学之必讲，闻义必徙，闻过必改。孔子的日新之功，起到了榜样作用。倘若孔子自己做不到，却每日催促学生，那学生也会生出反感，更遑论登堂入室。

四忧之中，比较难理解的是"闻义不能徙"。"徙"是迁徙、靠近的意思。"闻义必徙"是，发现不义之处，要改过；听说义处，便去靠拢。去恶迁善，去不义以进于义，是修德之功。《朱子语类》说："徙义，是做这件事未甚合宜，或见人说，见人做得恰好，自家迁在合宜处。"船山《训义》又说："夫学焉而所闻者义矣，虽其素喻于义，而知之真，不如其行之决。……唯有闻而必徙也。"船山认为，知义不能只是嘴巴上说一说，要落实在具体的行动中，知而不行不是真知。知道和做到，相差还很远。

7.4 子之燕居章

子之燕居，申申如也，夭夭如也。

孔子闲居时，体态舒和，神态愉悦。

"燕居"是指闲暇生活。本条讲孔子闲居时的中和之气与盛德之容。朱子《集注》引杨时曰："申申，其容舒也。夭夭，其色愉也。"船山《训义》云："申申如也，安舒之至，体无不适也。……夭夭如也，和愉之至，神无不充也。"孔子这种气定神闲的姿态，很难装出来。有不少人在闲暇时，要么安排太少而无聊，要么安排太满而紧张，要么因为收束过分而拘谨严厉，要么因为舒展过分而放肆怠惰。像孔子这般气定神闲，充分地享受闲暇，其实是一种难得的心境。这是因为孔子内有中和之气，外有盛德之容。

船山《训义》云："由夫子之色容而想夫子之心体，无非性也，无非天也。"孔子心里有一个完整的意义世界，是一种道德自足的状态。孔子下功夫修身养性，才会有如此气质。内在修养通过身体呈现出来，体现了身心交感、内外合一的逻辑。修养得道而后变化气质，圣教其欺乎？看来，老年孔子也不是一个严厉古板的形象，分明是个温和慈祥的老头。

《论语•季氏》篇说："君子有三戒：少之时，血气未定，戒之在色；及其壮也，血气方刚，戒之在斗；及其老也，血气既衰，戒之在得。"人在少年、中年和老年的时候，应该有不一样的生活态度。老年生活固然可以申申夭夭，但年少之时，还是应该勇猛精进，好好收拾自己的身体和精神。如果以少学老，故作雍容，惟恐虚度年华而未老先衰。

7.5 梦见周公章

子曰："甚矣吾衰也！久矣，吾不复梦见周公。"

孔子说："我太衰老了！好久啊，我都没有再梦见周公了。"

朱子《集注》云："孔子盛时，志欲行周公之道，故梦寐之间，如或见之。至其老而不能行也，则无复是心，而亦无复是梦矣，故因此而自叹其衰之甚也。"孔子感慨自己年老之后长期没有梦见周公，实质上是在感慨自己终其一生也没能行周公之道于天下，心有遗憾。

孔子用来判断自己年老的标志似乎不是生理年龄，而是"不复梦见周公"。一般人不会梦见周公，更不会用"不复梦见周公"来判断自己年老。朝思暮想而后夜有所梦，孔子以梦见周公来判明自己的志向，这本身就说明了孔子的志道之诚，读来令人感动。孔子虽老，仍有一颗行道的赤子之心。从孔子的这句感慨里，我们既可以体会到孔子对于不能行道天下的遗憾，也能体会到孔子对于行道天下的热忱，还能体会到孔子周游列国、颠沛流离时是一种什么样的心境。

7.6 志据依游章

子曰："志于道，据于德，依于仁，游于艺。"

孔子说："人要立志学道，心要安顿在德，为人处事要紧紧围绕着仁，还要在六艺之中玩味涵泳。"

本条述"学之全功"。朱子《集注》云："志者，心之所之之谓。道，则人伦日用之间所当行者是也。知此而心必之焉，则所适者正，而无他歧之惑矣。据者，执守之意。德者，得也，得其道于心而不失之谓也。得之于心而守之不失，则终始惟一，而有日新之功矣。依者，不违之谓。仁，则私欲尽去而心德之全也。功夫至此而无终食之违，则存养之熟，无适而非天理之流行矣。游者，玩物适情之谓。艺，则礼乐之文，射、御、书、数之法，皆至理所寓，而日用之不可阙者也。朝夕游焉，以博其义理之趣，则应务有余，而心亦无所放矣。""志"是心之所向，念念不忘。"据"是根据地的"据"，心像安营扎寨一样安顿下来。"依"是依偎，围绕着转来转去而不愿意离去，是一种心有所好的状态。"游"则是玩味、涵泳的状态，游中有乐。理应如此是为道，内心体认到这些道理是为德，仁是心之全德而没有私欲的状态。艺是礼乐射御书数之类。

朱子《集注》又说："此章言人之为学当如是也。盖学莫先于立志，志道，则心存于正而不他；据德，则道得于心而不失；依仁，则德性常用而物欲不行；游艺，则小物不遗而动息有养。学者于此，有以不失其先后之序、轻重之伦焉，则本末兼该，内外交养，日用之间，无少间隙，而涵泳从容，忽不自知其入于圣贤之域矣。"朱子认为，志于道、据于德、依于仁、游于艺，体现了循序渐进的入道法门。始于立志，继之以德，时间久了便能熟仁而依于仁。游于艺，是从事一些文艺活动，保持着优游畅快、从心所欲不逾矩的快乐心态。因为乐在其中，所以能够有恒。道为志向，德为立场，仁为依归，艺为涵养，组合起来便是"学之全功"。

7.7 未尝无诲章

子曰："自行束修以上，吾未尝无诲焉。"

孔子说："即使只带一点干肉上门求教，我也从来没有不教的。"

朱子《集注》云："修，脯也。十脡为束。古者相见，必执贽以为礼，束修其至薄者。"《朱子语类》说："束修是至不直钱底，羔雁是较直钱底。"束修即为干肉，是孔门弟子的拜师礼。按照朱子的解释，束修并不值钱。但是，束修代表了尊师之礼和求教之心。只要带着诚心上门求教，孔子都会有所教诲。朱子《集注》云："苟以礼来，则无不有以教之也。"孔子开设私学之后，开始扭转以吏为师的官学垄断格局。孔子广收门徒，有教无类，诲人不倦，存人育化之功盛矣。

7.8 不愤不启章

子曰："不愤不启，不悱不发。举一隅不以三隅反，则不复也。"

孔子说："如果不是诚心求教，则不予启发。举一不能反三，也不再重复地教了。"

朱子《集注》云："愤，心求通而未得之意。悱，口欲言而未能之貌。"这都是描述弟子渴望求教的心情。意思是，学生紧张了，上心了，有强烈的求知欲，这也意味着有内在的敬意和诚意。程子曰："愤悱，诚意之见于色辞者也。……待愤悱而后发，则沛然。"这个比喻很形象，愤悱的过程就是自我耕耘的过程，而老师的启发就像一场春雨。下过春雨之后，庄稼的长势就会很旺盛，沛然莫之能御也。反之，如果学生没有愤悱，只是装模作样地问个问题套个磁，那便是没有诚敬的求教之心，可能也不会把老师的教导当回事。

同样，举一而能反三，说明学生自己在积极思考，所以能触类旁通。如果学生不能举一反三，说明学生懒于思考或学而不思，那孔子也就不再重复教了。孟子也说："吾不屑教之，是亦谓之教也。"不是孟子不教，他的不教就是一种教，此时学生应该自我反省。孔子的"不教"与孟子的"不教"类似，都是对求教之心是否诚敬的拷问。

学生求教于老师，如果遇到老师不启发或不重复的情况，首先应该反省自己的学习态度是不是有问题，是不是自己没做准备或者欠思考。孔子有他的理由对学生"不愤不启，不悱不发"，或者因为学生不能举一反三而不重复教学。但是，在一般情况下，老师不能以这个为借口而允许自己故作清高、妄自托大，甚至觉得回答学生的问题是浪费时间，这样会拂了学生的殷殷求教之心，自然也不可能有好的教育效果。孔子的"不愤不启，不悱不发"是本着教育的初心，是关心学生的心态。而故作清高、妄自托大或觉得浪费时间等，从本心而言，是一种不关心学生的自私自利的行为，岂堪为人师？

当然，这一条主要还是在规范学生的求教之心。求教之前，要做一些思考与准备；求教之时，要注意态度；求教之后，要做一些反思与总结，比如举一反三。归根结底，学须自学。学习的过程是无法由他人代替来完成的，老师只能起到指点和辅助的作用。譬如登山，老师可以指出山顶在哪里，有哪些路可以上山，每条路有什么特点，有什么经验和教训，但还是得靠自己一步一步地攀登，才可能到达山顶。说不定还能开辟新的上山之路，登上更高的山峰。

7.9 未尝饱也章

子食于有丧者之侧，未尝饱也。子于是日哭，则不歌。

孔子在有丧事的人旁边吃饭，从来没有吃饱过。孔子如果某一天吊丧而哭了，那这一天他就不会再唱歌。

在什么样的场景下，孔子会"食于有丧者之侧"呢？孔子可能是参加了葬礼，看到丧主非常哀痛，他受到这种哀情的感染，吃不下饭，所以吃不饱。同样，吊丧之后，孔子心情悲伤，这一整天便不会再唱歌了。这两件事情都说明孔子心肠软，很容易被感染，这正是仁的体现。孔子具有极强的共情能力，他能感受到别人的喜怒哀乐。这种不容已的感受力，就是本心常存、"活泼泼"的状态。如果在别人的丧礼上肆无忌惮大吃大喝，或者邻居有丧而自己在家开着音响大放流行歌曲，那多半会被人视为麻木不仁的冷血动物。"事不关己，高高挂起"的麻木绝非仁者所为。本条从两件小事出发，呈现出了人心之间相互感通的状态，以小见大地诠释了孔子之仁。

7.10 用舍行藏章

子谓颜渊曰："用之则行，舍之则藏，惟我与尔有是夫？"子路曰："子行三军，则谁与？"子曰："暴虎冯河，死而无悔者，吾不与也。必也临事而惧，好谋而成者也。"

孔子对颜渊说："被任用，就好好行道；不被任用，就好好藏道。恐怕只有我和你是这样的吧？"子路说："如果夫子要率领三军，那会和谁一起呢？"孔子说："徒手搏击老虎，徒步涉过大河，就算死也不后悔，这样的人我不会跟他一起率领三军。遇到事情有所敬畏，喜欢谋划并且做得成事情，一定要是这样的人，我才会与他一起率领三军。"

"用之则行，舍之则藏"，后来被归纳为一个成语"用舍行藏"。意思是，出来做事，就好好行道；不出来做事，就好好藏道。用舍行藏，干脆利落，出仕之时真有东西拿得出手，归隐之时也真有东西值得收藏。进有进的功夫，心欲进而实不能进，想出名但个人素质跟不上，也很痛苦。退有退的功夫，实已退而心不能退，想淡泊但内心各种利欲，也是难受。《朱子语类》说："晋宋间人物，虽曰尚清高，然个个要官职，这边一面清谈，那边一面招权纳货。渊明却真个是能不要，此其所以高于晋宋人也。"朱子赞扬了陶渊明的"舍之则藏"。进退出处皆有功夫，"用舍行藏"的潇洒建立在修养的基础之上。这里的"用舍行藏"有"毋意、毋必"的意思，不一定非要出仕，也不一定非要归隐。这里的进退出处也不是无奈之举，而是深明大义后的进退有节，义理醇熟而后的游刃有余。用有用之义，舍有舍之义，行有行之道，藏有藏之道，进退出处皆是道义。当然，儒家之隐区别于道家之隐，儒家之隐是藏道，以身存道，隐而不忘天下，而道家之隐是隐而忘天下。

子路听到孔子表扬颜回，心生"醋意"。子路有自知之明，他可能觉得自己确实做不到"用舍行藏"，转而谈行伍之事。子路认为自己勇武，是个军事人才，若是孔子要带兵打仗，必定会带自己一起。结果孔子给他讲了一个"暴虎冯河"的故事。所谓"暴虎冯河"，是指徒手搏击老虎，徒步渡过大河。这两个都是非常凶险的事情，徒有血气之勇，容易死于非命，但带领三军打仗不是那么容易的事情。面对三军将士和敌我生死，要协调那么多的事情，统一那么多人的意志，其实非常不容易。仅仅靠着血气之勇打不了胜仗，必须要像孔子说的那样，"临事而惧，好谋而成"。军国大事，要怀着临渊履薄的戒惧之心，深思熟虑，善加谋划，否则可能全军覆没。国家安危所在，军民身死所系，哪里真能谈笑间樯橹灰飞烟灭。孔子认为，子路虽勇，但在"临事而惧、好谋而成"上还有欠缺。子路之勇，倘若能够加上敬畏善谋的修炼，便可以统帅三军了。孔子这么说当然是希望对"勇子路"有所教戒补益。

孔子知人论事，用语精准，刀刀见血，字字珠玑。《朱子语类》说："圣人之言，好如荷叶上水珠，颗颗圆。"

7.11 从吾所好章

子曰："富而可求也，虽执鞭之士，吾亦为之。如不可求，从吾所好。"

孔子说："假如富贵可以求而得之，即使为人执鞭驾车，我也会去做。但如果富贵不可以求而得之，那我还是做点自己喜欢的事情吧。"

"富而可求"有两种解释。第一，以道义而言，有符合道义的富贵，有违背道义的富贵。船山《训义》便是持这种理解的："天下事亦论其可不可而已。……道所可者，无所避于劳辱也。"第二，从结果来说，富贵不一定努力就能得到，因为富贵在天或者在他人之手，不能完全掌握在自己的手里。与富贵不可求相对的是，道不远人，求仁得仁。一个人只要愿意求仁求道，那是外力不能阻拦的。朱子《集注》便是持这种理解："有命焉，非求之可得也，则安于义理而已矣，何必徒取辱哉？"朱子《集注》又引杨时曰："君子非恶富贵而不求，以其在天，无可求之道也。"综合观之，孔子想表达的意思是，富贵不是求而必得，追求富贵必须合于道义。

解释"从吾所好"。朱子《集注》云："安于义理。"船山《训义》云："志之不降也，身之不辱也，仰不愧也，俯不怍也。"两人都强调，做事不要冲着富贵去，要冲着义理去。富贵和义理相悖的情况下，应该追求义理。首先应该考虑这件事情该不该做，而不是考虑这个事情能不能发财。干事创业也是如此，首先要想着解决社会问题，改善人类处境，而不是一心想着怎么赚钱，却枉顾了良知。义理娴熟的人，眼里、心里尽是义理，他们早就超越了利益来看待整个世界。

孔子认为，求富未必得富，求仁则必得仁。孟子有一段话解释了什么可求什么不可求："口之于味也，目之于色也，耳至于声也，鼻之于臭也，四肢至于安佚也，性也；有命焉，君子不谓性也。仁之于父子也，义之于君臣也，礼之于宾主也，智之于贤者也，圣人之于天道也，命也；有性焉，君子不谓命也。"孟子认为，耳目口鼻之欲是命，命不由己，能不能得到满足，并不完全由自己掌控；而仁义礼智是性，性可自修，只要自己愿意修，非外力所能阻挡。所以，君子必性不必命，君子求仁不求富。

曾国藩在日记里也有一则专门论述什么可求什么不可求。"日内，思古来圣哲名儒之所以彪炳宇宙者，无非由于文学、事功。然文学则资质居其七分，人力不过三分；事功则运气居其七分，人力不过三分。唯是尽心养性，保全天之所以赋于我者。若五事则完其肃、义、哲、谋、圣之量，五伦则尽其亲、义、序、别、信之分。充无欲害人之心而仁足，充无穿窬之心而义足，此则人力主持，可以自占七分。人生着力之处当于自占七分者，黾勉求之，而于仅占三分之文学、事功，则姑置为缓图焉。庶好名争胜之念可以少息，徇外为人之私可以日消乎？老年衰髦，百无一成，书此聊以自警。"（同治八年十二月二十二日）同治八年是 1869年，此时的曾国藩已经平定了太平天国，时任直隶总督。曾国藩认为，文学，七分是资质；事功，七分是运气；尽心养性，可以自占七分。曾国藩也是勉人尽心养性。

孟子的性命之辨与曾国藩的这条日记，可以作为本条的脚注。富贵在天不可求，义理在己为可求。君子应勤修己身，追求义理，至于富贵之事，则任其来去，如此而已矣。

7.12 子之所慎章

子之所慎：齐、战、疾。

孔子在这些事情上特别慎重：斋戒、战争、疾病。

朱子《集注》云："齐……将祭而齐其思虑之不齐者，以交于神明也。诚之全与不至，神之飨与不飨，皆决于此。"祭祀之时，要与神明交接，若祭祀者不能齐其思虑而必诚必敬，则神明可能会不吃祭品。船山《训义》云："神明不易格；国家之安危、生民之生死不可忽。"因此，孔子对"齐"、"战"、"疾"这三件事情特别慎重。

船山《训义》云："身为亲之身，而命有天之正而不可妄。"我们现在常常用自我保存的健康观念来理解"慎疾"。但是船山《训义》呈现出来的"身体观"有异于是。他是从父子关系和天人关系的角度来理解人的身体。从父子关系来说，身体发肤受之父母，代表了父子天伦。从天人关系的角度来说，天命之谓性，身体是天道的载体。在船山这里，身体超越生物性而有了伦理性。儒家认为，只注重个体的自我保存，其人生意义并不完整；只有在人伦关系乃至天人关系中，才能找到饱满的人生意义感，这也是"仁"的精义所在。

7.13 不知肉味章

子在齐闻《韶》，三月不知肉味。曰："不图为乐之至于斯也！"

孔子在齐国听《韶》乐，三个月没有想起来去吃肉。孔子说："没想到作乐可以到达这种境界！"

孔子大概爱吃肉，但是欣赏《韶》乐让他三个月都没想起来去吃肉，可见孔子对《韶》乐的痴迷程度，也可以看出《韶》乐之精美。《八佾》篇孔子曾赞美《韶》乐："尽美矣，又尽善也。"《韶》乐是舜所作之乐。孔子陶醉于韶乐，既因为音乐技艺的精妙，也因为《韶》乐中承载了舜的德性与理想。孔子通过《韶》乐接通了舜，有圣圣相感的喜悦。《朱子语类》记载，孔子在齐看到久闻《韶》乐的童子"视端而行直"，可见其乐教之功。孔子在《韶》乐的尽美之外又强调其尽善，这也是"君子不器"的内涵吧。

7.14 求仁得仁章

冉有曰："夫子为卫君乎？"子贡曰："诺。吾将问之。"入，曰："伯夷、叔齐何人也？"曰："古之贤人也。"曰："怨乎？"曰："求仁而得仁，又何怨？"出，曰："夫子不为也。"

冉有问："夫子会帮助卫君姬辄吗？"子贡说："好的，我去问问夫子。"子贡入见夫子，问："伯夷、叔齐是怎样的人？"孔子说："古代的贤人。"子贡问："他们那样做，有怨言吗？"孔子说："求仁而得仁，又有什么怨言呢？"子贡出去后对冉有说:"夫子不会帮助卫君姬辄。"

朱子《集注》云:"为,犹助也。"伯夷是商朝末年孤竹国国君的长子,叔齐是第三子。国君打算把君位传给叔齐,但叔齐认为自己不是嫡长子,于是让给伯夷。伯夷认为叔齐继承君位是父命,也不愿意继位,便归隐了。叔齐见状,和伯夷一起归隐了。最后,第二子继承君位。朱子《集注》云:"盖伯夷以父命为尊,叔齐以天伦为重,其逊国也,皆求所以合乎天理之正而即乎人心之安。"伯夷以父命为重,叔齐以嫡长为重,两人都逊让归隐而无怨。武王伐纣之时,伯夷、叔齐曾劝武王不要起兵。武王建立周朝之后,隐居的伯夷叔齐不愿意吃周朝的粮食,绝食而死节。

再看当时卫国君位继承的情况。卫灵公把世子姬蒯聩赶走了,想立公子郢。卫灵公死后,公子郢不愿意继位,蒯聩的儿子姬辄继位为国君,也就是本条所提到的卫君。后来,蒯聩在晋国的帮助下,回国与自己的儿子姬辄争夺君位,引发内乱。伯夷叔齐是兄弟让国,而蒯聩姬辄则是父子争国。两相比较,孔子的褒贬之意显而易见。

船山《训义》云:"身之安不安,存乎人者也;心之怼不怼,存乎己者也。此可以自主,而仁不仁从此分焉。""怼"的意思是"怨","不怼"即是"不怨"。让国是把仁推到极致来解明这种求仁得仁而无怨的心态。从本质上说,让梨、让座和让国,都是仁的体现。让国是大事,使仁在一种极端的情境中显现出来。不怎么费劲就能做到的事情当然更容易作伪。像让国这样的大事,却极难作伪。举重可以明轻,伯夷、叔齐能以国让,那还有什么不能让呢?由此,可以透过伯夷、叔齐的行动之义看见其仁者之心。

"求仁得仁"的字面意思是,只要去追求仁便能得到仁。儒家认为,人性本善,每个人都有仁之根苗,只要愿意去追求仁,或多或少都可以得到仁。事功有大小,但博施济众是为仁,一念之仁也是仁。伯夷、叔齐之让国,可以说是仁之大者。所谓求仁,是指求善而非求恶,是指追求道德与公义,而非追求权力与私利。"求仁得仁"从人性本善出发,规范了行动伦理的正当性方向。

子贡善于提问。孔子周游列国时,卫灵公对孔子还不错,一度差点受任执政。

但是卫灵公在继承人的问题上确实做得不怎么样。子贡当然知晓此事，出于政治避讳的考虑，没有请孔子直接谈论卫国国君合法性的问题，转而问了伯夷、叔齐的故事。子贡还要多问一句"怨乎"，这就是从心上发问了，孔子这才正面答出"求仁得仁而无怨"的话来。伯夷、叔齐是让国，而蒯聩父子是争国，从孔子对伯夷、叔齐让国一事的态度就可以反观他对蒯聩父子争国一事的看法。孔子博古通今，人情练达，大概子贡一问，他便已经知道子贡问这个问题的意图了。子贡能够举一反三，触类旁通，幽意暗达，孔子也乐于赐教。

7.15 于我如浮云章

子曰："饭疏食，饮水，曲肱而枕之，乐亦在其中矣。不义而富且贵，于我如浮云。"

孔子说："吃粗食，喝白水，枕着胳膊睡觉，快乐也在其中。不义却取得富贵，这富贵在我看来就跟浮云一样。"

《雍也》篇6.9章，子曰："贤哉，回也！一箪食，一瓢饮，在陋巷。人不堪其忧，回也不改其乐。贤哉，回也！"颜回箪食瓢饮、身在陋巷而不改其乐，孔子饭疏饮水、曲肱而枕而乐在其中。这两条合起来讲述了孔颜乐处的道理。在物质条件如此艰苦的情况下，孔子和颜回为什么能够快乐呢？

本条中"乐亦在其中"的"亦"字值得玩味，意思是，苦在其中，乐亦在其中。跟《雍也》篇6.9章中"回也不改其乐"的"其"字一样，意思是，苦有其苦，乐有其乐。陋巷艰苦的生活自然是苦，而心里又别有一份特殊的快乐。这份快乐不以贫富为转移，穷困不改其乐，富贵也不改其乐。孔颜之乐不是富贵或利欲产生的快乐，而是在道义的层面产生的快乐。虽然穷困，但是义理充沛，没做过什么亏心事，内心很安稳。孔子说："不义而富且贵，于我如浮云。"富贵如浮云般飘忽不定，求而未必可得，孔子也不执着于此。所以，孔颜之乐的来源不在于富不富，而在于义不义。他们的内心有一个完整的意义世界，不需要通过富贵来表现或强化。可以说，孔颜之乐与富贵无关。

富贵之乐与义理之乐是性质不同的乐。富贵之乐来源于地位、财富、欲望的满足，而义理之乐来源于，在进退出处之间能够仁至义尽而俯仰无愧。处穷困之中而不改其乐，便是义理之乐充沛的结果。船山《训义》曰："天不我违，而何不适？物皆我备，而何不遂？心之自得，而何自逆吾心？道之不远，而何所疑于道？诚乐矣。"船山认为，义理充沛则能顺天循物，周流泛应，进于道，得于心，涌出真挚的快乐。在义理的层面思考问题和在富贵贫穷的层面思考问题，是两套不同的思维体系。

在现实生活中，富贵和仁义常常交织在一起，但是在极端情况下则可以看出分别。求富贵者，会把仁义作为手段，在极端情况下，他们会舍仁义而保富贵。求仁义者，会把富贵作为手段，在极端情况下，他们会舍富贵而保仁义。在极端情况下做了错误的选择，小错尚可回头，若是亏了大节，则悔之终身。因此，虽处穷困之中，也要保持头脑清明，不应为了摆脱穷困而不择手段地去做伤天害理的事情。

"孔曰成仁，孟曰取义"，仁义是儒学的核心问题。进退出处之间，断之以义，"义当富贵便富贵，义当贫贱便贫贱"。如果伴随义而来的是贫穷，便应守贫穷，不改其乐；如果伴随义而来的是富贵，便应处富贵，坦然应之。儒家并不鼓励苦行，反而有一种强烈的乐感文化。如果能体会到孔颜乐处的义理之乐究竟为何物，以此溯及圣人之心，庶几能有所得。

7.16 五十学《易》章
子曰："加我数年，五十以学《易》，可以无大过矣。"

孔子说："我五十岁开始研究《易经》，再给我几年时间，就可以不犯大错了。"

按照朱子《集注》的解释，这一条可能传抄有误，应该是"假我数年，卒以学易，可以无大过矣"。朱子的理由是："盖'加'、'假'声相近而误读，'卒'与'五十'字相似而误分也。"朱子的另一个理由是，《史记》在孔子传记里记载，"假我数年，若是我于《易》则彬彬矣"。朱子认为此时"孔子年已几七十矣，'五十'字误无疑也"。字词的准确性，有待出土文献进一步考证，此处先搁置争议。这一条的关键是理解《易经》和无大过之间的联系。

《朱子语类》解释了《易经》的起源。"《易》须错综看，天下甚么事，无一不出于此。如善恶是非得失，以至于屈伸消长盛衰，看是甚事，都出于此。伏羲以前，不知如何占考。至伏羲将阴阳两个画卦以示人，使人于此占考吉凶祸福。一画为阳，二画为阴，一画为奇，二画为偶，遂为八卦；又错综为六十四卦，凡三百八十四爻。文王又为之彖、象以释其义，无非阴阳消长盛衰伸屈之理。"《易经》是一套占卜的解释系统，把人生的"屈伸消长盛衰"与"善恶是非得失"联系起来解释。以善恶是非来解释祸福盛衰，这就将人从巫卜之术中解放出来了，转而以仁义和礼乐来指导人的进退出处。从伏羲画卦到周孔礼教，可以看到具有儒学特色的理性化的思想转型。

《朱子语类》举了几个例子："如说'潜龙勿用'，是自家未当出作之时，须是韬晦方始无咎。若于此而不能潜晦，必须有咎。又如上九云：'亢龙有悔。'若占得此爻，必须以亢满为戒。如这般处，最是《易》之大义。《易》之为书，大抵于盛满时致戒。"《易经》是识人性、知天命、观人生的学问。朱子《集注》云："学《易》，则明乎吉凶消长之理，进退存亡之道，故可以无大过。"孔子善体正道，学而不倦，洞见吉凶消长和进退存亡的义理而持守有度，所以能无大过。

"无大过"是儒者的自我要求，所以每日三省吾身。他们未必觉得事功是一生的必然使命，但一定会追求无大过，能够保全此身之清白，以过渡到另一个世界，这样才对得起父母和天地。这是儒者大愿，也是儒家人生观的写照。人的一生，大节一亏，便此生难复。君子可不慎乎？

7.17 子所雅言章

子所雅言，《诗》、《书》、执礼，皆雅言也。

孔子平素常谈的是，《诗经》、《尚书》和守礼，这些都是孔子平素常谈的。

朱子《集注》云："雅，常也。""诗"是《诗经》，"书"是《尚书》。《朱子语类》云："古之为儒者，只是习诗书礼乐。"在古代，儒者是"习诗书礼乐"的一群人，《诗经》、《尚书》、礼也是孔子所看重的东西。三者各有所长，各有所用。朱子《集注》云："《诗》以理情性，《书》以道政事，礼以谨节文，皆切于日用之实，故常言之。"《诗经》三百，化育无邪之思；《尚书》讲夏、商、周三代政治，从而"酌古治今"，礼则以"别嫌明微"，使人手足有措。船山《训义》云："求其性情之正而已，求其事理之通而已，求其节文之当而已。……由是而深求焉，则性与天道亦渐可与闻。"学《诗经》以求性情之正，学《尚书》以求事理之通，学"礼"以求节文之当。船山认为，如果从《诗经》、《尚书》、礼入手以深求，可以渐渐明白性与天道。孔子平素常谈的正是入道法门，他希望学生们能够涵泳于《诗经》，沉潜于《尚书》，敬守于礼，渐入于道。

7.18 乐以忘忧章

叶公问孔子于子路，子路不对。子曰："女奚不曰：'其为人也，发愤忘食，乐以忘忧，不知老之将至云尔。'"

叶公问子路关于孔子的事情，子路没有回答他。孔子知道后对子路说："你为什么不告诉他：'这个人，发愤的时候会忘了吃饭，快乐的时候会忘了忧愁，甚至不知道自己快要老了，等等。'"

叶公即"叶公好龙"之叶公，是楚国重臣。朱子《集注》曰："叶公不知孔子，必有非所问而问者，故子路不对。抑亦以圣人之德，实有未易名言者与？"朱子认为，子路不回答可能有两个原因。第　，叶公问的是不该问的事情，所以子路不答。第二，对于孔子的那些高明之处，子路怕自己也说不好，于是不答。

本条的关键在于理解孔子这种"发愤忘食，乐而忘忧，不知老之将至"的精神状态。朱子《集注》认为，这集中体现了孔子的"好学之笃"。《朱子语类》展开叙述了孔子"刚毅果决"的气象，"发愤便至于忘食，乐便至于忘忧"。这是孔子求道之心的至诚状态，诚心诚意地发愤，诚心诚意地快乐，是一种很纯粹的状态。学习的时候，但知有学习，体会义理的时候，但知有义理。习仁的时候全是仁，求义的时候全是义。如果把孔子比作一个空瓶子，装水的时候便满瓶皆是水，装酒的时候便满瓶皆是酒，没有一点杂质。这个空瓶子看似什么都没有，但是什么都可以装，这种虚空其实是有主体性的反教条主义，此之谓"圣之时者"。

孔子这种刚毅果决的状态其实很难达到。《朱子语类》说："众人纵如何发愤，也有些无紧要心在；虽如何乐，终有些系累在乎中。……学者做得事不是，须是悔；悔了，便不要做始得。若悔了，第二番又做，是自不能立志。"孔子是痛快的、洒脱的、果决的。《朱子语类》称之为"一棒一条痕，一掴一掌血"。

"发愤忘食，乐以忘忧，不知老之将至"，这句话说得轻巧，像是在开玩笑。但仔细体会之后，又会有所触动，越玩味越觉得自己做不到。孔子的话，浅出深入，余味悠长，中庸之中见出高明。《论语》亦经久而不废，百读而不厌。

7.19 好古敏求章
子曰："我非生而知之者，好古、敏以求之者也。"

孔子说："我不是天生就知道道理的人，而是喜欢古道并勤勉探求的人。"

孔子坦言自己不是天生之才。不过，孔子精通义理，人情练达，而且多才多艺，就像是一个天才。可能当时便有人说孔子是天才，所以孔子用这句话来做个回应与解释。据《史记·孔子世家》记载，孔子曾经用他所掌握的古老知识回答了诸侯或大夫提出的几个极其冷僻的问题。由此亦可看出孔子之好古敏求。

孔子向往古圣先贤与古时民风，而且努力学习古圣先贤留下的知识。孔子这种好古敏求的状态大概就像 7.19 章所说的那样"发愤忘食"吧。孔子是好古，而不是复古。好古是一种政治理想，并不代表复古的政治实践。孔子希望探求古代圣贤自处和治世的理论和方法，从而改变当时礼崩乐坏的状况。同时，孔子没有只盯着当时的思想和社会，而是有着古今相通的胸怀。孔子先通古今之变，而后成一家之言。

7.20 怪力乱神章

子不语怪、力、乱、神。

孔子不谈怪异、暴力、悖乱、鬼神。

孔子不语"怪、力、乱"比较好理解，怪异、暴力、悖乱之事，孔子不语，代表贬责。但孔子为何不语"神"，似乎有点费解。朱子《集注》云："怪异、勇力、悖乱之事，非理之正，固圣人所不语。鬼神造化之迹，虽非不正，然非穷理之至，有未易明者，故亦不轻以语人也。"朱子《集注》把"怪、力、乱"和"神"分开进行说明。朱子认为，鬼神的事情不太容易说得清楚，所以孔子不怎么谈论鬼神的问题。根据《雍也》篇 6.20 章，孔子对鬼神是一种敬而远之的态度，也可以说是一种存而不论的态度。儒家承认鬼神的存在，但又觉得这个存在说不清楚。

《朱子语类》有一段关于"子不语神"的讨论。学生问朱子："'子不语怪、力、乱、神。'《集注》言：'鬼神之理，难明易惑，而实不外乎人事。'鬼神之理，在人事中如何见得？"朱子回答说："鬼神只是二气之屈伸往来。就人事中言之，如福善祸淫，便可以见鬼神道理。《论语》中圣人不曾说此。"这段话里的《集注》所言与晚年朱子《集注》的定稿表述不一样。这段《朱子语类》里引的是较早的《集注》，主要意思是"鬼神不外乎人事"。而较晚期则是说"鬼神造化之迹……有未易明者"。两相对比，早期朱子的观点是，以人事来解释鬼神，而晚期朱子的观点则回到了鬼神本身，这也是更加敬畏鬼神的一个表现。这就意味着，鬼神不能纯以人事来解释。

有人可能会认为，鬼神作为一个彼岸世界，是作为一种功能而存在的，为此岸世界的人事服务。把鬼神视为一个功能性的虚拟世界，显然不是儒学的本意。儒家认为，人死之后有鬼神，在敬而远之的态度里，虽然是远，但亦有敬。敬鬼神，恰恰说明鬼神之存在，而且仁者仁心超越了人事和鬼神的区隔，即使对彼岸世界的鬼神，依然带有厚厚的敬意。超越生死之隔安葬和祭祀看似已死无用的祖先，可见孝子仁厚之心。正所谓，"慎终追远，民德归厚"。从另一方面看，敬而远之固然还是有"远之"的意思。换言之，人要保持清醒的态度，自觉到生死之别和事在人为，不应一味乞灵于鬼神，否则就是不智了。远之而不敬，则不仁；敬之而不远，则是不智；敬而远之，既仁且智。

朱子《集注》引谢良佐曰："圣人语常而不语怪，语德而不语力，语治而不语乱，语人而不语神。"船山《训义》说，"子不语"有"不可语，不屑语，不忍语，不易语"。由此观之，"怪、力、乱"是"不可语"和"不屑语"，带有贬义。而"子不语神"，恐怕是不忍语和不易语，原因有二：第一，鬼神难明；第二，首重人事。总结起来即是孔子对鬼神的基本态度：敬而远之，既仁且智。

7.21 三人行章

子曰："三人行，必有我师焉。择其善者而从之，其不善者而改之。"

孔子说："三人一起行事，一定有可以让我学习的地方。选择善的去跟随，不善的则要自我反省，有则改之。"

"必有我师"倒不一定真的要拜师，而是指对方那里有可以让自己学习的东西。孔子这里强调的"三人行"与"择善改恶"，大意同于"见贤思齐，见不贤而内自省"。

"三人行"与"慎独"，共同构成了一个完整的内省结构。一个是独居状态下的内省，一个是群居状态下的内省。君子慎独，要特别警惕独处时可能犯下的错误，以为天地不知、人鬼不觉，结果悄悄铸成大错。一个人的心理活动，外人很难察觉。很可能嘴上说一说，检讨写一写，但内心还是不认为自己犯错了。或者心里有几个小人在打架，一边承认错误，一边为自己开脱，这就不是真正的内省。"三人行"，是群居状态。既然群居相处，就会有交流互动，想法和做法就有所不同。《训义》云："一言一动之间，有贞邪焉；相形相较之中，有是非焉。"人与人之间会"习俗相染"，便有所观，有所感。这种相互感发和感染，会成为一个人自我反省的动力，此之谓"友以辅仁"。不论是独居状态下的慎独还是群居状态下的"三人行"，都是希望把人心导向仁善的一边，在自我比较和人我比较之中，"发义理之正"。所以，三人行，择善固执，闻义必徙，有过则速改。

有所感发是仁的起点，人心麻木则为不仁。"三人行"是人与人之间相互感发的基础。"三人行"就像是一个微型社会，三人如何行事，反应了道德状态的差异。"三人行"也意味着，人要在一种社会状态中择善改恶，这是对离群索居的否定。离群索居与慎独是两码事，离群索居（或消极的个体主义）是仁之大敌。

7.22 天生德于予章

子曰："天生德于予，桓魋其如予何？"

孔子说："我的德性是上天生给我的，桓魋能将我怎么样？"

《史记·孔子世家》记载："孔子过宋，与弟子习礼大树下，桓魋伐其树，孔子去。弟子曰：'可以速矣。'子曰：'天生德于予，桓魋其如予何？'遂之郑。"桓魋是宋国的权臣，他担心宋国国君重用孔子，会威胁到自己的权位，所以驱逐孔子离开宋国。正当弟子为他的生命安全担忧时，孔子却说，"天生德于予，桓魋其如予何"。不过，孔子该跑还是跑了，他乔装打扮逃到了郑国，却与弟子走散了。孔子一个人在郑国的城门口，"累累若丧家之狗"（语出《史记·孔子世家》）。孔子这句话似有几分"口出狂言"的感觉，跟孔子谦虚谨慎的形象似乎不太一样。该如何来理解这句话呢？

船山《训义》云："夫子之自言也，恒谦让而不居圣，至此则直任天德之在己而无所让，岂但以安从游者之心哉！道足诚至，坦然示人以可信，抑以教学者之遇变而反求诸己，无为祸福所惑也。"船山认为，孔子这么说不是为了在仓皇出逃的时候宽慰弟子之心，也不是"祸福在天、非桓魋之力所能为也"的宿命论逻辑，而是孔子认定自己"道足诚至"。孔子认为，他的德性是天给的，自己按照天德行事，桓魋也奈何不了自己。桓魋可以伤害孔子的身体，甚至杀死孔子，但是他不能改变孔子的德性。孔子主要不是从利害生死来考虑，而是从德性来考虑。对于孔子来说，最重要的事情是保全天赋之德性（可对比"天赋人权"），而不是计较生命之短长，更不是计较利益之有无。如颜回穷居陋巷，短命而死，仍不失其为贤哲。孔子平时谦虚谨慎，但在这种生死存亡之际，有所激发，于是说出"天德在我"的话来，包含了一种以道自任的自信与慷慨，反映出孔子人格的纯粹性。

《述而》篇7.12章"子之所慎：齐、战、疾"，该条的船山《训义》解释"慎疾"时说："身为亲之身，而命有天之正而不可妄。"《中庸》云："天命之谓性。"孔子这里也说："天生德于予。"儒家对"我"的认识，包含了两个方面的内容。一个方面是在人伦关系中理解自己，另一个方面是在天人关系中理解自己。人要成为一个完整的人，具有完整的意义世界，一方面要靠人伦关系，另一方面要靠天人关系。注重人伦关系是说，要注意到关系伦理的规范性，己所不欲、勿施于人。从天人关系的角度来说，又可以分成两层含义。第一层含义是，人性来自于天，人性可以扩充达到天性的状态，所谓"学达性天"，因此，人心可以具有某种神圣性和超越性。第二层含义是，人应该以天性约束自己的任意性，如果恣肆妄为，只会违反天理而逐渐沦为不受待见的孤家寡人。因此，天人合一既是对人性的扩充，也是对人性的规范。儒家社会思想在人伦关系和天人关系中认识自身存在的正当性。在儒家视域中，个体主义尤其是消极的个体主义之下的"我"不完整，甚至不道德。

7.23 吾无隐章

子曰："二三子以我为隐乎？吾无隐乎尔。吾无行而不与二三子者，是丘也。"

孔子对弟子们说："你们以为我隐藏了什么没有教给你们吗？我没有隐藏。我做什么事都呈现给你们了，这就是我孔丘。"

孔门弟子可能是觉得孔子道高，自己学不会，便以为孔子传道时有所保留。于是，孔子做了一番解释。孔子与学生相处，视听言动和作止语默都在学生面前展露无余。孔子认为自己传道授业无所保留。

船山认为，关键问题是弟子们未能笃行。船山《训义》云："道非不可言传也，言无益于道也。行千里者终日问津，而不知效先往者之循循以进，其能至乎！"想要远行千里，却整天只是问问路，而不迈开一步，永远也不可能到达。船山的意思是，学生们整天听孔子讲，但是自己不去践行，怎么可能体会到孔子学问的高妙之处呢？孔子强调能近取譬和笃行致远，注重学生在洒扫应对和作止语默中感受人性与天道。学习者自己的实践和体会非常重要，不是孔子给出一个答案或道理就可以解决问题。要想仁熟义精，需要有一定的阅历，在事上磨练，在心上体会。只有真正有感而发，道理才会在心里生根。这种教育理念与"子罕言性与天道"，"中人不可语上"，"不愤不启，不悱不发"等条目可以相互阐发。

自孔子而言，他的一言一行、一举一动无非道也。《朱子语类》说："道有大小精粗。大者、精者，固道也；小者、粗者，亦道也。观《中庸》言'大哉圣人之道！洋洋乎发育万物，峻极于天'，此言道之大处；'优优大哉！礼仪三百，威仪三千'，是言道之小处。圣人教人，就其小者近者教人，便是俯就。然所谓大者精者，亦只在此，初无二致。"性与天道就在孔子的动容周旋、作止语默之中，孔子无时无刻不在教学生，只是有的学生不能领会并反求诸己。孔子鼓励学生从日常生活的小事中体会高妙的道理。切近己身，能近取譬，这是孔子常用的教学方法。所以，孔子喜欢打比方，从而使道理变得亲切起来。

7.24 文行忠信章

子以四教：文、行、忠、信。

孔子教给学生四样东西：学文、修行、存忠、讲信。

学文，包括识文断字和诗书礼乐之类。学文的目标在于让人具备学习的能力，可以学习前人的经验，所以为教之先。修行，是身体力行下功夫，这样才能在事上体会所学的道理，明白其中的曲折与得失。此之谓"绝知此事要躬行"。讲求忠信，是担心学文与修行仍有"不实处"，所以勉人以忠信，此为根本。

关于忠。朱子《集注》云："尽己之谓忠。"船山《训义》云："人有心，不知尽也，子则教之以勿生苟且自安之情；人有心而或思尽也，子则教之以必求竭尽无余之忱。"船山也以尽心解"忠"。"忠"由"中心"二字构成，所谓中于心，是中肯地面对自己的内心，而不是指向他人与外在，是一种真诚的反求诸己。关于信。朱子《集注》云："尽物之谓信。"船山《训义》云："物有理，人不能循也，子则教之以推诚而无逆于情；物之情，人或能循也，子则教之以顺物而无违其理。"信是指尊重事物本身的规律，做到情理兼顾，实事求是地做事情。

《朱子语类》说："文便是穷理，岂可不见之于行。然既行矣，又恐行之有未诚实，故又教之以忠信也。"文、行、忠、信四者层层递进。文、行是外，是事，是实践；忠、信是内，是心，是义理。文、行、忠、信是内外交养的法门，应当结合起来。船山《训义》说："舍其心而求之文行，则无本而日流于伪；略文行而专求之心，则虚寂而不适于用。"船山认为，过于专注外在，则容易丢失根本而变得虚伪；过于专注内在，则容易出世而流于虚空。所以，比较好的状态是文行忠信、内外兼修。

7.25 难乎有恒章

子曰："圣人，吾不得而见之矣；得见君子者，斯可矣。善人，吾不得而见之矣；得见有恒者，斯可矣。亡而为有，虚而为盈，约而为泰，难乎有恒矣。"

孔子说："圣人，我没能见到；见到了君子，也可以。纯善之人，我没能见到；见到坚持行善的人，也可以。无却以为有，空虚却以为充盈，俭约却以为富泰，这就难以有恒了。"

孔子这里提到了四种人：圣人与君子，善人与有恒者。朱子《集注》云："圣人，神明不测之号。君子，才德出众之名。"圣人和君子的区别在于，圣人神明莫测，君子虽不能如此造化无穷，也是才德出众。朱子《集注》引张载曰："有恒者，不二其心。善人者，志于仁而无恶。"船山《训义》释"有恒于善者"："未能纯于善也，未能安于善也，而闻一善则信以为善而志之不忘，行一善则终于其善而守之不失；始之以是者，终之以是，外之不二者，惟其心之不二也。"善人是从性质上说，纯于善，通体是善，皆是善念善行，无一毫恶念恶行。有恒于善者则是一事一善，他事则可能会生出恶念，但又会被自己扑灭。有恒于善，有几分强善而行的意味，不如善人行善之通透自然，但也算不错了。

无而为有，虚而为盈，约而为泰，难以有恒。船山《训义》云："于理之来复于心者本无也，而闻见之所得，遂信为有；于道之根心而发者本虚也，而外饰之可观，遂据以为盈；于德之仅见一端者本约也，而偶然之有得，遂自以为泰。"明明没有悟道，却自以为悟道；明明内在尽是虚无，却徒然饰之以充盈；明明只明白道之一端，却以为明了道之大端全体。这些都是学习的弊端，明明没有到那个程度却自以为到了那个程度，实则似是而非，自欺欺人。船山称之为"躐等"，也就是越级。这种毛病于初学者很常见，听到什么都觉得有道理，知道一点就以为与闻大道。最怕的是根据自以为是的道理，而加以应用和实践，不出问题只是走运。朱子《集注》云："三者皆虚夸之事，凡若此者，必不能守其常也。"这种虚浮的学问，当然不能笃信之，更不能笃行之，于是乎难以有恒。

改变学而无恒的状态，关键在于克服虚浮之气。船山《训义》云："知勿求远，必其真知；行无求至，必其实行；循循然为之有序，则可继；而后固执之以渐求其广大，庶几有恒之可见，而圣学以有序而不浮。学者可不深戒哉！"船山的意思是，学习要踏踏实实，循序渐进。有恒者的优点正是在其寸进之功。江海滔滔，起初也不过是涓涓细流，因为有恒，故能汇聚万流而成大江大海。很多时候，人们并不是不知道寸进有恒之功，只是不能安于寸小，做一点就不耐烦了，还没登堂就已经放弃，更遑论入室，当然也就不能窥其神妙。做小事有没有丰富的意义感，很大程度上要看这个人进入了一个什么样的学统或脉络。若是走在正确的方向上，做大事是道，做小事也是道。一小瓶水是水，太平洋的水也是水。不做小事，便做不了大事，坚持做小事，便能做大事。小行动也有大意义。

7.26 钓而不纲章

子钓而不纲，弋不射宿。

孔子钓鱼时不撒网捕鱼，猎鸟时不射杀在巢休息的宿鸟。

"钓"是钓鱼，"纲"是渔网的总绳，意思是撒网捕鱼。撒网捕鱼便会一网打尽，竭泽而渔。"弋"是射箭的一种，箭尾拖了绳子，箭可以回收。朱子《集注》云："宿，宿鸟。"宿鸟即在巢休息的鸟。宿鸟容易捕获，特别是还不会飞的小鸟。

射宿鸟会把鸟巢端掉，可以说是赶尽杀绝。孔子也钓鱼捕鸟，但做法跟别人不一样，孔子不会一网打尽，而是让鱼和鸟都可以繁衍下去，这样让别人也有鱼可钓、有鸟可捕。

在孔子的时代，鱼和鸟是防止饥饿、补充营养的食物来源。孔子不是按照可持续发展的生态理念来解释自己的行为，而是从仁义的角度来解释。船山《训义》云：“不尽取者，不伤吾仁；不贪于多得而乘其易获者，不损吾义。”这种仁义之心，体现在两个方面。第一，爱物之仁。孔子考虑到了鱼和鸟本身的繁衍。第二，不贪之义。孔子并不想独占，能想到别人。孔子的做法不正是张载所说的“民胞物与”吗？民之同体，物之相与，这种痛痒相关的感通状态，正是仁的体现。钓鱼捕鸟，想必是孔子年少时的事情，从中可以看出少年孔丘的仁义之心。由此养成而育大，孔子其为圣人，不亦宜乎？

7.27 不知而作章

子曰：“盖有不知而作之者，我无是也。多闻，择其善者而从之，多见而识之，知之次也。”

孔子说：“可能有不明白其中的道理就去创作的人，但我不是。多听，选择善的去听从；多见，并且记下来，虽然比不上亲历之知，但也不错。”

本条的主旨是讲述如何创作。写作新文章，推出新观点，一定要先想明白其中的道理，特别是想明白主旨所在，也就是画龙点睛的那几句结论。“不知而作”是妄作，不可能创新。但是，“知而作”的状态也不是一蹴而就的，需要积累。孔子讲了积累的办法，多听，多看，多比较，择其善者而从之。写文章也是如此，下笔之前要花大量时间学习和阅读，这样才能摆脱“不知而作”的糊涂状态，进入“知而作”的自觉状态。

这一条比较难理解的是“知之次也”。朱子和船山都认为，虽然是“知之次”，但主要还是赞扬的意思，不过是一种有所保留的赞扬。间接听来的道理不如自己的亲历体悟，亲历者更能知道其中的曲折隐微之处。正所谓“事不经历不知难”。

7.28 与其进也章

互乡难与言。童子见，门人惑。子曰："与其进也，不与其退也，唯何甚？人洁己以进，与其洁也，不保其往也。"

互乡民风不好，这个地方的人很难跟他们讲善德。互乡有童子请求拜见孔子，孔子见了他，弟子们感到很疑惑。孔子说："见他是赞许他的进步，我不会赞许他的退步。这有什么过分？别人洁身改过前来追求进步，我赞许他洁身改过，并不能保证他过去没有犯错。"

互乡是鲁国地名。互乡这个地方民风不好，坏人坏事比较多，坊间认为，很难跟他们讲善德。按照孔门弟子的心思，孔子不该接见互乡之人。但孔子觉得，互乡之童子既然带着改过进步之心而来，就不应拒之门外。

对于上进的善端，即使只是一念之间，儒家也是鼓励的。如齐宣王救下觳觫之牛，见孺子入于井而生出恻隐之心。又比如，老人倒了，应该鼓励扶老人，从而孵化善念，改善社会风气。孔子见互乡之人，也是鼓励他改过自新。不然的话，互乡之人恐怕只会自暴自弃、自我沉沦。孔子这种既往不咎而"与其进"的做法，恰恰是抓住了这种善端，呵护之，培育之，使之成为一种新风气。孔门弟子明辨是非，自有其可嘉奖处。而孔子圣心远虑，又非弟子所能及也。

朱子《集注》引程子曰："圣人待物之洪如此。"这个"洪"字下得准确。孔子有宽宏雅量。船山《训义》说："不追其既往，不逆其将来，以是心至，斯受之耳。……唯圣人廓然大公而无我，故可立门庭以弘待物之仁。"反之，小肚鸡肠的人，对别人之前的过错总是斤斤计较，又以此预言其将来可能还会再犯。日常生活中，人们指责他人的时候，也经常如此云云。这样对那些决心痛改前非的人是一种阻碍，会破坏人心向善的社会风土。孔子明确地"与其进"而"不与其退"，这就让人有了痛改前非的勇气。孔子就是这样身体力行来倡导向善之风。君子之德风，斯之谓也。

一事当前，陷于两难，其中必有义所当为和义所不当为。尽管很难，但只要顺着义理去分解和实践，就会俯仰无愧。从名声不好的互乡而来的童子，到底见还是不见？孔子这里示范了如何循着义理解决两难问题的做法。孔子能感受到互乡之童子改过向善之心的几微之处，所以"与其进"，此即为仁。但孔子只"与其进，不与其退"，与其改正前非之善，否其退而为非之恶，当与则与，当否则否，当慈则慈，当严则严，此又为义。这便是仁至而义尽的做法。许多两难的事情，顺着仁至义尽的道理去分解和实践，庶几无忧。

7.29 欲仁仁至章

子曰："仁远乎哉？我欲仁，斯仁至矣。"

孔子说："仁很远吗？我想要仁，仁就到了。"

有人觉得仁高远难求，孔子于是有这番说法，鼓励求仁。孔子也会说"三月不违仁"比较难做到。一个说求仁容易，一个说求仁很难，是不是自相矛盾呢？其实并不矛盾。"三月不违仁"很难，意思是难于有恒。之所以难于有恒，是因为义理不易醇熟通透。求仁很容易，意思是为仁由己，只要自己想要仁，就会得仁。这个仁，尽管不够醇熟，但却是一个好的开端。举一例，大海洋和杯中水都是水，"三月不违仁"很难，就好比说形成大海洋很难；但求仁得仁很容易，就好比得到杯中水便很容易。博施济众固然很难，见孺子入于井而有恻隐之心即是仁，这不过是人性中的自有之物，又有何难呢？

朱子《集注》云："放而不求，故有以为远者。"意思是，把心放出去了，也不去追回来，所以觉得仁离自己比较远。孟子也说："仁，人心也；义，人路也。舍其路而弗由，放其心而不知求，哀哉！人有鸡犬放，则知求之；有放心而不知求。学问之道无他，求其放心而已矣。"孟子说，鸡和狗丢了，人会知道去找回来；但是，心迷失了，却不知道去找回来。

怎么"求其放心"呢？《朱子语类》说："如孟子以鸡犬知求为喻，固是。但鸡犬有时出去，被人打杀煮吃了，也求不得。又其求时，也须遣人去求。……才觉得此心放，便是归在这里了。如戒慎恐惧，才恁地，便是心在这里了。"鸡和狗丢了，尚且要花功夫去找；仁心丢了，也要下功夫去找。朱子说："才觉得此心放，便是归在这里了。"意思是，人一旦自觉到心已放逸，那就意味着心已回来。所以，人要"戒慎恐惧"，要有个敬畏之心，这样，人就会经常自我反省。人只要一反省，心就回来了，仁斯至矣。

7.30 昭公知礼章

陈司败问："昭公知礼乎？"孔子曰："知礼。"孔子退，揖巫马期而进之，曰："吾闻君子不党。君子亦党乎？君取于吴，为同姓，谓之吴孟子。君而知礼，孰不知礼？"巫马期以告。子曰："丘也幸，苟有过，人必知之。"

陈司败问孔子："鲁昭公知礼吗？"孔子说："知礼。"孔子回去之后，陈司败把孔子的学生巫马期请去，对他说："我听说君子不帮人隐藏过错，难道像孔子这样的君子也会帮人隐藏过错吗？鲁昭公娶吴国的同姓女子，却称之为吴孟子，想让人以为这是宋国的女子。如果鲁昭公知礼，那还有谁不知礼？"巫马期把这话告诉了孔子。孔子说："我真幸运，一旦有过错，别人一定知道。"

陈司败是陈国的司寇。朱子《集注》曰："相助匿非曰党。"孔子周游列国，过陈国时，陈司败与孔子谈起了鲁国国君娶亲非礼的往事。朱子《集注》曰："礼不娶同姓，而鲁与吴皆姬姓。谓之吴孟子者，讳之使若宋女子姓者然。"按照周礼，同姓不婚。鲁国和吴国都是姬姓国，鲁昭公娶同姓，有违周礼，于是谎称是宋国女子。孔子自然也是知道的。陈司败猛然问起鲁昭公知不知礼，孔子也自然知道他是暗指娶亲非礼这件事情。船山《训义》说："谓司败之言为是，则犹然不隐国恶也；谓司败之言为非，则将以乱人伦大正之防。"陈司败的问题很犀利。孔子如果说陈司败说得对，那就会把本国国君的丑闻泄露出去；如果认为陈司败说得不对，那就是承认这种违反周礼的事情是对的。根据朱子《集注》，鲁昭公"习于威仪之节，当时以为知礼"。孔子不想坏了本国国君的名声，为国君讳，装了个糊涂。

但是，陈司败不依不饶，他叫来孔子的学生巫马期对质。陈司败认为孔子隐藏了鲁昭公的过错，非君子所为。陈司败的逻辑是："是非因乎理，予夺忘乎私，不党其所亲，而以废天下之公是公非。"孔子的逻辑跟陈司败不一样。孔子考虑为尊者讳，并不意味着他认为昭公娶同姓是合礼的。换言之，孔子知道昭公娶同姓非礼，但这不妨碍孔子为尊者讳。

其实，孔子应对陈司败的逻辑很像"父子相隐"的逻辑。虽然子为父隐，但儿子也不认为偷羊是正确的行为。别人可以告发，但儿子不能告发自己的父亲，否则有伤父子天恩。换言之，即使知道偷羊是错的，也不妨碍子为父隐。言下之意是，父子感情比偷羊这件事情的是非更重要。只不过，这一条是处理君臣大义，"父子相隐"那一条是处理父子天伦。

巫马期把陈司败的话告诉孔子，孔子的回答也很巧妙。孔子认为自己很幸运，一旦有过，别人就一定会知道。鲁国国君非礼，陈司败可以不讳，但孔子要为之讳。这里面还有一层内外有别的逻辑。孔子的选择是，把过错揽到自己身上，一方面做到了为尊者讳，另一方面也明示了娶同姓为非礼，便不会误导他人。真可以说是良苦用心。

其实，鲁昭公也有难言之隐。《朱子语类》曰："此非昭公故为之也。当时吴盛强，中国无伯主。以齐景公，犹云：'既不能令，又不受命！''涕出而女于吴。'若昭公亦是藉其势，不得已之故，非贪其色而然也。天子举法，则罪固不免，亦须原情自有处置。况不曰'孟姬'，而曰'吴孟子'，则昭公亦已自知其非矣。"鲁昭公取吴国女子，是通过联姻的方式，借吴国之强以保鲁国。这些难言之隐，外人不太容易明白，孔子却是非常清楚。孔子的回答确实高明，看似轻描淡写，实则四两拨千斤。船山《训义》说："前之以知礼对者，可以全君臣之义；而今之自以为过者，可以正昏姻之礼。"孔子的应对可以说是仁至义尽，简直是外交发言人学习的样板。

孔子应对陈司败的逻辑，很像现在的新疆问题。当西方国家认为人权大于主权的时候，中国政府认为主权大于人权，背后反映了两种不同的道德观念。

7.31 子与人歌章

子与人歌而善，必使反之，而后和之。

孔子与人一起唱歌，如果别人唱得好，孔子一定会请他再唱一遍，之后孔子才会跟着唱。

朱子《集注》云："反，复也。"这里唱了三遍歌。唱第一遍时，孔子发现唱得好。唱第二遍，是因为孔子觉得好，所以请他再唱一遍。唱第三遍时，孔子跟着一起唱。孔子喜欢唱歌，而且与人为善。《朱子语类》说："如今人见人说得一话好，未待人了，便将话来掺他底，则是掩善。"孔子不掩人之善，不仅让他再唱一遍，而且还要跟着一起唱。孔子反复而再三，确乎乐在其中，这说明孔子是真心而非伪善。唱歌只是一件小事，但"一事之微，众善之集"，从这件小事可以看到孔子的真诚、谦虚和善良。

7.32 躬行君子章
子曰："文，莫吾犹人也。躬行君子，则吾未之有得。"

孔子说："在'文'这方面，我差不多跟别人一样。至于躬行君子之道，那我还做不到。"

"文"指诗书六艺等。"躬行君子"是指动容周旋皆中礼，作止语默无过无不及，这就非常难得了。孔子认为自己诗书六艺的水平跟其他人差不多，还不错。转而孔子便开始自省，躬行君子之道，自己还做不到。朱子认为，孔子能够躬行君子之道，这里不过是"自谦之辞"。不过，在孔子自己看来，也许未必是自谦。儒家圣贤　生之中都在不停反省，孔子想必不会觉得自己做得多么完美，而是处于三省吾身、惟日孜孜的状态之中。

孔子通过表露自己在躬行方面有所不足来强调躬行的重要性。船山《训义》说："君子有君子之文，尤必有君子之实。……吾不敢以文自信，学者无以其文信我，而谓君子之道在斯也。"君子之实比君子之文更重要。孔子想告诉自己的学生，不要认为诗书六艺就是君子之道；君子之道的根本在于躬行其道，徒务于文仪，难以造道至深。《论语·学而》篇说，"行有余力，则以学文"，这里的先后，不是事情发展的先后，而是逻辑上的轻重。躬行为本，学文次之；品质是立身之本，才艺是锦上添花。心术不正，躬行不足，诗书六艺学得再好，也是枉然。

7.33 不厌不倦章

子曰："若圣与仁，则吾岂敢？抑为之不厌，诲人不倦，则可谓云尔已矣。"公西华曰："正唯弟子不能学也。"

孔子说："如果说圣与仁，我怎么敢说到了那境界？我追求仁圣而不厌烦，教导弟子而不疲倦，这么说还差不多。"公西华说："这正是弟子们不能学到的东西。"

公西华是孔子的学生。孔子在世之时，便被人称为圣人。孔子听到别人这样赞美自己，于是有所回应，不敢以仁圣自居。朱子《集注》云："圣者，大而化之。仁，则心德之全而人道之备也。"所谓"大而化之"则是推己以及于很多人、布仁德于四方的状态，有教化万方、博施济众的意味。船山《训义》云："圣者，德之盛也，无不极其盛，非一至乎圣而德可执。仁者，心之纯也，不息之谓纯，非一存乎心而仁遂可据也。"船山认为，"圣"突出的是其广其盛，而"仁"则突出的其纯其恒。

虽然别人称孔子为圣人，但孔子未必觉得自己真的入圣了。孔子也在努力践行仁圣之道，每日三省吾身，颠沛造次不违仁。不厌不倦这四个字用得好，反映了孔子求仁的心态。这种惟日孜孜、不厌不倦的状态，正是"苟日新，日日新，又日新"，又是"天行健君子以自强不息"。船山《训义》认为，这种不厌不倦的状态，正是"天之道"，"可以达天德"。君子以不厌不倦对照自省，庶几有所得。

7.34 子路请祷章

子疾病，子路请祷。子曰："有诸？"子路对曰："有之。《诔》曰：'祷尔于上下神祇。'"子曰："丘之祷久矣。"

孔子得了重病，子路请求代夫子祷告天地神祇。孔子问："有这样的事情吗？"

子路回答说:"有。诔云:'为你向天地神祇祷告。'"孔子说:"我自己也祷告了很久。"

朱子《集注》曰:"祷,谓祷于鬼神。……诔者,哀死而述其行之辞也。"孔子得了重病,一时之间很难痊愈。子路心切,祷告天地神祇,希望保佑孔子痊愈。"诔"是指人死之后列述其功绩和优点。子路向鬼神祈祷,朱子认为是"迫切之至情有不能自己",船山认为这是子路对孔子的"忠爱之忧"。子路迫切希望孔子痊愈,但是自己毫无办法,只能祈求于神祇,足见一片爱敬之心。

孔子说的"丘之祷久矣"是什么意思?朱子《集注》云:"祷者,悔过迁善,以祈神之佑也。无其理则不必祷,既曰有之,则圣人未尝有过,无善可迁。其素行固已合于神明,故曰:'丘之祷久矣。'"朱子认为,孔子之"祷"是说他平时就非常注意修身,以天德为参照来规范自己的行为,这种状态已经保持很久了。所以,孔子之"祷"实际上是指平时的自谨与反省,这还是在人事的范畴内。子路之"祷"是人事不济,而祈求于神祇,颇有几分巫卜的意味。孔子对鬼神的基本态度是,敬而远之。孔子并不乞灵于鬼神,而是从人事着手解决问题。不过对于子路的心情,孔子肯定能理解。一方面,孔子说自己也是祷,便没有批评子路的意思。另一方面,学生们自然知道,孔子之"祷"不同于子路之"祷",孔子对于鬼神敬而远之、用力于人事的人生态度便传递出来了。我们甚至可以想见,孔子说这话的时候,即使身染重病,也面带慈祥的微笑。

7.35 奢而不逊章
子曰:"奢则不孙,俭则固。与其不孙也,宁固。"

孔子说:"奢华则容易不谦顺,俭省则容易固执而不通人情。与其不谦顺,还不如固执。"

"孙"通"逊",谦顺的意思;"固"是指固执而不通人情。过于奢华则容易自以为了不起,便不谦逊;过于寒简则容易束手束脚,拘泥固陋。尽管如此,两者对于人的戕害还是有轻重之别。船山《训义》说："不孙则干名犯分，而人道之大经以乱，固虽于物无能达情，而不至为大分大伦之害。"不谦逊比固陋的危害要大，固陋虽然固执己见，但还不至于造成大范围的不良影响。而不谦逊则可能僭越、可能浮夸，危害会外溢，在更大范围内产生不良影响。"与其不孙也，宁固"，这种"与其……宁……"的句式，意思是两个都要不得，但如果实在要选一个，宁愿"固"也不愿意"不逊"。

奢与俭不等于富与穷，富人也可能俭省，穷人也可能奢侈。穷人本来没钱，却还大手大脚，这就是奢。明明只是个村干部，却处处表现得像个中央领导人，这也是奢。奢的毛病在于，浮夸、傲慢、骄矜、僭越，是超出本分的炫耀。奢的毛病一旦形成，对心性戕害很大，说话做事都带着一种目中无人、不可一世的味道。总之，本条是在讲一个简单却重要的道理：做人要本本分分。

7.36 君子坦荡荡章
子曰："君子坦荡荡，小人长戚戚。"

孔子说："君子总是坦坦荡荡，小人总是担心害怕。"

君子与小人的气质有差别。儒家的身心交感论认为，一个人修身的程度会通过气质反映出来。孟子曰："君子所性，仁义礼智根于心，其生色也，睟然见于面，盎于背，施于四体，四体不言而喻。"心性修养到一定程度便会外显出来，形成某种气质，所谓"诚于中而行于外"。朱子《集注》引程子曰："君子坦荡荡，心广体胖。"一个人心胸开阔，则体态宽舒。

朱子《集注》又引程子曰："君子循理，故常舒泰；小人役于物，故多忧戚。"君子之所以有坦坦荡荡的气质，是因为他内心真诚地相信义理，待人处事也是惟义所在、俯仰无愧。小人往往计较蝇头小利，患得患失，总是显得忧心忡忡，很难有君子那样的舒泰。"君子喻于义，小人喻于利"，君子与小人的气质之别，始于内心追求利还是追求义。一个人的思想与行动，长期朝着仁义的方向去，这个人的气质就会日趋于坦荡；长期朝着利欲的方向去，这个人的气质就会日趋于忧戚。船山《训义》云："义利礼欲之数，大小安危之分，存于中，见于外，未有或爽者。"

7.37 温而厉章

子温而厉，威而不猛，恭而安。

孔子温和却又严厉，威仪却不凌人，恭敬却又安和。

本条描述孔子气质。孔子气质如此，是修身养性的结果。朱子《集注》云："中和之气见于容貌之间者如此。""温而厉"。刚开始接触的时候，孔子给人的感觉是通人情、接地气，有温和之感。这是因为孔子人情练达，世事洞明，能感受到别人的隐微之情，给人以温和的春风之感。但是，孔子又能洞察人心，明辨是非，谨守礼节，深明大义，所以又给人以严厉之感。"威而不猛"。孔子谨守义理，刚毅不屈，所以生出威仪。孔子刚毅执守，乃是因为心中一片仁爱之心，保留着对人情的关怀与呵护，所以孔子的威仪并不生猛，也不凌人。"恭而安"。孔子义理娴熟，能够敬以执之、安以处之。"温而厉"，是仁中有义；"威而不猛"，是义中有仁；"恭而安"则是安于仁义。孔子的气质其实是内心仁义充盈而外显的结果，反映出孔子"仁熟义精"的状态。

小结《述而》篇

本篇主要记载孔子的言行仪态，可谓意趣横生，可以观孔子仁义之道。

泰伯第八（22 章）

8.1 三让天下章

子曰："泰伯，其可谓至德也已矣！三以天下让，民无得而称焉。"

孔子说："泰伯，可以说德性已到极致了！他三次把天下让出去，没留下什么痕迹，民众甚至无法赞美他。"

本条讲述了一个发生在商朝末年的故事。泰伯是周太王的长子，当时周还是商朝的一个诸侯国。朱子《集注》云："盖太王三子：长泰伯，次仲雍，次季历。太王之时，商道寖衰，而周日强大。季历又生子昌，有圣德。太王因有翦商之志，而泰伯不从，太王遂欲传位季历以及昌。泰伯知之，即与仲雍逃之荆蛮。于是太王乃立季历，传国至昌，而三分天下有其二，是为文王。文王崩，子发立，遂克商而有天下，是为武王。"泰伯三让天下，有两个原因。第一个是君臣之义。他没有"翦商之志"，不愿意推翻商朝。第二个是父子兄弟之情。在泰伯不愿意继位的情况下，父亲想把君位传给第三个儿子季历。如果泰伯不逃走，那么会让父亲和弟弟感到为难，因为第三子继承君位违背了嫡长子继承的礼法，会陷父亲和弟弟于不义之中了。出于这两个原因，泰伯决定"三让天下"。"三让天下"，说明泰伯让国之诚。到最后，泰伯为了让位，断发纹身出逃了。

当时，周还没有代商，何以可以称为"让天下"呢？朱子《集注》云："以泰伯之德，当商周之际，固足以朝诸侯有天下矣。"朱子是以当时的形势来理解的，周代商是大势所趋。"天下"这个概念需要辨析。顾炎武说，"天下兴亡，匹夫有责"，他说的不是"国家兴亡，匹夫有责"。亡国与亡天下的区别在于，亡国是一姓之亡，亡天下则是人伦道德之沦丧，是社会风气的总体败坏和社会基础的整体崩塌。儒家的信念是，国可以灭，天下不可以亡。因此，天下是一个道德文明的概念。国可以说是政治共同体，而天下可以说是道德文明共同体。

商朝孤竹国的王子伯夷、叔齐也是让国，但是，他们不涉及到推翻商朝的问题。与伯夷、叔齐相比，泰伯不仅要顾全父子兄弟的人伦情感，还要顾全君臣大义，因为泰伯并不想起兵反抗商朝。"太王有翦商之志，而泰伯不从"，泰伯不愿意起兵推翻商朝，而孔子盛赞泰伯之德。似乎孔子认为，周不应灭商。但是，周文王、周武王又被列为儒家圣贤，这个矛盾如何解释？《朱子语类》说："这事便是难。若论有德者兴，无德者亡，则天命已去，人心已离，便当有革命之事。毕竟人之大伦，圣人且要守得这个。看圣人反复叹咏泰伯及文王事，而于武又曰'未尽善'，皆是微意。"朱子认为，商朝"天命已去，人心已离"，周"革命"也没问题；但朱子又说，君臣是人之大伦，不应该起兵，所以孔子对泰伯和周文王盛赞有加，而对于周武王还是稍微有些保留。比如，孔子评价舜的音乐是"尽美又尽善"，但是评价武王的音乐却是"尽美未尽善"。孔子认为，应该肯定武王的功绩，但是也不能否认武王的"未尽善"。如果这里的"未尽善"是指武王不该伐纣，那么面对商纣王，怎样做才正确呢？

首先辨析禅让制与世袭制的问题。在尧舜禹时期，天子继位实行禅让制。在禅让制下，天子的儿子也可以作为被禅让的对象。如果民意选择的是天子之子，那也可以禅让给天子之子。根据《孟子》的记载，尧去世之后，尧的助手舜避开，但人们不去找尧的儿子而去找舜，所以，舜为天子；舜去世之后，舜的助手禹避开，但人们不去找舜的儿子而去找禹，所以，禹为天子；禹去世之后，禹的助手益避开，但人们不去找益而去找禹的儿子启，所以，禹的儿子启为天子。孟子曰："天与贤则与贤，天与子则与子。"如果天子之子刚好很英明而且继位了，那不过是披着世袭制外衣的禅让制。禹传位给启，本来是禅让，但是因为父子关系天然所具有的心理和情感优势，被解读为了世袭制。历史在这里发生了一个从禅让制转变为世袭制的误会。

武王伐纣之前，商纣王已是天子，而且世袭制具有很强的合法性。但在残暴的纣王可能断送商朝天下的情况下，商朝王室应该想办法把纣王换掉，改用王室贤人来做天子。这是同姓之卿为保祖宗社稷应该做的事情。微子、比干等同姓之卿已经努力过了，但还是无效。武王也许可以兵谏，支持同姓之卿，改立商朝王室的贤人为天子，然后自己就任辅政大臣。这也许是孔子会支持的一个做法。

同姓之卿有可能以祖宗社稷为借口而篡位，政治强人也可能以兵谏或清君侧为借口而造反。因此，这里面还有一个诛心的问题。《论语·尧曰》20.1 章述及武王伐纣之前的誓约："万方有罪，罪在朕躬"。武王也知道自己起兵伐纣不对，但这又是迫不得已的事情。这就说明，武王伐纣不是出于个人私欲，而是出于替天行道的大义。武王可以选择做个忠臣，跟他的父亲周文王一样，好好经营周的地盘而不起兵。选择了忠，就不要去灭商。这是孔子赞许泰伯的原因。选择了替天行道，就不要被一己私欲牵引。这是孔子赞扬武王而反对乱臣贼子的原因。即使商末很腐朽，也似乎无法抽象地讨论该不该起兵推翻商朝。有的人主张起兵反商，孔子表扬了，有的人不主张起兵反商，孔子也表扬了。换言之，如何进行道德判断，不能只看行为，还必须分析动机。

儒家认为，政治合法性最终并不来源于禅让制或世袭制等制度保证，而来源于德性。这就是为什么儒家强调天子以修身为本。儒家关于政治合法性的理论，最终把基础落在了德性而不是制度上。

8.2 四无礼章

子曰："恭而无礼则劳，慎而无礼则葸，勇而无礼则乱，直而无礼则绞。"

孔子说："恭敬而没有节文则会过于劳累，谨慎而没有节文则会过于畏缩，勇敢而没有节文则会添乱，正直而没有节文则会急躁。"

仁者温厚，但不是老好人，仁者能爱人也能恶人。礼者彬彬，但不是只会顺从，也有刚烈的一面。礼中有义，有义所必为者，也有义所必不为者，故礼主节文。朱子《集注》云："葸，畏惧貌。绞，急切也。"过于恭敬而不知礼，就会不知拒绝，逆来顺受，于是有做不完的事情，此之谓"劳"。过于谨慎而不知礼，就会小心翼翼，做起事来束手束脚，此之谓"葸"。过于勇猛而不知礼，不该行动的时候却无法自控，反而节外生枝徒增麻烦，此之谓"乱"。过于直率而不知礼，不该直接指正的时候却心直口快，这样便会毛毛躁躁，还容易伤人，此之谓"绞"。

恭、慎、勇、直本来是优秀的特质，但因为不知礼而失去了分寸，就变成了劳、葸、乱、绞。船山《训义》云："礼有必尽之数……出之必有其序，行之必有其经，礼也……辞不嫌于逊，论必得其中，礼也。"作为一个知礼的人，不该操劳的事情就不要操劳，不该担心的事情就不要担心，不该逞能的时候就不要逞能，不该直率的时候就不要直率。礼绝非只有温和的一面，还有严峻的一面。只知仁而不知义，是不知礼。不知礼则会失去分寸，失去分寸则容易好心办坏事，优点变缺点。

"恭"与"劳"，"慎"与"葸"，"勇"与"乱"，"直"与"绞"，从行为上看似乎很相似，其实有本质的差别。发生这些似是而非的变化，孔子认为，原因在于"无礼"。如果有礼，则会别嫌明微，把握分寸。分寸之所以重要，是因为分寸不同会传递出性质完全不同的意味，进而影响他人对整个事情的道德判断乃至人心向背。真正的知礼者，明白这些分寸的意味以及背后的道德意涵，他们会尽力做到视听言动分寸得宜。

8.3 故旧不遗章

君子笃于亲，则民兴于仁；故旧不遗，则民不偷。

君子忠爱父母，则民众能兴起仁德；君子不忘故交，则民众不薄情寡义。

《集注》把本条与 8.2 条合在一起理解，《四书训义》则分开了。按照文意，似乎应该两分，今从《训义》。

中国古代有君子治民的传统。君子和民众处于一个有关系的治理结构之中。无论是作为正式治理结构中的地方官，还是作为非正式治理结构中的社区领袖，有修齐治平理想的君子有一种化民成俗的责任感。他们希望通过以身作则和推己及人的方式来影响周围的民众，形成局部社会范围内的良好风气。"君子笃于亲，则民兴于仁；故旧不遗，则民不偷"，这便是君子的教化之功。

"君子笃于亲，则民兴于仁。""亲"是指父母双亲。民众看到君子敬爱父母，也会有所感化，进而孝敬父母，友悌睦邻。"故旧不遗，则民不偷。"所谓"故旧"是曾经跟自己交情比较好的人。曾经关系比较好，共事结束之后就把人给忘了。有用的时候就想着，没用的时候就忘了。别人发达的时候便称兄道弟，落魄的时候就爱搭不理甚至落井下石。如果是这样,人和人之间也就没有什么信任可言了,人和人之间的关系也变味了,人人都变成了精致的利己主义者,整个社会也就变得凉薄了。在中国古代的丧服制度中,亲人去世之后,活着的人要服丧,从缌麻三月到斩衰三年不等。丧服代表了哀痛的心情,而不是说亲人去世之后,便无情淡忘,纵情享受。如果能做到故旧不遗,以前的朋友也可以力所能及地帮一下,那人和人之间便能激荡起一种互相帮助、互相珍惜和互相信任的好风气,而不是互相利用,互相算计,甚至互相迫害。

君子之治民,首先自己要做到笃于其亲、故旧不遗。这并非表演给民众看,而是自己发自内心地这样认为且这样实践。民众才会看在眼里,想在心里,有所感发,有所改善,才有可能移风易俗。古代的君子接受过教育,许多民众是文盲。他们对于有学识教养的君子有功能上的依赖和内在的尊敬,会以他们的行为作为自己的榜样。教化可以通过制度设计来着手推进,但如果要打动人心,形成教化的效果,则需要君子人格的力量。

综上,君子教化民众有三个基础条件。第一,人性本善。人有善端,故能化之。第二,存在某种社会结构以及相应的组织平台和媒介渠道,可以实现具体的人之间的沟通。第三,君子要做榜样,民众才会朝着榜样所展现的正确方向去自我教化。

8.4 启予手足章

曾子有疾,召门弟子曰:"启予足!启予手!《诗》云:'战战兢兢,如临深渊,如履薄冰。'而今而后,吾知免夫。小子!"

曾子生病了,他把本门弟子叫过来,说:"打开衣服看看我的脚,看看我的手。《诗经》说:'战战兢兢,如临深渊,如履薄冰。(人应该戒惧谨慎,就像站在深渊之前,就像踏在薄冰之上)'。从今往后,我知道,我保全了父母给的身体。你们(也要记住)!"

本条记载了曾子晚年的一则故事。曾子得病,觉得自己快要不行了,便把弟子们召集过来，上了"最后一课"。"上课"的内容是，给他们看看自己的手和脚。这则小故事很有戏剧性，但如果想到这是曾子的临终遗训，恐怕感觉就会凝重起来。

曾子至孝。儒家讲的孝，一方面是在日常生活中爱敬父母，不辱其亲；另一方面，在父母死后，还要继续保持爱敬之心，葬之祭之，此即所谓"三年无改于父之道"，"大孝终身慕父母"（终己之身，而非终父母之身）。曾子临终之前还想着要保全父母给的身体，这不仅仅是身体发肤保存完整，而且是说，自己直到生命的最后一刻，德行无损，大节不亏，未辱父母。曾子在临终之前的"演戏"，恰恰展现了他持续到生命最后一刻的孝心。换做他人，如果行将就木，可能就不那么讲究了，甚至可能趁活着的时候放肆一把。曾子易箦也是同样的道理。即使到生命的最后一刻，也坚持慎独守正，绝不非礼滥行。临终之前尚且如此，那平时的小心谨慎也就可想而知了。

儒家的身体观。儒家之所以如此看重身体发肤受之父母，包含了两层意思。第一层是生物意义或血缘关系上的生养之恩，如父精母血。第二层是"天命之谓性"的缘故，人性是天通过父母带给自己的，在这个意义上说，父子关系是构造天人关系的重要环节。船山《训义》云："以大化而言之，则父母之在天之中；以生我言之，则天在父母之中。"儒家主要不是在身体健康和自我保存的意义上看待自己的身体，而是在父子关系和天人关系的维度上看待自己的身体。他们打理身体的时候，包含了孝心和天性，这使身体超越生物性而具有了社会性与神圣性。

儒家的人生观。儒家圣贤终其一生努力保全己身，一生向善，德行无缺，大节不亏。儒家圣贤面对生死，是一种完成事业或使命的心态，所以叫做"保全"。《礼记·檀弓》云："君子曰终，小人曰死。"郑玄注云："死之言澌也，事卒为终，消尽为澌。""终"是完成事业的意思。人的一生，每分每秒都可能犯下大错。《朱子语类》说："只看一日之间，内而思虑，外而应接事物，是多多少少！这个心略不点检，便差失了。看世间是多少事，至危者无如人之心。"特别是在一些重要岗位上，一旦某个决策失误，就会带来巨大的损失。所以，儒家的谨慎不是神经紧张的病态，而是强调要保持头脑清醒，不要犯下抱憾终生的大错。船山《训义》说："一息未死，一息之敬不容忽矣。"《论语·泰伯》篇 8.8 章也说："士不可以不弘毅，任重而道远。仁以为己任，不亦重乎？死而后已，不亦远乎？"士人应弘毅，至死方可休。儒家的人生观，是把人的一生当作艺术品和事业来完成。儒家圣贤可能不会觉得自己的成功是在事功之上，而是在于能够保全自身，一生向善。儒家这种保全的心态，换言之即是，以身载道。

一种与"艺术品"相反的人生态度则是把自己作为一个具有期限的"消费品"，抓紧时间享受，"贪生纵欲"。这个跟儒家保全己身的逻辑不一样，儒家认为保全己身本身就是有意义的事情。"消费品"人生观则会认为，人生意义来自于外，来自于钱权名利色。结果，养成了一些坏习惯，结交了一些坏朋友，做了一些坏事情，陷入恶习而不可自拔。也许，老人回首往事的时候才更能理解曾子的深意吧。当他们阅尽人世沧桑，看透得失荣辱时，会是怎样的心态呢？

曾子临终前的教诲，看着像是一场话剧表演，其实蕴含了非常深刻的人生观。像曾子那样持敬一生，确实不容易。人的一生到底应该如何度过呢？把自己作为艺术品还是消费品呢？儒家的选择是，做一个艺术品，以身载道，至死方休。

8.5 人之将死章

曾子有疾，孟敬子问之。曾子言曰："鸟之将死，其鸣也哀；人之将死，其言也善。君子所贵乎道者三：动容貌，斯远暴慢矣；正颜色，斯近信矣；出辞气，斯远鄙倍矣。笾豆之事，则有司存。"

曾子生病了，孟敬子去探病。曾子说："鸟要死了，叫声便充满哀情；人要死了，说话便充满善意。君子看重道，有三个体现：容貌，不能粗暴简慢；表情端正，则会信实可靠；语气，不能粗陋逆理。至于摆放笾豆等器物的礼仪，则交给有司去做吧。"

曾子生病和临终之前的言行构成一个系列，可以让我们更好地理解儒家圣贤的人格气象。曾子生病了，可能快要去世了。鲁国大夫孟敬子去看望他，曾子跟他吐露了一些临终前的肺腑之言。程子曰："动容貌，举一身而言也，周旋中礼，暴慢斯远矣。正颜色则不妄，斯近信矣。出辞气，正由中出，斯远鄙倍。""动容貌"、"正颜色"、"出辞气"分别是从体态、表情和语气等方面道出了君子修身的细致规范。曾子的修身功夫非常密实。跟人打交道，语言只能传达一部分东西，那些只可意会、不可言传的体态、表情和语气，非常影响沟通效果。曾子谈到的"三贵"与孔子提到的"四箴"（非礼勿视，非礼勿听，非礼勿言，非礼勿动）本质上相似，都是绵密的修身功夫。

边豆是礼器，边豆之事是指礼器操作，可以交给一些专门负责操作的办事员来完成。君子不器，本在修身。这里强调容貌、颜色、辞气，本质上是说君子要负责解决"人"的问题，而不是"器"的问题。君子的任务是，使人与人的关系处在一个舒适的状态之中，进而团结合作。"君子三贵"点出了人与人和谐相处的关键，即实现"仁"的关键，其目标是构造良好的社会关系。曾子强调的容貌、表情、语气等只可意会、不可言传的东西，正是修身的法门所在。直到今天，这些依然是影响沟通效果与合作成败的关键。

8.6 犯而不校章

曾子曰："以能问于不能，以多问于寡，有若无，实若虚，犯而不校。昔者吾友尝从事于斯矣。"

曾子说："有能者请教无能者，知识广博者请教知识贫乏者，有就像无一样，饱满却像虚空一样，别人对他有所冒犯也不计较。曾经，我的朋友致力于做到这些事。"

汉代学者马融认为，曾了这里所说"吾友"是指颜回。船山《训义》云："以吾有志于直方刚大之学，庶几可以体道；而体道之学，更有在于中虚宁静者。"船山认为，曾子所说的是一种"直方刚大之学"。船山所说的"中虚宁静"，不是道家式的、具有出世倾向的清虚，而是儒家的诚或纯粹。做一件事就心无杂念地去做，就像一个空瓶子，装水的时候全都是水，装酒的时候全都是酒，毕诚毕敬、全心全意地投入进去。

"犯而不校"，不计较他人的冒犯，不是不在乎是非对错，而是"不校"，不会总揪着冒犯之事不放。过而能改，善莫大焉，则应该既往不咎，正所谓"与其进也，不与其退也"。这反映出一个人的器量。若是汪洋大海，小风小浪又能怎样？一只蚊子叮一口，也没多大事。"犯而不校"，是器量洪大而忘了计较，是宅心仁厚而不想计较。但如果是假装的、刻意的不计较，又流于伪善了；与其假装不计较，不如以直报之。

谦虚好学，中虚宁静，宽宏大量，这三点总结成一句比较通俗的话就是，不要太把自己当回事。这是一种无我的状态，跟西方社会理论中讲的 identity（身份认同）不一样。identity 是要先确立自我，才能有自由意志。实际上，儒家式的"无我"，并不是失去自我的不自由状态。儒家认为，"我"建立在人我无间的基础上。张载说"民胞物与"，民为我同胞，物与我相与，便是一种无间的状态。这种相通无间的状态即是仁的状态。儒家的无我，并不是没有自我，而是把自我奠基在人与人感通无间的关系状态中；"我"正是在各种关系之中产生的，比如父子关系和天人关系。"关系"是确立"我"的主体性的起点。

儒家讲"无我"，并不是要完全去掉私利，而是要超越一己私利，推己及人，把自己融入更大的关系结构中，在各种具体的人伦关系（父子、君臣、夫妇、师徒、朋友等）中来实践生命和运转人生。如果说彻底的无私奉献可能是一种虚假的沽名钓誉，那么过度的自我表现也可能是一种虚假的标新立异。好东西和坏东西往往是一体两面，同源异途。同样是关系，有的团结和睦，有的沆瀣一气，有的是君子之党，有的是小人之党。同样是个体主义，有的人积极地对自己的行为负责，进取创新，有的人则通过一些极端的行为来刷存在感，甚至陷入一种唯我独尊的封闭之中。风气如何，还是事在人为。高尚的个体主义和高尚的关系主义都是达成道德社会的可取路径。"无私"这种精神，在中国社会的道德谱系上，代表了中国人确立自我的一种方式，即在关系伦理中确立自我。这种无私放在父子关系中很容易理解，父母总是为了关爱子女而无私奉献。重视关系的社会环境里更容易发育出无我、无私的品质，而重视自我的社会环境里更容易发育出权利意识与规则意识。西方和中国的现代道德的差异性可能要回到如何理解"我"的问题上来，并深入各自的历史传统和道德谱系中去理解这种差异性。

8.7 托孤寄命章

曾子曰："可以托六尺之孤，可以寄百里之命，临大节而不可夺也。君子人
与？君子人也。"

曾子说："可以把孤儿托付给他，可以把百里之地交给他治理，遇上关乎名节
的大事也不能改变他的志向。这是君子吗？这是君子啊。"

曾子语势刚猛，有点像孟子。"托六尺之孤"是"辅幼君"，"寄百里之命"是
"摄国政"。朱子《集注》云："其才可以辅幼君、摄国政，其节至于死生之际而
不可夺，可谓君子矣。"托孤寄命，临大节而不可夺，这些事情对人的才能和品德
提出了非常高的要求。《朱子语类》说："须是才节兼全，方谓之君子。若无其才
而徒有其节，虽死何益。如受人托孤之责，自家虽无欺之之心，却被别人欺了，
也是自家不了事，不能受人之托矣。如受人百里之寄，自家虽无窃之之心，却被
别人窃了，也是自家不了事，不能受人之寄矣。自家徒能'临大节而不可夺'，却
不能了得他事，虽能死，也只是个枉死汉！济得甚事！"

《朱子语类》讨论了西汉霍光的故事。霍光是托孤重臣，受先帝遗命辅佐刘
贺。后来，他废掉了作恶多端的昌邑王刘贺，改立贤君汉宣帝，而后有中兴之治。
但是，霍光夫妻毒死了皇后，立自己的女儿为皇后。霍光死后，毒杀皇后的事情
被清算，霍光后人被灭族。在《汉书》中，班固这样评价霍光："霍光受襁褓之托，
任汉室之寄，匡国家，安社稷，拥昭，立宣，虽周公、阿衡何以加此？然霍光不
学亡术，暗于大理；阴妻邪谋，立女为后，湛溺盈溢之欲，以增颠覆之祸，死才
三年，宗族诛夷，哀哉。"班固批评霍光"暗于大理"。霍光有治政之才，却无忠
贞之节，最后还是遭到了清算。

人的一生能称得上"大节"的事情可能也就那么几次。守住了就是大节不亏，
没守住就是万劫不复。越是在大节面前，越能显出人性的光辉与脆弱。大节为本，
节才兼备，可以为君子。人生在世，当思大节无亏。

8.8 任重道远章

曾子曰:"士不可以不弘毅,任重而道远。仁以为己任,不亦重乎?死而后已,不亦远乎?"

曾子说:"士人不可以不胸怀宽广、意志坚强,因为任务很重,道路很远。以仁作为自己的任务,这任务不也很重吗?到死才停止求仁的脚步,这道路不也很远吗?"

曾子之学,关键在"弘毅"二字。弘者开阔而不隘,毅者坚强而恒久。《朱子语类》说:"弘是宽广,事事著得:道理也著得:事物也著得;事物逆来也著得;顺来也著得;富贵也著得,贫贱也著得。"

如何才能算"弘"呢?需要从两个方面来理解。第一,要集众善。《朱子语类》说:"集众善之谓弘。"不断地集众善,则是既弘且毅。弘毅者,不满足于小有所得,而能继续积极进取。第二,要有包容异见的肚量。如果他人的意见有道理,要能听得进去。《朱子语类》说:"若执着一见,便自以为是,他说更入不得,便是滞于一隅,如何得弘。……若是弘底人,便包容众说,又非是于中无所可否。包容之中,又为判别,此便是弘。"

船山《训义》释"弘":"扩其情而与万物同情,推其理而与天地同理。"船山是把"弘"理解为仁的外发。仁为己任,至死方休,不正是"毅"吗?船山《训义》说:"一日未死,而有一日必应之物理;一日未死,而有一日必酬之变化。"人活着就要应对日常的人事物理之变化,就有可能出差错,所以终其一生,都应该保持一颗慎独自省之心,才能全身而终。儒家圣贤看重以身载道,一生求仁,至死方休。

一生求仁的弘毅精神,是儒家圣贤的风骨。躺平与弘毅形成鲜明的对比。当代青年陷入某种虚无与无奈,有结构性的原因,也有个体的责任。如果中国的社会科学不能引导出社会变革的良好方案与立身处世的健康道德,那么当代青年便很难从躺平与虚无的迷雾中走出。在这个意义上说,从社会学的角度重新发掘儒家思想,也许是解决精神危机的一剂良方。

8.9 兴于诗章

子曰："兴于诗，立于礼，成于乐。"

孔子说："在诗中兴发，在礼中立身，在乐中成德。"

朱子《集注》云："兴，起也。诗本性情，有邪有正，其为言既易知，而吟咏之间，抑扬反复，其感人又易入。故学者之初，所以兴起其好善恶恶之心，而不能自已者，必于此而得之。"诗本于性情，有个善恶在里面。诗歌如果是矫揉作伪之堆砌，读来便不舒服。孔子说："《诗》三百，一言以蔽之，思无邪。"若是因乎邪念，则不成其为诗，读来只令人生厌。

朱子《集注》云："礼以恭敬辞逊为本，而有节文度数之详，可以固人肌肤之会，筋骸之束。故学者之中，所以能卓然自立，而不为事物之所摇夺者，必于此而得之。"立身行事，当有所为有所不为。礼教导人在动容周旋、进退出处和节文度数之中分寸得宜，所以能立身，能处事。

朱子《集注》又云："乐有五声十二律，更唱迭和，以为歌舞八音之节，可以养人之性情，而荡涤其邪秽，消融其渣滓。故学者之终，所以至于义精仁熟，而自和顺于道德者，必于此而得之，是学之成也。"所谓成德，是顺于道，和于德，义精仁熟。成德之人，随其所遇之波峰浪谷而自有应对，安处其间，无所不宜。这就好比音乐一样，升沉流转，各自成音，相协成曲，无处不可以为乐。《乐》云："唯乐不可以为伪"，使人渐入"情深而文明"的状态。

诗，分善恶，而不如乐之丰富。礼，守节义，而不如乐之婉转。所以，乐代表了德性成熟的境界。诗、礼、乐三者在修养上各有侧重点。诗重在兴发善恶，礼重在辨明分寸，乐重在和顺道德。学习时，三者并行不悖，相辅相成。

8.10 民可使由之章

子曰："民可使由之，不可使知之。"

孔子说："治理民众，可以让他们如此去做，但未必可以让他们知道为什么如此去做。"

这句话很容易被误解为愚民政策，特别是"不可使知之"这句。船山《训义》云："君之何以尊，父之何以亲，人之何以不可违天，情之何以不可悖性，则其幼之所未闻，长之所不信，无静可存，无动可察，而欲使知之，必不可也。"这些日用而不知的义理，百姓只是这样去做，但他们从来没有接受过教育，也不理解为什么要这样去做。这些义理不是官府主观上要愚民，而是在当时的受教育水平之下，客观上难以普及这些义理。朱子《集注》引程子曰："圣人设教，非不欲人家喻而户晓也，然不能使之知，但能使之由尔。若曰圣人不使民知，则是后世朝四暮三之术也，岂圣人之心乎？"程子认为，愚民不是圣人之心，是后人曲解和胡乱作为的结果。

即使百姓的受教育水平提高，能够明白为什么这么做的义理，有些事情可能也不应该让百姓知道。《朱子语类》说："吕氏谓'知之未至，适所以启机心而生惑志'，说得是。"朱子认为，一些事情透露出去之后，如果被一些别有用心的解释所扭曲，便会带乱节奏，误导舆论。《朱子语类》说："《淮南子》有一段说，武王问太公曰：'寡人伐纣，天下谓臣杀主，下伐上。吾恐用兵不休，争斗不已，为之奈何？'太公善王之问，教之以繁文滋礼，以持天下，如为三年之丧，令类不蓄，厚葬久丧，以亶其家。其意大概说，使人行三年之丧，庶几生子少，免得人多为乱之意；厚葬久丧，可以破产，免得人富以启乱之意。都是这般无稽之语！"这样来解释三年丧，就完全变成了一个阴谋论，这会引导民众否定三年之丧，进而否定孝道，导致家庭离散，无父无君。这就是船山《训义》所说的："后世有异端者，欲以性命之理遍喻愚贱，非贬道以殉俗，则立意以惊众。"如果冲着百姓对阴谋论的兴趣制造一番说辞，看起来是把所以然讲清楚了，但这种所以然，只会扭曲民心，有损世道。

儒家反对愚民政策。如果孔子鼓励愚民政策，那他为什么要在"以吏为师"之外开办私塾教育，并且还"有教无类"，而且还"自行束修以上，吾未尝无诲焉"。如果鼓励愚民政策，那古代的朝廷也就不需要通过察举制和科举制到民间去推行教化和选拔人才了，直接忽悠百姓即可。把"不可使知之"解释为愚民政策，不过是为了"打倒孔家店"和摧毁中国传统的一种意识形态化的歪曲处理。

"使民知之"，是尊重民众的知情权，展示了一种民主、平等和亲民，是赢得人心的好事，是顺势而为的易事。事情复杂的地方在于，有些事情是不能公开的。治人之君子，也承受了很大的压力。不是当事人固然会认为，有什么不能公开的呢？当自己作为当事人的时候，便会发现生活和工作中有很多不宜公开的难言之隐。旁观者可以以公开透明、权利、平等为理由而竭力攻击对方，但可能也是站着说话不腰疼。一个家庭里面尚且有"会做媳妇两头瞒"的情况，政府和国家这么多事情，更是不容易。"不可使知之"是在具体情况下从大局出发而做出的一种理性选择。

可以让民众知情到何种程度，应该本着仁至义尽的原则来操作，而不是本着公开透明的原则来操作。有些事情，公开了反而乱政。当然，为政者应该尽量做到公开透明，使民情上下通达，如果有确实不能公开的东西，那就必须保密。日本国会议员开会的发言记录，可以在网上公开，但自民党派阀大佬内部议事的记录是不会公开的，那才是日本政治的核心。我们也可以推测，孔子这句话也许是师门内部讲话，不是公开发言。

8.11 好勇疾贫章
子曰："好勇疾贫，乱也。人而不仁，疾之已甚，乱也。"

孔子说："好勇和厌恶贫穷，会致乱。对于不仁之人，如果厌恶过了头，也会致乱。"

本条讲述了三种致乱之源。第一种是好勇。好勇而不好义，不过血气之勇，容易因为冲动而犯下追悔莫及的错误。第二种是疾贫。疾贫而不疾德，可能会因为急于摆脱贫穷而不择手段。第三种是过于厌恶不仁之人。应该说，不仁就应当厌恶，又为什么不能"疾之已甚"呢？水至清则无鱼，对于他人的际遇不能百分之百知晓，特别是深层次的难言之隐不容易体察。如果对他人提出过于严苛的要求，别人很容易伪装或屈从。说到底，仁主要是对自己的要求，而不是以仁作为道德标准来苛责别人。人对自己身上的恶，应该除恶务尽，但对他人之不仁的判定，应该留出余地。不过，这绝不意味着对不仁的宽纵。

船山《训义》云："人之贫富不能相若，仁不仁不能相若，皆自然之数也。"船山认为，人与人的贫富程度、仁义程度会因为一些人力所不能及的原因而有所不同。实际上，不应该也不可能强求一致，强求一致反而是一种不仁。虽说求仁得仁，但是，求仁的程度还是有很大的差异。先觉者不应该苛求后觉者，后觉者也不应该自我松懈。

从治理的角度说，如果推崇"人而不仁，疾之已甚"，那很可能会刺激一些人以仁的名义行酷吏之事，这就把仁外化成了一种冰冷的教条，失去了仁的本心。

8.12 其余不足观章
子曰："如有周公之才之美，使骄且吝，其余不足观也已。"

孔子说："假如一个人有周公那样美好的才华，只要他傲慢吝啬，那他身上其它的东西也就不值得看了。"

周公是西周开国重臣，他德才兼备，还制礼作乐，是儒家思想史上的重要人物。"骄且吝"是一种什么样的状态呢？程子说："骄，气盈；吝，气歉。""骄"是骄傲、傲慢；"吝"是吝啬、小气。《朱子语类》说："非只是吝于财，凡吝于事，吝于为善，皆是。""骄"是气盛而凌人，"吝"是气虚而自固。《朱子语类》还说："骄者必有吝，吝者必有骄。……骄是放出底吝，吝是不放出底骄。""骄"是把自己放大了，"吝"是把自己缩小了，二者本质上是一样的，眼里只有自己，是一种狭隘的个体主义，是不仁的表现。仁者己欲立而立人，己欲达而达人，是超出一己之私的通达状态。

如果一个人"骄"且"吝"，则必无周公之德。即使有周公之才，但无周公之德，那么，这个人也没有什么可以观取之处，甚至可能凭借其才能害人害己。船山《训义》说："君子虽生资明达，博学多通，必以君子之道先治其心，而非才之徒尚也。"儒家对君子的要求是德才兼备，德先于才。

8.13 不至于谷章

子曰："三年学，不至于谷，不易得也。"

孔子说："学习三年，却不想着去追求禄位，也是难得。"

朱子《集注》云："谷，禄也。"船山《训义》云："禄者，先王所以报君子。"
"谷"是俸禄，即出仕的报酬。孔子在讨论什么样的学习心态是难能可贵的，或
者说，到底为了什么而学习。为了找一份好工作而学习，似乎也无可厚非。但如
果学习只是为了找到一份工作，那就偏离了教育的本质。学习的根本目标是为了
成为人本身，即明白人的本质，知道自己应该以什么样的道德状态有意义地过好
一生。这就是儒家所说的"为己之学"。很多特别有才能的人，没有学到做人的本
质是什么，最后还是毁了自己。《公冶长》篇 5.5 章："子使漆雕开仕。对曰：'吾
斯之未能信。'子说。"孔子觉得漆雕开可以去从政了，但是漆雕开自己觉得火候
不到，决定留在孔子身边继续学习。漆雕开便是一个明白为什么而学、不急于出
仕的君子。船山《训义》说："若三年以内不保其心之不为利动，则白首穷经而但
为小人之儒。"船山把一心追求功名利禄的学子称为"小人之儒"，大概也包括我
们现在常说的"精致的利己主义者"吧。

8.14 笃信好学章

子曰："笃信好学，守死善道。危邦不入，乱邦不居。天下有道则见，无道
则隐。邦有道，贫且贱焉，耻也；邦无道，富且贵焉，耻也。"

孔子说："笃信道，爱学道，坚守道，善行道。国家危险，则不进入；国家动
乱，则不居住。天下有道，则出来做事；天下无道，则可以归隐。如果国家有道，
个人还是贫穷，这是羞耻；如果国家无道，个人反而富贵，这也是羞耻。"

"笃信好学，守死善道"是论述学道的状态，之后的语句则是在讲进退出处之道。"笃信好学，守死善道"把学道的状态和效果合到一起讨论了，既注重过程，又注重结果，以过程来求结果，以结果来证过程。朱子《集注》云："盖守死者笃信之效，善道者好学之功。"笃信才会守死，守死方是笃信，好学才会善道，善道方是好学。这样一种学道的状态，才是志正意诚的状态，才能明于进退出处，达到心安理得的状态。

"危邦不入，乱邦不居"。面对危邦与乱邦，君子要保全自身，不仅要保全性命，而且要保全德行。一方面，不要高估个人能力，自入绝境；另一方面，要注意洁身自好，不要在危乱之中放松道德要求而做出有亏大节的事情。当然，也有一些情况是应该勇于入危邦、居乱邦，比如，社稷将倾，同姓之卿则不应逃遁。"危邦不入，乱邦不居"，通常确是如此，但也不可教条化。如果义所当为，则应深入虎穴。朱子《集注》云："君子见危授命，则仕危邦者无可去之义，在外则不入可也。乱邦未危，而刑政纪纲紊矣，故洁其身而去之。"无论危邦还是乱邦，君子之进退出处，惟义所在。

"天下有道则见，无道则隐"。儒家认为，保全德行比成就事功更重要。如果天下无道，要想成就事业，很可能要让自己无原则地适应，与其折节，不如归隐。隐与不隐也有一个辩证法，不能教条化。如果天下无道的时候，圣贤君子都隐起来，那天下苍生不是更没有指望吗？如果黎民苍生处于水火之中，士夫君子又岂忍安隐于山林之中？若夫豪杰之士，天下无道之时，不隐亦可。所以，这里主要还是在讲一个道理：德行比事功重要。

"邦有道，贫且贱焉，耻也；邦无道，富且贵焉，耻也"。如果国家政策好，个人还是穷困潦倒，那多半是自己懒惰、不肯上进。如果国家政策不好，个人反而发家致富了，那多半是投机钻营、委曲求全的结果，可能已经丢了节操。

"笃信好学，守死善道"与进退出处是学与用的关系。只有"笃信好学，守死善道"，才能明于进退出处，有所选择，有所坚守。在一个科学知识繁荣的时代，一个人在具体的社会情境之中应该如何进退出处，这样一种教育却似乎并不昌明。高举科学固然没错，但德之不讲，也不是小问题。

8.15 不在其位章

子曰:"不在其位,不谋其政。"

孔子说:"不在这个职位上,就不要去谋划这个差事。"

在一个组织中,每个人都有自己的职分,不应该"越分以代为筹划"。"犯他疆界,侵他事权",可能造成外行指导内行或行政程序紊乱。从团队氛围上说,关系不好时,闹别扭的人会在可配合又可不配合而配合了更好的事情上,不予重视也不予配合,这必然造成行政效率的损失。如果他人主动咨询,当然应该帮忙出出主意。

"不在其位,不谋其政",这要求每个人做好自己的本职工作。那这是不是现代科层制的逻辑呢?按照职分来说,在其位者谋其政是有点科层制的意味。但是,现代科层制与中国古代的士人科层制,行动的合法性来源和动力来源不一样。现代科层制的合法性来源是理性规则,而中国古代的士人科层制则是人伦关系。现代科层制要求个人抽离自己的情感,变成科层组织中的理性个体;而中国古代的士人科层制,往往要个人投入情感,比如忠上爱下。

事不经历不知难,站着说话不腰疼。许多事情看着容易,等到自己去做的时候,未必能做得更好。不在其位而谋其政,往往是站着说话不腰疼,有的甚至别有用心,这在古代被称为处士横议或辨言乱政。船山对处士横议的现象非常不满,他认为这是"官常乱而士行不修"。处士横议与现代民主议政的情况不一样。现代民主政治有基本共识和制度渠道,而船山所批评的处士横议则没有基本共识和制度渠道。反之,倘若现代民主政治实践没有基本共识和制度渠道,那这种所谓的"言论自由"跟处士横议也没有什么本质区别。

8.16 关雎之乱章

子曰:"师挚之始,《关雎》之乱,洋洋乎盈耳哉!"

孔子说:"师挚当初还在鲁国,我听到《关雎》之乐的结尾处,那种美妙充满耳畔啊！"

　　师挚是鲁国乐师。"乱"是"乐之卒章"，即收尾的乐章。孔子酷爱音乐，欣赏《韶》乐让喜欢吃肉的孔子"三月不知肉味"。孔子深通音律，他比较大舜之乐和武王之乐时，点评大舜之乐尽善尽美，而武王之乐尽美未尽善。这既是对音乐的点评，也是对政治的点评。孔子在音乐里寄托了他对人性和政治的理解。

　　船山《训义》云："其音闳肆，其韵流连，宾主之心各得，而先王和平充满之意，以饱满人心而饬其德性，洋洋乎盈耳哉！耳之盈而情尽于诗歌，淫僻之心不能入，惰慢之气不复作，斯大乐之所以与天地同和，而用之乡人，用之邦国，无所不感者。乐之理尽于此矣！"船山认为，师挚的音乐技术高超，而且能使人平和，导人向善，具有教化人心的效果。孔子自卫反鲁而正乐，也是希望通过正礼乐以正人心。

8.17 狂而不直章
子曰："狂而不直，侗而不愿，悾悾而不信，吾不知之矣。"

　　孔子说："自大且不正直，无知且不厚道，无能且不诚实，对这样的人，真不知道该说什么。"

　　朱子《集注》云："侗，无知貌。愿，谨厚也。悾悾，无能貌。"有一些人，材质有偏，德行不修，满是恶习。对于这种人，孔子很不屑。比如本条提到的这三种人。第一种，狂妄自大且不正直。若是正直的狂者，还能够使其勇于上进，但若"狂而不直"，只会在错误的道路上急行。第二种，无知且不厚道。一个无知的人如果还算厚道，那还可以徐徐引导，若是无知又不厚道，往往会做出没有下限的恶事。第三种，无能且不诚实。一个人无能如果诚实，还可循序渐进，若是无能又不诚实，则可能会妄受托付，耽误大事。退一步说，即使陷于一偏，狂者应该正直，无知者应该厚道，无能者应该诚实，否则，连宅心仁厚的孔子都会对之充满不屑。

8.18 学如不及章

子曰："学如不及，犹恐失之。"

孔子说："学习就像追什么东西追不上，还担心那东西会丢掉。"

孔子这一条讲学习态度。最重要的是把握这个"恐"字，担心学到的东西会丢失。"恐"其实是一种紧张感或一种敬意。《朱子语类》有一个比喻："譬如捉贼相似，须是著起气力精神，千方百计去赶捉他，如此犹恐不获。"朱子把这种"恐"的感觉比喻为捉贼。如果家里遭贼了，便会担心贵重的东西被偷走，所以尽力去捉贼。学习也要像捉贼一样，尽力去追赶。朱子还批评了那种毫无紧张感的学习态度："只忺时起来行得三两步，懒时又坐，怎地如何做得事成！""忺"是高兴的意思。心情好的时候就学一点，一旦懒散起来又放下了，这样不仅搞不好学习，什么事也做不成。所以，学习的时候，要调动这种紧张感（敬意），郑重其事地学习，就像祭祀之前要洗手沐浴一样。这种敬意，是学习应有的心态，也是想做出一番事业的人应有的心态。

8.19 舜禹巍巍章

子曰："巍巍乎！舜、禹之有天下也，而不与焉！"

孔子说："实在是高啊！舜、禹执掌天下，但内心却不在意君位。"

舜和禹是古代圣君。尧禅帝位于舜，舜禅帝位于禹。朱子《集注》云："不与，犹言不相关，言其不以位为乐也。"舜和禹虽是天子，但他们并不看重君位，而是以天下为念。船山认为，舜和禹"居一日之位，则尽一日代天理物之职而已……可禅可继，付之天命人心，而己无意焉。"船山认为，舜和禹只是代天理物，并不把君位视为私有。

8.20 唯天为大章

子曰："大哉，尧之为君也！巍巍乎！唯天为大，唯尧则之。荡荡乎！民无能名焉。巍巍乎其有成功也！焕乎其有文章！"

孔子说："尧做国君，气象很大。非常高明啊！唯独以天为大，恐怕只有尧可以把天当成做事的准则。非常之远大啊！百姓无法用语言来形容尧。尧的事功真是高明啊！尧的礼乐法度真是光明鲜亮啊！"

朱子《集注》云："荡荡，广远之称也"；"焕，光明之貌"；"文章，礼乐法度也"。本条论述尧的圣贤气象。尧是上古明君，他治理水患，制定历法，德泽天下，功在千秋。尧很伟大，百姓能感受到尧的伟大，但这种伟大又无法完全用语言表达出来。尧为什么如此伟大？"唯天为大，唯尧则之"。尧"以天为则"，这便是圣人的至高境界了吧。做人做事，不从私意出发，但从天理出发。尧代天理物，所以成其大。儒家的天，超越了自然意义上的 sky（天空）和宗教意义上的 heaven（天堂），包含了万事万物应当如此的合理性，代表了抽象的、完整的、崇高的道德状态。

8.21 于斯为盛章

舜有臣五人而天下治。武王曰："予有乱臣十人。"孔子曰："才难，不其然乎？唐虞之际，于斯为盛。有妇人焉，九人而已。三分天下有其二，以服事殷。周之德，其可谓至德也已矣。"

舜有五个人才为臣，得以平治天下。周武王说："我有治世之臣十人。"孔子说："人才难得，不是这样吗？尧舜的时候，才有像周朝这样多的人才。周武王说的十个人里面有一个人是妇人，真正的大臣是九个人。周三分天下有其二，还能以礼侍奉殷朝。周之德，可以说是至德了。"

"唐虞"，是指唐尧与虞舜。朱子《集注》云："乱，治也。或曰：'乱本作乿，古治字也.'"舜有五人,武王有十人,都是当时辅治的人才。船山《训义》云:"智不足以为名,勇不足以为功,惟能任天下于己,而开治者治以定,戡乱者乱以止,然后足谓之才。"自古至今,治理天下都要依靠治世贤才。治世贤才不能只是空谈义理,还要能解决实际问题。

尧、舜和周代,为什么人才兴盛呢?主要原因是明君在位。大才为大德所用。舜是至德之人,周代奠定开国基础的国君如文王、武王和摄政大臣周公等也都是大德之人。例如,周的土地已经占了整个商朝的三分之二,仍然礼事商朝。至于武王伐纣,乃不得已而为之。《朱子语类》也说:"若纣之恶极,文王未死,也只得征伐救民。"其实,武王自己也不觉得伐纣是十分正确的事情,他伐纣之前祷告天地时也战战兢兢地说"万方有罪,罪在朕躬"。

8.22 无间于禹章

子曰:"禹,吾无间然矣!菲饮食而致孝乎鬼神,恶衣服而致美乎黻冕,卑宫室而尽力乎沟洫。禹,吾无间然矣!"

孔子说:"对于禹,我一点毛病也挑不出来啊!他的饮食比较简单,但祭祀鬼神却丰盛干净;他平时穿得比较粗简,而祭祀的衣服又很华美;他的宫室比较简朴,但农田沟渠却尽力去完善。对于禹,我一点毛病也挑不出来啊!"

"间"即缝隙,"无间然"是说没有缝隙,意思是,一点小毛病也找不出来。为什么孔子对禹评价这么高呢?禹对自己比较简约,吃穿住都比较简单,但对于鬼神、宗庙和民生问题却非常重视,尽心尽力。朱子《集注》引杨时曰:"薄于自奉,而所勤者民之事,所致饰者宗庙朝廷之礼,所谓'有天下而不与'也。"船山《训义》云:"吾考其事,无事之不惬于天人也;吾察其心,无念之不衷于道义也。"禹的德性非常之高,他以天下为己任而"薄于自奉",以百姓为心而"不入家门"。他超越了一己之私,以鬼神、宗庙、民生为念,禹这种民胞物与、舍我其谁的品质,是仁义精神的至高代表。细心体会圣贤气象,诚有感动人心、照耀千秋之处。

小结《泰伯》篇

本篇主要记载孔子品鉴人物和曾子言行，由此可以体会圣贤气象，进而把握修身处世之法门。

子罕第九（30 章）

9.1 利命仁章

子罕言利与命与仁。

孔子很少谈论利、命、仁。

"罕言"即谈论得少。利、命、仁，是孔子想明明白白地谈，又不能大谈特谈，而只能小心翼翼地谈的问题。朱子《集注》引程子曰："计利则害义，命之理微，仁之道大，皆夫子所罕言也。"多谈利，有导人计利的倾向，多计利则少思义。命理隐微，不易察觉，所以少说。仁之道大，空谈无益。《朱子语类》说："罕言仁者，恐人轻易看了，不知切己上做工夫。"高谈阔论于仁，容易把仁停留在嘴巴上，而忽略了实实在在的实践功夫。

船山《训义》云："盖利者，君子所以安小人，而患其何以得，何以失，则且陷于小人之智术。命者，人事所以合天道，而详其何以吉，何以凶，则且尽废人事之修持。仁者，存心即以合天理，而实言其何以存，何以去，则且执滞其心理之全体。"船山认为，多谈利，容易陷入利益计算的思维方式，而不知以义为利。天命与人事两者之间，谈多了命，就会把事情都归诸吉凶祸福之命，而荒废了人事修为之理。有许多事，其实是自己为人处世有所欠缺，却仍归之于命。至于仁，本乎天理，其道至大，而一旦具体地说出来，又容易使人拘泥于此，便难以体会仁之高广。

朱子和船山所理解的孔子罕言利与命的理由是一样的。大谈利，会启人求利之心；大谈命，会使人用宿命论代替了修身论，无益于人生。但是，关于孔子罕言仁的理由，两个人的理解不一样。朱子认为，高谈阔论于仁容易忽略从细微之处着手的笃行之功。而船山认为，仁本高妙，如果非要实说，也只不过是裁剪一部分，这就不是仁之全体了。除了这两种理解之外，大谈仁也容易使人陷入一种高高在上的道德优越感，甚至用道德绑架他人，这样仁就被外化成了一种工具。

谈利，要明白以义为利的道理。谈命，要明白践形尽性的道理。谈仁，要明白笃信好学和万物一体的道理。船山《训义》云："以正义而远利，以修身而立命，以默识而存仁，庶不虚夫子罕言之教哉！"

9.2 大哉孔子章

达巷党人曰："大哉孔子！博学而无所成名。"子闻之，谓门弟子曰："吾何执？执御乎？执射乎？吾执御矣。"

达巷党人说："孔子真厉害！如此博学，以至于不知道从哪个方面说他有名。"孔子听到了，对弟子们说："那我该专精于什么呢？驾车吗？射箭吗？要不就驾车吧。"

达巷是地名，党是地域社群，如乡党。达巷党人对孔子的评价很有意思。因为孔子博学多才，都是长板，因而好像没有哪一项是突出的，所以"博学而无所成名"。孔子听到这种评价之后，也跟弟子们开玩笑。到底应该以驾车成名还是以射箭成名呢？孔子随便点了一个射箭，这显然是孔子的幽默。这种风轻云淡的幽默体现了孔子的语言艺术。

孔子几乎接受了"博学而无所成名"的评价。他应该也想劝告弟子不要想着一器之名，而是要从义理上下功夫。义理比器更重要，是君子之学的根本。君子不器与术业有专攻并不矛盾，有的人有专长却不能通晓义理。作为学习者，还是要在某些具体的领域里下功夫，才可能下学而上达。

9.3 吾从下章

子曰："麻冕，礼也；今也纯，俭。吾从众。拜下，礼也；今拜乎上，泰也。虽违众，吾从下。"

孔子说："冠礼戴麻冕，是礼制规定；如今大家所用的冕是用丝做的，制作工艺简单一些。在这一点上，我遵从大家的做法。臣拜见君主，要在堂下拜；如今大家在堂上拜，这是一种傲慢。在这一点上，虽然跟大家的做法不一样，我还是坚持在堂下拜。"

孔子在一些事情上愿意从众从俗，但在一些事情却坚持特立独行。行冠礼时戴的帽子，孔子愿意修改古礼，转而遵从当时的习惯。朱子《集注》云："麻冕，缁布冠也。纯，丝也。俭，谓省约。缁布冠，以三十升布为之，升八十缕，则其经二千四百缕矣。细密难成，不如用丝之省约。"麻冕的工艺比较复杂，丝制则工艺比较简单，这是纺织技术的进步。但是，丝制品更贵。船山《训义》云："丝尤贵焉，事虽俭而尊贵之义不失。"冠礼所戴的帽子必须要保证质量，这是一种郑重其事。麻冕手工细密，丝制品质地名贵，两者都无害于表达对冠礼的重视，不会丢失冠礼的礼义。因此，孔子也可以接受，行冠礼时戴的帽子从麻冕变成丝制品。

臣拜君之礼，孔子却不愿意遵从当时的习惯，而愿意继续遵守古礼。在孔子的时代，臣拜君时，很多人直接到堂上后再行拜君之礼。按照古礼，要先在堂下拜，君邀臣到堂上去，臣再登堂。如果臣直接登堂，看起来更简便，但隐含了一种傲慢失礼。船山《训义》云："就堂上而拜，事趋便易，而以处己则矫，事上则慢，是泰然而无忌也。"虽然拜于堂上更简便，拜于堂下更麻烦，但孔子认为这里不能变。如果变了，会松动臣对君的敬，有害君臣大义。

变还是不变，该如何来把握？要看其产生影响的方向。孔子主要考虑的并不是支持变革的人数有多少，主要是看变与不变对于世道人心有何影响。朱子《集注》引程子曰："君子处世，事之无害于义者，从俗可也；害于义，则不可从也。"程子将之概括为"从义"。船山《训义》云："君子斟酌于古今而行典礼，非以苟合乎众，非以过徇于古，因情理之安而已。"船山认为，孔子主要的考虑是情理之安。

《礼记·大传》云："立权度量，考文章，改正朔，易服色，殊徽号，异器械，别衣服，此其所得与民变革者也。其不可得变革者则有矣：亲亲也，尊尊也，长长也，男女有别，此其不可得与民变革者也。"形式上的一些东西可以随时代而损益变革，但是与天理人心相关的本质精神及其载体却应固守传统。形式上的变革与精神实质上的传承其实是相辅相成的。可见之形式容易被袭取，而不可见之精神难以被认知，这容易造成精神被形式所俘虏的僵化状态，反而丢失了真精神。当然，如果不能通过变革形式来释放真精神，真精神的发扬恐怕也有困难。与天理人心相关的本质精神如果丧失，社会结构和精神结构将会失衡，社会风气和世道人心将陷入迷惘和虚无。

孔子不是一个泥古不化的迂腐老头。他的好古不是泥古，更不是僵化，而是在现实的处境中考虑哪些东西应该革新，哪些东西应该沿袭。孔子有与古为新的意识，也有古今一体的胸怀。

9.4 孔子四毋章

子绝四：毋意，毋必，毋固，毋我。

孔子拒绝四种状态：不执着私意，不期事必成，不执滞僵化，不囿于自我。

孔子要去除自己身上的意、必、固、我。朱子《集注》云："意，私意也。必，期必也。固，执滞也。我，私己也。""意"是指个人偶起之私念。船山《训义》云："意之起无方也，偶然一意，而遂见为是，即未必非理，而于理之大全者不相通也。"个人偶然之间产生的一个念头，纵然合理，也是侥幸。"必"是期待事情一定如此如此，往往发生在事前；"固"则是守定某事必须如此如此，往往发生在事后。"我"是封闭自我的状态，容易"绝物独立而不公"。凡是从自我出发，则不免对他人不公，容易造成人我之间的紧张。

《朱子语类》认为，这四者有轻重之别。"意是始，我是终，必、固在中间，亦是一节重似一节也。……意是丝毫，我是成一山岳也。……意、必、固、我，只一套去。意是初创如此，有私意，便到那必处；必，便到固滞不通处；固，便到有我之私处。意，是我之发端；我，是意之成就。"这样形成的自我，不是推己及人、廓然大公的自我，而是自私自利、封闭狭隘的自我。儒家向来是反对狭隘的个体主义。《朱子语类》说："圣人只看理当为便为，不当为便不为，不曾道我要做，我不要做。只容一个'我'，便是意了。"事情该不该做不由一己之私意决定，而是要依义而行，以求天理人心皆得其宜。

船山《训义》认为，人应该把自己要做的事情，看成是"代天理物"，不应让一己私意破坏了天理之当然。个体权利意识高扬的现代人对"代天理物"的自觉可以说非常陌生。从天人关系的角度来说，儒家在理解"我"或"人"的性质时，有一个天作为参照。"天命之谓性"这种超越性的阐发，也是对人本身的不自足或不完整的一种承认。以天为则是反躬自省、自我提升的一个法门。

9.5 未丧斯文章

子畏于匡，曰："文王既没，文不在兹乎？天之将丧斯文也，后死者不得与于斯文也；天之未丧斯文也，匡人其如予何！"

孔子曾在匡这个地方被围困，他说："周文王虽然去世了，但是，礼乐制度不是传到了我这吗？如果天要丧失这些礼乐制度，那后来者就不能实行这些礼乐制度了。天并没有丧失这些礼乐制度，那匡人又能拿我怎么样？"

孔子说话一向谦虚谨慎，很少用这么大的口气说话。这个故事发生在孔子周游列国期间，孔子路过匡这个地方，发生了一件戏剧性的事情。朱子《集注》云："畏者，有戒心之谓。匡，地名。《史记》云：'阳虎曾暴于匡，夫子貌似阳虎，故匡人围之。'"阳虎是鲁国季氏家臣，曾经对匡人施加过暴政，匡人憎恨阳虎。巧的是，孔子的外形跟阳虎有几分相像，结果孔子路过匡的时候，匡人把孔子围了起来。孔子脱险之后，慨叹"天之未丧斯文"，意思是他传承了文王以来的"文"，这"文"是天道的体现，如果天"不丧斯文"，那上天自然也不会让他这么轻易地死去。

这一段话透露出孔子对礼乐制度的信心。朱子《集注》云："道之显者谓之文，盖礼乐制度之谓。""文"，是把天理人心表达出来的诸多形式，比如礼乐制度。按照朱子的解释，"文"是道的显形。船山《训义》云："文，即道也；道，即天也。乾坤不毁，生人不尽，诗书礼乐必不绝于天下，存乎其人而已矣。""文"不灭，道亦不灭，天亦不灭。《朱子语类》说："道只是有废兴，却丧不得。文如三代礼乐制度，若丧，便扫地。"朱子认为，道与文，可能会有兴废，但是却不会彻底断绝。

船山提到的"存乎其人",是斯文不会扫地的关键。孔子自觉到,礼乐制度从周文王传到了自己这里。"存乎其人"是文化保存和文化传承的方式,在儒家圣贤那里保存得多一点,在普通百姓那里保存少一点。这个以身载道、圣圣相传的文化传统即是儒家所谓的道统。这个道统后来被韩愈归纳为:尧、舜、禹、汤、文、武、周公、孔子、孟子。孔子所谓"斯文在兹",像是夸下的海口,更是信道的勇气与信心——在危急关头不经意间透露出来的一种以道自任的勇气与信心。特别是考虑到当时的礼崩乐坏,孔子以身载道的精神更加显出沧海横流中的英雄本色。孟子也曾说:"夫天未欲平治天下也,如欲平治天下,当今之世,舍我其谁也?"

孔子在危急关头的"狂言",透露出他平素深藏于心的思虑。孔子以"天"为生活的参照,致力于学达性天,自我要求极高,可谓巍乎高哉。孔子的"以天为则"深藏于心、笃行于实,却又大道不轻言。

9.6 夫子多能章

太宰问于子贡曰:"夫子圣者与?何其多能也?"子贡曰:"固天纵之将圣,又多能也。"子闻之,曰:"太宰知我乎?吾少也贱,故多能鄙事。君子多乎哉?不多也。"牢曰:"子云:'吾不试,故艺。'"

太宰问子贡说:"孔夫子是个圣人吧?不然怎么那么多才能?"子贡说:"夫子之圣一定是上天赋予的,而且还有这么多才能。"孔子听说后,说:"太宰了解我吗?其实,我年少时比较贫贱,所以很多粗重的事情都会做。君子难道以才能之多为好吗?不必追求才能之多。"子张说:"夫子曾说:'我不能为世所用,所以学会了很多技艺。'"

这一条对于理解孔子的生平大有帮助。第一,孔子年少时家庭条件并不太好,干过不少粗重的活,很多事情都会做,所以"多能"。孔子是穷且益坚、自强不息的励志典范。第二,孔子多才多艺,礼乐射御书数,如此种种,都很擅长。第三,孔子生前就被称为圣人。当然，圣人也是人，是道全德备、境界高远的人。以上三点分别从孔子的出身，才能以及生前的社会评价等方面丰富了孔子的形象。

太宰以多能为圣，其逻辑是，孔子多能，所以是圣人。而子贡的逻辑是，孔子是圣人，而且多能。这两个逻辑差别还是比较大。船山《训义》云："夫子体道全而用道以广，故又多能也。"孔子之为圣人，乃在于"体道全"，"用道以广，故又多能"是结果，是体道修身的附带所得。这里面有个本末先后。儒家也看重才能技艺，并且在这些才能技艺中修炼品德，但是把体道修身、通晓义理、躬行仁义视为第一要务，"多能"则为次要。

"吾不试，故艺"。孔子"穷而在下，故做得许多事"，因为没有机会执政，反而有时间进行传道授业，有时间整理礼乐典籍。正是因为孔子存亡继绝的努力，儒家思想才有辉光日新的可能。

从这一条的写作方式可以看出《论语》成书的过程。这里并不直接说，"子曰：'吾不试，故艺。'"，而是借子张之口来说孔子的话。应该是孔门弟子编辑《论语》讨论到这里时，子张补充了孔子曾经说过的话，有助于申明孔子"多能"的情况，所以并录于此。

9.7 叩其两端章

子曰："吾有知乎哉？无知也。有鄙夫问于我，空空如也，我叩其两端而竭焉。"

孔子说："我有知识吗？我没有什么知识。如果有见识短浅的人来问我问题，就算他是空空如也的脑袋，我也会从上下两端叩问，把道理说清楚。"

本条孔子讲述教人之法。孔子自称"无知"，固是自谦。"空空如也"是指脑袋空空，向孔子请教问题的鄙夫，是没什么见识的人。即使如此，孔子还是会好好教导，"叩其两端而竭"。朱子《集注》云："两端，犹言两头。言终始、本末、上下、精粗，无所不尽。"孔子善于深入浅出地讲道理，即使面对空空如也的鄙夫，孔子也可以做到本末上下兼尽，让没什么知识的人也能听懂。朱子《集注》引程子曰："圣人之道，必降而自卑，不如此则人不亲；贤人之言，则引而自高，不如此则道不尊。"圣人之道，太过高深，必须深入浅出，人们才觉得亲近。贤人之言，过于简单，必须拔高一下，才能让人看到背后的深意。所以，有时要降而卑，有时要引而高，才能叩其两端、上下兼尽。

孔子主张"叩其两端"，反对"一端之见"。船山《训义》云："教人之术，莫患乎恃其一端之见，信以为道在于是，而秘相传说，不论学者之高下、所问者之浅深，而一以私意为成说，强天下以从己，而道遂为天下裂。""一端之见"存有偏见，一旦将其教条化，"强天下以从己"，那就很危险。所以，教育者要给出一个空间来启发学生，而不是拿出一个意见来进行灌输。

船山《训义》云："圣人之教，不过即物穷理，即文见道。世之学者趋简捷以偷安幸获，谓书有所不必读，但在受成法以速获，其必为妄人所惑，不亦愚乎！"从"一端之见"超拔出来的办法是，通晓义理而不陷于一己之私见。从学习的角度来说，也不宜直接接受"一端之见"。虽然可以快速学到一些"意见"，但却不是自己下功夫求来的学问，并不踏实有效，还会阻碍个人独立思考能力的发育。同样，通过互联网的简单检索，是可以获取一些基本信息，但那些碎片化和表面化的知识，无助于培养分析性和系统性的思维。说到底，学习这件事，欲速则不达。

9.8 凤鸟不至章
子曰："凤鸟不至，河不出图，吾已矣夫！"

孔子说："凤鸟没有到来，黄河没有出现河图，看来我差不多了。"

朱子《集注》云："凤，灵鸟，舜时来仪，文王时鸣于岐山。河图，河中龙马负图，伏羲时出。皆圣王之瑞也。"凤鸟与河图都是圣王祥瑞，象征盛世。孔子借古喻今，他觉得自己有生之年看不到圣王与盛世的再临了。船山《训义》云："明王不作，天下莫能宗予，吾之所有志终不可见于天下矣。夫能为者人，而不能为者天，吾其如天下何哉！"明王与盛世是否再临，有一定的天意，非人力所能决定。

由此可见，儒家的历史观非常现实，他们并没有认为太平治世是常态，而是认为，历史是一治一乱的。但是，儒家又相信，随一治一乱之变迁，道有兴废，却不会断绝。这是一种历史想象力，也是一种历史敬畏感。也许，不是太平治世的时候，反而更需要儒家思想。

从孔子慨叹的"吾已矣夫"，不难体会孔子内心的落寞。再一想，又可以体会到孔子生命的悲壮。他满心期待的盛世，虽然在他生前没有来临，但他相信终会来临。人与人的志向是有差别的，孔子心心念念的只是天下，哪有什么小我？

9.9 虽少必作章

子见齐衰者、冕衣裳者与瞽者，见之，虽少必作；过之，必趋。

孔子见服重丧的人、穿尊贵服饰的有爵者以及瞎子，见到他们，即使对方年纪小，一定会站起来迎接。如果孔子经过他们跟前，一定会快步急行。

齐衰是丧服。按照《仪礼·丧服》的记载，兄弟姐妹、世叔父母等亲人去世要服齐衰一年，属于重丧。"冕衣裳者"即是身穿尊贵服饰、有爵位的尊者。瞽者是瞎子。人们见到这三种人，往往会心里为之一动。服重丧者让人生出哀情，有爵位者让人生出敬畏，有残疾者让人生出怜悯。一旦产生哀情、敬畏、怜悯等心情，孔子的身体动作上必然会有相应的反应，马上进入一种异于平常的状态，这代表了孔子内心的诚敬之心，此之谓"诚于中而动于外"。这三种人如果来见孔子，孔子一定会站起来迎接。如果孔子路过他们跟前，一定会快步急行。经过有爵位者的跟前，孔子快步急行是给尊者让路。经过有重丧者和残疾者的面前，孔子快步急行则是不忍见之。《朱子语类》说："如见齐衰，是敬心生于哀；见瞽者，是敬心生于悯。"

孔子的这几个动作，反映了一种"心动"的状态。与之类似的还有，齐宣王不忍看见牛被杀而产生的觳觫，所以要求换一只羊；人见孺子将入于井而生出的恻隐之心。心动则为仁，反之则为麻木。无所感于外，无所动于心，这便是麻木不仁的状态了。麻木不仁者，自然难以推己及人，更遑论齐家治国和民胞物与了。

仁者一旦心动，便要有所作为，适当地表达出来，这便是诚实地回应本心。船山《训义》说："有其情则有其文。"这就是儒家强调的称情立文或礼以达情。礼绝不是虚文，而是有情感基础的。而且，这个情感不是个人化的偶发情感，而是发而皆中节的共同情感。礼是奠基于人的共同情感而发出的一套仪文，也可以容纳亲疏差等的个人化表达。从心动到礼达的过程，船山《训义》将之概括为"即心即礼"。

9.10 仰之弥高章

颜渊喟然叹曰："仰之弥高，钻之弥坚；瞻之在前，忽焉在后。夫子循循然善诱人，博我以文，约我以礼。欲罢不能，既竭吾才，如有所立，卓尔。虽欲从之，末由也已。"

颜回叹着大气说："夫子之道，真是仰望之而更觉高远，钻研之而更觉艰深，瞻望之好像在前，忽然间又好像在后。夫子循循善诱，教导我去做博文和约礼的功夫。我这样去做了，发现自己想停也停不下来，竭尽我的才能，这时再看夫子之道，就像超然矗立眼前一样。我虽然想跟上去，却又好像无处着力。"

颜回跟随孔子学习，体会颇深。颜回的体悟大概可以分成四个阶段来理解。第一个阶段，颜回初习夫子之道。颜回只感觉夫子之道非常高深，有些玄妙，无法把捉，一方面觉其高明，一方面觉其遥远。

第二个阶段，孔子给他传授入道法门。孔子循循善诱，给颜回讲明，最要害的地方在于，博文和约礼。朱子《集注》引程子曰："此颜子称圣人最切当处，圣人教人，惟此二事而已。"朱子《集注》又引侯仲良曰："博我以文，致知格物也。约我以礼，克己复礼也。"致知格物是增广见闻，认识流行不息之天理；克己复礼是在行动上有所持守。《朱子语类》说："讲明制度文为，这都是文；那行处方是约礼也。"博文即是心感万物，约礼即是有所节制。博文正是仁，约礼正是义。

第三个阶段，经过孔子的教导之后，颜回开始自己下功夫。颜回克己复礼，非礼勿视、听、言、动，终食之间不违仁，颠沛造次必于仁，居陋巷而不改其乐。

颜回这样下功夫，真的是竭尽全力了，可见其笃信好学、守死善道的学习态度。

第四个阶段是，颜回已然下过苦功夫了，他仿佛能够体会到夫子之道的高妙所在。这时，夫子之道不再遥远，如在眼前。《朱子语类》说："仰高钻坚，瞻前忽后，此犹是见得未亲切在。'如有所立，卓尔'，方始亲切。'虽欲从之，末由也已'，只是脚步未到，盖不能得似圣人从容中道也。"虽然亲切，但颜回想要做得跟夫子完全一样，还是感觉力不从心。夫子动容周旋皆中于礼，视听言动皆本于天，尽管好学如颜回，还是不能尽合于夫子之道。这又更加衬托出夫子之道的精妙。

9.11 欺天乎章

子疾病，子路使门人为臣。病间，曰："久矣哉，由之行诈也！无臣而为有臣。吾谁欺？欺天乎？且予与其死于臣之手也，无宁死与二三子之手乎！且予纵不得大葬，予死于道路乎？"

孔子病重。子路安排他的门人作为治丧之臣。疾病稍微好一点的时候，孔子说："子路骗我已经很久了！明明没有治丧之臣，现在却有治丧之臣。我在欺骗谁？欺天吗？再说，我与其由治丧之家臣来安排后事，还不如由你们这些弟子来安排后事。再说，我就算不能风光大葬，难道还会死在路旁无人收尸吗？"

这一条孔子说话很重，属于少见的大怒。这是因为子路的安排不合礼制规定。朱子《集注》云："夫子时已去位，无家臣。子路欲以家臣治其丧。"子路为什么要安排自己的家臣为孔子治丧呢？这是为了尊孔子。因为有臣治丧和无臣治丧反映出死者的地位差异。如果治丧之臣是国君安排的，那孔子受之可也。但子路安排自己的家臣来治丧，这就"假"了。船山《训义》云："盖爱君子而不以道，君子之大辱也，况其在死生之际，分义之大者乎！"子路却趁孔子重病不知情，做了这样的安排，有违礼制。当生死之际，孔子能不能保全终身，就要看生命的最后一刻，结果却差点因为子路的过错而导致孔子不能全德善终。

子路对孔子有着深厚的感情，他希望孔子可以风光大葬。子曰："观过，斯知仁矣。"子路因为对孔子感情太过深厚，才会做出这样的"欺骗"。船山《训义》云："细人之爱人，适以伤君子之心。"子路私自安排家臣为孔子治丧，反而有悖礼制，仁有至而义有未尽，终不得尽其对夫子之情。孔子之所以生气，也是因为他明白子路的心意，爱之深则责之切。但是，孔子即使生气，他也没有直接说子路欺天，而是说自己欺天，这就把子路的过错揽到自己身上了。朱子《集注》云："引以自归，其责子路深矣。"

孔子在生死之际自问"欺天乎"，有一种独特的意味。孔子如果不以天为参照来反省自己，可能就服从了子路的好心安排。子路的好心安排也确实可以让孔子风光大葬。但这件事情，孔子自己心里过意不去，他不想要这虚假的风光。孔子以天为则而活着，这种境界他人难以企及。在理解"我"时，以天作为参照，意味着"我"是不完整、不自足的。"我"必须在某种关系中才是自足的。一是社会关系或人伦关系，其根本是父子关系。另一是天人关系。前一关系偏重强调仁，后一关系偏重强调义。一个人必须有仁有义，才能成为完整的自我，过上道德自足的生活。

9.12 沽之哉章

子贡曰："有美玉于斯，韫匵而藏诸？求善贾而沽诸？"子曰："沽之哉！沽之哉！我待贾者也。"

子贡说："有这般美玉，难道就藏在盒子里吗？还是要找到好商人再卖呢？"孔子说："卖吧！卖吧！我在等那个商人。"

朱子《集注》云："韫，藏也。匵，匮也。沽，卖也。"《六书故》云："今通以藏器之大者爲匮，次爲匣，小爲匵。"所以，"匮"与"匵"是两个字，不是简体和繁体的区别。

美玉是尊贵之物，儒家常常比德于玉，士人佩玉，以君子之德自警。子贡这里用美玉指代孔子，意思是，孔子才德兼备，但是没有出仕，就像美玉藏在盒子里，没能卖个好价钱。孔子说自己在等一个好买主。意思是，并非不想经世致用，但是不愿苟从。船山《训义》云："出处，君子之大义也。"这一条讲的正是出处之大义。所谓出即出仕，所谓处则是停止、隐退的意思。出仕还是归隐，这是一个问题。孔子虽欲出仕，但求之有道。

9.13 何陋之有章

子欲居九夷。或曰："陋，如之何？"子曰："君子居之，何陋之有？"

孔子想移居到东方九夷之地去。有人说："那里礼俗简陋，还去吗？"孔子说："如果君子住在那里，礼俗怎会简陋？"

朱子《集注》云："东方之夷有九种。欲居之者，亦乘桴浮海之意。"船山《训义》云："东方有九夷之国，介葛、牟、莱之属，其先本小国也，以贡币不给，而行夷礼，遂目之为夷。"九夷之陋，主要并不是指物质条件差，而是"其俗苟简无文"。朱子《集注》云："君子所居则化。"意思是，孔子移住过去，教之以礼文，可化民成俗。

孔子对华夏多有批评。孔子曾说："夷狄之有君，不如诸夏之亡也。"诸夏虽然有君，但更像无君，甚至还比不上夷狄。船山《训义》的批评非常尖锐："虽曰礼乐具存，而诈利相尚，自以为君子之道在焉……礼乱而自谓礼，乐淫而自谓乐，政刑无章而自谓治……是徒知陋者之为陋，而不知自谓不陋者之陋更甚也。"船山认为，华夏陋而不自知，是为更陋。孔子对华夏之风气颇有不满，无怪乎要离开华夏，移居九夷，正所谓天下无道则隐。

《朱子语类》说："古者中国亦有夷、狄，如鲁有淮夷，周有伊雒之戎是也。"夷夏之别的地理边界并不是由中原之华夏和东夷西戎南蛮北狄组成的中心与边陲的地理结构，而是在这样一个中心与边陲的大结构内部，在若干更小的地域范围内也存在华夷之别，是一个多重交错嵌套的华夷格局。华夷之别主要是礼俗文化之别，不只是一个中心与边陲的地理概念。在华夷秩序的问题上，儒家还是比较辩证的。一方面认为华夷之间存在文野之别；另一方面又认为华夷之别并非固定不变，夷狄可以通过教化而由夷入夏，华夏也可能因为堕落而由夏入夷。

9.14 自卫反鲁章

子曰："吾自卫反鲁，然后乐正，雅、颂各得其所。"

孔子说："我从卫国回到鲁国，此后鲁乐得以修正，雅、颂之乐也各自出现在恰当的场合。"

《诗经》包括风、雅、颂。风主要是采集各国民风，雅主要用于朝会、宴会等礼仪，颂主要用于祭祀。朱子《集注》云："鲁哀公十一年冬，孔子自卫反鲁。是时周礼在鲁，然诗乐亦颇残阙失次。孔子周流四方，参互考订，以知其说。晚知道终不行，故归而正之。"孔子是礼乐专家，他周游列国回到鲁国之后，开始修正鲁乐。当时，鲁乐存在不少问题，有的残缺不全，有的音律不协，有的场合不对。经过孔子修订之后，鲁乐回归正道，雅、颂各得其所。想必孔子在周游列国的时候做了很多关于礼乐制度的调查。孔子周游列国，最终未能得到重用以行道天下。但是，他退而修正鲁乐，也是一种行道的方式。礼乐对于人心风俗具有潜移默化的影响。君子敦风化俗，功莫大焉。

9.15 出则事公卿章

子曰："出则事公卿，入则事父兄，丧事不敢不勉，不为酒困，何有于我哉！"

孔子说："出仕就好好侍奉公卿，回家就好好侍奉父兄，丧事不敢不尽力，不沉溺于喝酒，这些有哪一点我能做到呢？"

《论语》里反复出现"何有于我哉"的句式。船山《训义》云："'何有于我'，我惟日念之而不敢懈者也。"这些事情对于孔子来说，并不算什么难事，但孔子平时正是以这样一些小事反复自我告诫。朱子《集注》云："其事愈卑而意愈切矣。"《朱子语类》也说："此章之义，似说得极低，然其实则说得极重。"此等寻常小事，却被孔子如此反复强调。孔门弟子听到之后，大概也会反躬自省了，尤其是高谈阔论而不够笃行的弟子。出仕不能事公卿，又何谈忠敬；居家不能事父兄，又何谈孝悌；丧事不能办好，又何谈孝道；连酗酒都不能自控，又何谈修身。

9.16 逝者如斯章

子在川上曰："逝者如斯夫！不舍昼夜。"

孔子站在大江之上说："江水像这样逝去，昼夜不停。"

简简单单几个字，却又包罗万象。孔子是在说江水，但又好像不是在说江水。川流不息、昼夜前行，一如天理之周流不息，片刻不停。朱子《集注》云："天地之化，往者过，来者续，无一息之停，乃道体之本然也。然其可指而易见者，莫如川流。故于此发以示人，欲学者时时省察，而无毫发之间断也。"道不可见，可以见于川流；道不可见，可以见于人。川流不息、不舍昼夜，正如天行不息。人也要像这江水一样，不停反省，不违天理。孔子在江水之中见天地、见人心。

江水、天地、人心，皆不在道外。朱子认为，江水，天地，人心都"与道为体"。《朱子语类》说："'与道为体'，此四字甚精。盖物生水流，非道之体，乃与道为体也。""与道为体"的意思是，江水本不是道，只是道的载体和形式。"与道为体"是物与道合，非是两物。《朱子语类》又说："'经礼三百，曲礼三千'，无一事之非仁。经礼、曲礼，便是与仁为体。"礼是仁的身体，礼使仁显形，仁与礼合一。

对于川流来说，"与道为体"的表现是川流不息、不舍昼夜。对于人心来说，"与道为体"的表现是不断反省，使自己的视听言动皆合于天理。儒家推崇的自省之功是慎独。《朱子语类》说："若不慎独，便去隐微处间断了。能慎独，然后无间断。若或作或辍，如何得与天地相似！……天命至正，人心便邪；天命至公，人心便私；天命至大，人心便小，所以与天地不相似。而今讲学，便要去得与天地不相似处，要与天地相似。"朱子认为，人心如果邪而不正，私而不公，小而不大，便不合天道。人心要做到与天地相似，这种道德境界不是一般得高。要与天地相似，那就必须每时每刻不间断地与私心私意做斗争。川流不息正是意指不间断的慎独之功。人只有以天为则，才能做到慎独不息。

宋儒阐述天理人心的理论，受到了佛学的影响。《朱子语类》记载，学生问："程子谓：'自汉以来，儒者皆不识此义。'"朱子回应说："是不曾识得。佛氏却略曾窥得上面些个影子。"《朱子语类》又说："只为佛老从心上起工夫，其学虽不是，然却有本。儒者只从言语文字上做，有知此事是合理会者，亦只做一场话说过了，所以输与他。"这里提示了宋儒较之于汉代以来的儒学的某种发展。汉儒多从言语文字上下功夫，而宋儒多从天理人心上下功夫。汉儒对于义理的解释，系统性不如佛学对心性论的解释，佛学对儒学的发展构成了严峻挑战。《论语》多是归纳道理和指导实践，在表面上看不出背后的那一套心性论。宋儒想为儒学建立一套心性论，革新汉代以来的儒学，从而迎接佛学的挑战。这套心性论的根本在于如何阐述不可见的道。具体来说，包括太极阴阳说，慎独主敬说，天理人欲说等。这也是宋儒高抬孟子的原因，因为孟子细致阐述了人性本善的理论。如果儒学不能建立自己的心性论，便会在学术上输给佛学。其社会后果将会是信佛者日众，出世者日多，而有斯文扫地之虞。宋儒在挽救中华文明和儒学大厦这件事上可以说功不可没。

9.17 好德如好色章
子曰："吾未见好德如好色者也。"

孔子说："我没见过像喜好美色那样喜好德行的人。"

"好德如好色"，是一个很好的比喻。用身体上的自然反应来说明诚心诚意的自然状态，类似的比喻还有"如恶恶臭，如好好色"，"见善如不及，见不善如探汤"等。好色是自然的生理反应，情真意切，有动于衷，无法自欺，所以是一种诚的状态。德行其实也很容易伪装。如果好德之诚像好色之诚，那就是真的好德了。孔子意在勉励世人真诚地好德向善。朱子认为，孔子这句话是在卫国有感而发的。朱子《集注》云："《史记》：'孔子居卫，灵公与夫人同车，使孔子为次乘，招摇市过之。'孔子丑之，故有是言。"卫灵公宠幸夫人南子无度，国政混乱。卫灵公属于典型的好色而不好德。孔子用这句话来刺灵公而勉世人。

9.18 譬如为山章

子曰:"**譬如为山,未成一篑,止,吾止也。譬如平地,虽覆一篑,进,吾往也。**"

孔子说:"就像造山,还少一筐土,那也是没完成。停下了,那也是自己要停下。就像在平地上,只要多盖上一筐土,那也是进步。进步了,那也是自己要前进。"

平地为山的关键是坚持积累。《尚书》有云:"为山九仞,功亏一篑。"如果差了一筐土,那也是积累不够。之所以积累不够,是因为自己不再坚持。反之,平地上多一筐土,那也是微小的进步,积少可以成多,积跬步可以至千里。任何一件大事都可以划分为无数的小事来处理。只要朝着正确的方向坚持积累,就会有发生质变的时候。朱子《集注》云:"其止其往,皆在我而不在人也。"其止其往,就像为仁由己,是功亏一篑还是积少成多,取决于自己的选择。当怨天尤人的时候,不妨想想"平地为山"的道理。事情虽然很难,但如果坚持积累,就能脱胎换骨。万里长城是一砖一石堆出来的,西天取经是一步一个脚印走出来的。很多人在达到质变之前选择了半途而废。平地为山起,一览众山小。君子坚持寸进,惟日孜孜,无敢逸豫。

9.19 语之而不惰章

子曰:"**语之而不惰者,其回也与!**"

孔子说:"告诉了他便会毫无懈怠地去做的人,大概是颜回吧!"

"惰"是懒惰懈怠的意思。本条是孔子夸赞颜回的笃行。从《论语》的若干条目也可以看出颜回的笃行,如,"欲罢不能","颠沛必于是,造次必于是","回虽不敏，请事斯语"，"不违如愚"等。《朱子语类》说："惟于行上见得他不惰。"如果知而不行，仍是不知。如果知而笃行，那必然是笃信之。颜回对夫子之道，笃信笃行，所以能够成德。船山《训义》云："明敏不足恃，而笃志不可穷。"如果只靠一点小聪明，而没有笃行寸进之功，最终还是难以成人成事。

9.20 未见其止章

子谓颜渊，曰："惜乎！吾见其进也，未见其止也。"

孔子评价颜渊时说："可惜了！我看到他一直在进步，从未看到他停止努力。"

本条是孔子对颜回的追叹。颜回比孔子小 30 岁，但却先于孔子 2 年去世，享年仅 40 岁。颜回是孔门最好学的弟子。颜回去世后，孔子非常悲痛。一想起颜回，孔子仍然赞不绝口。孔子对颜回好学不止的激赏，既是对颜回的怀念，也是对其他弟子的勉励，还有对大道传承的惋惜。

9.21 苗而不秀章

子曰："苗而不秀者有矣夫！秀而不实者有矣夫！"

孔子说："成了苗却不能开花的情况是有的，开了花却不能结果的情况也是有的。"

朱子《集注》云："谷之始生曰苗，吐华曰秀，成谷曰实。"成苗、开花、结果是不断吸收阳光雨露和土壤肥力的循序渐进的过程。孔子把人的学习成长过程比喻为植物的生长过程。有的人虽天分很好，但是没能坚持学习，所以未能崭露头角，此为苗而不秀者。有的人虽已崭露头角，但是没能坚持学习，终未有所成，此为秀而不实者。所以，船山《训义》说："天质之良不可恃也。"

朱子《集注》云："君子贵自勉也。"人的成长成才，天分当然有作用，但是只依靠天分不可能成长成才。一旦小有所成，不知道继续踏实用功，转而开始外求名利或者不思进取，这也就等于半途而废、前功尽弃了。望梅止渴不能真的止渴，画饼充饥不能真的充饥，天天想着苗而秀、秀而实，也不会真的就实现了。只有好好浇水施肥，防虫去病，种子才能成苗、开花、结果，人才能成长成才。人之为学，应该时时反省，寸进不已。切莫做那苗而不秀者，也别做那秀而不实者。

9.22 后生可畏章

子曰："后生可畏，焉知来者之不如今也？四十、五十而无闻焉，斯亦不足畏也已。"

孔子说："后生让人敬畏，哪里知道他们将来就比不上现在的我们呢？人如果到四十岁、五十岁，还没什么值得称道的东西，这也就不足以让人敬畏了。"

朱子《集注》云："孔子言后生年富力强，足以积学而有待，其势可畏，安知其将来不如我之今日乎？然或不能自勉，至于老而无闻，则不足畏矣。言此以警人，使及时勉学也。""后生可畏"不是说年轻人本身有什么可敬畏的，而是说年轻人还有很长的时间可以积累，潜力可畏。但如果年轻人不能自勉进学，那这样的后生也没什么可畏。毛泽东说，青年人是八九点钟的太阳，代表着希望和未来，但这是以太阳必定会冉冉升起为前提的。孔子说"后生可畏"也是以后生会自勉进学为前提的。古代人均寿命比现在短很多，四五十岁之后便渐入晚年了。放到现在，人虽到四五十岁，若能自勉进学，亦未尝不可有成。其实，只要有求学上进之心，任何时候都不晚。当然，自勉进学还是宜早不宜晚。黑发不知勤学早，白首方悔读书迟。

9.23 改之为贵章

子曰："法语之言，能无从乎？改之为贵。巽与之言，能无说乎？绎为之贵。说而不绎，从而不改，吾末如之何也已矣。"

孔子说："正言相告，能不听从吗？还是改过为好。婉言相劝，能不悦耳吗？还是仔细寻味为好。如果悦耳了却不去仔细寻味，听从了却不去改过，这样的人我也是拿他没办法了。"

朱子《集注》云："法语者，正言之也。巽言者，婉而导之也。绎，寻其绪也。""法语之言"即是义正词严，正言相告。"巽"是恭顺，"与"是赞许，"巽与之言"即是恭顺赞许的话，这样的话使人听得比较开心。"绎"是抽丝，也就是细细寻味的意思。"法语之言"和"巽与之言"是两种开导他人、助人改过的方法，根据具体情境可以使用不同的方法。

至于被劝告的人，应该有一个基本态度。朱子《集注》云："法言人所敬惮，故必从；然不改，则面从而已。巽言无所乖忤，故必说；然不绎，则又不足以知其微意之所在也。"正言容易伤恩，婉言不易奏效。如果是正言相告，要勇于改过。如果是婉言相告，则要细细体会委婉中的意味。无论是正言还是婉言，如果能够改过，其基础都是当事人有一颗三省吾身的羞恶之心。如果正言和婉言都不能奏效，那说明羞恶之心已失，别人也就无可奈何了。

9.24 主忠信章
子曰："主忠信，毋友不如己者，过则勿惮改。"

本章重出。参见《学而》篇 1.8 章。

9.25 不可夺志章
子曰："三军可夺帅也，匹夫不可夺志也。"

孔子说："三军之帅可以被夺，匹夫之志不可被夺。"

君子贵在立志。三军之帅，虽然难夺，但亦可夺。兵法时机得当，抓住敌军统帅也不是不可能，但是匹夫之志却不可夺。朱子《集注》引侯仲良曰："三军之勇在人，匹夫之志在己。故帅可夺而志不可夺，如可夺，则亦不足谓之志矣。"因为志在己而不在人，故不可夺。如果一个人以必死之决心坚定了自己的志向，那是任谁也夺取不了的。正如孟子所说，"富贵不能淫，贫贱不能移，威武不能屈"。要做大事，必先立大志。就像西天取经，历时十几年，走了十万里，遭遇百十劫，还是志在真经。志从何来？志从学来。识得大千世界，认准一生所向，正确而坚定地付出，终有一天，壮志可酬。

9.26 不忮不求章

子曰："衣敝缊袍，与衣狐貉者立而不耻者，其由也与！'不忮不求，何用不臧？'"子路终身诵之。子曰："是道也，何足以臧？"

孔子说："穿着破衣烂衫与穿着名贵服饰的人站在一起而不觉得羞耻，这就是子路吧！'不嫉害，不贪求，会有什么不好的事情呢？'"子路一生记诵这句诗。孔子说："应该追求的是道，哪能说足够好呢？"

本条很能反映子路的性格特点。有些人穿得比较差时，就不好意思与那些穿着华贵的人站在一起。贫者羞于与富者站在一起，是以贫穷为耻。朱子《集注》引吕大临曰："贫与富交，强者必忮，弱者必求。"当然，这个"必"字下得重了。吕大临的意思是，穷人与富人相交，如果穷人能力强，很容易嫉妒富人；如果穷人能力弱，很容易贪求于富人。穷人在富人面前，常常有一种不平衡的心态，但子路并不如此。

子路不以贫穷为耻，即使穿得破破烂烂，与富人站在一起，丝毫不觉得羞耻。富贵有命，修德在己，自己能做的就是修己之德，不忮不求。"忮"即嫉妒，"求"即贪求。"不忮不求，何用不臧"出自《国风·邶风·雄雉》。这首诗表达了妇人对远去当兵的丈夫的思念。"百尔君子，不知德行。不忮不求，何用不臧？"意思是，你们这些为人夫君的人，常常不知自修德行；如果不嫉害、不贪求，哪里会有什么不好的事情呢？妻子担心丈夫在外面乱来，便教导他们要不忮不求。孔子用这句诗是表达对子路的赞美，因为子路能做到不忮不求。子路面对富人，既不嫉妒他们，也不贪求于他们。

但是，孔子觉得，子路做到"不忮不求"还不够；以子路之资质，不应满足于小成，应该更加进取，追求大道。朱子《集注》云："终身诵之，则自喜其能，而不复求进于道矣，故夫子复言此以警之。"道之广大而无所不用，孔子对子路更进一步有所厚望。

从这一条可以看出儒家的等级观。考虑社会分层和社会地位的时候，社会学常常从经济、权力、名望等角度进行评估。这一条展现了一种特殊的情况，贫贱者与富贵者并立而不觉得羞耻，即经济地位较低下，但在心态上又有一种自信。这种自信是从哪里来的呢？儒家承认贫富差距的存在，也不在贫富差距上强求平等。但是儒家强调的是，"贫而乐，富而好礼"，贫者能不忮不求，富者能知礼好义。从根本上说，儒家认为，德性上的修为比经济上的地位更重要。子路在面对贫富差距时的自信是靠着对义理的认知实现。子路之所以能缊袍不耻，根本在于知义修德，俯仰无愧。

儒家对社会地位的测量，不是一个纯客观主义的操作，而是把自己与相应的那个"义"与"德"进行对比。应该感到羞愧的地方，则改过自新，不该感到羞愧的地方，则理直气壮。纯客观主义的测量会把人们的注意力吸引到这些结果的计较上，便会放大这种不平等。《孟子》里说，受人尊敬的东西有三种，"爵一，齿一，德一"，即爵位之尊，年齿之尊和德性之尊。三者鼓励的行为分别是忠君，敬老，修德。假如贫者富者都能修己之德，贫富差距便不是什么太大的问题。对于那些知礼好义的富人，人们往往称赞不已，而不是仇富。有时候是社会有病，不能全怪人心；但有时候是人心有病，也不能全怪社会。

9.27 松柏后凋章
子曰："岁寒，然后知松柏之后凋也。"

孔子说："到每年极寒之时，才知道松柏是最后凋落的。"

本条以松柏喻人，松柏指忠贞君子。松柏的坚贞在极寒天气中方能显现出来。

君子的忠贞平常也许看不出来，到关键时刻便显出来了。反之，关键时刻能够守得住，说明平时修养得好。许多名言警句表达了类似的道理，如疾风知劲草，板荡识忠臣，路遥知马力，烈火识真金。花木烂漫时，松柏并不出类拔萃。但待到那极寒天气时，万木先已凋零，松柏坚守至最后，风骨傲然可见。松柏在极寒天气下也会枝叶凋落。但是与万木相比，松柏会坚守到最后，直到献出生命，也不屈节苟从。

世界之大，何处无松柏？各个国家都有这种代表民族精神的象征物。一如日本人对樱花的喜爱，落樱之可贵不在缤纷之美，而在壮烈之美。松柏如此，樱花如此，人亦如此。这种真精神代表了一种文明的境界。大节不亏，然后君子。以松柏可见君子，在仁者心中，物我何曾有别？见物见己见天地，更将守死而善道。

9.28 仁者不忧章

子曰："智者不惑，仁者不忧，勇者不惧。"

孔子说："智者不疑惑，仁者不焦虑，勇者不恐惧。"

智、仁、勇，分别代表了儒家崇尚的三种人格特质。日本天皇继位时继承的三神器分别是镜、玉、剑，分别代表的是智、仁、勇。镜，常常反观自照而不惑，镜代表智；君子比德于玉，玉代表仁；剑代表勇。朱子《集注》云："明足以烛理，故不惑；理足以胜私，故不忧；气足以配道义，故不惧。此学之序也。"智者可以明察道理，所以不惑。仁者可以克制私欲，所以不忧。勇者可以仗义直行，所以不惧。朱子《集注》说，智、仁、勇是学之序。明理是克私的前提，明理才能克私，但明理未必克私，克私需要更进一步的功夫。克私也需要勇气，有些人即使明白道理，也打算克私，但最终还是胆怯而未能有为。没有勇，智与仁也难以长存。

因个人修养和具体境遇之差别，各人的智、仁、勇的程度不一样。《朱子语类》说："'或生而知之，或学而知之，或困而知之'，三知都是知；'或安而行之，或利而行之，或勉强行之'，三行都是仁；'好学近乎知，力行近乎仁，知耻近乎勇'，三近都是勇。"虽然程度不一样，但性质和方向是一样的，都是朝着智、仁、勇的方向在向上提升。

智者不惑和勇者无惧，还比较好理解。但是，仁者何以不忧？如道家，出世则无忧；如佛家，无执则无忧；如基督徒，奉神则无忧。仁者何以不忧？朱子《集注》曰："理足以胜私，故不忧。"船山《训义》云："不以私欲梏其生理，而养之以和平以求仁也。守之渐定，成之渐纯，以至于土无不安，则成乎仁矣。"朱子和船山认为，无私则无忧。《朱子语类》说："仁者所以无忧者，止缘仁者之心便是一个道理。看是甚么事来，不问大小，改头换面来，自家此心各各是一个道理应副去。"万事万物各有其理，事情来了就有相应的道理去应付。如果牵动私欲，那就不能按照相应的道理去应对，便会扭曲天理人心，所以有忧。

儒家认为，人性本善，心中本不曾有忧，忧只是从外面来。外物牵动私欲，所以有忧。人若能以天为则，时时反省，守持本心，自然可以问心无愧，便能把忧虑挡在外面，又有何忧？从社会学的角度来说，我们对于自己生活的世界有一个基本的自觉，能够明白个人层面的困扰和社会层面的问题这两者之间的区别与关联，知其然亦知其所以然，同时又坚守自己该有的原则和立场。仁至义尽做将去，又有何忧？

最后讨论一个关于"无私"的问题。在朱子这里，无私是超越一己私利的、高尚的仁者精神。无私不代表完全去除自己的利益，利当得就得，不当得就不得，这便是无私。比如，工作领工资是利，用假发票多报销，便是私。亚当·斯密说，人人为己，社会大利。在西方自由主义中，自利是正当的利益。亚当·斯密讲的自私其实是一种高尚的个体主义，不是狭隘的个体主义，是自我负责、理性昌明的个体。在这种社会中，也有利欲熏心、唯利是图的名利客。儒家讲的无私也是一种高尚的仁者情怀，不是虚伪的道德，而是推己及人、民胞物与的情怀。在这种社会中，也会有虚伪狡诈、道貌岸然的伪君子。文明的精华和流弊往往相伴而生，跨文化交流的时候，对于彼此文化中的长短都要有所认识。可惜，现代人越来越难以理解儒家讲的这种无私精神了。仁以为己任，不亦重乎？

9.29 未可与权章

子曰:"可与共学,未可与适道;可与适道,未可与立;可与立,未可与权。"

孔子说:"可以一起学习,未必能一起入道;可以一起入道,未必能一起坚守;可以一起坚守,未必可以一起权变。"

孔子这里在讲循序渐进的学习方法。朱子《集注》引程子曰:"可与共学,知所以求之也。可与适道,知所往也。可与立者,笃志固执而不变也。权,称锤也,所以称物而知轻重者也。可与权,谓能权轻重,使合义也。"权的意思是权衡轻重,意味着灵活性和分寸感。从学习到实践,再到坚守,最后达于权变,在这个过程中,有些人循序渐进坚持下来了,但有些人却过不了关。

经与权的关系。所谓经,是大经大法,一定不易之则。权则是权变,应某种特殊的情况而发生的灵活处置。程子曰:"汉儒以反经合道为权,故有权变权术之论,皆非也。权只是经也。自汉以下,无人识权字。"汉儒认为,权不是经而合于经;程子认为,权即是经。程子批评汉儒制造出许多权变之术,结果出现了更多的离经叛道。程子认为,权即是经,意在强调,权不应离经叛道。

总结《朱子语类》对经与权之关系的看法,具体来说有四点。第一点,经是经,权是权。《朱子语类》说:"经自经,权自权。但经有不可行处,而至于用权,此权所以合经也,如汤、武事,伊、周事,嫂溺则援事。"汤武革命具有合理性,伊尹周公行废立之事也有合理性,嫂子溺水虽然不免肌肤之亲但还是应该施以援手。这些都是权,而不可以说是经。第二,经是常,权是变。《朱子语类》说:"孟子分明说:'男女授受不亲,礼也;嫂溺援之以手者,权也。'权与经岂容无辨!但是伊川见汉儒只管言反经是权,恐后世无忌惮者皆得借权以自饰,因有此论耳。然经毕竟是常,权毕竟是变。"权不是经常发生的事情,所以不可与经同论。第三,权是经的妙用。《朱子语类》说:"盖精微曲折处,固非经之所能尽也。所谓权者,于精微曲折处曲尽其宜,以济经之所不及耳。所以说'中之为贵者权',权者即是经之要妙处也。"第四,合于义的才是权,不能说所有的变通都是权。朱熹举周公和唐太宗的例子做对比。《朱子语类》说:"周公诛管蔡,与唐太宗杀建成、元吉,其推刃于同气者虽同，而所以杀之者则异。盖管蔡与商之遗民谋危王室，此是得罪于天下，得罪于宗庙，盖不得不诛之也。若太宗，则分明是争天下。故周公可以谓之权，而太宗不可谓之权。孟子曰：'有伊尹之志则可，无伊尹之志则篡也。'故在伊尹可以谓之权，而在他人则不可也。权是最难用底物事，故圣人亦罕言之。"周公诛杀管蔡，可以说是权，但唐太宗杀李建成和李元吉，却不可以说是权。权中自是有经，离于经而又合于经。

要达到合于义的权变，很不容易，必须要循序渐进，逐步达到义精仁熟的状态，才能进行妥当的权变。孔子也到七十岁才从心所欲不逾矩。从共学到适道，再从立到权，以慢为快，循序渐进，寸进不已，庶几有成。

9.30 唐棣之华章

"唐棣之华，偏其反而。岂不尔思，室是远而。"子曰："未之思也，夫何远之有？"

"唐棣之花，好茂盛，难道是不想念你吗？只是你家太远了。"孔子说："还是不想念，不然有什么远呢？"

据说这是《诗经》里的诗句，孔子修订《诗经》时将其删掉了。一个人看到唐棣之花开得茂盛，想起了远方的兄弟，慨叹到，不是我不想你，是因为你那里太远了。孔子认为，还是因为不够思念，如果真的思念，就不会在乎路途遥远，千里万里也去了。所以，孔子认定这是虚假的思念。徒言思而不尽其情，徒问学而不行其道，伪也。船山《训义》曰："是诗也，未可以尽心理之致者也，删之可也。"以路途遥远为借口而不尽其情，不能导人于诚，不能勉人向善。"诗三百，思无邪"，触景而生纯诚之情，该诗反而作伪，删之可也。

小结《子罕》篇

本篇集录了孔子的很多名言警句，修辞灵动，妙趣横生，可以以小见大，感悟天道。

乡党第十（17章）

10.1 孔子于乡党章

孔子于乡党，恂恂如也，似不能言者。其在宗庙、朝廷，便便言，唯谨尔。

孔子居乡时，忠厚木讷，好像不能言的样子。他在宗庙和朝堂上，既能言善辩，又小心谨慎。

《乡党》篇风格别致，以细腻的笔触刻画了孔子日常的视听言动，丰富了孔子的形象。从中可见，孔子动容周旋皆中于礼。《朱子语类》也说："《乡党》一篇，自'天命之谓性'至'道不可须臾离也'，皆在里面。"

本条记载孔子在乡党和庙堂的仪态。朱子《集注》云："恂恂，信实之貌。似不能言者，谦卑逊顺。不以贤知先人也。乡党，父兄宗族之所在，故孔子居之，其容貌辞气如此。"孔子跟父兄族人在一起时，好像不太能说的样子。船山《训义》云："朴然一弟子之容……讪然一弟子之言"。船山认为，这是孔子"不以圣自居"。父兄宗亲是知根知底的熟人，他们有些人看着孔子长大，说不定还抱过孔子。孔子在父兄族人面前执弟子礼。这说明，孔子不忘故旧，非常接地气，他不会觉得自己多读了几年书就了不起。孔子饱读诗书、出入庙堂，但他与乡民不是隔阂的状态，而是感通的状态，不是骄傲的态度，而是谦卑的态度。

在庙堂之上，孔子能言善辩。朱子《集注》云："便便，辩也。宗庙，礼法之所在；朝廷，政事之所出；言不可以不明辨。故必详问而极言之，但谨而不放尔。"宗庙和朝廷大事，孔子当然要分辨清楚，才能不误大事。

居乡之孔子与居庙堂之孔子，两相对比，一个静如处子，一个动如脱兔，一静一动，皆合其宜。不管面对什么事情，孔子都能从容应对，这大概就是"圣之时者"吧。

10.2 孔子朝章

朝，与下大夫言，侃侃如也；与上大夫言，訚訚如也。君在，踧踖如也，与与如也。

孔子去上朝，跟下大夫说话，是刚直又从容的样子；与上大夫说话，是和悦又明理的样子。国君在的时候，是恭敬不宁，又分寸得宜的样子。

这一条记载孔子在朝堂上与位分不同的人打交道时的动作仪容。朱子《集注》引许氏《说文》云："侃侃，刚直也。訚訚，和悦而诤也。"朱子《集注》又说："踧踖，恭敬不宁之貌。与与，威仪中适之貌。"张载认为，"与与，不忘向君也"。朱子认为，张载的解释"亦通"。而船山认为，"用张子说，方得贯串，若朱注，则宽而不切。"

孔子对下大夫说话时，敞亮畅快，侃侃而谈，气氛轻松愉快。孔子对上大夫说话时，语气温和，明辨道理，这说明孔子尊敬上级，又不苟从。国君在的时候，孔子非常恭敬，又有点不安，同时也不忘记该有的分寸。恭敬中带有不安，意味着孔子对国君的恭敬胜于大夫。孔子对待国君、上大夫、下大夫的态度不一样，但各有其道理。对下，往往容易摆架子、显官威，但孔子是既有威严，又不失亲和。对上，往往容易阿谀苟从，孔子既怀有尊敬，又不失明辨。对国君，往往容易害怕而不知所措，而孔子既有敬畏之心，又举措得宜。

也许有人认为，孔子的不同态度意味着不平等与阿谀奉承。这种上下级关系，包含了下对上的"敬"，与现代平等观念不一样。如果下对上缺少这种敬，那么组织氛围便容易离心散漫而不团结。如果上对下滥用了这种敬，那么组织氛围便会过度压抑而不畅快。疏于敬或过于敬，都会造成关系的失衡与扭曲。孔子事上接下，有礼有节，分寸得宜，值得学习。

10.3 孔子为摈章

君召使摈，色勃如也，足躩如也。揖所与立，左右手。衣前后，襜如也。趋进，翼如也。宾退，必复命曰："宾不顾矣。"

国君召孔子让他做摈，帮助接待贵宾。孔子行摈礼的时候，脸色变得庄重，两脚变得谨慎，好似盘旋而无处安放的样子。在传话的过程中，对左边的人作揖时，则伸出左手，对右边的人作揖时，则伸出右手，衣服前后飘动起来，整齐美观。走起路来，小碎步急走，像鸟儿张开翅膀一样，平稳舒展。贵宾走了之后，一定复命国君说："贵宾已经走了。"

这一条记载孔子受命帮助国君接见重要宾客的动作仪容。朱子《集注》云："摈，主国之君所使出接宾者。"《周礼》记载："凡四方之使者，大客则摈。"《朱子语类》说："相自是相，摈自是摈。相是相其礼仪，摈是传道言语。"摈的主要作用是在国君和国宾之间传话。《朱子语类》说："古者相见之礼，主人有摈，宾有介。宾传命于上介，上介传之次介，次介传之末介，末介传之末摈，末摈传之次摈，次摈传之上摈，上摈传之主人，然后宾主方相见。"国君和贵宾相见时，礼仪隆重，国君这边有若干名摈，贵宾那边有若干名介。这些摈与介在宾主之间成排而站，负责来回传话。

"勃如也"、"躩如也"。朱子《集注》云："勃，变色貌。躩，盘辟貌。皆敬君命故也。"船山《训义》说"勃如"是"敬盛于中而气盈于外"。"勃如"是勃勃有生机的样子。"躩如"则像"盘辟"，也就是双脚盘旋而无处下脚的样子。船山《训义》说，"躩如"是"敬达于踵而形敛于度"。"勃如"和"躩如"意味着孔子毕诚毕敬，发自内心想做好摈的工作，以至于有点兴奋和紧张，这主要是出于对国君的敬意。

"襜如也"、"翼如也"。"襜如也"，是指向左右传话的过程中，衣服的摆动非常整齐。"翼如也"，是指行礼过程中，但凡要走动时，都是小碎步快走，而且体态平稳舒展。这些动作上的高要求，既说明了郑重其事的态度，也说明了孔子对礼仪分寸拿捏到位。想必孔子练习过很多遍。

宾走必复则是告诉国君贵客已经远去。《朱子语类》说："古者宾退，主人送出门外，设两拜，宾更不顾而去。"对于国之贵宾，国君要出门相送，而且要拜。这时候，国君不方便抬起头来看国贵是否走了。所以，摈的作用之一是提示国君，贵宾已经远去，国君可以免礼了。船山《训义》说，这是"纾君之敬而节其劳"。

一整套流程，就像演戏一样，这便是礼，从中我们可以看到孔子饱满的敬意。孔子真诚做事的态度，分寸得宜的仪容，显示出对国君和贵宾的敬意。在这些繁琐的仪式之中，也可以看出人与人之间应该如何相处的礼节，包括宾主之礼和君臣之礼。

10.4 孔子入公门章

入公门，鞠躬如也，如不容。立不中门，行不履阈。过位，色勃如也，足躩如也，其言似不足者。摄齐升堂，鞠躬如也，屏气似不息者。出，降一等，逞颜色，怡怡如也。没阶，趋进，翼如也。复其位，踧踖如也。

孔子入公门见国君，进外门的时候，曲身而进，就好像门不够高，容不下人通过一样。孔子不会站在门中间的尊位上，进出门的时候也不会踩门槛。过国君之尊位时，虽然国君没有坐在座位上，依然脸色庄重，步伐谨慎，轻声慢语，不敢放肆。要登堂时，提起衣服的下摆，曲身而上，屏住呼吸。见完国君之后，下了一级台阶，脸色由庄重变得轻松和悦。台阶下完之后，又庄重起来，小碎步快行，一副平稳舒展的样子。回到站立的位置上，等国君先走，一副恭敬不安的样子。

这一条记载孔子觐见国君的动作仪容。理解这一条要结合建筑结构和方位来想象孔子的动作仪容。孔子先进前殿的门，曲身而进，不站在门中间，不踩门槛。进了门便是前殿，正上方有国君的座椅，即是朱子《集注》里说的"君之虚位"。即使是虚位，孔子路过时也好像国君坐在那里一样，脸色庄重，脚步谨慎，轻声慢语，不敢放肆。孔子走过国君的座椅，然后出前殿的后门，继续往后殿走。前殿和后殿之间有一片空地，孔子穿过这片空地，然后上台阶。这时，孔子提起自己的衣服下摆，屏住呼吸，曲身登堂，进入后殿，觐见国君。见完国君之后，孔子先下一级台阶，然后放松了一下。这种放松意味着这次觐见没出什么差错。船山《训义》说："若喜君臣之得良会于今日者。"等下完台阶，孔子又恢复了庄重的样子，快速站在一边，给国君让道，等国君先走。站在一旁等待的时候，孔子又是一幅恭敬不安的样子。从肢体动作，到语言甚至呼吸，孔子都分寸得宜。而且，越靠近国君，孔子的敬意就越深重。

从孔子的这一套动作仪式，不难看出孔子的郑重其事，这种郑重其事代表了孔子对这件事情的重视，代表了对国君的敬，绝非没有意义的繁文缛节。随着时代的变迁，这些仪式当然会有变化，但内在的敬意并没有消失。现在我们如果去见自己重视的人，也会打扮收拾一下。这与孔子这里的敬，具有相同的精神实质。其实，只要待人接物，就会有作止语默，便有相应的礼与非礼，古今中外皆如此。若没有这些礼，人就真的手足无措了。

10.5 孔子执圭章

执圭，鞠躬如也，如不胜。上如揖，下如授。勃如战色，足蹜蹜，如有循。享礼，有容色。私觌，愉愉如也。

孔子出使他国，执圭时，曲着身，就好像捧不起的样子。圭的上部到作揖的位置，圭的下部到给人递东西的位置。脸色凝重，带有恐惧的感觉，小碎步快走，拖着脚后跟，就像循着什么路径在走一样。之后行享礼，向他国国君进献礼物，孔子神情专注，脸色和悦。待到私下面见该国国君时，表情喜悦。

这一条记载孔子作为使者出访他国时的动作仪容。孔子出使他国，拜见其国国君，礼分三步。第一步是聘，要执圭。圭是贵重的玉器，是重要场合的礼器。第二步是亨，即向他国国君进献礼物，以通两国之好。第三步是私觌，即私下会见。只有第一步做好了，再能进入到第二步。如果到了第三步"私下会见"的场合，意味着出访顺利，通两国之好的外交使命也就完成了。在这个过程中，孔子的表情渐趋轻松。船山《训义》云："始于专笃其敬，既而和敬交焉，终而唯尽其和，各因其宜，有如此者。"贯穿全过程的是两种精神状态，一种是敬，一种是和。第一步主要是敬，第二步和多一些，第三步和又更多一些。礼以和为贵，以敬为本。

10.6 君子衣服章

君子不以绀緅饰，红紫不以为亵服。当暑，袗絺绤，必表而出之。缁衣羔裘，素衣麑裘，黄衣狐裘。亵裘长，短右袂。必有寝衣，长一身有半。狐貉之厚以居。去丧，无所不佩。非帷裳，必杀之。羔裘玄冠，不以吊。吉月，必朝服而朝。

君子不以绀色和緅色作为衣领边缘的装饰，不以红色和紫色作为贴身的内衣。大暑天时所穿单衣无论是粗布还是精布，出门的时候一定要在外面套个衣服。缁衣用羔裘，素衣用麑裘，黄衣用狐裘。穿在里面的皮裘长一些，右边的袖子短一点。睡觉时一定要穿寝衣，长度比身长多一半。居家穿厚的狐貉。如果不是服丧，会佩戴各种玉饰。如果不是朝祭的正服，那么下裳一定要左右缝边，不必做出褶裥。吊丧时不穿羔裘和红色的帽子。农历每月初一，必定穿着朝服去上朝。

这一条记载孔子穿衣之礼。这条与前面几条相比，不称孔子，改称君子。朱子《集注》解释说："君子，谓孔子。"朱子《集注》又引苏轼曰："此孔氏遗书，杂记《曲礼》，非特孔子事也。"钱穆认为："人人易以取法，若非属一人之事。"从内容上说，不是所有君子都在农历每月初一时"朝服而朝"。所以，这里应该是指孔子。但是，既称君子则说明，可以从孔子穿衣之礼引申为君子穿衣之礼。

"君子不以绀緅饰"。朱子《集注》云："绀，深青扬赤色，齐服也。緅，绛色。三年之丧，以饰练服也。饰，领缘也。"不以绀色和緅色作为衣领边缘的装饰，是因为这些颜色代表了服丧的意思，不能取丧服元素作为装饰，此所以别吉凶。

"红紫不以为亵服"。朱子《集注》云："红紫，间色不正，且近于妇人女子之服也。"何谓间色不正呢？船山《训义》云："红者赤间白色，伤于佻；紫者赤间黑色，伤于丽。"不以红色和紫色为贴身的内衣，因为这些颜色轻佻华丽，很像女人的衣服，此所以别男女，也有远轻佻华丽而近稳重朴实的意思。

"当暑，袗絺绤，必表而出之"。朱子《集注》云："袗，单也。葛之精者曰絺，粗曰绤。表而出之，谓先著里衣，表絺绤而出之于外，欲其不见体也。"大暑天在家可以穿单衣，但出门的时候一定要在外面套个衣服，不能"贪其轻清而自媒也"。"媒"是轻慢的意思。按现在的理解，"必表而出"是礼貌和修养的体现，此所以别文野。

"缁衣羔裘，素衣麑裘，黄衣狐裘"。朱子《集注》云："缁，黑色。羔裘，用黑羊皮。麑，鹿子，色白。狐，色黄。"在不同的场合下，要穿颜色和材质不同的衣服，这些衣服具有不同的礼仪内涵。船山《训义》云："朝服羔裘，以表敬也，其衣则缁。聘享之服麑裘，以著诚也，其衣则素。蜡祭之服狐裘，以息老物也，其衣则黄。"上朝所穿的朝服，出国访问的聘享之服，年终祭祀所穿的蜡祭之服，颜色和材质都不一样。这三者表达的精神内涵分别是：敬、诚、安。

"亵裘长，短右袂"。朱子《集注》云："长，欲其温。短右袂，所以便作事。"这里考虑了保温、方便劳动等功能性问题。"必有寝衣，长一身有半"。意思是，睡觉时不能和衣而睡，也不能不穿衣服，而要穿寝衣睡觉，类似于现在的睡衣，一身有半，大概长至膝盖。"狐貉之厚以居"。这是从保暖的实用性上考虑的。"去丧，无所不佩"。只要不居丧，君子无论穿什么衣服都要佩玉。君子比德于玉，佩玉以自警，此所以别小人。"非帷裳，必杀之"。如果不是重要的朝祭之服，那么可以缝制得简单一点。做朝祭之服那样的褶裥既费料也费工，在不违礼的情况下，可以从简。"羔裘玄冠，不以吊"。羔裘是华贵的衣服，玄冠是吉庆的帽子，如果这样去吊丧，就仿佛别人家里死了人，而自己很开心一样，很不合礼制。"吉月，必朝服而朝"。每个月农历初一，穿着朝服去上朝，这是对上朝议政的重视。

孔子穿衣，非常讲究，每一个讲究的背后都有道理。这些道理可以大致分为两类。第一类是功能性的。如防寒保暖，尺寸合适，做事方便，节约成本等。第二类是礼仪性的，代表了礼之内涵，比如，别男女，别内外，别公私，别文野，别吉凶。穿衣之礼，并不是孔子瞎讲究。直到今天，衣服的颜色、材料和款式虽然发生了变化，但是我们还是在衣服上寄托了功能性的需求和礼仪性的内涵。例如，穿大裤衩和人字拖去听古典音乐会便不雅，衣着华美去参加葬礼便不合适。

关于"必有寝衣，长一身有半"这一句，程子和朱子认为是"错简"，这一句应该在下一条。程子曰："此错简，当在'齐必有明衣，布'之下。"朱子表示同意，"如此则此条与明衣变食，既得以类相从；而亵裘狐貉，亦得以类相从矣。"船山《训义》也把这一句放在了下一条"齐必有明衣"。

10.7 齐必明衣章

齐，必有明衣，布。齐，必变食，居必迁坐。

祭祀之前庄敬，沐浴之后一定穿布做的干净内衣。祭祀之前庄敬，饮食要改变，居处也要跟平常有所变化。

这一条记载孔子在祭祀之前的动作仪容。齐的繁体字是"齊"，斋的繁体字是"齋"。此处是齐不是斋。齐就是整的意思，"齐不齐以致齐者也"，意思是，整理自己的身体和精神，使其毕诚毕敬。古人举行祭祀等重要典礼之前必须保持庄敬的心态，要洗手、沐浴、焚香、穿干净的衣服、不吃荤饮酒等。朱子《集注》云："齐，必沐浴，浴竟，即著明衣，所以明洁其体也，以布为之。"明衣是指干净的内衣，不能洗完澡之后不换衣服，或者去穿平常没有洗的睡衣。船山《训义》认为，之所以用布，乃是因为"简素而适体"。"变食"是指"不饮酒、不茹荤"。"迁坐"是指"易常处也"。船山《训义》说："其居也，必迁于恒之所坐，不处于外寝，以绝人事，不处于内室，以远中馈。"也就是说，不理俗事，不近女色。"中馈"，本来是指妇女在内管理膳食内务等，引申为妻室的意思，远中馈即祭祀之前不近女色。

接受祭祀的是祖先和神灵，祭祀是非常庄严肃穆的事情。朱子《集注》引杨时曰："齐所以交神，故致洁变常以尽敬。"船山《训义》说："齐一其心志而交于神明。"这种仪式感的背后是"敬"的心态，即全心全意灌注在祭祀的对象上。古人认为，不毕诚毕敬则无以通神。

10.8 食不厌精章

食不厌精，脍不厌细。食饐而餲，鱼馁而肉败，不食。色恶，不食。臭恶，不食。失饪，不食。不时，不食。割不正，不食。不得其酱，不食。肉虽多，不使胜食气。惟酒无量，不及乱。沽酒市脯，不食。不撤姜食，不多食。祭于公，不宿肉。祭肉不出三日，出三日，不食之矣。食不语，寝不言。虽疏食菜羹，必

祭，必齐如也。

饭以精美为好，脍肉以细切为好。饭因为天气湿热而变味了，鱼和肉腐烂变味了，不吃。颜色变差了，不吃。发出恶臭，不吃。烹饪不到位，不吃，不是时令的食材，不吃。肉，割的部位不正，不吃。没有相应的酱来配肉，不吃。肉虽吃得多，但也不要过多。酒没有量的规定，但不要到乱来的程度。买来的酒和肉脯，不吃。吃完后不撤姜食，但也不多吃。公祭的胙肉，当天晚上就分给亲族。家祭的胙肉三天之内分给亲族，超过三天就不吃了。吃东西时不说话，要睡觉时也不说话。即使是用简单的蔬菜稀饭，一定要祭祀祖先，而且要毕恭毕敬。

这一条记载孔子的饮食之礼。"食不厌精，脍不厌细"。粮食舂得越精越好，肉切得越细越好，食物要精细。孔子只是以精细为好，并不苛求之。如果是苛求，那就是像后面的句式，如"食不精，不食，脍不细，不食"或"食必精，脍必细"等。孔子饭疏饮水曲肱而枕乐在其中，必不苛求至此。朱子《集注》也说："不厌，言以是为善，非谓必欲如是也。"船山《训义》从另外一个角度进行了解释："中馈之职，以养君子，宜也，何厌之有？夫精与细则所必食矣，然不必精细而亦未尝不食也。若夫为之者不诚，奉之者不敬，而食之也有损，则必却而不食。"船山认为，把食物做得精细，体现了妻子对丈夫的诚敬之心。

"食饐而餲，鱼馁而肉败，不食。色恶，不食。臭恶，不食。失饪，不食。不时，不食。"朱子《集注》云："饐，饭伤热湿也。餲，味变也。鱼烂曰馁。肉腐曰败。色恶臭恶，未败而色臭变也。饪，烹调生熟之节也。不时，五谷不成，果实未熟之类。此数者皆足以伤人，故不食。"这一串的"不食"都有功能性的原因，比如食物有不同程度的变质，烹饪火候不够没有做熟，食材季候不对还没成熟。这些都对身体不好，所以孔子不吃。

"割不正，不食。"这里的不正，不是说割下来的肉必须是方方正正的形状，孔子没有这种强迫症。船山《训义》说："当其割之也，骨有贵贱，体有上下，贵者取贵焉，贱者取贱焉，各有正也，殽杂而登之于俎豆，失其理而歆邪无度，是所以赐小人也，不食也。"割得正不正，要看主人割哪个部位的肉来招待客人。有些部位的肉更好，有些部位的肉更差，如果是猪杂，那是招待小人而不是招待君子的。因此，割得正不正主要考察的是主人的待客之道。如果主人待客不以其道，那孔子宁愿不吃。我们去别人家里做客的时候，若是主人把好肉藏起来，把差肉端出来，恐怕心里也会有被轻慢的感觉。

"不得其酱，不食"。这是指口味的问题，就像有人不吃辣，有人不吃蒜。"肉虽多，不使胜食气。惟酒无量，不及乱。"这是说，饮食喝酒要适度。"胜食气"是指超过必要的食量。"沽酒市脯，不食"。朱子《集注》曰："沽、市，皆买也。恐不精洁，或伤人也。"船山《训义》云："此小人贪饕无厌者之追求而可即醉饱者也。"朱子是从食品安全的角度来解释的，船山是从贪吃的角度来解释的。"不撤姜食，不多食"。吃完了饭，留下姜不撤，但不多吃。朱子《集注》云："姜，通神明，去秽恶，故不撤。"船山《训义》云："于食道为宜。"钱穆说："可以却倦。"朱子是从通神明的角度解释的，而船山和钱穆是从有益肠道和提神解困的功能角度进行解释的。

"祭于公，不宿肉。祭肉不出三日，出三日，不食之矣"。公祭的胙肉当天就要分给大家吃掉，家祭的胙肉不超过三天也要吃掉。共享祭祀之肉是共享祖宗荫庇的重要表现。公祭因为程序复杂，肉要提前准备好，为了防止食物变质，祭祀之后需要当天就分给大家吃掉，寓意是"不留神惠"，即让大家尽快分享神的恩惠。家祭的道理也是一样，朱子《集注》云："盖过三日，则肉必败，而人不食之，是亵鬼神之余也。"如果把家祭留下的胙肉扔掉了，就好像是亵渎祖先了。

"食不语，寝不言"。吃饭就好好吃饭，睡觉就好好睡觉。"虽疏食菜羹，必祭，必齐如也。"朱子《集注》引陆德明曰："鲁'论''瓜'作'必'。"朱子《集注》和船山《训义》都是按"必祭"来解释的。各家贫富不一，富贵之家可以用玉盘珍羞来祭祀，但贫穷人家只能用疏食菜羹来祭祀。虽然祭祀的物品不够丰盛，但一定要尽心尽力，毕诚毕敬。朱子《集注》云："孔子虽薄物必祭，其祭必敬，圣人之诚也。"

一如孔子对穿衣的讲究，孔子对饮食也非常讲究，其中不仅有功能性的内容，也有礼仪性的内含。《朱子语类》说："一言一语，一动一作，一坐一立，一饮一食，都有是非。是底便是天理，非底便是人欲。"孔子的讲究并不是瞎讲究，而是从天道人心出发、动容周旋皆中于礼的高度自觉。

10.9 席不正章
席不正，不坐。

坐席的位置不正，便不坐。

这一条记载孔子坐的动作仪容。如果坐席的位置不对，孔子便不坐。他是担心乱了尊卑礼数，有僭越失礼之嫌，所以非常谨慎。非礼勿坐，即使坐上去也难以心安。这时候应该先正席位，而后入座。这与"曾子易箦"的故事非常像。曾子没做过大夫，因而不敢使用大夫专用的席子，正是"席不正，不坐"的表现。《乡党》篇看似繁琐，其实里面藏着修身的要旨，举手投足、动容周旋皆有其礼。孔子也不是喜欢讲究这些繁文缛节，盖有不得不如此之深意。

10.10 乡人饮酒章
乡人饮酒，杖者出，斯出矣。乡人傩，朝服而立于阼阶。

乡人饮酒时，老人家走了，孔子也跟着走。乡人举行傩这种仪式的时候，孔子穿着朝服站在阼阶那个位置。

这一条记载孔子参加乡党集体活动时的动作仪容。乡党举办饮酒会，聚会结束后应该怎么离场，这也是有讲究的。乡党饮酒会，地位比较高的是那些"杖者"，即六十岁以上的老年人。朱子《集注》云："六十杖于乡。"杖不只是年老体衰、辅助行走之用，兼得敬老文化之妙用。孔子的做法是"杖者出，斯出"。朱子《集注》云："未出不敢先，既出不敢后。"这句话把"斯"字的含义揭示出来了。老者没走，孔子也不走；老者走了，孔子紧随其后，也不敢留。船山《训义》云："夫子于乡人之饮酒，则惟修敬长之礼，视杖者以为度。杖者未出而不出，无妨于同乐，而吾以敬老故留也。杖者出而斯出，不与弟子同其狎，则自此以后皆付之不见不闻，乡人之情得，而君子之威亦全矣。"孔子留与走，皆以老者为准，这是敬老的体现。老者在，孔子就留下来与大家同乐；老者走，孔子也不一直待着，不然那些年轻人也放不开。孔子与民同乐而不与狎乐，远近得其宜。

乡党举行傩这种仪式时，孔子郑重其事，穿着朝服站在阼阶上。朱子《集注》云："傩，所以逐疫……傩虽古礼而近于戏。"傩这种仪式，目的是通鬼神以驱赶疫情。孔子穿戴整齐，以示重视。按照古人的房屋结构，堂下有两个阶，一个阼阶，一个西阶。主人走阼阶，客人走西阶。阼阶即主人迎宾之位。孔子立于阼阶，是以礼相待，郑重其事。孔子真是"无所不用其诚敬也"。

船山《训义》云："非予之以近情，则无以导其和，而非示之以节而不与同流，则无以作其肃。观于圣人而得其妙用焉。"君子与乡人相处，并不容易，远之则不亲，近之则不恭。但是孔子能进退有度，真是深谙世故的知礼者。

10.11 康子馈药章

问人于他邦，再拜而送之。康子馈药，拜而受之，曰："丘未达，不敢尝。"

孔子嘱托使者去看望外邦友人，一定要在使者转身离开之后再拜相送。季康子给孔子送药，孔子拜受了，但没有尝。孔子说："我还不明白这药跟我的病是否完全对症，所以不敢尝。"

这一条记载孔子与人交往的情状。这里讲述了两个小故事。第一个故事是孔子对外国友人的挂念，他因故不能亲往，而托使者去往问候。使者走的时候，孔子一再拜送，以示重视。朱子《集注》云："拜送使者，如亲见之，敬也。"第二个故事，孔子生病的时候，季康子派人来送药给他。朱子《集注》引范祖禹曰："凡赐食，必尝以拜。"但是孔子只拜而不尝。朱子《集注》引杨时曰："大夫有赐，拜而受之，礼也；未达不敢尝，所以慎疾；必告之，直也。"孔子不能确定这是否是对症之药，这是慎疾的表现。孔子直言相告，可谓君子坦荡荡。"丘未达"的"达"字可以理解为，通达、明白（药性）。第一个故事说明孔子情深，第二个故事说明孔子坦荡，可见孔子之真诚。

10.12 问人不问马章

厩焚。子退朝，曰："伤人乎？"不问马。

孔子家的马厩着火了。孔子退朝回来后，问："人受伤了吗？"孔子首先问人不问马。

这一条记载孔子在突发情况下的轻重权衡。孔子家的马厩着火了，但孔子得知此事的第一反应是关心人有没有受伤，而不是先关心牲畜和房屋等财产损失。孔子的第一反应说明孔子以人为本，把人看得比财产重要。朱子《集注》云："非不爱马，然恐伤人之意多，故未暇问。盖贵人贱畜，理当如此。"船山《训义》也说："处变之际，事极仓猝，而轻重之权衡，有难乎审者。唯圣人浑然一理，则有条而不紊，出之自然。"在这种突发情况下，孔子权衡轻重，自然而然地问人不问马，可见孔子义理醇熟。

10.13 不俟驾行章

君赐食，必正席先尝之。君赐腥，必熟而荐之。君赐生，必畜之。侍食于君，君祭，先饭。疾，君视之，东首，加朝服，拖绅。君命召，不俟驾行矣。

国君赐予食物，孔子一定正席而坐，先尝一尝，然后颁赐给亲族。国君赐予生肉，孔子一定要煮熟之后献祭给祖先。国君赐予活的牲畜，孔子一定要养起来。在国君祭祀时，孔子为国君准备食物，会自己先尝一下。孔子卧病在床，国君来看望他，孔子头朝东边，把朝服盖在身上，然后放上绅带。国君有事召见，孔子不等马车准备好就先出发了。

这一条记载孔子事君之礼。"君赐食，必正席先尝之"。朱子《集注》云："正席先尝，如对君也。言先尝，则馀当以颁赐矣。"正席是端正坐仪，郑重其事，就好像国君就在眼前一样，这是尊君。先尝然后颁赐众人，是让大家一起分享国君赐予的食物，也是尊君的表现。"君赐腥，必熟而荐之"。朱子《集注》云："腥，生肉。熟而荐之祖考，荣君赐也。"把国君赐给的生肉献祭给祖先，既是荣耀祖先，也是尊君。"君赐生，必畜之"。国君赐的活牲口，就蓄养起来。朱子《集注》云："畜之者，仁君之惠，无故不敢杀也。"因为是国君所赐，所以圈养起来，留到重要的典礼再用，也是尊君。

"侍食于君，君祭，先饭"。朱子《集注》云："侍食者，君祭，则己不祭而先饭。若为君尝食然，不敢当客礼也。"国君祭祀的时候，孔子负责帮助国君准备食物招待宾客，孔子先为国君尝一下味道。孔子是国君身边做事的人，不是宾客，不能和宾客一起吃。

"疾，君视之，东首，加朝服，拖绅"。关于"东首"的解释，朱子和船山有分歧。朱子《集注》云："东首，以受生气也。"船山《训义》云："卧于南牖之下而东首，君入自户，在牖之东，首即近君，而不敢以足向君。"船山的解释似乎更合理一些。关于朝服与拖绅，朱子《集注》云："病卧不能着衣束带，又不可以亵服见君，故加朝服于身，又引大带于上也。"国君来探病，孔子卧床，无法穿戴齐整，只好把朝服和绅带盖在身上，以示庄重，是尊君也。

"君命召，不俟驾行矣"。国君有事要自己去办，孔子不俟驾而行，是急君命，也是尊君。马车还没准备好，孔子就先出发了，马车赶上孔子，然后孔子再坐马车过去。从结果上看，好像孔子还是跟马车同时到的。实则不然，孔子一旦重视君命，不俟驾而行，那么驾车的人看到孔子已经先行出发，就会认真对待，不会拖拖拉拉。要是驾车的人看到孔子不紧不慢地在那等，可能会觉得事情不那么着急，便也慢一点。

从君有赐，侍君祭，君视疾，君有召这四件事情中的诸多细节，都可以看出孔子对国君满满的敬意。船山《训义》云："敬君者，具其礼，而或不能本之于敬；笃于敬，而或不能详于其礼。圣人为人伦之至，唯敬与礼之交至，无微不谨，在变如常，在迫益严，斯以不可及已。"孔子事君尽礼，爱君尽心，其敬可知矣。孔子认真做事的态度值得学习。后人将之视为孔子对国君的谄媚，这种理解是草率的。

10.14 朋友死章

入太庙，每事问。朋友死，无所归，曰："于我殡。"朋友之馈，虽车马，非祭肉，不拜。

孔子进入太庙行礼，事无巨细都要问一问。朋友死后没有归宿，孔子说："在我这出殡吧。"朋友送的东西，即使是车马这样贵重的东西，孔子也不拜，除非朋友送来的是祭祀的胙肉。"

这一条记载孔子交友之礼。"同门曰朋，同志曰友"，那时候的朋友，是指关系亲密、志同道合的人，而非泛泛之交。朋友死，没有归宿，孔子代为敛葬，就好像是自家人一样。朋友送给自己的东西，即使贵重如车马，孔子也不拜，而是坦然受之，这代表了朋友的通财之义。同理，孔子对自己的朋友，赠送礼物或进行援助也不会吝啬。但如果朋友送来的是祭祀的胙肉，那孔子还是要拜的。这是对朋友祖先的敬意。朱子《集注》云："朋友有通财之义，故虽车马之重，不拜。祭肉则拜者，敬其祖考，同于己亲也。"

为朋友做事，即使麻烦如丧葬，孔子也主动帮忙。通朋友之财，即使贵重如车马，孔子也坦然受之。朋友送来的胙肉则拜受之，是尊敬朋友祖先的表现；祖先是朋友最尊敬的人，所以自己也要充满敬意。诸种细节都在表明，孔子与朋友亲密无间的友好状态。把朋友的事情当成自己的事情，这就是一种推己及人的精神。当现代个体主义以人己之间的界限分明作为一种道德状态时，儒学却是以人己之间的连结或良好关系作为一种道德状态。中西文明之间社会构成方式的这个基础性的差异值得重视。

"入太庙，每事问"在《八佾》篇 3.15 章已经出现过。太庙是国君宗庙，这里是指周公庙。"入太庙，每事问"似乎放在 10.13 条比较好，统于敬君之事。10.14 条记孔子交友之事。

10.15 寝不尸章

寝不尸，居不容。见齐衰者，虽狎，必变。见冕者与瞽者，虽亵，必以貌。

凶服者，式之。式负版者。有盛馔，必变色而作。迅雷，风烈，必变。

睡觉时，不像死尸那样僵硬地躺着。闲居时，不像祭祀会客那样矜持。如果见到服齐衰的人，即使平时与他亲近狎戏，这时候也必变为哀容。见到衣着华美的尊贵者和瞎眼的可怜人，孔子即使穿着内衣，也一定通过表情来传达礼意。孔子坐在马车上，看到穿凶服的人，会扶着马车的栏杆，低头，身体前倾；在马车上见到背着邦国图籍的人，孔子也会凭栏低头。去别人家里做客，主人如果端出丰盛的美食，孔子一定会流露出惊喜的表情，起身致意。若遇到迅雷烈风，孔子脸色必然发生变化，似乎有所不安。

这一条记载孔子容貌之变。"寝不尸，居不容"。朱子《集注》云："尸，谓偃卧似死人也。"朱子《集注》引范祖禹曰："寝不尸，非恶其类于死也。惰慢之气不设于身体，虽舒布其四体，而亦未尝肆耳。""寝不尸"是不希望人僵卧而生懒惰之心。朱子《集注》引范祖禹曰："居不容，非惰也。但不若奉祭祀、见宾客而已，申申夭夭是也。""居不容"是说在家闲居时，不用保持祭祀那样的矜持，可以适当放松些。"寝不尸"是不过分松弛，"居不容"是不过分紧张，孔子张弛有度。

"见齐衰者，虽狎，必变"。见到别人的亲人去世，孔子也会生出哀痛，脸色会变得哀伤。"见冕者与瞽者，虽亵，必以貌"。孔子见到尊者，表现出尊敬；见到瞎子，表现出怜悯；即使当时穿着随意，表情也一定会相应地有所变化。《子罕》篇 9.9 章也记载："子见齐衰者、冕衣裳者与瞽者，见之，虽少必作；过之，必趋。"

"凶服者，式之。式负版者"。朱子《集注》云："式，车前横木。有所敬，则俯而凭之。负版，持邦国图籍者。式此二者，哀有丧，重民数也。"见服丧者则生出哀情，见持邦国图籍者则是对生民之命的重视，即使孔子站在马车上，也要通过凭栏低头的方式表达一下自己的情感。孔子悲天悯人，贵生爱人，心中有大仁。

"有盛馔，必变色而作"。朱子《集注》云："敬主人之礼，非以其馔也。""迅雷，风烈，必变"。朱子《集注》认为，这是孔子"敬天之怒"，反思自己有什么做得不合天理的地方。船山《训义》云:"恐人物之有罹其不测者,故为之不宁也。"船山认为,孔子在担心会有人受灾。

孔子的容貌之变,若不能设身处地体会,有可能觉得像在表演作秀。但是,这些应物而变,不正体现出孔子一颗"活泼泼"的仁心吗?这些容貌之变不是孔子表情管理得好,而是有动于中,发之于外。仁者作止语默如此,令人心生感动。孔子动容周旋皆是礼,现代教育的一大缺憾可能正是"不知礼"。

10.16 孔子升车章

升车,必正立,执绥。车中不内顾,不疾言,不亲指。

孔子乘马车时,必然站直了,抓着上车的绳索登车。在车上时,孔子不回头看,不激烈地说话,不亲自用手指东指西。

这一条记载孔子乘坐马车的动作仪容。"升车,必正立执绥"。朱子《集注》云:"绥,挽以上车之索也。"孔子站直了,抓着绳子,堂堂正正、从从容容地登车。"不内顾"是指不回头看。船山《训义》云:"若内而反顾,则身亦荡,而车不定矣。"古代乘坐马车不能乱动,否则会影响马车的平衡。"不疾言"是指不激烈地说话,目的是"御右之情不遽,而路人亦不骇也",可以让驾车的人从容驾车,也不会惊吓路人。"不亲指"是指手不离护栏,也不要用手去指东指西。船山《训义》说:"或望远而有所谓,以其方告人耳,御者可代为指也,则人之瞻视不惑,而身容亦肃也。"船山认为,"不亲指"是不影响他人的视线,同时也让自己身容整肃。朱子《集注》认为,内顾,疾言,亲指"三者皆失容,且惑人"。这个简要版的古代乘车指南,突出了两个方面的考虑。一个是交通安全上的功能性考虑,另一个是保证士大夫出行的仪容整肃。船山《训义》总结为:"驰四方而无覆绩之忧,起人敬畏而不敢狎也。"

10.17 山梁雌雉章

色斯举矣,翔而后集。曰:"山梁雌雉,时哉!时哉!"子路共之,三嗅而作。

人的脸色一变，雌雉就飞走了，然后又回翔，觉得放心之后才集中降落。孔子说："山脊上的雌雉，知时宜啊！知时宜啊！"子路听闻后，恭敬地朝雌雉拱手作揖，雌雉张了三下翅膀，飞走了。

这一条记载孔子在山中遇雌雉一事。"雌雉"是雌性野鸡。船山《训义》把这一条理解为鹰隼和雌雉的对比，似牵强。朱子《集注》的解释是："鸟见人之颜色不善，则飞去，回翔审视而后下止。人之见几而作，审择所处，亦当如此。然此上下，必有阙文矣。"雌雉看到人脸色变了，以为人要去抓它们，就飞起来了，然后群鸟起飞盘旋，又找到了合适的地方落在一起。"子路共之"。"共"解作"恭或拱"。"嗅"即"臭"，"张两翅也"。子路听到夫子的赞美之后，向雌雉拱手作揖。雌雉以为子路要去抓它们，所以展了几下翅膀，飞走了。

朱子认为，这里是以雉喻人。意思是，人应该像雉一样，适时而动，止于至善。这也就是"时哉"的意思，孔子反复咏叹而赞美之。船山《训义》云："凡所记夫子之言语、容貌、居处、服食、应接之道，几乎备矣。以要言之，时而已矣。"孟子称赞孔子为"圣之时者"："可以仕则仕，可以止则止，可以久则久，可以速则速，孔子也。"孔子仁熟义精，仕止速久皆能随其时宜而应接有度，止于至善。《乡党》篇描述的各种场合，孔子皆应对有度。

"山梁雌雉"这一条的画面感很强，孔子智慧旷达，子路憨直可爱，雌雉翔而后集，受惊飞去，亦颇有野趣。山梁雌雉与圣之时者，一语双关，言近旨远，意味悠长。以"雌雉时哉"收束《乡党》篇，不亦时哉？

小结《乡党》篇

本篇描画孔子日常视听言动之神韵。孔子以天为则，仁熟义精，动容周旋皆中于礼，可谓圣之时者。前十篇为上编，后十篇为下编，至此已是半部《论语》。

先进第十一（25章）

朱子《集注》云："此篇多评弟子贤否。"

11.1 吾从先进章

子曰："先进于礼乐，野人也；后进于礼乐，君子也。如用之，则吾从先进。"

孔子说："先进于礼乐，时人反而认为是郊野乡民所为；后进于礼乐，时人反而认为是贤士君子所为。如果要实行礼乐，那我选择'先进于礼乐'。"

这里的"野人"不是指野蛮人。朱子《集注》云："野人，谓郊外之民。""野人"是那些居住在偏远乡下的乡民。《论语》里的"野人"与"小人"都不能按现代汉语的意思来理解。

朱子《集注》引程子曰："先进于礼乐，文质得宜，今反谓之质朴，而以为野人。后进之于礼乐，文过其质，今反谓之彬彬，而以为君子。盖周末文胜，故时人之言如此，不自知其过于文也。"先进于礼乐者，更质朴，有似乡民之淳朴，时人反以为野。后进于礼乐者，更奢华，时人反以为文。孔子曰："礼，与其奢也，宁俭。"礼，最好的状态是得其中，但如果非要在奢与俭中选一个，那孔子会选俭。同理，如果要在文与质之间选一个，那孔子会选质，也就是孔子所说的"吾从先进"。

《朱子语类》举了一个"过于文"的例子："某在南康时，通上位书启，只把纸封。后来做书盝，如今尽用紫罗背盝，内用真红。事事都如此，如何合杀！"为了表示对上司的礼敬，专门在装信的用具上下功夫。相比之下，信的内容，以及平时的尽忠职守当然更为重要。如果过于文，则容易生出繁文缛节，导致浮华奢靡，丢失真情实感，逐渐心为物役。没有真情实感，只是在"文"上做功夫，那不过是虚礼。子曰："人而不仁，如礼何；人而不仁，如乐何。"也是这个道理。《朱子语类》又说："乡原直是不好，宁可是狂底、狷底。如今人恁地文理细密，倒未必好，宁可是白直粗疏底人。"朱子认为，八面玲珑而无原则的乡愿不如狂狷之士，"过于文"反而不如"白直粗疏"的人。

孔子对当时的礼乐之风有不满，一方面是礼崩乐坏，另一方面是以过文为美。礼崩乐坏是剧烈的表征，而以过文为美是不知不觉钻入社会肌体的奢靡之风。文质彬彬，然后君子。如果二者不可得兼，还是以质为美吧。朴素真诚一点好。

11.2 孔门十哲章

子曰："从我于陈、蔡者，皆不及门也。德行：颜渊、闵子骞、冉伯牛、仲弓。言语：宰我、子贡。政事：冉有、季路。文学：子游、子夏。"

孔子说："当年跟随我在陈国和蔡国的弟子，如今都不在身边了。德性优秀者如颜渊、闵子骞、冉伯牛、仲弓。言语优秀者如宰我、子贡。政事优秀者如冉有、季路。文学优秀者如子游、子夏。"

孔门这十个弟子被称为孔门十哲。孔门中的优秀人才当然不止这些，比如曾子便不在列。德行、言语、政事、文学，又称为四科。德行是指"传圣道而成其德，体德性而敦于行"，道德品质高尚，其长处是"笃于慎修"。言语是指"言足以论道，语足以专对"，口才很好，其长处是"明于辨说"。政事是指"授以大政而可任，试于小事而不遗"，是当官的好材料，其长处是"长于干济"。文学是指"传礼乐之遗文，集诗书之实学"，是做学问的潜力股，其长处是"深于经术"。四者之中，德行是根本。《朱子语类》说："德行，得之于心而见于行事者也。"《朱子语类》又说："德行是个兼内外、贯本末、全体底物事，那三件，各是一物见于用者也。"

朱子《集注》云："孔子尝厄于陈、蔡之间，弟子多从之者，此时皆不在门。故孔子思之，盖不忘其相从于患难之中也。"孔子在年老体衰的时候，列数自己的弟子，体现了对弟子们的思念，特别是当年一起周游列国、同甘共苦的弟子们。孔子有教无类，诲人不倦，教出了许多优秀的人才，也会有几分自豪吧。船山《训义》云："道穷于天下，而不穷于吾徒。"

船山认为，孔子话里还透着感伤。船山《训义》云："夫子之教，以德行为本，而言语、政事、文学，无非以体道之大全。使天者天假之年而诸子无四方之事，其所造就，必能以兴绝学于天下。则不及门之叹，夫子实为斯道伤也，亦为诸子伤也，宜矣！"之所以感伤，也许是因为孔子在有生之年没能看到王道兴起吧。《礼记·檀弓》记载了孔子临终前做的一个梦："梦奠两楹"。孔子说："夏后氏殡于东阶之上，则犹在阼也；殷人殡于两楹之间，则与宾主夹之也；周人殡于西阶之上，则犹宾之也。而丘也殷人也。予畴昔之夜，梦坐奠于两楹之间。夫明王不兴，而天下其孰能宗予？予殆将死也。"然后，孔子"寝疾七日而没"。孔子认为，明王不兴，儒学不兴。这时，孔子唯一的儿子，以及孔子颇为喜欢学生颜回、子路都已先于孔子去世。孔子也许是带着遗憾离世的。

孔子虽未能在位行道，但是一生传道。儒学不坠，延续至今，全赖孔子保全和孔门弟子传承，中华文明由此源源不断，生生不息。孔子如果知道儒学对中华文明影响如此深远，想必也可含笑于天。

11.3 回非助我者章
子曰："回也非助我者也，于吾言无所不说。"

孔子说："颜回不是能帮助我教学相长的人，对于我说的话，他没有不感到愉悦的。"

朱子《集注》云："助我，若子夏之'起予'，因疑问而有以相长也。"子夏经常问孔子问题，从而推进孔子的思考。颜回则是"不违如愚"，不能直接助益于教学相长。《朱子语类》说："颜子于圣人之言，默识心通，无所疑问。故夫子云然，其辞若有憾焉，其实乃深喜之。"朱子的理解非常精准，看起来孔子对颜回不能"助我"似有不满，但其实对颜回的笃信笃行深感高兴。从孔子的角度来说，他希望看到的结果是弟子们能够自立成才，如船山《训义》所说，"与其益我，勿宁自益"。这不就是孔子所说的为己之学吗？当然，从学生的角度来说，最好是既能笃信好学、守死善道，又能辅助老师、教学相长。

11.4 孝哉闵子骞章
子曰："孝哉闵子骞！人不间于其父母昆弟之言。"

孔子说："闵子骞真孝顺啊！旁人对他孝行的评价跟他父母兄弟的评价是一样的。"

"不间"即没有间隙。别人对闵子骞孝道的评价和闵子骞的父母兄弟对他孝道的评价是一样的。为什么要用这样的方式来说明闵子骞的孝呢？船山《训义》云："父母之谓孝，则洵孝矣。……或未尽于隐微，则父母谅之。"孩子有一些地方做得不好，父母常常不计较，也不会跟外人说，反而对别人说很孝顺。这就是船山所说的"洵孝"，其实也算是人之常情吧。因此，父母说自己的孩子孝顺，旁人可能并不觉得，与之相应的另一个情况是旁人认为这个人很孝顺，但父母觉得不过如此。因为这个人不过是在外人面前装装样子罢了。即使如此，父母常常也不会说破，这对父母自己来说也不是什么光彩的事情。前一种是"洵孝"，后一种是"伪孝"。"洵孝"的情况是父母维护自己的孩子，而"伪孝"的情况则是孩子有心作伪，其心可诛。因此，只有家人和外人都称孝，才是真孝。如果闵子骞不是在孝心孝行上做得很出色，恐怕难以获得内外一致的好评。

孝不是做给外人看的，也不能利用父母的包容来放松要求。孝顺不只是给爸妈养老钱，也不只是给爸妈过生日。船山《训义》云："孝无一定之理，而但有同然之心。"孝顺要以父母之心为心。心的厉害之处在于它无所不至的感受力，可以超越数量和形式上的差异性，把握到质量和性质上的一致性或同然性。给父母一万块的人未必比只给父母一百块的人孝顺。当然，在一个观念转型的时代，家庭内部代际关系的问题更加复杂，"外人"视角往往难以把握家庭内部的情感定向。

11.5 三复白圭章
南容三复"白圭"，孔子以其兄之子妻之。

南容反复吟诵《诗经》里的"白圭"诗句，孔子后来把哥哥的女儿许配给他了。

愿意以身相许，这是女性对一个男人的高度评价。孔子愿意把自己的侄女嫁给南容，也可以看出孔子对南容的高度肯定。南容反复吟诵《诗经·大雅·抑》里的一句诗："白圭之玷，尚可磨也；斯言之玷，不可为也。"白圭是白色的玉器，玷是污点。白圭的瑕疵尚可打磨掉，说出来的话，即使有污点，也难以收回。意思是，人应该谨言慎行，哪怕是一点小小的污点，也要想办法改掉。南容反复吟诵，必是深有体会。在《公冶长》篇 5.1 章中，孔子评价南容："邦有道，不废；邦无道，免于刑戮。"南容勤于修身、谨言慎行，无论治世或乱世，他都有保全之术。

无论是"三复白圭"这一细节，还是"以其兄之女妻之"这一事实，都体现出《论语》精准的语言表达能力。语言表达的精准性意味着对事实、理论和逻辑的精准把握。《论语》表达惜字如金，孔子讲话滴水不漏，如果不是深谙天理人心，洞察人情世故，恐怕达不到这样的水平。

11.6 颜回好学章

季康子问："弟子孰为好学？"孔子对曰："有颜回者好学，不幸短命死矣。今也则亡。"

季康子问孔子："哪个弟子好学啊？"孔子回答说："有个叫颜回的弟子，非常好学，不幸短命而死。如今再没有那么好学的弟子了。"

颜回好学，非常人所能及。可惜，颜回四十岁就不幸去世了。船山《训义》云："始终唯称颜子，而厚叹嗣者之无人，则非颜子之潜心以治其性情，则虽通六艺者繁有其人，而不足以言学，不足以好。"颜回之好学体现在"治其性情"上，颜回在德行上下功夫，此乃学之大道，也是孔子最为看重的地方。又见《雍也》篇 6.2 章。哀公问："弟子孰为好学？"孔子对曰："有颜回者好学，不迁怒，不二过，不幸短命死矣。今也则亡，未闻好学者也。"

11.7 颜路请椁章

颜渊死，颜路请子之车以为之椁。子曰："才不才，亦各言其子也。鲤也死，有棺而无椁。吾不徒行以为之椁，以吾从大夫之后，不可徒行也。"

颜渊去世了，颜渊的父亲颜路请求孔子把马车卖了给颜渊买椁下葬。孔子说："不管有没有那么高的才华，说起来也是各自的儿子。我儿子孔鲤死的时候，也是有棺无椁。我不会为了给颜渊买椁而徒步，因为我也是大夫，不能徒步出行。"

颜回，字子渊，又称颜渊。颜回的父亲叫颜路，也是孔子的学生。朱子《集注》云："颜路，渊之父，名无繇。少孔子六岁，孔子始教而受学焉。"椁是什么？朱子《集注》云："椁，外棺也。请为椁，欲卖车以买椁也。"里为棺，外为椁。有椁则尸体保存更为完好，代表了对死者的尊敬。颜渊英年早逝，他的父亲颜路希望做个椁来厚葬颜渊。但是家里可能不太富裕，就想要孔子帮忙。颜路请求孔子把马车卖掉，然后用这个钱来买椁安葬颜回。孔子拒绝了他。

孔子拒绝的理由主要有两个。第一，孔子的儿子孔鲤去世时便没有椁，现在弟子颜回去世了，孔子若卖车买椁，这不合人伦。朱子《集注》云："言鲤之才虽不及颜渊，然己与颜路以父视之，则皆子也。"颜回是颜路的儿子，孔鲤是孔子的儿子，各有其子，各私其子。亲生儿子都没这样做，却要为学生这样做，亲疏内外失序，不合人伦之道，孔子心里也过意不去。

第二，孔子是大夫。朱子《集注》云："孔子时已致仕，尚从大夫之列，言后，谦辞。"《礼记》云："大夫赐命车。"既然是受命的大夫，那么孔子就有"命车"。这是国君赐给的代表大夫身份的马车。倘若孔子把国君赐的"命车"卖掉了，这便是对国君的不敬。马车是大夫的出行工具，孔子如果卖车步行，那就有失大夫身份了。

于家有父子之情和亲疏之别，于国有君臣之义和尊卑之等。基于这两个理由，孔子不打算卖车买椁葬颜回。此处还可以做两点延伸分析。第一，颜路葬颜回，应该"称家之有无"。根据家里的财力来安排,不应强行厚葬,重要的是尽心尽力。孔子曰:"礼,与其奢也,宁俭;丧,与其易也,宁戚。"

《礼记·檀弓》有一个"旧馆人之丧"的小故事。"孔子之卫,遇旧馆人之丧,入而哭之哀。出,使子贡说骖而赙之。子贡曰:'于门人之丧,未有所说骖,说骖于旧馆,无乃已重乎?'夫子曰:'予乡者入而哭之,遇于一哀而出涕。予恶夫涕之无从也。小子行之。'"有一次,他到了卫国,结果碰巧之前下榻的屋主去世了。孔子前去吊哭,然后把马车的骖马送给了旧馆人之子作为助葬的物品。一车四马,中间两匹为服马,旁边两匹为骖马,脱去骖马相赠,只是马力减小,还不至于走不动路。子贡觉得孔子送的礼太重了。郑玄注云:"旧馆人之恩虽轻,我入哭,见主人为我尽一哀,是以厚恩待我,我为出涕。恩重,宜有施惠。"孙希旦曰:"情必资物以表之。"陈澔曰:"客行无他财货故也。"孔子当时没有带别的财物,就把骖马从马车上脱下来送给旧馆人之子了。孔子动了哀情,流了眼泪,如果不送一点东西,就好像是虚情假意一样。

孔颖达在比较"旧馆人之丧"和颜回之丧时说:"《论语》云:颜回之丧,'子哭之恸'。恸比出涕,恸则为甚矣。又旧馆之恩,不得比颜回之极,而说骖于旧馆,惜车于颜回者,但旧馆情疏,厚恩待我,须有赗赙,故说骖赙之;颜回则师徒之恩亲,乃是常事。则颜回之死,必当以物与之,颜路无厌,更请卖车为椁,以其不知止足,故夫子抑之。"孔颖达认为,孔子与旧馆人的感情相对疏远,旧馆人之子却礼遇孔子甚厚,孔子感动,送东西致意;而颜回与孔子长期相处,感情很好。但是颜路提出无礼的要求,伤了孔子的心,最后拒绝了。

朱子《集注》引胡寅曰:"夫君子之用财,视义之可否,岂独视有无而已哉?"送与不送或者送什么,要视义而为之。旧馆人之丧,孔子当时身无长物,要以礼达情,又于义无伤,所以送马。颜回之丧,孔子卖车有伤亲疏之伦,君臣之义,所以不卖车。孔子主要考虑的不是所送财物之多少,而是该不该送。如果义所当为,即使子贡等认为送骖马太贵重,孔子还是送了。如果义所不当为,别说是卖车,就算是一分钱,孔子也不会出。

11.8 天丧予章

颜渊死，子曰："噫！天丧予！天丧予！"

颜渊去世，孔子说："唉，老天要我死啊！老天要我死啊！"

颜渊去世，孔子痛不欲生。颜回随孔子周游列国，侍奉左右，与孔子感情很好，却先于孔子去世，孔子惋惜悲痛。朱子《集注》还提到了更深一层的意思："悼道无传，若天丧己也。"颜回作为孔门最好学的学生，本应该成为孔子学问的传承人，可惜英年早逝。从儒学传承和情感连结这两重因素出发，便不难理解颜回英年早逝对孔子的巨大打击。

11.9 子哭之恸章

颜渊死，子哭之恸。从者曰："子恸矣。"曰："有恸乎？非夫人之为恸而谁为？"

颜渊去世，孔子哭得非常伤心。跟随的人对孔子说："夫子哭得太哀痛了。"孔子说："是吗？不为颜回这样的人哀痛又为谁哀痛呢？"

孔子和颜回是师生关系。在古代，师生关系是一种特殊的朋友关系，既带有父子关系的特点，又带有君臣关系的特点。《礼记•檀弓》云："事亲有隐而无犯，左右就养无方，服勤至死，致丧三年。事君有犯而无隐，左右就养有方，服勤至死，方丧三年。事师无犯无隐，左右就养无方，心丧三年。"师弟子关系是非常重要的人伦关系，事师之礼比于事父与事君而来。孔子也说："回也视予犹父也。"颜回师事孔子，又在长期交往中生出了父子之情。

颜回英年早逝，孔子十分伤心。作为师弟子关系，孔子的哭应该有所节制。但是，孔子过分哀伤，有所失控。等弟子劝他，他才回过神来，为自己的痛哭加上了一个理性的解释。船山《训义》云："圣人之过情，过其所必过，情不妄而天理即存，岂有一成之节哉！"孔子情厚，过于哀痛，虽过而天理在其中。观过斯知仁，诚哉斯言。

11.10 厚葬颜渊章

颜渊死，门人欲厚葬之。子曰："不可。"门人厚葬之。子曰："回也视予犹父也，予不得视犹子也。非我也，夫二三子也。"

颜渊去世，门人想要厚葬颜渊。孔子说："不可。"门人还是厚葬了颜渊。孔子说："颜渊视我如父，而我却不得视之如子。不是我，是你们把事情弄成这样了。"

孔门弟子厚葬颜回是失礼的行为。朱子《集注》云："丧具称家之有无，贫而厚葬，不循理也，故夫子止之。"贫而厚葬是失礼的行为，孔子想制止但却没能制止住。颜回生前努力克己复礼，结果最后自己的葬礼却失礼了。如果是孔鲤的葬礼，那孔子作为父亲，可以做主。但是，各为其子，孔子"不得视犹子"。颜渊的父亲颜路和群弟子一起把颜回厚葬了。这是因为他们跟颜回的关系非常好，但结果上却违礼了。孔子"叹不得如葬鲤之得宜，以责门人也"。孔子毕竟是师父而不是真的父亲，有其无奈之处。他说"予不得视犹子也"，包括了对颜路及群弟子的批评，也包括了没能办好颜回丧礼的遗憾。

孔子认定，颜回肯定希望办一个符合礼制的丧礼，而不会希望逾分厚葬。颜路等弟子以为给钱给物助丧厚葬就是对颜回情厚，实际上却是非礼，并没有送好颜回最后一程。船山《训义》云："人各以其私意为得，虽圣人且不能制之。"颜路和群弟子不过是达己之私意，而未能如孔子那样体察颜回之心。他们把对颜回的哀悼替换成了给钱给物，这可能只是对自己的心理安慰。

11.11 未能事人章

季路问事鬼神。子曰："未能事人，焉能事鬼？""敢问死。"曰："未知生，焉知死？"

子路问如何侍奉鬼神。孔子说："如果不能侍奉人，又怎么能侍奉鬼神呢？"

子路又问："如何面对死？"孔子说："如果不知如何面对生，又哪里知道如何面对死？"

本条可见儒家的鬼神观和生死观。《朱子语类》说："气聚则生，气散则死。"《仪礼·士丧礼》郑玄注云："复者，有司招魂复魄也。"人死之后，魂魄分离，招魂复魄则有生命。魂脱离体魄，居北方幽明之境。《礼记·祭法》云："大凡生于天地之间者，皆曰命。其万物死，皆曰折；人死，曰鬼。"《礼记·祭法》又云："山林、川谷、丘陵，能出云为风雨，见怪物，皆曰神。"人死曰鬼，山川有神，彼岸世界的鬼神不同于此岸世界的人事。儒家对于死后世界的想象是存在一个鬼神世界，同时，人事世界和鬼神世界之间是有关联的。生死之间并不是一种完全的断裂。

儒家理论有一套关于鬼神的想象，尽管这无法证明。但是，儒家并不认为祈求于鬼神可以解决人事的具体问题，而是采取了"未能事人、焉能事鬼"的、敬而远之的态度。儒家用主敬的态度贯通了人事与鬼神。从人到鬼神，从生到死，这是人生巨变，但不是完全的断裂。父母去世之后，并不妨碍爱敬之心的延续，可以时时祭祀，永言孝思。父母活着的时候事父母，父母去世以后事鬼神，内在的爱敬之心是一样的，可以超越生死。

生死之间，既有差别又有贯通，这种基本态度可以见之于《礼记·檀弓》："之死而致死之，不仁而不可为也；之死而致生之，不知而不可为也。"人死了就把他完全当成死人来看，是为不仁；人死了还完全把他当成活人来看，是为不智。儒家认为，人死之后是一个介于生死之间的状态。人死之后为鬼神，在鬼神世界还要使用明器，也即是陪葬品。明器要有相应的功能，但又不能跟活人用的器具一模一样。比如陪葬一把琴，虽然有弦，但并不调好琴弦，使之不能弹奏。这种生死之间的中间态度，是既仁且智的态度。"敬而远之"也是这种中间态度，敬鬼神而不依赖鬼神。

11.12 不得其死章

闵子侍侧，訚訚如也；子路，行行如也；冉有、子贡，侃侃如也。子乐。"若

由也，不得其死然。"

侍奉在孔子身边时，闵子刚正而和悦，子路刚正而粗率，冉求、子贡刚正而从容。孔子很开心。孔子又说："像子路这样，恐怕会不得好死吧。"

朱子《集注》10.2 章云："訚訚，和悦而诤也。"朱子《集注》云："行行，刚强之貌。""訚訚"、"行行"、"侃侃"都有刚正之气，但也有差别。"訚訚"是和悦、深沉、内敛，"行行"是横行粗率，"侃侃"是外放而从容不迫。闵子是德行优秀的弟子，深厚内敛。"赐也达"，"求也艺"，冉求、子贡多才多艺，比较外放。"由也果"，子路好勇，不拘小节，天真率直，但容易冲动，拙于谋身。孔子担心子路过刚，将来可能会不得好死。

子路后来做了卫国大夫孔悝的宰，孔悝是卫出公的亲信。卫出公姬辄与父亲蒯聩争夺国君之位，蒯聩胁迫孔悝谋害卫出公，子路带兵去救孔悝，结果战败。临死之前，子路说："君子死，冠不免。"于是子路正冠的同时被剁成肉酱。子路果然不得好死。子路去卫国从政，结果卷入卫国的内乱之中，不得好死。假如孔子知道子路后来真的不得好死，当初也不舍得说子路"不得其死然"吧。

冉求后来成为季氏家臣，助其聚敛。孔子很生气："非吾徒也，小子鸣鼓而攻之可也。"这就等于是将冉求逐出师门了。

孔门弟子同受业于孔子，气质有异，修为有差，后来的人生也各不一样。学习者反观孔门弟子群像，见贤思齐，见不贤而内自省，庶几有得。

11.13 言必有中章

鲁人为长府。闵子骞曰："仍旧贯，如之何？何必改作？"子曰："夫人不言，言必有中。"

鲁国人改建了储藏国家财货的长府。闵子骞说："沿用原来的长府，怎么样？何必要改建？"孔子说："这个人要么不说话，一说话就必然有道理。"

朱子《集注》云："长府，藏名。藏货财曰府。"鲁国人要改建囤积财物的府库，但是闵子骞认为，改建劳民伤财，沿用即可。孔子说，闵子骞一般不太爱说话，但是一说话便击中要害，很有道理。朱子《集注》云："言不妄发，发必当理，惟有德者能之。"闵子骞平时修德明理，内敛深厚，所以言必有中。仁者不必话多，孔子"恶夫佞者"。

11.14 升堂入室章

子曰："由之瑟，奚为于丘之门？"门人不敬子路。子曰："由也升堂矣，未入于室也。"

孔子说："子路鼓瑟鼓成这样，怎么还待在我门下？"孔门弟子就有点看不起子路。孔子又说："子路已经登堂了，只是未入于室而已。"

孔子通过听子路鼓瑟便认识到他的修养不足。朱子《集注》云："《家语》云：'子路鼓瑟，有北鄙杀伐之声。'盖其气质刚勇，而不足于中和，故其发于声者如此。"朱子认为，子路至刚，中和之气不足，这也体现在他的鼓瑟之中。孔子批评子路鼓瑟鼓得不好，是希望他好好修养中和之气，而不是那么"野"。

弟子们听到孔子这么评价子路，于是有点看不起子路。结果，孔子从这些看不起子路的弟子们身上也看出了一些问题。他们只看到子路中和之气不足，但没有看到子路刚正之气充沛。所以，孔子又出来纠偏，替子路说话。孔子认为，子路已经登堂，只是还未入室。朱子《集注》云："升堂入室，喻入道之次第。言子路之学，已造乎正大高明之域，特未深入精微之奥耳。"子路正大光明，有刚直之气，已经登堂，只是还不能深入精微以入室。那些看不起子路的弟子们，恐怕还不如子路那般正大刚直。他们以为子路鼓瑟鼓得不好，就看不起子路，这更不对。

子路执着于直刚方大，而失之于精微。那些弟子则执着于文雅细腻，有失刚大之气。船山《训义》总结了这两个弊端："盖学者之病有二。一则志尚高而忽治心之学，以为秉正而行，而即以行无不善，不知其非理之几，以不审而失之毫厘。一则习尚端而修迁谨之节，以为雅道在己，而不必过于亢激，不知其志气之靡，以不振而趋于偷伪。然有升堂而不能入于室者矣，未有不升堂而可入室者也。故为学必以光明俊伟为之基。"第一种人，不拘小节，但过于冲动；第二种人，斤斤计较，却不够正大光明。船山认为，虽然这两种人各有不足，但第一种人比第二种人好一些。也就是说，子路比那些看不起子路的人要好一些。第一种人已经登堂，第二种人则尚未登堂。船山欣赏子路，取其"光明俊伟"。

孔子对子路批评得那么直接，也跟他们俩的关系有关。从整个《论语》来看，孔子还是很喜欢子路的。子路是孔子的早期弟子，他俩年龄相差 9 岁，长期相处，彼此熟悉。孔子对子路说话的时候常常显得比较随意，比如，子路"野"、"不得其死然"、"无所取材"等。子路甚至偶尔也敢说孔子"迂"。当然，孔子也在很多场合表扬了子路，比如，"由也果"，"衣敝缊袍与衣狐貉者立而不耻"，甚至孔子乘桴浮于海也愿意带着子路。可以看出，子路和孔子的关系非常好，亦师亦友中"友"的成分可能重一些。

11.15 过犹不及章

子贡问曰："师与商也孰贤？"子曰："师也过，商也不及。"曰："然则师愈与？"子曰："过犹不及。"

子贡问孔子："子张与子夏谁更贤明？"孔子说："子张太过，子夏又有所不及。"子贡说："那是子张更好吗？"孔子说："太过和不及一样。"

子张与子夏都是孔门高足，二人性格不同。孔子评价子张，"师也辟"，意思是，乖僻偏邪而少诚实。朱子《集注》云："子张才高意广，而好为苟难，故常过中。"子张很聪明，喜欢钻研冷僻艰涩的问题。《论语·子张》篇 19.3 章，子张云："我之大贤与，于人何所不容；我之不贤与，人将拒我，如之何其拒人也。"《朱子语类》认为，子张说这话的口气太大了，与他的地位并不相称。子张请教孔子如何做官，孔子对他说："多闻，阙疑，慎言其余，则寡尤，多见，阙殆，慎行其余，则寡悔。言寡尤，行寡悔，禄在其中矣。"孔子告诉子张，要多学多看，谨言慎行，这似乎也是为了让才高意广的子张收敛一些。

在德行、言语、政事、文学四科中，子夏以文学名。子夏的学问很好，但也有自己的问题，朱子《集注》说："子夏笃信谨守，而规模狭隘，故常不及。"子夏谨慎，在细小的地方过分讲究，结果导致他的学问有深度而规模狭隘，经常关注细枝末节的问题。子夏在教导自己的弟子时，要求他们谨于日常生活中的洒扫应对。孔子觉得子夏的学问过于狭隘，所以教诲子夏，要做君子儒，不要做小人儒。

面对才高意广的子张和保守拘谨的子夏，子贡认为"过者有余而易损，不及者不足而难益"，所以他认为子张胜于子夏。孔子却认为，"过犹不及"，太过与不及一样不好。船山又认为，子夏胜于子张。船山《训义》云："不及者可进，而妄谓过者终身而不及。故子张难与为仁，其不及更甚于子夏。"船山认为，才高意广者如果没有得到规范，便容易剑走偏锋、误入歧途；不及者，只要在正确的方向上前进，虽慢必至。

朱子《集注》云："道以中庸为至。贤知之过，虽若胜于愚不肖之不及，然其失中则一也。"人的言行要发而中节。但这不是说，不要喜也不要怒、保持一个平和的状态；而是说，怒要真诚地怒，喜要真诚地喜，这才是发而中节的本意。要做到无过无不及，就要认识天理人心，学会修养性情。性情是看不见摸不着的东西，修养难度比较大，所以更应下功夫。

11.16 鸣鼓攻之章

季氏富于周公，而求也为之聚敛而附益之。子曰："非吾徒也。小子鸣鼓而攻之可也。"

季氏比周公还富有，但冉有却帮助季氏聚敛钱财，使其更富。孔子说："冉有不再是我的门徒了，弟子们可以鸣鼓而声讨之。"

周朝建立之后，周公受封鲁国。季氏只是鲁国一大夫，却比鲁国先君周公还要富有，这是季氏僭越擅权、上下侵夺的结果。船山《训义》说："上夺其君，下攘其民。"冉有出任季氏宰，帮季氏敛财。朱子《集注》云："急赋税以益其富。"

冉有明目张胆帮助僭越擅权的季氏敛财，孔子不能忍。孔子认为，这是"末世功利之徒"，"非吾徒也"。季氏曾经想任命闵子骞为费宰，闵子骞拒绝了。子路也做过季氏宰，但没有助纣为虐。船山《训义》云："吾儒之学，上以格君心之非，下以奠民生之命，故以明于义利为本。"冉有汲汲于功名利禄，松弛了义利之辨，修身不密而陷于恶。冉有多才多艺，曾随孔子周游列国，孔子虽然深恶痛绝，但还不忍心放弃他，于是让弟子们去声讨他，希望他能幡然悔悟。

11.17 柴也愚章
柴也愚，参也鲁，师也辟，由也喭。

高柴显得愚笨，曾参显得鲁钝，子张务于高难，子路显得粗俗。

高柴的特点是愚。朱子《集注》云："愚者，知不足而厚有余。"高柴看起来愚笨，实则是厚道。《孔子家语》记载，高柴"执亲之丧，泣血三年，未尝见齿"。高柴在父母去世之后，非常悲伤，守孝三年，没有笑过。可见其人之厚道。

曾子的特点是鲁。鲁即鲁钝。虽然曾子领会得比较慢，但曾子"守其心专一"，坚持而不放弃，"洞达而后已"。程子评价"参也竟以鲁得之"。有些人很聪明，却反被聪明误。《朱子语类》说："有一等伶俐人见得虽快，然只是从皮肤上略过，所以不如他。……明达者每事要入一分，半上半下，多不专一。"曾子鲁，有所守，结果有所成。朱子《集注》引程子曰："曾子之学，诚笃而已。圣门学者，聪明才辩，不为不多，而卒传其道，乃质鲁之人尔。故学以诚实为贵也。"曾子稳扎稳打，步步为营，反而把孔子的学问传承下去了。当孔子说"吾道一以贯之"的时候，曾子便能说出"忠恕"这样精湛的话来。从曾子身上可以看出，学问之道，慢就是快。

子张的特点是辟。朱子《集注》云："辟，便辟也。谓习于容止，少诚实也。"船山《训义》云："欲能为有无于斯世，故务为人之所不易为，而言动之可观者，未尽其实。"子张总是故意去做一些高难度的事情，显得与众不同，说话做事也常常让人觉得不够诚恳。所以，孔子批评他，"师也过"。

子路的特点是喭。朱子《集注》云："喭，粗俗也。"子路是正直勇敢的人，常常直言直行，因而显得粗俗。子路的特点是，质有余而文不足，故夫子警之。

这四个弟子各有气质之偏，孔子有准确的把握，也有相应的教育方法。船山《训义》云："于子羔则勉之以学，所以广其知也；于子张则斥其过，所以反其实也；于子路则教之让，所以逊其志也。"其中，船山对曾子之"鲁"多有褒奖，他认为曾子有"反求自勉之功"，"何鲁之有"？存在气质之偏并非无法入道，但若放任自流而不加修养，也无法入道。通过孔门弟子群像来反观自己，可以深思自鉴。

11.18 回也其庶章

子曰："回也其庶乎？屡空。赐不受命，而货殖焉，亿则屡中。"

孔子说："颜回差不多近于道了吧？贫穷而能安贫。子贡不接受贫富之命数而去经商，料事则屡屡得中。"

孔子对比了贫穷的颜回和富裕的子贡。朱子《集注》云："庶，近也，言近道也。屡空，数至空匮也。不以贫窭动心而求富，故屡至于空匮也。言其近道，又能安贫也。"虽然颜回很穷，但能安贫乐道。朱子《集注》云："亿，意度也。言子贡不如颜子之安贫乐道，然其才识之明，亦能料事而多中也。"子贡很聪明，口才又好，他还深谙人情，通达事理，料事如神，经商非常成功。贫有处贫之道，富有处富之道。贫者安贫乐道，富者富而好礼。

有人认为，中国古代重农抑商。与现代商业社会相比，把中国古代理解为一个农业社会，大体是没有疑义的。但是，抑商之责这笔账不应该记到儒家头上。儒家并没有贬抑商人，儒家批评的是义利不分、唯利是图的商人。像子贡这样通情达理、义利分明的商人，孔子反而给予了好评。士农工商，百行千业，皆有其功用，有其操守。若义利不明，唯利是图，虽贵为天子，亦为人不齿。

11.19 善人之道章

子张问善人之道。子曰："不践迹，亦不入于室。"

子张问孔子如何做一个善人。孔子说："善人就算不循前人的善迹也不会做坏事，但也还没入室得道。"

朱子《集注》云："善人，质美而未学者也。"《朱子语类》说："天资浑然一个好人。"张载说，善人"志于仁而无恶"。孔子用"不践迹"来形容善人的特点。朱子《集注》引程子曰："践迹，如言循途守辙。善人虽不必践旧迹而自不为恶，然亦不能入圣人之室也。"善人即使不学着圣贤的样子去做，也不至于为非作歹。但这只是一个基础，并未入室得道。如果要入室得道，就不仅是不为非作歹的问题了，而且要修身养性，推己及人，有所作为。不做坏事是基础，有所作为是进阶，然后才能入室得道。

11.20 论笃是与章

子曰："论笃是与，君子者乎？色庄者乎？"

孔子说："见到言辞笃诚的人就去赞美吗？他是君子呢？还是只是一个表情装作庄重的人呢？"

孔子论观人之法。人在社会交往之中，总会通过一些办法来观察别人，得知此人的真正品性之后，才能决定如何与之交往，或近之，或远之，或用之，或黜之，才能有的放矢，举措得宜。但是，观人之法"不可以言貌取人"。只听其言，不顾其行，只看其貌，不问其心，可能出现大偏差。出现这种误判，固然可以责怪他人的虚伪，但提升自己的洞察力才是一个建设性的办法。当然，首先是自己不能成为这样的"色庄者"。无论是从提升洞察力的角度来说，还是从自警向善的角度来说，孔子所说的观人之法其实是修己之道。

11.21 闻斯行诸章

子路问："闻斯行诸？"子曰："有父兄在，如之何其闻斯行之？"冉有问："闻斯行诸？"子曰："闻斯行之。"公西华曰："由也问闻斯行诸，子曰：'有父兄在'；求也问闻斯行诸，子曰：'闻斯行之'。赤也惑，敢问。"子曰："求也退，故进之；由也兼人，故退之。"

子路问孔子："听闻道理就要立马去行动吗？"孔子说："有父兄在，怎么能听到就立马去行动呢？"冉有问孔子："听闻道理就要立马去行动吗？"孔子说："听到就立马去行动。"公西华困惑了，问孔子为什么。孔子说："冉有退怯，所以使其进；子路求胜，所以使其退。"

"闻斯行"的意思是，听到道理就立马去践行。听到什么道理就应该立马去做吗？从慎独克己的角度来说，有错必速改，闻义应速行。但是放在具体的人和事上，就不能教条地认为应该"闻斯行"。孔子针对子路和冉有给出的答案就不一样，因为这两个人的性格有很大差异。

船山《训义》说，冉有"让美于人而姑安于苟且"。冉有这个人有谦退的美德，但也常常苟安苟和，不愿据理力争，不能奋进。所以孔子进之，劝他"闻斯行"，正确的事情就勇敢地去做，不要犹犹豫豫。子路则是另外一种类型的性格。孔子说，子路"兼人"。朱子《集注》云："兼人，谓胜人也。"子路常常有胜人胜物之心，虽说勇于精进，但失之粗野草率。船山《训义》说，子路"求胜于物而或成乎刚愎"。子路有勇，却常常因为血气之勇而刚愎自用，受到冲动的惩罚。因此，孔子劝他不要"闻斯行"，遇事要多和父兄商量。

从孔子的一进一退，可以讨论儒家的"真理标准"，也即所谓道为何物的问题。船山《训义》云："道则一而已矣。贤智者不能充，愚不孝者不能损，故谓圣人之论仁、论政，而因病以药之，非也。唯夫人用心之际有勇怯疑怠之分，则不容不因其材而或抑之，或劝之，乃以裁成其才情而协于一。"船山认为，道的一致性并不体现为所有人都向着一个变动不居的道靠近，而是说道与不同的人相接时，应该适应不同的人，使人与道协于一。因此，一以贯之的道，并不是一个不变的客观标准。道体现在万事万物与道的相接之中，万事万物各不一样，然而道就在其中，似不一而实一。是不是应该"闻斯行"也没有一个客观的标准答案，孔子针对不同的弟子给了一进一退的不同答案。这似乎不是"因道治人"，而是"因人治人"。但是，"因人治人"即是道。

11.22 子畏于匡章

子畏于匡，颜渊后。子曰："吾以女为死矣。"曰："子在，回何敢死？"

孔子在匡地被围困，颜渊后来追上孔子。孔子说："我还以为你死了。"颜渊说："夫子在，我怎么敢死？"

《子罕》篇 9.5 章的朱子《集注》云："畏者，有戒心之谓。匡，地名。《史记》云：'阳虎曾暴于匡，夫子貌似阳虎，故匡人围之。'"船山《训义》云："子畏于匡，凶人无故之灾也。""畏"的意思是，本不该而遭灾。匡是鲁国的一个地名，季氏家臣阳虎曾经为害匡人，匡人衔恨。偏偏孔子长得和阳虎比较像，匡人以为阳虎来了，于是围住孔子。后来孔子逃脱了，但和颜回走散了。患难之后重聚，孔子对颜回说："吾以女为死矣。"孔子的担心和喜悦溢于言表。颜回说："子在，回何敢死？"他的回答带有乐天知命的俏皮感。朱子《集注》云："何敢死，谓不赴斗而必死也。"颜回不会因为血气之勇去跟匡人拼命，还要侍奉夫子。师弟子之间互相关心，惺惺相惜。颜回随孔子周游列国，侍奉左右，对孔子爱敬有加，不违如愚。孔子也非常关心颜回，对他从严要求，倾囊相授。孔子和颜回是师生关系的典范。

11.23 大臣具臣章

季子然问："仲由、冉求可谓大臣与？"子曰："吾以子为异之问，曾由与求之问？所谓大臣者，以道事君，不可则止。今由与求也，可谓具臣矣。"曰："然则从之者与？"子曰："弑父与君，亦不从也。"

季子然问孔子："仲由和冉求可以说是大臣吗？"孔子说："我以为你要问什么特别的问题，怎么问的是仲由和冉求呢？所谓大臣，是以道事君的臣子，如果不能以道事君，就不出仕。仲由和冉求只能说是略备臣职的具臣吧。"季子然又问："那季氏要他们做事，他们会听从吗？"孔子说："如果要他们杀父弑君，肯定不会听从。"

季氏家族擅权鲁国，季子然是季氏族人。《朱子语类》说："当时不仕则已，仕则必出于季氏。盖当时鲁君用舍之权，皆归于季氏也。"季氏擅权僭越，孔子并不建议弟子到季氏手下做官。《朱子语类》说："只仕，便是病了。尽高底便不肯仕，如闵子、曾子是也。"朱子对人的道德要求比较高，其实孔子只是不建议，但也不是完全反对弟子在季氏手下为官，比如，子路也曾在季氏手下做官。不过，孔子希望弟子能做个好官。像冉求那样帮助季氏聚敛，孔子便号召群弟子鸣鼓而攻之。

子路和冉求都是很有行政才能的人，"由也果"，"求也艺"，子路擅长断狱，冉求擅长理财。季子然认为，子路和冉求具备大臣的才能。但孔子却认为他们只能做具臣而非大臣。朱子《集注》云："具臣，谓备臣数而已。"具臣做工作，只会囿于自己的职分之内。但是大臣不一样，孔子说，大臣是"以道事君、不可则止"。朱子《集注》云："以道事君者，不从君之欲。"大臣既有能力，又有品节，不会无原则地满足君主的要求。

孔门政事科的代表人物是子路与冉求。孔子将他们定位为具臣，是故意的贬抑，也是间接敲打季氏。孔子的意思是，自己的弟子即使在季氏手下做官，也只过聊备臣职，不会给季氏出多大的力气，更不会没有原则地帮季氏干坏事。季子然没有听出孔子的弦外之音，还进一步发问。孔子只好直言相告，季子然自讨了个没趣。《朱子语类》说："看史策所载，篡易之际，直是难处。篡弑之贼，你若不从他，他便杀了你；你从他，便不死。"子路和冉求就算是死也不会跟着季氏杀父弑君。季氏擅权是为揽权敛财，"终不敢篡"。冉求后来为季氏敛财，受到孔子的强烈声讨。可以推测，这里的对话应该是发生在冉求为季氏敛财之前。

11.24 恶夫佞者章

子路使子羔为费宰。子曰:"贼夫人之子。"子路曰:"有民人焉,有社稷焉,何必读书,然后为学?"子曰:"是故恶夫佞者。"

子路让子羔去做费宰。孔子说:"这是害了人家的儿子。"子路说:"有民众,有社稷,为什么一定要读书才是为学呢?"孔子说:"这就是我讨厌巧言之人的原因。"

子羔即是《先进》篇11.17章中"柴也愚"的"柴",即高柴。他看起来笨笨的,但却是一个忠厚的人。子羔为学日短,而且不擅长政事,而子路却让子羔去当费宰。子路认为,"治民事神皆所以为学"。意思是,可以边干边学。但孔子认为,子路这是害了子羔。朱子《集注》云:"贼,害也。言子羔质美而未学,遽使治民,适以害之。"子羔本来是一个好苗子,但如果还没学成就过早从政,会把子羔给害了。船山《训义》云:"吏道杂而多端。"政事里面有很多分寸不好把握,子羔还不能成熟地应对,可能会把事情办砸,结果轻慢了神明或者戕害了百姓,甚至可能被别有用心的人利用。

子路认为,学习不一定在书本上,在治民事神的过程中也可以学习。子路这里不过是执其一端在狡辩。在官场上,子羔有可能等不到才干增长的那一天就犯下不可挽回的错误。子路让子羔在实践中学习,恰好可能使子羔"出师未捷身先死"。一些居心叵测的领导,会把新来者推到前面去做一些难做的事情,名为锻炼,实为甩锅。朱子《集注》云:"子路之言,非其本意,但理屈辞穷,而取辨于口以御人耳。故夫子不斥其非,而特恶其佞也。"孔子直言相告,指出这是一种佞。船山《训义》云:"佞者,似义而害义者也。"佞即巧言狡辩,用一些假道理把没道理的事情说得有道理。孔子明白,子路本性不坏,他是真心实意想锻炼子羔。所以,孔子并不批评他的用心,而是批评他的狡辩。

此处可以进一步分析子路版的"读书无用论"。子路果于决断,明辨是非,嫉恶如仇,但是书本学习可能技不如人。他认为在实践中学习也是一条路,甚至可能是更好的路。子路认为:"规规于古人之遗书,而养一彬彬之度,可观而不可用,何必乃尔哉！"子路认为，拘泥于前人的书本，通过读书养成彬彬有礼的气质，看起来好看，拿来办事却没什么用。"古人遗书"代表历史经验，"彬彬之度"代表个人修养。历史经验和个人修养，并不会教人应该按照什么步骤去行政或解决某个具体问题。但是，历史经验会教人以史为鉴，教人应该朝着什么样的方向去行政。个人修养会教人以什么样的态度去行政。这是读书明理的根本。做成事情的关键，很多时候不在于如何进行具体操作，而在于明白这个事情该不该做，应该朝什么方向去做，以及以什么态度去做。读书明理不是求干禄之具，而是学修齐之道。"读书无用论"并不是读书本身没用，而是讽刺那些读了书反而还不如没读书的人，其罪在人而不在书。

《论语》里的学与我们现在一般意义上的学不一样。《论语》里的学主要是指修齐治平之道，出来任事为政用的也是修齐治平之道，学与用是内在贯通的。而现在的学，学的多是客观的科学知识，不学修齐治平之道，进入"社会"之后，便也不懂得如何在一个具体而复杂的社会关系中推己及人，最后干脆退守个体主义的自留地。

11.25 吾与点也章

子路、曾晳、冉有、公西华侍坐。子曰："以吾一日长乎尔，毋吾以也。居则曰'不吾知也'。如或知尔，则何以哉？"子路率尔而对曰："千乘之国，摄乎大国之间，加之以师旅，因之以饥馑；由也为之，比及三年，可使有勇，且知方也。"夫子哂之。"求！尔何如？"对曰："方六七十，如五六十，求也为之，比及三年，可使足民。如其礼乐，以俟君子。""赤，尔何如？"对曰："非曰能之，愿学焉。宗庙之事，如会同，端章甫，愿为小相焉。""点！尔何如？"鼓瑟希，铿尔，舍瑟而作，对曰："异乎三子者之撰。"子曰："何伤乎？亦各言其志也。"曰："莫春者，春服既成。冠者五六人，童子六七人，浴乎沂，风乎舞雩，咏而归。"夫子喟然叹曰："吾与点也！"三子者出，曾晳后。曾晳曰："夫三子者之言何如？"子曰："亦各言其志也已矣。"曰："夫子何哂由也？"曰："为国以礼。其言不让，是故哂之。""唯求则非邦也与？""安见方六七十如五六十而非邦也者？""唯赤则非邦也与？""宗庙会同，非诸侯而何？赤也为之小，孰能为之大？"

子路、曾晳、冉有、公西华侍奉孔子闲坐。孔子说："我比你们大几岁，你们不要在意这个。平时你们总是说'别人不了解我'。如果有人知遇，你会做什么呢？"子路马上就对孔子说："千乘之国，夹在大国之间，有大军压境，又发生了饥荒。如果让我去治理，到第三年，可以使百姓勇于作战，并且知义。"孔子哂笑，问："冉有，你怎么样？"冉有说："一个方圆六七十里的国家，或五六十里，让我去治理的话，到第三年，我可以使百姓丰衣足食。至于礼乐教化，要等待更高明的君子了。"孔子又问："公西华，你怎么样？"公西华说："也不一定能做到，我愿意通过这样去学习。宗庙祭祀、会见宾客、礼服穿戴等礼仪，这些是我想做的，我愿意做一个掌礼的小相。"孔子又问："曾点，你怎么样？"曾点鼓瑟的声音渐渐停下，但依然铿锵有力。他不再鼓瑟，站起来对孔子说："我跟他们想做的事情不一样。"孔子说："没事的，大家就是各自说说自己的志向。"曾点说："暮春时节，穿上新做的春服，五六个成人，六七个童子，大家一起到沂水去沐浴，在舞雩台上吹风，然后唱着歌回家。"孔子叹着大气说："我赞同曾点的看法啊！"子路、冉有、公西华往外走，曾点稍后，他问孔子："他们三个人说得怎么样呢？"孔子说："就是各自说说自己的志向而已。"曾点问："那为什么子路说完的时候夫子哂笑呢？"孔子说："治国以礼，他发言却一点不谦让，所以我笑他。"曾点问："冉有说的不是治国安邦之道吗？"孔子说："虽然只有六七十里甚至五六十里，怎么能说不是治国安邦之道呢？"曾点又问："那公西华说的不是治国安邦之道吗？"孔子说："宗庙祭祀、会见宾客，这些典礼都是诸侯要做的事情。如果公西华只能做小相，那谁能做大相呢？"

曾晳即曾点，他是曾子的父亲，他俩都是孔子的学生。这一条最让人印象深刻的是"莫春者，春服既成。冠者五六人，童子六七人，浴乎沂，风乎舞雩，咏而归"。朱子《集注》云："风，乘凉也。舞雩，祭天祷雨之处，有坛墠树木也。"暮春时分，气候宜人，一群好朋友穿着新衣服，到沂水边去沐浴，然后在舞雩台上吹风乘凉，最后唱着歌回家了。暮春春游，浴风咏归，为什么使人畅快？孔子又为什么给予了如此高的评价？

前面三个发言的是子路、冉有和公西华，三人分别谈论了军事，农政和礼乐等军国大事。孔门弟子大多有治国平天下的壮志。除了对子路"率尔而对"这一不知礼让的行为稍有批评之外，三人的治平之志，应该说非常符合儒生的理想气质。但孔子却对曾点的"春游"之志给予了最高评价。朱子《集注》云："曾点之学，盖有以见夫人欲尽处，天理流行，随处充满，无少欠阙。故其动静之际，从容如此。而其言志，则又不过即其所居之位，乐其日用之常，初无舍己为人之意。而其胸次悠然，直与天地万物上下同流，各得其所之妙，隐然自见于言外。"朱子认为，曾点能在春游小事中找到一种与天地同流、自然舒适的感觉，孔子认为这个很可贵。朱子《集注》引程子曰："孔子之志在于老者安之，朋友信之，少者怀之，使万物莫不遂其性。曾点知之。故孔子喟然叹曰'吾与点也'。"这种天地万物各遂其性的感觉，是孔子内心所向往的天地境界，尧舜气象也不过如此。

军国大事和春游小事，其实背后的道理是相通的。《朱子语类》说："处处皆是天理。……所谓'天理流行'一句，须是先自尽于一心，然后及物，则能随寓而乐……天样大事也做得，针样小事也做得。"船山《训义》说："于春风沂水而见天地万物之情者，即于兵农礼乐而成童冠咏归之化。"兵农礼乐和春风沂水的背后都是天理流行和自尽己心，只是一理，只是一心。《朱子语类》说："人之一身，便是天地，只缘人为人欲隔了，自看此意思不见。如曾点，却被他超然看破这意思，夫子所以喜之。……人之一身，便是天地。""人之一身，便是天地"点出了儒家心目中心性充分发育的状态，"天人合一"，"天命之谓性"，"赞天地之化育而与天地参"。于是，人便达到了一种天地境界。

治国平天下的根本在于为政者养成治国平天下所需的心性。曾点以春游为例，便说出了这层心性养成的意思。《朱子语类》说："譬之于水，曾点之所用力者，水之源也；三子之所用力者，水之流也。用力于派分之处，则其功止于一派；用力于源，则放之四海亦犹是也。……盖三子只就事上见得此道理，曾点是去自己心性上见得那本源头道理。"用力于心性比用力于治国方略更重要。这是曾点之志比子路等三人高明的地方。此处别有洞天，需要善加体会。

从另一个角度说，春风沂水的自然心态也能淡化人的功名利禄之心。《朱子语类》说："曾皙意思固是高远，须是看他如何得如此。若仔细体认得这意思分明，令人消得无限利禄鄙吝之心。须如此看，方有意味。"曾点之志透出几分道家气质。

孔子高度赞扬曾点之志，但朱子却有所保留。《朱子语类》说："他大纲如庄子。……曾点见得大意，然里面工夫却疏略。明道亦云：'庄子无礼，无本。'"《朱子语类》又说："某尝说，曾晳不可学。他是偶然见得如此，夫子也是一时被他说得怎地也快活人，故与之。今人若要学他，便会狂妄了。他父子之学正相反。曾子是一步一步踏著实地去做，直到那'参乎！吾道一以贯之。'曾子曰：'唯。'方是。"朱子认为，曾点下的修身功夫不够，结果流于老庄；反倒是他的儿子曾参，苦下功夫，终有所成。朱子认为，应该学曾参，不应学曾点；要踏踏实实去历练，否则容易像曾点一样流于空谈。

船山《训义》云："三子能实而不能虚，则大中至和之精意以失，曾点能虚而未能实，则用行舍藏之道未信诸己。故许曾晳以广三子，而与三子之为邦以正曾晳。"船山认为，应该将曾晳的虚和子路等三人的实结合起来，彼此互补，才能实现修齐治平的理想。《朱子语类》也说："若都不就事上学，只要便如曾点样快活，将来却恐狂了人去也。学者要须常有三子之事业，又有曾点襟怀，方始不偏。"

《朱子语类》还提了个醒："今人怕做老庄，却不怕做管商，可笑！"朱子认为，他那个时代的人们担心自己流于老庄之放逸，却不担心自己成为管商之徒。相比之下，即使沂水春风有老庄之嫌，仍然是千里快哉风。春风沂水咏而归，之所以畅快，是放下了功名利禄，眼里只有义理，纯而又纯，醇而又醇；大大小小、高高低低，皆是义理。天理流行至此，岂不快哉？

小结《先进》篇

本篇绘出孔门弟了群像，可以见儒家修养之实，可以见孔门教化之盛。

颜渊第十二（24章）

12.1 克己复礼章

颜渊问仁。子曰："克己复礼为仁。一日克己复礼，天下归仁焉。为仁由己，而由人乎哉？"颜渊曰："请问其目。"子曰："非礼勿视，非礼勿听，非礼勿言，非礼勿动。"颜渊曰："回虽不敏，请事斯语矣。"

颜渊问什么是仁。孔子说："克己复礼是仁。如果某一天克己复礼了，天下人都会赞美你仁。为仁是自己的事情，难道还能通过别人来实现吗？"颜渊问："为仁的条目有哪些？"孔子说："非礼勿视，非礼勿听，非礼勿言，非礼勿动。"颜回说："我虽然不聪明，但请让我按这个话去做吧。"

朱子《集注》云："克，胜也。"克己复礼是战胜一己之私欲，按照礼的要求去做，从而符合天理，保全道德。"存天理去人欲"的人欲，当然是指不正当的一己私欲，正常的欲望朱子也不会反对。克己复礼很容易理解为一种禁欲主义，这种理解开"礼教桎梏说"之端绪。但是，克己复礼不是禁欲主义。"人欲"在西方近代史上有独特的道德意涵。文艺复兴重新发现了人，肯定了人的欲望，并进一步肯定了个人主义，从而将人从封建等级制度和中世纪的宗教传统中解脱出来。在这个意义上讲，禁欲主义具有落后的意义，个人欲望具有进步的意义。那些危害人心、荼毒社会的欲望不是个人主义的主张。同理，朱子所说的克己复礼也不会去"克"那些合理的人欲。我们不能消解概念本身的历史性。将克己复礼理解为禁欲主义，并将明清礼教的僵化归罪于宋明理学，这是试图将中国的历史塞入从中世纪到近现代那样的社会进化论中，从而证明这种历史进化论的正确性。其实，按照人性本善的基础逻辑，克己复礼恰恰是"遂其性情"，而不是束缚性情。纵欲才是违背性情，不得性情之正，是危险的。

朱子所谓的私欲之私，与我们现在讲的私不是一个概念。我们现在一般将公私相对，公与公共团体相关，私与个体自我相连。如果用克己复礼来理解私，那么，私就不是现代公私范畴意义上的私，而是非礼为私。比如，在现代公私观念的视域中，孝是私德；而在古人看来，孝顺父母是通行天下的公德。比如，如果自己尚未成年的弟弟跟人打架了，中国人一般都是先保护好弟弟，再来论是非对错。这在现代公私观念的视域中是违法公共规则或法律的自私行为，但在古人看来，却是兄友弟恭的美德。这种必要的保护并不意味着弟弟一定做得对，这叫"门内之治恩掩义"。再比如，"父为子隐、子为父隐"，孔子认为，"直在其中"。父亲偷羊，儿子举报，这不是儒家认可的公正。这也不意味着儒家认为偷羊是对的，只是父子恩情比偷羊这件事情的对错更重要。因此，儒家认为，父子相隐为公，或者说，亲亲为公。程子干脆说："仁者，公也。"顺着天理人情就是公，反之则为私。现代公私关系的逻辑起点是，个体与公共的两分性。而儒家公私关系的逻辑起点是，个体与公共的一体性，如身与家是一体，家与国是一体。

亚当·斯密认为，人人自利可以达到天下公利。儒家学派是承认自利的，但不认为通过人人自利可以达到天下公利。比如孟子所说的"老吾老以及人之老"，首先还是承认"老吾老"的自利逻辑，此外还要推己及人。推己及人的意思是，不能陷入"老吾老"的自利逻辑而不可自拔，而是应该超越一己之私利。自己有父母，希望他们好好养老，别人也有父母，别人也希望自己的父母可以好好养老，于是创造机会让别人可以好好赡养父母，这叫推己及人。人人自利而达到天下公利的逻辑是，我办养老院比你效率高，我负责办养老院，你办幼儿园办得比我好，你负责办幼儿园。结果你和我家里的老人和小孩都得到了照顾。但结果也是，你无老可养，我无幼可育，人伦关系便发生了转型。在个体主义的逻辑里，公利是个人让渡出一部分权利组成的，依赖国家、法律和公共规则来维护公利，保障人权。在推己及人的逻辑里，公利的实现依赖的是那些能够超越一己之私利的榜样和圣贤。他们义利分明、推己及人。推己及人能够实现，不仅仅是因为榜样的个人品质，背后有一个相应的社会结构和道德学说。这种社会结构是以人伦为基础的差序格局，这种道德学说是儒家学派的心性论和仁义学说。在儒家的道德学说中，违天理为私，非人伦为私，不仁义为私。

关于"天下归仁"，朱子和程子的解释不一样。朱子的解释是，"天下之人皆与其仁"；意思是，天下之人都赞美他的仁。程子的解释是，"克己复礼，则事事皆仁，故曰天下归仁"；意思是，克己复礼之后，对天下事都能以仁待之，故曰天下归仁。天下归仁有王者气象，孔子对颜回期许甚高。

"为仁由己"的意思是说，克己复礼的关键在于自己，不在于他人。船山《训义》云："克者己，复者己。"克己的标准是礼，举手投足都有个规矩。克己即是复礼，两者是同一套动作，以克己来复礼，以复礼来克己，二者是内外交养的逻辑。朱子《集注》引程子云："由乎中而应乎外，制于外所以养其中也。"克己要向外看到礼，复礼又要向内看到己。克己以礼为归依，复礼亦不失本心。所以，克己复礼构成一种内外交养的均衡状态。

克己复礼为纲，一纲之下有四目：非礼勿视，非礼勿听，非礼勿言，非礼勿动。朱子认为，四目是孔子"传授心法切要之言"。程子加以发挥，提出了"四箴"。"其'视箴'曰：'心兮本虚，应物无迹。操之有要，视为之则。蔽交于前，其中则迁。制之于外，以安其内。克己复礼，久而诚矣。'其'听箴'曰：'人有秉彝，本乎天性。知诱物化，遂亡其正。卓彼先觉，知止有定。闲邪存诚，非礼勿听。'其'言箴'曰：'人心之动，因言以宣。发禁躁妄，内斯静专。矧是枢机，兴戎出好，吉凶荣辱，惟其所召。伤易则诞，伤烦则支，己肆物忤，出悖来违。非法不道，钦哉训辞！'其'动箴'曰'哲人知几，诚之于思；志士励行，守之于为。顺理则裕，从欲惟危；造次克念，战兢自持。习与性成，圣贤同归。'"程子提出的"四箴"里面有很多警句，比如"顺理则裕，从欲惟危"，都是贴着人心来讲的。"视箴"、"听箴"、"言箴"、"动箴"，其宗旨都在于通过视听言动上的克己来达到复礼归仁的状态。这也就是儒家所谓的修身功夫。

船山《训义》说："以心治身，以身应天下。"修身可以着手的地方就是自己的视听言动和进退出处。万一不合于礼，则应克己复礼。船山将这种状态概括为三个字，"不容已"，意思是根本停不下来。一想到那些不好的东西，哪怕是一点点，也一定要消灭之，根本停不下来。《朱子语类》说："颜子克己，如红炉上一点雪！"一旦有不好的念头，就像火炉上的一点雪，立马就化掉了。这都是在讲修身的功夫。儒家讲的修身功夫并非虚言，修心治身，便能"应天下"。

12.2 己所不欲章

仲弓问仁。子曰:"出门如见大宾,使民如承大祭。己所不欲,勿施于人。在邦无怨,在家无怨。"仲弓曰:"雍虽不敏,请事斯语矣。"

仲弓问什么是仁。孔子说:"出门就像要会见重要宾客一样,役使民众就像要参加重要祭祀一样。自己不想要的东西,不要施加给别人。在外为政,他人没有怨言;在家生活,他人也没有怨言。"仲弓说:"我虽然不聪明,请让我按这个话去做吧。"

弟子问仁,孔子的回答并不相同。颜渊和仲弓,二人之禀性气质不一样,所以孔子回答也不一样。《朱子语类》说:"仲弓资质温粹,颜子资质刚明。……颜子之于仁,刚健果决,如天旋地转,雷动风行做将去!仲弓则敛藏严谨做将去。颜子如创业之君,仲弓如守成之君。颜子如汉高祖,仲弓如汉文帝。……颜子则是明得尽者也,仲弓则是庄敬以持养之者也,及其成功一也。"仲弓温和,颜回刚健,孔子答颜回"克己复礼",非礼勿视、听、言、动,就像让颜回上阵杀敌。孔子答仲弓,"己所不欲勿施于人",就像是让仲弓守城备战。人之气质不同,因而有不同的求仁之方。

孔子回答仲弓用了三句话。第一句是"出门如见大宾,使民如承大祭",核心意思是主敬。无论是会见重要的宾客,还是参加重要的祭祀,都要收拾仪容,整肃精神,带着敬意而去。这种敬意让心处于一个活的状态。朱子《集注》引程子曰:"观其出门使民之时,其敬如此,则前乎此者敬可知矣。非因出门使民,然后有此敬也。"出门和使民能够主敬,那是平时主敬的结果,说明平日里修养好,保持了一颗"活泼泼"的仁者之心。

主敬的结果是心可以保持"活泼泼"的状态,能够心动而不麻木,于是能感受身边乃至远方的人事物,方能"己所不欲,勿施于人"。能通过己所不欲,感知到人所不欲,于是不将己所不欲施加到他人身上。《卫灵公》篇 15.23 章,子贡问孔子:"有一言而可以终身行之者乎?"孔子的回答是:"其恕乎!己所不欲,勿施于人。"'"如心为恕",认为别人的心如同自己的心,这便是一种将心比心的态度。

比如，自己不喜欢吃辣，虽然有可能别人喜欢吃辣，但是别人一定也有不喜欢吃的东西，那就不要强迫人去吃。有人喜茶，有人好酒，不宜强人所难。"己所不欲，勿施于人"的背后，正是人心相通的"仁"的状态。

孔子的第三句话是"在邦无怨，在家无怨"。这种内外无怨的状态是主敬和恕道要达到的社会效果。《朱子语类》："盖内外无怨，是个应处，到这里方是充足饱满。"内外无怨是很难达到的状态，所以孔子对仲弓其实提出了非常高的要求。朱子《集注》云："内外无怨，亦以其效言之，使以自考也。"从主敬到恕道再到内外无怨，孔子的论述层层递进，滴水不漏。

虽然孔子对仲弓和颜回的回答不一样，但内在的道理是一样的。船山《训义》云："敬者礼之本，恕者己私之反也，故曰与克复同理而体用兼焉者也。"孔子对仲弓讲的主敬和恕道，对颜回讲的也是主敬和恕道，贯穿始终的是仁义之道。儒家认为，仁义根之于心。仁义之道的根本是保存本心，先保存本心然后才能推己及人。就好比是一个圆规，一只脚稳稳地扎住，另外一只脚才能迈出去。前者就像修心养性，后者就像推己及人。修心养性就是自我完善，推己及人就是社会建设，其实根子上是同一套道理。修养自己其实也就是在建设社会，建设社会归根结底也不过是修养自己，二者殊途而同归。在儒家社会思想中，个人与社会的关系是内外一体相通的关系，不是敌对紧张的关系。

12.3 其言也讱章

司马牛问仁。子曰："仁者，其言也讱。"曰："其言也讱，斯谓之仁矣乎？"子曰："为之难，言之得无讱乎？"

司马牛问孔子什么是仁。孔子说："仁者说话有所忍。"司马牛说："说话有所忍，这就叫仁了吗？"孔子说："事情难做，说的时候能不有所忍吗？"

朱子《集注》云："讱，忍也，难也。仁者心存而不放，故其言若有所忍而不易发，盖其德之一端也。"仁者话少心活，表面看来是话少，但那是因为他能感受到他人的难言之隐，可以意识到话好说事难办。"仁者言讱"不是言多必失的成功学逻辑，而是因为背后有一颗仁者之心，是一种自觉的克制状态。在很多情况下，自觉的克制更能照见人性的动人之处。

孔子是对症下药，因人设教。同样是"问仁"，孔子对司马牛的回答是"其言也讱"。朱子《集注》云："夫子以牛多言而躁，故告之以此。"司马牛这个人平时爱说话，喜欢嘟嘟囔囔，有点口无遮拦，该说不该说的话都说出来，就好像感觉不到别人的痛痒一样。所以，孔子教育他要少说多思。朱子《集注》又云："牛之为人如此，若不告之以其病之所切，而泛以为仁之大概语之，则以彼之躁，必不能深思以去其病，而终无自以入德矣。"面对司马牛，孔子也不高谈仁义，而是降下来说，"其言也讱"。如果只讲大道理，反而可能使司马牛陷入空谈，不知道如何入手求仁。

《朱子语类》云："仁譬之屋，克己是大门，主敬行恕是第二门，言讱是个小门。虽皆可通，然小门便迂回。"孔子以讱解仁，是给司马牛开了一道求仁的小门。司马牛可以从这里进门，虽然慢一些，但假以时日依然可以入道。孔子很少直接谈仁，而是以切近己身、能近取譬的方式谈仁，目的就是通过身边的事情来启发人心，鼓励人们从身边的小事入手去实践。所学即所用，所用即所学，这就把学与用结合起来了。

12.4 不忧不惧章

司马牛问君子，子曰："君子不忧不惧。"曰："不忧不惧，斯谓之君子矣乎？"子曰："内省不疚，夫何忧何惧？"

司马牛问什么是君子。孔子说："君子不忧心、不恐惧。"司马牛说："不忧心、不恐惧就是君子吗？"孔子说："反省之后并无愧疚，又有什么可忧心畏惧的呢？"

司马牛平时总是一副担惊受怕的样子。朱子《集注》云："向魋作乱，牛常忧惧。故夫子告之以此。"向魋是司马牛的哥哥，司马牛担心哥哥的安危，也担心作乱的哥哥会牵连到家人和自己。朱子举了这个例子来说明司马牛的焦虑症，司马牛焦虑的事情恐怕还不少。焦虑症是司马牛的一个毛病，孔子希望他能克服焦虑，向着君子之道前进。

司马牛理解的不忧不惧和孔子理解的不忧不惧有差异。司马牛以为，"不忧不惧，忘身而不知险阻已耳，斯谓之君子矣乎？"按照司马牛的理解，要么是没心没肺而无所忧虑，要么是血气之勇而无所畏惧，但这都不是孔子认为的不忧不惧。孔子认为，要做到不忧不惧，首先要做到内省不疚。

内省不疚是孔子去除焦虑的办法。儒家认为，人性本善，焦虑不是人心的自有物，而是焦虑趁虚而入。因此，应对焦虑的办法就是修心，夯实内心的城堡。现代心理学认为焦虑的原因是心有病。但儒家认为，不是心有病，外物牵引才是焦虑的根源。执著于钱权名利色，理不得，心不安，自然生出焦虑。如果只看到无止境的外在利益，那么人便会永远处于焦虑之中。所以，要超越得失利害而看到背后的人心和义理，从外求转向内求。凡义所当为则去做，就会内省不疚、不忧不惧。

孟子曰："口之于味也，目之于色也，耳之于声也，鼻之于臭也，四肢之于安佚也；性也，有命焉，君子不谓性也。仁之于父子也，义之于君臣也，礼之于宾主也，知之于贤者也，圣人之于天道也；命也，有性焉，君子不谓命也。"孟子认为，耳目口鼻之欲能不能满足，那是命，不是性，有时求而不可得；但是仁义礼智是性，不是命，只要自己坚决做一个好人，便可求仁得仁。追求耳目口鼻之欲，还是追求仁义礼智之性，最后会带来两种不同的心境，人生境界也不可同日而语。有人遇到坏事就归咎于命，却没有注意到自己修身之不足；有人遇到坏事则归咎于性，认为是人的劣根性在作祟，却没有注意到自己修身之不足。君子修身，有所忧有所不忧，有所惧有所不惧，有所为有所不为。君子于义利出处之间，明辨笃行，然后心安，是以不忧不惧。

焦虑是一种现代病。人只有不失本心，才能挡住焦虑。只有修心养性，才能不失本心。而要修心养性就必须博学慎思、明辨笃行。只有行动才能化解焦虑。

12.5 四海兄弟章

司马牛忧曰："人皆有兄弟，我独亡。"子夏曰："商闻之矣：死生有命，富贵在天。君子敬而无失，与人恭而有礼，四海之内皆兄弟也。君子何患乎无兄弟

也？"

司马牛忧心地说："别人都有兄弟，只有我没有。"子夏说："我听说，人的生死是命定的，人的富贵是天定的。君子对自己持敬不失，对他人谦恭有礼，那么，四海之内便都是兄弟了。君子哪里要担心没有兄弟呢？"

司马牛的哥哥向魋作乱，他担心哥哥因为犯上作乱被处死，那他就没有兄弟了。他找子夏说心里话，子夏宽慰司马牛。子夏说，生死命定，富贵天定，非人力所能为也。然后他给司马牛出的主意是，不失主敬之心，对人恭敬有礼，这样，四海之人都会成为自己的兄弟；君子不用担心自己没有兄弟。子夏的话好像很有道理，但仍然存在一个小问题。司马牛跟子夏说心里话，结果子夏漫无边际地说了个"四海之内皆兄弟"。司马牛正是情感浓烈的时候，子夏却来了一番大道理。四海之内皆兄弟的兄弟和司马牛的兄弟，不是一个兄弟。子夏之话虽然符合君子之道，但在这里却未能接通司马牛的人情。司马牛拿子夏当好朋友来跟他诉衷肠，结果子夏却以理性的大道理来应对司马牛。司马牛对子夏，可以说是交浅言深了。因此，船山《训义》说："子夏之言未免有亲疏失序之病。"朱子《集注》则为子夏开脱："盖子夏欲以宽牛之忧，故为是不得已之辞，读者不以辞害意可也。"也许，子夏也是一时之间不知如何来安慰司马牛，所以把平时学的大道理说了一通。不过，子夏所说的"敬而无失，恭而有礼"是正论。

12.6 子张问明章

子张问明。子曰："**浸润之谮，肤受之诉，不行焉，可谓明也已矣；浸润之谮，肤受之诉，不行焉，可谓远也已矣。**"

子张问什么是明。孔子说："慢慢浸润的谗言和激烈切肤的诉求，无法加到自己身上，可以说是清明。慢慢浸润的谗言和激烈切肤的诉求，无法加到自己身上，可以说是有远见。"

为人处事，需要明辨是非，洞悉人情，因此要保持清明的头脑。子张问明，是个好问题。孔子以"浸润之谮"和"肤受之诉"来说明一个人头脑清明。用这两种方式来向别人建言容易发生效果。"浸润之谮"。朱子《集注》云："浸润，如水之浸灌滋润，渐渍而不骤也。毁人者渐渍而不骤，则听者不觉其入，而信之深矣。"说别人的坏话，说得太直接太剧烈，反而达不到效果。如果是浸润式的，便可能在润物细无声中成功地进谗言。因为无声，所以"浸润之谮"很难留意。"肤受之诉"。朱子《集注》云："诉冤者急迫而切身，则听者不及致详，而发之暴矣。"诉冤告状，如果言辞激烈，则容易牵动人的情绪，在失去理性判断的情况下，诉冤更可能被接受，就像"会哭的孩子有奶喝"。孔子认为，能识破"浸润之谮"和"肤受之诉"即为明。

重复即是强调，"远"是对"明"的扩充。船山《训义》云："耳目夺于近小而迷于远大，未足以为明也。"只有目光长远，才是真正的头脑清明。

12.7 无信不立章

子贡问政。子曰："足食，足兵，民信之矣。"子贡曰："必不得已而去，于斯三者何先？"曰："去兵。"子贡曰："必不得已而去，于斯二者何先？"曰："去食。自古皆有死，民无信不立。"

子贡问孔子如何为政。孔子说："粮食充足，军队强大，民众信赖。"子贡问："不得已要去掉一个，先去掉哪个？"孔子说："先去掉军队强大。"子贡又问："不得已要再去掉一个，那剩下的两个要先去掉哪个呢？"孔子说："先去掉粮食充足。自古以来，人皆有一死，如果百姓不信赖为政者，那为政者便无法立足。"

本条讨论财政、军事和民心的关系问题。民心为重，"民无信不立"。朱子《集注》云："言仓廪实而武备修，然后教化行，而民信于我，不离叛也。"这是指为政者要努力获得民众的信任。朱子《集注》又云："宁死而不失信于民，使民亦宁死而不失信于我也。"这里把为政者的信用和民众的信任合起来讲。百姓的信任是为政者信用的结果，为政者首先要自己做到诚信，然后为政者和百姓才能互相信任，官民一心。

如果没有粮食吃，老百姓就要起来造反。如果一个国家没有军队，那别国入侵就很方便。为政者当然重视粮食和军队，也就是财政税收和军事实力。财政和军事，即使孔子不加强调，为政者也会努力去做。但民心这种看不见的东西，则可能会先放一放。所以，孔子要强调民心的重要性。为政者听进去了，就会多顾一点民生。如刘备携民渡江，他如果轻装逃跑，不顾百姓死活，应该也不会仁义布于四海。船山《训义》也说："民无信，而君民意异，父子情离，乡邻姻党相为欺侵，为君者虽欲整齐而安处之，必不得矣。"为政者当以民心为本，其实富国强兵的根本还是在于民心。

子贡口才好，能言善辩，问题问得好，孔子答得也好。《论语》不仅道理深入浅出，切近人心，而且文笔非常好。本条即是一例，像诗歌一样有节奏感。起笔简重，收笔铿然，层层递进，余味悠长。

12.8 何以文为章

棘子成曰："君子质而已矣，何以文为？"子贡曰："惜乎！夫子之说，君子也。驷不及舌。文犹质也，质犹文也。虎豹之鞟犹犬羊之鞟。"

棘子成说："君子只要质就行，文能干什么呢？"子贡说："可惜了！您的话有君子之意，可惜却失言了，快马也赶不上您的唇舌。文就像质一样，质就像文一样。如果只有质没有文也可以，那去掉毛之后的虎豹之皮和犬羊之皮也就是一样的了。"

"质"是内质，"文"是外仪。棘子成是卫国的大夫，他感慨当时的风气是"文烦而质丧"，他的批评也是希望矫正时弊。子贡也承认棘子成所看到的问题，他从棘子成的话里看出他是一个君子。但是，子贡跟他的看法不一样。子贡认为，只有质没有文是一种偏颇；质中有文，文中有质，质和文一样重要。子贡举了虎豹之鞟和犬羊之鞟的例子来说明这个道理。朱子《集注》云："鞟，皮去毛者也。"子贡说，如果按照棘子成的意思，文不重要，那么去掉毛之后，虎豹之鞟和犬羊之鞟就没有什么区别了。留着皮毛，才能分辨出虎豹之鞟和犬羊之鞟。朱子《集注》云："夫棘子成矫当时之弊，固失之过；而子贡矫子成之弊，又无本末轻重之差，胥失之矣。"朱子认为，子贡为了矫正棘子成的错误观点，便把质与文同等视之，这又失其本末了。

文与质应该是一种什么样的关系？棘子成代表了有质无文的观点，而子贡代表了文质等同的观点。孔子说："质胜文则野，文胜质则史。文质彬彬，然后君子。"质与文各有自己的特点和问题，所以需要把文与质结合起来。孔子看到了文质之间的结构与搭配，又比子贡的文质等同论更高明一些。实际上，文质是不能等同的，质虽粗拙却近于朴素，文虽达意却近于伪饰。孔子说，"礼，与其奢也，宁俭"，孔子还是以质为本的。朱子也认为，应当"以质为本"。当二者不可得兼的情况下，与其文也，宁质。

棘子成认为，有质无文。子贡认为，文质等同。孔子认为，质本文末。"本末论"是一种特殊的结构。这不是一个有你无我的互斥结构，也不是一个完全平等的平行结构，而是一个一体共生的主次结构。这种一体共生的主次结构，有主有次，有根本也有枝叶，根本不压枝叶，枝叶也不夺根本。"本末论"作为一种思维结构，体现了儒家"万物一体"的世界观，具有很强的辩证色彩，充满了智慧。

12.9 百姓足章

哀公问于有若曰："年饥，用不足，如之何？"有若对曰："盍彻乎？"曰："二，吾犹不足，如之何其彻也？"对曰："百姓足，君孰与不足？百姓不足，君孰与足？"

鲁哀公问有子说："今年饥荒，财用不足，怎么办呢？"有子回答说："何不实行彻法呢？"鲁哀公说："收二成，我还觉得不够用，怎么能施行彻法而只收取一成呢？"有子回答说："百姓富足，国君怎么会独贫呢？百姓不足，国君又怎么会独富呢？"

朱子《集注》云："彻，通也，均也。周制：一夫受田百亩，而与同沟共井之人通力合作，计亩均收。大率民得其九，公取其一，故谓之彻。鲁自宣公税亩，又逐亩什取其一，则为什而取二矣。故有若请但专行彻法，欲公节用以厚民也。"《朱子语类》说："彻，是八家皆通出力合作九百亩田，收则计亩均收，公取其一。"按照周朝的井田制，一夫受田百亩（六尺为步，步百为亩，周朝的亩，约为现在的三分之一），八夫各百亩，加上公家百亩，构成一个"井"字。八夫通力合作，产出粮食汇总，交给公家一成，百姓自得九成，百姓自得部分按亩平均分配。"彻"是八家和公家共有产权，体现了官民一体、互助合作的精神。

后来，鲁宣公实行土地税制改革之后，废井田，八夫各自耕种，按亩交税，每亩收二成。船山《训义》云："鲁自宣公税亩而废彻法，其后国分民散、上用不给，而重敛于民，法愈重而用愈困。"鲁宣公改革使百姓税负负担加重，互助合作的传统也遭到了破坏，土地边界纠纷也增加了。有子提出的彻法，是要恢复井田制。不仅是把税收从二成降到一成，而且要整治土地，厘清边界，恢复公田和互助合作的传统，财政也要量入为出。这是一整套的改革措施。朱子《集注》引杨时曰："仁政必自经界始。经界正，而后井地均、谷禄平，而军国之需皆量是以出焉。故一彻而百度举矣，上下宁忧不足乎？"

十取其二是盘剥百姓，与民争利。实行彻法，则是以民为本。朱子《集注》云："有若深言君民一体之意，以止公之厚敛。"官民一体的深意，鲁哀公看不到，他只盯着税收比例从二成降到一成。合理的改革方向应该是官民一体，而不是与民争利。

12.10 崇德辨惑章

子张问崇德、辨惑。子曰："主忠信，徙义，崇德也。爱之欲其生，恶之欲其死。既欲其生，又欲其死，是惑也。'诚不以富，亦祇以异。'"

子张问什么是崇尚德行和辨别疑惑。孔子说："人坚持忠信，听到嘉言善行就靠过去，这就是崇尚德行。喜爱就希望它生，讨厌就希望它死，如果既希望它生又希望它死，这就是疑惑了。《诗经》里说：'诚不以富，亦祇以异'（确实不是因为你富有，而是因为你跟别人不一样），这就是能辨别疑惑了。"

孔子用了两个关键词来解释"崇德"。一个是"主忠信",一个是"徙义"。"尽己之谓忠,尽物之谓信","主忠信"是合内外而为一,人与内心、外物皆能相合。关键是这个"主"字,"主"的意思是人有主体性,可以自觉到自身的道德属性,并且驾驭之,而不是让忠信变成了一种道德教条。"徙义"的意思是,发现自己身上的不义之处,就要朝着义的方向去改正,所谓"闻义则徙"是也。《朱子语类》云:"'徙义',是自家一事未合义,迁徙去那义上;见得又未甚合义,须更徙去,令都合义。……'主忠信'而不'徙义',却又固执。""主忠信"和"徙义",一静一动,就好比是圆规的两个脚。一个稳固地坚守,一个灵活地调整,一张一弛之间,人格才会健康。

何为惑?既欲其生,又欲其死,这就是惑。要分辨疑惑也不容易,尤其是年轻的时候,知识储备不足,生活阅历不够,面对各种各样的理论和价值观,常常觉得公说公有理、婆说婆有理。这是因为自己对于那些根本的"义理"缺乏准确的把握,更不知如何将那些大道理降到身边具体的事物上来进行分析,因此生出许多困惑。孔子回顾自己的一生,也是到四十方才不惑。人应该下功夫去学习义理。义理分明了,便能是非分明,爱憎分明,知所取舍。

这一条的争议在于,"诚不以富,亦祇以异"是不是错简。这一句的出处是《诗经·小雅·我行其野》:"我行其野,言采其葍。不思旧姻,求尔新君。成不以富,亦祇以异。"这首诗讲了一个弃妇改嫁的故事。某女出嫁之后,丈夫对她不好,她就回娘家了,后来被劝回去了,再后来又改嫁了。为什么要改嫁给这个男人?这个妇女解释说:"诚不以富,亦祇以异。"意思是,改嫁给这个男人不是因为他富有,而是因为他跟之前那个男人不一样。

根据朱子《集注》,朱子和程子认为是错简,应位于《季氏》篇 16.12 章"齐景公有马千驷"。船山认为不是错简。船山《训义》说:"'不以富'者,固诗人忠厚之词。"这个女人放弃旧的婚姻选择新的配偶不是因为他富有,这说明这个女人忠厚。一个女人选择什么样的丈夫,应该说最能考验她的辨惑能力。孔子引用这句诗的意思是,要以女人选丈夫的眼光来辨惑。用这个切近己身的比喻来解释辨惑,可以说非常恰当。文意畅通,逻辑自洽,应该不是错简。

12.11 君臣父子章

齐景公问政于孔子。孔子对曰："君君，臣臣，父父，子子。"公曰："善哉！信如君不君，臣不臣，父不父，子不子，虽有粟，吾得而食诸？"

齐景公问孔子如何为政。孔子回答说："君是君，臣是臣，父是父，子是子。"齐景公说："说得好啊！假如君不君，臣不臣，父不父，子不子，那就算有粮食，我能吃得到吗？"

鲁昭公末期，孔子曾去过齐国，见过齐景公。齐景公向孔子请教为政之道，孔子以父子君臣人伦大纲回答他，实际上是针对齐国当时的问题而提出的为政药方。朱子《集注》云："是时景公失政，而大夫陈氏厚施于国。景公又多内嬖，而不立太子。其君臣父子之间，皆失其道，故夫子告之以此。……景公善孔子之言而不能用，其后果以继嗣不定，启陈氏弑君篡国之祸。"齐景公重用陈国田氏，又不立太子，给了田氏擅权的机会，后来田氏代齐，齐国姜吕氏断绝，改为田氏齐国。

君臣父子，代表了儒家对人伦纲纪的基本规范。船山《训义》云："立乎朝廷以正百姓者，君臣也，相为继统以守国家者，父子也。夫君臣父子，亦各尽其道而已。君且无问其治民也，而但念其何以立民上而不忝；臣且勿问其事君也，而但念其何以受爵禄而不惭；父且勿问其贻谋也，而但念其何以为严君而无愧；子且勿问其顺亲也，而但念其何以承统绪而非诬。故有恩有威焉，君正其君也；有职有分焉，臣正其臣也；爱以其理，教以其道，父正其父也；爱敬因于性，名分因于序，子正其子也。凡先王之以立人伦之极，而为礼乐刑政之本者，此而已矣。苟能是，岂非立国于永安而称盛治乎？"船山认为，君君、臣臣、父父、子子的意思是，君臣父子各尽其道。君臣父子不是在讲一个不平等的压迫关系，而是强调君臣父子的自处之道。君父要有君父的样子，臣子要有臣子的样子，社会运转才能井然有序。

如果用现代平等眼光去检视君臣父子关系，可能会觉得这是一种不平等的压迫关系。但是，君臣以礼，父慈子孝，本是一种自然的情感，其中有不平等，但不是压迫。天之生物也不齐，天生的不平等是一种合理的自然秩序，人为的不平等才是一种不合理的压迫。君父如果滥用这种不平等，就会出现剥削和压迫。这是人伦纲纪的扭曲和僵化所带来的弊端，并不是君臣父子关系本身的问题。君臣父子之间存在一种高度人格化的人伦关系，是一种强劲的信任纽带，也寄放了亲密的情感归属。

船山《训义》是这样解释君臣关系的："立乎朝廷以正百姓者，君臣也。……君且无问其治民也，而但念其何以立民上而不忝；臣且勿问其事君也，而但念其何以受爵禄而不惭。"这里呈现出来的治理结构是，君臣一体共治百姓。臣是作为君之臣来治理百姓的。我们考察地方政府与百姓的关系时，常常忽略了地方干部与他们的领导之间的关系。实际上，地方干部的爱民之心与背后的忠君（忠于上级）之心，常常互为表里，相互支撑，相互转化。地方政府的干部在与百姓打交道的时候，他们能够实心用事，其中的一个精神力量可能是来源于对上级领导的爱敬之心。治理好一方百姓，才能体现忠君之心。对上级的爱敬之心常常容易与拍马屁、求提拔等讲法相混淆，但确实是两种性质不同的东西。讨论官民关系，可能需要增加一个君臣关系的视角，才能理解地方干部的精神结构。

船山《训义》云："圣人经世之道，制治于未乱，保邦于未危，无他，明伦以立纲纪之原，而礼乐刑政，皆由此出，则久安长治，而立国于不倾。"儒家认为，人伦纲纪是治世之根本。这不是在讲处理关系的人际关系策略，也不是在讲如何进行权力控制的厚黑学，而是在讲一套社会运行法则及其背后的心性基础。人们常常倾向于从权力和利益的角度来理解人伦关系，但背后却有一套看不见的关于仁义道德的心性结构。权力利益和仁义道德常常混合在一起，而能看到什么东西取决于实践者和观察者的理论眼光。冲着仁义道德去行动，越活越开阔；冲着权力利益去行动，越活越焦虑。

12.12 子路无宿诺章

子曰："片言可以折狱者，其由也与！"子路无宿诺。

孔子说:"半句话就可以断案,这就是子路吧!"子路承诺的事情不会不兑现。

朱子《集注》云:"片言,半言。折,断也。子路忠信明决,故言出而人信服之,不待其辞之毕也。"半句话就能把官司说清楚,使原告被告各安其心,各回各家。船山《训义》云:"可为可焉,否为否焉,信于理即信于心,信于心即信于行。……片言之下,情尽法立,可以折者,不信然乎!"片言之所以可以折狱,乃是因为"情尽法立"。情尽者,仁也;法立者,义也;情尽法立,仁至义尽也。

"子路无宿诺"。朱子《集注》云:"宿,留也,犹宿怨之宿。急于践言,不留其诺也。"按照字面意思理解为,子路不会留着自己的承诺过夜,今天答应的事情恨不得今天就办好。这固然是子路性子比较着急,但也可以看出,子路是一个重然诺的真君子。子路断案的时候便会是非分明,执行的时候便会说到做到。子路断狱和无宿诺,可以互相阐发,所以并为一条。

子路以勇著称。子路之勇,固然有其粗疏的一面,但也有其明决果断的一面。之所以能够明决果断,是因为子路是非善恶明辨于心,但凭义所当为而为之,不带一毫私心与杂念。子路之勇,不在血气之勇,而在义理之勇,故可以片言折狱而无宿诺。

12.13 必也使无讼章

子曰:"听讼,吾犹人也。必也使无讼乎!"

孔子说:"听断诉讼,我跟别人是一样的。一定要使其不发生诉讼才好啊!"

孔子这句话先讲听讼,再讲无讼。孔子认为,自己听取诉讼和别人也差不多,都是根据天理人情加以判断。但是,孔子又说,与其做一个明于诉讼的人,不如想办法使人们不打官司,这才是治本之道。朱子《集注》引杨时曰:"圣人不以听讼为难,而以使民无讼为贵。"要使民无讼,就要有妥当的治民之道。

船山《训义》云:"尽其养之之理,而人可以自得而无求,正其教之之道,而人皆有耻心以自闲。而且德修于不言不动之地,以成乎兴仁兴让之风,则不待禁止其争，而民志自畏。……吾所期者在是，故轻刑名而崇德教。"让老百姓不打官司的办法是养之和教之，兴仁让之风，以化民成俗，宗旨是"轻刑名而崇德教"。不与民争利，让老百姓富裕起来，这就是养之。教之，则要通过一些特定的人、特定的组织方式和特定的措施来使百姓兴起仁让之风，如乡饮酒礼。这个礼可以掀起尊重乡贤长老的风气，乡间有一些矛盾也可以通过乡贤长老调解之。如今的中国农村，已经逐渐富裕起来了，养之不是难题，难题还在教之。

12.14 行之以忠章

子张问政。子曰："居之无倦，行之以忠。"

子张问孔子如何为政。孔子说："存心能不懈怠，做事能够忠实。"

孔子阐述为政之道，会把为政的复杂性与人的心态结合起来进行分析。"居之无倦"和"行之以忠"都是在讲人的心态。心态对于为政之成败至关重要。

朱子《集注》云："居，谓存诸心。无倦，则始终如一。行，谓发于事。以忠，则表里如一。"所谓无倦，就是不懈怠，坚持到底。其反面是，"见为难而姑置之，见为易而或忽之"。所谓忠，则是表里如一，能够遵从自己的内心尽力去做。其反面是，"以奉行为故事，以涂饰见才能"。"以奉行为故事"的意思是，内心并不想做，只是因为有这个例行规矩才去做。"以涂饰见才能"的意思是，并非真心努力，只是粉饰一下，做做样子。《朱子语类》说："'居之无倦'，在心上说；'行之以忠'，在事上说。'居之无倦'者，便是要此心长在做主，不可放倒，便事事都应得去。'行之以忠'者，是事事要著实。"

《朱子语类》说："子张是个有锐气底人。它作事初头乘些锐气去做，少间做到下梢，多无杀合，故告以'居之无倦'。又且不朴实，故告之以'行之以忠'，欲其尽心力也。"弟子问仁的时候，孔子回答各不一样。孔子有一个大经大法在，然后根据弟子的不同气质禀赋而因材施教。

12.15 博文约礼章

子曰："博学于文，约之以礼，亦可以弗畔矣夫！"

本章重出。参见《雍也》篇 6.25 章。

12.16 成人之美章

子曰："君子成人之美，不成人之恶，小人反是。"

孔子曰："君子助成他人的善事，不助成他人的恶事。小人是反过来的。"

在《论语》里，君子和小人常常对举出现。这里也是"君子成人之美"与"小人成人之恶"对举。君子看到好事愿意去促成，这是仁者之心；"不成人之恶"，乃是一种义，兼仁义而为君子。

《论语》一共有 22 条提到"小人"。综合来看，小人的特点包括：重利，狭隘，不知敬畏，不懂礼节。这些与道德恶劣的卑鄙小人还是有本质区别的。《子路》篇 13.4 章中，孔子称自己的弟子樊迟为小人，樊迟当然不至于卑鄙无耻。孔子称樊迟为小人是说他思想狭隘。所以，"小人"没有现在常说"卑鄙小人"的意思，而是指道德境界较低，思想见识狭隘，容易被利益牵引的人。小人未必是主动想做恶事，但如果有利可图，往往会见利忘义，去做坏事。君子以身载道、见利思义，小人思想狭隘、见利忘义，这是君子与小人最大的区别。

12.17 政者正也章

季康子问政于孔子。孔子对曰："政者，正也。子帅以正，孰敢不正？"

季康子问孔子如何为政。孔子对他说："政即是正。你带领大家行正道，那谁敢不行正道呢？"

季康子是季氏三桓的掌门人。孔子对季康子说"政者，正也"，其实是劝他要秉持君臣大义，不要乱了君臣名分。朱子《集注》引胡寅曰："鲁自中叶，政由大夫，家臣效尤，据邑背叛，不正甚矣。故孔子以是告之，欲康子以正自克，而改三家之故。惜乎康子之溺于利欲而不能也。"鲁国是大夫擅国政，而后大夫的家臣如阳虎也犯上作乱，上下皆不正。就像孟子所说："万乘之国，弑其君者，必千乘之家；千乘之国，弑其君者，必百乘之家。"失去君臣大义之后，就会犯上作乱，上下交征利。季氏盯着鲁国，季氏的家臣又盯着季氏，何正之有？又何政之有？反之，为政者以身垂范，带领大家躬行正道，才是真正的为政。船山《训义》从四个方面解释了这个"正"字："有名分以正其尊卑，有纲纪以正其职业，有井疆以正其田畴，有庠序以正其学术。"

为什么领导正了，下属就会正呢？这种讲法当然不是说所有的下属百分之百都会行正道，而是在讲，一种风气得以形成的关键是一把手要带好头，领导和下属之间才会激荡起好风气。一个组织的风气，很大程度上是由一把手和骨干分子通过较长时间的感染和积淀而形成的，风气虽然看不见，但是对于刚进入组织的人具有十分明显的濡化作用。风气的形成需要人格的支撑和关系的连结，而一把手就是组织风气的发动机，可以通过人格和关系传导出去。个人不是完全独立的个体，而是社会动物，人心和人心之间可以感通，所以风气可以扩散。

"子帅以正，孰敢不正"，但是，"子帅以不正"，则下属未必都会跟着不正。这说明，人心风气不是一个唯权力是从的东西，而是另有一种正道。扭曲的风气可能一时盛行，但终究会湮灭。在儒家思想里，这个正道的代表是天，意味着一种天地境界。君子慎独，就是以天地为参照而自我镜鉴。人能做到随心所欲不逾矩或合内外、一天人的时候，离天地境界就不远了。儒家认为，个体不仅是一个承载个人生命、声张个人权利的身体，更是一个可以感通、扩充和超越自己的个体，是一个承载了天地境界的、具有神圣性的个体。

12.18 虽赏不窃章

季康子患盗，问于孔子。孔子对曰："苟子之不欲，虽赏之不窃。"

季康子担心劫掠的情况，问孔子怎么办。孔子对他说："如果你不贪求，即使给百姓赏钱，他们也不会去偷窃，更别说劫掠。"

"盗"是明抢，"窃"是暗偷。二者轻重有差。季康子是鲁国权臣，专权而多欲。季康子主政鲁国的时候，鲁国多盗，于是他问孔子如何止盗。孔子认为，百姓之所以偷盗，是因为在上位的人过分贪求，尽力搜刮，百姓被搜刮殆尽，为求生存，才会去偷盗。偷盗是一件可耻的事情，如果百姓富足，又怎么会不顾羞耻地去偷盗呢？船山《训义》云："苟子于非分之得不欲得也，非理之奉不欲事也，上不夺则民适其生，上不移则民安于朴。夫盗之可耻也，谁则甘之？"有人为盗，可能是个体性的道德问题。但鲁国多盗，说明是整体性的社会问题。问题的根源在于掌权的季氏贪婪多欲，导致层层搜刮，民不聊生。孔子这里是在奉劝季康子克制不正当的欲望，以民为本。

12.19 君子德风章

季康子问政于孔子曰："如杀无道，以就有道，何如？"孔子对曰："子为政，焉用杀？子欲善，而民善矣。君子之德风，小人之德草，草上之风，必偃。"

季康子请教孔子如何为政，季康子说："如果杀掉无道的人，让大家趋向于有道，怎么样？"孔子对他说："你要为政，哪里用得着杀戮？如果你想变善，那百姓就会变善。君子的德行就像风，小人的德行就像草，草之上吹吹风，草必然会卧下去。"

季康子用杀戮的手段来矫正那些无道的人，有几分法家严刑峻法的意味。孔子回答的是"焉用杀？"孔子认为，如果希望使无道而就于有道，只需要率民以善就可以，何必大兴杀戮之风？刑戮乃是不得已而为之。不过，"焉用杀"不等于不用政刑，儒家从来没有放弃政刑。

在上位者大开杀戮之风，则民间也会习得残暴之风；在上位者如果能够敦行善政，则民间也会逐渐趋之于善，这就是上行下效。在儒家思想里，为政者对治下之百姓有教化的责任。在古代，百姓的识字率不高，百姓学习到的道理，往往是通过为政者或者乡贤的传授，然后形成一些礼俗，即所谓化民成俗。君子与小人也是这样的关系。这一条里的小人是指境界较低、思想狭隘、容易被利诱的小老百姓，有别于知书达理的君子。孔子把君子之德比喻为风，小人之德比喻为草，只要风吹过去，草就必定会跟随风的节奏而弯腰。这真是一个绝好的比喻。船山《训义》云："君子者，位尊足以行远，而权力可以动众，殆犹风也；小人者，弱植而无定情，繁生而无异趣，殆犹草也。不见夫草乎？加之以风，则偃伏而无有能不挠者矣。"

百姓有道还是无道，关键在于为政者吹什么风。为政者善而有道，百姓亦善而有道；为政者恶而无道，百姓亦恶而无道。行政的链条非常长，往往不是好心好意就可以办成好事，好心好意都未必能办成好事，要是为政者有私心杂念，那就更难以办成好事了。因此，为政者自己要先做个君子，吹出来的风才会是君子之德风。为政在人，君子在位是善政的基础。

12.20 必达必闻章

子张问："士何如斯可谓之达矣？"子曰："何哉，尔所谓达者？"子张对曰："在邦必闻，在家必闻。"子曰："是闻也，非达也。夫达也者，质直而好义，察言而观色，虑以下人。在邦必达，在家必达。夫闻也者，色取仁而行违，居之不疑。在邦必闻，在家必闻。"

子张问孔子："士人怎么样才可以称之为达呢？"孔子问："你所说的达是指什么？"子张回答说："在邦为政必然闻名，在家生活也必然闻名。"孔子说："这是闻，不是达。达的话，禀性正直，喜欢做义所当为的事情，待人接物时注意察言观色，考虑问题时能够顾及下位者的感受。这样的话，在邦为政必然通达，在家生活也必然通达。闻的话，神色像仁者而实际上并不行仁，甚至还安处这种状态，那也可以做到在邦为政必然闻名，在家生活也必然闻名。"

达则兼济天下，子张问达（通达），是个大问题。在孔子的追问之下，子张说出了自己的理解，原来子张的本意是要问闻（出名）。然后，孔子教导子张应该追求达而非闻。

朱子《集注》云："达者，德孚于人而行无不得之谓。"也即是说，所思所想和一言一行都合于德，不管什么事情都应对有道，这是一种通达的状态，从心到我，由我到人，再到天地万物是一个贯通的状态。那怎么样才可以做到达呢？孔子说："质直而好义，察颜而观色，虑以下人。"朱子《集注》云："内主忠信而所行合宜，审于接物而卑以自牧。""质直而好义"是指为人正直，义所当为则为之，义所不当为则不为。"察颜而观色"，是指能读懂别人的表情和心情。"察言而观色"能把"质直而好义"这么刚硬的东西转化为柔和的东西，从而把事情做成。"虑以下人"是指谦虚，上位者能够站在下位者的角度来思考问题。孔子认为，人情练达、正直谦逊，便能达。

闻是什么状态？朱子《集注》云："善其颜色以取于仁，而行实背之，又自以为是而无所忌惮。此不务实而专务求名者，故虚誉虽隆而实德则病矣。""色取仁而行违"，表面上装出一副仁义的样子，内心却没有一丝仁义；人前厚道，人后刻薄；说话光明磊落，做事龌龊不堪。只是做做样子，外人还以为是个仁者。这就像一些网红，通过一些包装就可以出道，但缺少过硬的本领和素质，最终还是塌房了。做学问也是一样，不能停留于表面功夫，必须扎扎实实沉下去，才能获得真知灼见，否则不过是文字游戏。

闻者空有其名，达者确有其实。闻可以作伪，达则是真诚无伪，实至名归。船山《训义》云："达者不必闻，而闻者不必达，此君子小人虚名实行之大别也。""闻者不必达"是说，出名者未必通达。"达者不必闻"是说，通达者不必出名。

朱子《集注》引尹焞曰："子张之学，病在乎不务实。故孔子告之，皆笃实之事，充乎内而发乎外者也。"子张的学问，毛病就在于不务实，所以孔子勉励子张求达而不求闻，求实而不求名。程子曰："学者须是务实，不要近名。……今之学者，大抵为名。为名与为利虽清浊不同，然其利心则一也。"

如何求达？《朱子语类》说："达，是退一步底；闻，是近前一步做底。退一步底卑逊笃实，不求人知，一旦功夫至到，却自然会达。"欲达则应退，退而自修，功到自然达。闻者求达而未必达，而达者不求闻而终必闻，虽未闻，此生无悔。君子求达可也。

12.21 先事后得章

樊迟从游于舞雩之下，曰："敢问崇德、修慝、辨惑。"子曰："善哉问！先事后得，非崇德与？攻其恶，无攻人之恶，非修慝与？一朝之忿，忘其身，以及其亲，非惑与？"

樊迟跟着孔子在舞雩台下游玩，樊迟问孔子："崇德、修慝、辨惑是什么？"孔子说："问题很好。先去做然后再讲收获，这不就是崇德吗？改正自己的毛病，不要总去攻击别人的毛病，这不就是修慝吗？因为一时的忿怒冲动就忘了自己，还累及父母，这不就是惑吗？"

樊迟问了孔子三个问题，分别关于崇德、修慝、辨惑。崇德即是崇尚德行。《朱子语类》说："德者，理之得于吾心者也。"理在心为德。孔子对崇德的解释是"先事后得"，意思是，先好好做事，而不是先计较利害得失。做事不应该冲着利害去，而应该冲着义理去。冲着义理去便会把德行摆在优先的位置。

朱子《集注》引胡寅曰："慝之字从心从匿，盖恶之匿于心者。修者，治而去之。"修慝即是改正缺点。孔子讲的"攻己恶，不攻人之恶"，是严于律己，宽以待人。一个人也许能够洞悉自己的内心，但是别人心里的难言之隐，却不一定完全清楚。清楚自己的"小心思"，所以要慎独，隐微之恶也要尽力根除。对他人的难言之隐无法完全掌握，因此对他人的责难要留有余地。

"一朝之忿"是提醒樊迟不要因为一时的激愤而犯下错误，这样不仅会伤害自己，还会累及父母。对于樊迟来说，"一朝之忿"就是最要解决的困惑。也许樊迟是一个容易冲动的人，所以孔子这样教育他。

船山《训义》云："德无以崇之则未离于凡近，慝不知修则过伏于隐微，惑不能辨则入于妄而不自知也。"不崇德则目光短近，不修慝则会在微小的地方犯错，不辨惑则会变得迷乱自大。朱子《集注》云："樊迟粗鄙近利，故告之以此，三者皆所以救其失也。"

在《颜渊》篇 12.10 章，子张也问过崇德、辨惑。孔子的回答是："主忠信，徙义，崇德也。爱之欲其生，恶之欲其死；既欲其生，又欲其死，是惑也。'诚不以富，亦祇以异。'"孔子对子张和樊迟的回答不一样，这是因为两个人的特点不一样。《朱子语类》说："子张是矜张不实底人，故夫子于崇德，则告之以'主忠信，徙义'，欲收敛著实做工夫。常人之情，好人恶人，只是好之恶之而已，未至于必欲其生，必欲其死处。必是子张平日于喜怒之间用心过当，故又告之以此。樊迟为人虽无所考，以学稼、学圃及夫子答问观之，必是个鄙俗粗暴底人，故夫子告之以'先难后获'，此又以'先事后得'告之。盖鄙俗则有近利之意，粗暴则有因忿忘身之患，皆因其失而救之也。"孔子因材施教，是一位杰出的教育家。

12.22 举直错诸枉章

樊迟问仁。子曰："爱人。"问知。子曰："知人。"樊迟未达。子曰："举直错诸枉，能使枉者直。"樊迟退，见子夏曰："乡也吾见于夫子而问'知'，子曰：'举直错诸枉，能使枉者直。'何谓也？"子夏曰："富哉言乎！舜有天下，选于众，举皋陶，不仁者远矣。汤有天下，选于众，举伊尹，不仁者远矣。"

樊迟问什么是仁。孔子说："爱人。"樊迟问什么是智。孔子说："知人。"樊迟没听懂。孔子又说："把正直加在歪曲之上，可以使歪曲变得正直。"樊迟退下，见到子夏，说："刚才我见了夫子，我问他什么是智，夫子说：'把正直加在歪曲之上，可以使歪曲变得正直'，这是什么意思啊？"子夏说："这话含义很丰富啊！舜治理天下，从众人中把皋陶选出来辅政，不仁者就远了。汤治理天下，从众人中把伊尹选出来辅政，不仁者就远了。"

本条有两个要点，一个是直与枉的关系，另一个是仁与智的关系。直为正直，枉为歪曲。"举直错诸枉"的字面意思是，把直尺放在弯曲的线条上，可以根据直尺矫正曲线，画出直线，所以"能使枉者直"。引申意思是，用正直的人来治理歪风邪气，能使歪风邪气归于正直，达到"不仁者远"的社会效果。子夏举了两个例子，舜重用皋陶和汤重用伊尹，达到了治理的效果。

船山《训义》云："夫仁者，此心之与人相通者也。均是人也，无不在所当爱也。"仁是一种感通，是亲疏有差的爱，对父母、兄弟、妻子和朋友等的感情可以说都是爱，但是爱的程度和方式不一样，这是人伦之理。船山《训义》云："夫智者，此心之所以辨物者也。人不齐矣，不可不详于知也。"儒家讲的仁是有差等的爱，所以要用智辨别这些差等，找到各自应有的相处方式，使仁爱之心发出来能够落在恰当的分寸上。仁与智是交相为用、相互支持的关系。船山《训义》云："圣人之仁，圣人之智有以善成之也。以博爱之心而用智，其智不刻。"智使仁得以善成，仁使智不至刻薄。仁中有智，智中有仁，二者辩证一体、交相为用。

"举直错诸枉，能使枉者直"体现了仁与智这种辩证一体、交相为用的关系。《朱子语类》说："仁知，一个是慈爱，一个是辨别，各自向一路。惟是'举直错诸枉，能使枉者直'，方见得仁知合一处，仁里面有知，知里面有仁。"辨别直与枉，便是智；使枉者直，用力的方向是使其正直，其初心便是仁爱之心。"举直错诸枉，能使枉者直"，仁与智便在其中矣。反之，若要实现"举直错诸枉，能使枉者直"的效应，关键在于，使仁智之俊杰在为政之位。

12.23 子贡问友章

子贡问友。子曰："忠告而善道之，不可则止。毋自辱焉。"

子贡问如何交友。孔子回答说："朋友有过错，要尽心劝告，把他引导到善道上来，如果实在劝不动，那就算了，不要自取其辱。"

《礼记》云："同门曰朋，同志曰友。"古代所说的朋友，其实是志同道合、关系亲密的人。现在我们所说的"朋友"，含义比较宽泛。如同事、同学甚至刚认识不久的人，都可以泛称为朋友。

子贡问，如何与朋友相处。孔子回答的是，当朋友犯错时应该怎么做。孔子说，要给予忠告，把他引导到善道上来。但如果尽力规劝仍不管用，就不要再去强求，免得自取其辱。为什么会自取其辱呢？强行规劝会让朋友觉得，彼此不是一条心，也不是同道中人，于是朋友会选择疏远甚至绝交，这便是自取其辱。朱子《集注》云："以义合者也，故不可则止。若以数而见疏，则自辱矣。"朋友以义合，以不义散。朋友之间尽到了朋友之义，就会合得来；若没有尽到朋友之义，则分开可也。朋友之义是作为朋友理所应当要做的事情。比如朋友有错，应当忠告而善道之，这便是义所当为的事情。《里仁》篇 4.26 章，子游曰："事君数，斯辱矣；朋友数，斯疏矣。"朋友与君臣都是以义合的关系。君臣以义合，三谏不从则去，不自取其辱。

比较朋友关系与父子关系。《里仁》篇 4.18 章，子曰："事父母，几谏。见志不从，又敬不违，劳而不怨。"父母如果有过错，儿子应该"几谏"。几者，微也，即通过和缓委婉的方式劝谏。如果父母不听，还是要好好侍奉父母，劳而无怨，不可离去。对父母是几谏，对朋友则是直言忠告。对父母是劳而无怨，对朋友是不可则止。父子关系和朋友关系是性质不一样的人伦关系。关键的区别在于，父子关系是先天的血缘关系，是斩不断的天伦，无法割舍；朋友关系是后天的非血缘关系，是缘分与呵护的结果。父子天恩，恩大于义；朋友处义，义大于恩。父子之间有不义，无法断恩；朋友之间有不义，可以断恩。

再对比父子关系、君臣关系和师弟子关系。《礼记·檀弓》云："事亲有隐而无犯，左右就养无方，服勤至死，致丧三年。事君有犯而无隐，左右就养有方，服勤至死，方丧三年。事师无犯无隐，左右就养无方，服勤至死，心丧三年。"侍奉双亲是"有隐无犯"，侍奉君是"有犯无隐"，侍奉老师是"无犯无隐"。"隐"就是有所隐瞒，委婉含蓄。"犯"是指仗义执言，犯颜直谏。事亲有隐无犯，对父母要几谏，柔和婉转，不要强行进谏。天生的血缘关系，生生世世长期相处，不要伤了恩情。"易子而教"也是因为父母担心管教太严格了，使小孩不亲近自己，有伤父子之恩。事君有犯无隐，对君要敢于直谏，做得不对的地方一定要指出来。工作场合中涉及到整体利益或者社稷民生，不得不犯言直谏，此为君臣之义。"事师无犯无隐"。古时候的师弟子关系，不像现在大多数老师和学生的职业关系。以礼拜师之后，师弟子之间是一种深厚的人伦关系。弟子对老师有敬意，所以无犯。但如果老师有什么过错特别是教学上的错误，弟子也不应隐瞒。事师无犯无隐，无犯比于亲而不如亲之有隐，恩不如亲。无隐比于君而不如君之有犯，义不如君。所以，事师介于事亲之恩与事君之义之间，故郑玄注云"恩义之间"。

父母、君臣、师生、朋友，这四种关系，各有相处之道。其基本的情感线索是爱与敬。对父母，又爱又敬，爱多于敬，所以有隐而无犯；对君和老师是敬多于爱。朋友这种关系，恩不如父，义不如君，因此，采取的办法是，"忠告而善道之，不可则止。""忠告"不如"几谏"爱之深，"不可则止"又不如"有犯"敬之重。这是资于事父、事君以处朋友的逻辑，同样也是在恩义之间找到一个差序格局上的伦理位置。

12.24 友以辅仁章
曾子曰："君子以文会友，以友辅仁。"

曾子说："君子学文可以用来交友，交友可以用来辅仁。"

"以文会友"的"文"，未必仅指文章，诗书礼乐皆是"文"，讲学论道、雅集研讨也是"文"。朱子《集注》云："讲学以会友，则道益明；取善以辅仁，则德日进。"一群志同道合的君子，互相切磋砥砺，共同前行，这是君子之党的团体生活状态。个人在团体中修身养性，而不是独学而无友的孤独状态。

船山《训义》进行了补充。"夫人苟为君子而有志于仁，则未有不以诗、书、礼、乐为静修之业矣。故一时之意气不足取，枯寂之意见不足尚，必以文会之。……若孤行己意而自许以仁，博爱泛交而不以其道，其何足以为君子哉！"船山提出了两种他反对的生活状态。第一种状态是孤行己意的枯寂状态，甚至自许为仁，这是一种自以为是、特立独行的状态，有时曲高和寡，有时一意孤行。第二种状态是，博爱泛交而不以其道，即是滥交。这两种状态都不健康。孤行则是放弃了社会，舍众以求己，滥交是抛弃了个人，舍己以从众，这两种状态都没有找到个人与社会相结合的最佳状态。最佳的状态是融入社会而不失自我，在个人与社会的中间状态中找到一种张弛有度的生活方式。以文会友、友以辅仁，正是个人与社会结合的最佳状态。不是独行，也不是滥交，非常好地掌握了个人与社会之间的平衡，这也是人性的健康状态。所以，请以君子为友。

小结《颜渊》篇

本篇主要记载孔子答弟子问，在具体的人事物中，更见儒学之精微。

子路第十三（30章）

13.1 先之劳之章

子路问政。子曰："先之，劳之。"请益。曰："无倦。"

子路问孔子如何为政。孔子说："自己要带头，自己要勤劳。"子路想知道更多。孔子说："不知疲倦地这样做。"

"先之"的意思是，率先去做、带头去做。"劳之"的意思是，勤勤恳恳、不辞辛劳。前者是先行，后者是躬行，合起来就是率先垂范。为政者首先自己要做到孝悌忠信，治下的百姓才会孝悌忠信。这是为政者化民成俗的前提。子路可能是认为"先之"和"劳之"并不难做到，所以请孔子多教一些。孔子便加了一个"无倦"。短短两字，干脆果决，如有千钧之力。朱子《集注》引吴棫曰："勇者喜于有为而不能持久，故以此告之。"以子路之勇，一时做到"先之"和"劳之"并不难，恐怕难于有恒，难的是一直不知疲倦地这么做。

船山《训义》说："圣门诸子之问政也，自颜渊，仲弓，子贡而外，其意皆欲求详于事迹，而未能求之于为之之本。故夫子一责其尽于身心者，而政之节目略焉。"孔子教导弟子为政，并不细数为政之细节，多阐述为政者应有的态度与德行。为政的技术灵活多样，为政者应该随机应变，而且只要进入相应的工作岗位，慢慢可以习得为政的技术。而为政者的态度和德行，具有相对稳定性，而且不是一朝一夕可以养成。如果为政者养成了仁人君子，那便会想办法施行仁政；如果为政者未养成仁人君子，那即使实施跟仁政一模一样的政策，最后也会走样。换言之，仁政不是政仁，而是人仁。用什么样的人去治理比用什么方法去治理更重要。船山《训义》说："心身者，出治之本。"修齐治平，以修身为本。

13.2 举贤才章

仲弓为季氏宰，问政。子曰："先有司，赦小过，举贤才。"曰："焉知贤才

而举之？"曰："举尔所知。尔所不知，人其舍诸？"

　　仲弓出任季氏宰，问孔子如何为政。孔子说："事情先让有司去做，赦免小的失误，举荐重用贤才。"仲弓问："哪里可以知道这么多贤才可以举荐重用呢？"孔子说："举荐重用那些你知道的贤才。你不知道的贤才，难道别人会舍得丢掉吗？"

　　仲弓有德，曾出任鲁国大夫季氏的大管家。他问孔子如何为政。孔子告诉了他三句口诀，"先有司，赦小过，举贤才"。朱子《集注》引范祖禹云："不先有司，则君行臣职矣；不赦小过，则下无全人矣；不举贤才，则百职废矣。"

　　"先有司"。宰是大管家，下面有各种各样的执事。朱子《集注》云："有司，众职也。宰兼众职，然事必先之于彼，而后考其成功，则己不劳而事毕举矣。""先有司"即是做好分工，让手下的执事分别去做该做的事情，事后再考核他们。身为领导，不应包办所有，也要给下属锻炼的机会。"赦小过"。"小过"则影响不大，多是无心之失。朱子《集注》云："大者于事或有所害，不得不惩；小者赦之，则刑不滥而人心悦矣。"如果下面的执事有点小过错，就斤斤计较，那未免过于苛刻，长此以往，下面的人就会离心离德，不利于团结，最后也难以成事。"举贤才"。重用德才兼备的贤才能形成善治，如舜举皋陶，汤举伊尹。船山《训义》云："一举而收数十年之用……贤才之功，皆我之功，身不必焉，而贻福于社稷民生者大矣。"用一贤才可以得长治之功效。船山进一步指出了为政者"功成不必在我"的气度。

　　仲弓意识到"举贤才"是重中之重，不过他有一个担心，担心自己无法遍举贤才。孔子说："举尔所知，尔所不知，人其舍诸？"自己知道的贤才应该举荐重用，如果是自己不知道的，也不用担心，因为会被别人发现。船山《训义》云："以一举开群官之举，以一贤才致众贤才之道。"重用贤才会形成榜样或示范效应，为政者重用什么样的人，反映出为政者的偏好。为政者重用贤才，就会群贤汇聚，为政者重用小人，就会群小辐辏。"尔所不知，人其舍诸"体现出孔子开阔的胸襟。孔子胸中有丘壑，心怀天下，可以窥见圣人气象。

　　孔子主张，举用贤才，为政在人。与之相应的是以法令为先。如果法令太繁，政刑太密，则容易在更多的环节生出新的弊端，一线基层干部也容易变得机械死板，甚至催生更多隐伏的危机。船山《训义》云："为政莫尚于简，而简有其道焉。"为政尚简，简有其道，关键在于，选贤任能，俊杰在位。

13.3 必也正名章

子路曰："卫君待子而为政，子将奚先？"子曰："必也正名乎！"子路曰："有是哉？子之迂也。奚其正？"子曰："野哉，由也！君子于其所不知，盖阙如也。名不正，则言不顺；言不顺，则事不成；事不成，则礼乐不兴；礼乐不兴，则刑罚不中；刑罚不中，则民无所措手足。故君子名之必可言也，言之必可行也。君子于其言，无所苟而已矣。"

子路问："如果卫国国君请你主持朝政，你会先做什么？"孔子回答说："必然是正名。"子路说："有这样的事情啊？您也太迂阔了。为什么要正名？"孔子说："子路真是粗野。君子对他不知道的东西，知道留余地，不会胡乱发表意见。名分不正则言词不顺当，言词不顺当则做不成事情，做不成事情则礼乐无法兴起，礼乐无法兴起则刑罚不准，刑罚不准则百姓会手足无措。所以，君子用什么名分必然是因为这个名分可以正大光明地说出来，可以正大光明说出来的话必然是可行的。君子对他说的话，不会随随便便。"

孔子周游列国，在卫国停留的时间最长，卫灵公一度打算重用孔子，终未果。子路问他如果执政于卫国，将如何为政。孔子的回答是，以正名为先。孔子认为，卫国政治最大的问题是名不正。这涉及到卫国国君争位的故事。朱子《集注》引胡安国曰："卫世子蒯聩耻其母南子之淫乱，欲杀之，不果而出奔。灵公欲立公子郢，郢辞。公卒，夫人立之，又辞。乃立蒯聩之子辄，以拒蒯聩。夫蒯聩欲杀母，得罪于父，而辄据国以拒父，皆无父之人也，其不可有国也明矣。夫子为政，而以正名为先。必将具其事之本末，告诸天王，请于方伯，命公子郢而立之。则人伦正，天理得，名正言顺而事成矣。"卫灵公的儿子是蒯聩，蒯聩的儿子是辄，卫灵公、辄、蒯聩三人先后为国君。在继位这件大事上，蒯聩不听卫灵公的话，辄又与自己的父亲蒯聩敌对，两人都是无父无君之人。卫灵公的夫人南子淫乱，夫妇之伦素乱。三纲名分皆乱，卫国的最大问题是名不正，故孔子以正名为先。

子路认为，正名这件事情太迂阔了。也许子路认为，应该从具体的施政方针入手。孔子却认为，正名是第一步。卫国国君必须是名正言顺继承大位，否则人心不服。子路后来出仕卫国，担任卫国大夫孔悝的宰，结果死于蒯聩与辄争位的内乱，为蒯聩所杀。

名到底是什么？名是有合法性的位置，循名可以责实。如有父之名，则应行父之实。船山《训义》云："惟是名者，自天定之，以实成之，因人心之安而命之，革其不正而还其本正，然后政教之施行可次第举也。"船山的意思是，名由天定，名有其实，按照名分行事便会理得心安。名由天定是说人要按照天定之理行事，所以名的背后是天。中庸云："天命之谓性。"这是"天"为先，人性中有天性，天理即在人心，天即在"我"。这种天人合一的思维方式把人与周边的人事物乃至更大的天地都看成一体的关系，这区别于"我思故我在"的逻辑。"我思故我在"是以"我"为先，全世界要接受"我"的理性审视，世界在"我"之外。这是一种极强的个体主义思维，与"仁"中所蕴含的天人合一的思维方式很不一样。

"名不正则言不顺"，没有那个名分却非要发言，便不合天理人情，自然也很难获得话语上的合法性。言与名，或者言论与人，是分不开的，也不应该把一个人说的话、做的事与这个人及其名分割裂开来。言论也有人格属性。发言者要考虑自己名正不正，要注意自己说的话合不合天理人情。观察者也要注意辨言，结合发言者的名来考虑其发言的整体意思和言外之意。匿名的网络空间本来是一个自由发表意见的空间，可是有人利用了这种匿名与自由，发表一些不负责任的言论，造成了不良的社会影响。有人肆意谩骂泄私愤，有人语出惊人博眼球，有人站着说话不腰疼，有人蹭着热点带黑货，有人别有用心乱造谣，有人煽风点火带节奏。这些年，中国的网络社会逐渐呈现网络民粹主义的迹象，实在是值得注意的问题。

"事不成，则礼乐不兴"。朱子《集注》引范祖禹曰："事得其序之谓礼，物得其和之谓乐。事不成则无序而不和，故礼乐不兴。""礼乐不兴，则刑罚不中"。子曰："道之以政，齐之以刑，民免而无耻；道之以德，齐之以礼，有耻且格。"

孔子认为，政刑可以约束人的行为，但无法革人心之非，无法使人产生羞耻心。所以，治理需要依靠德与礼，如果礼乐不兴，刑罚也难以发而中节。

其实，即使孔子有机会执掌卫国相位，可能也无回天之力。《朱子语类》说："圣人行事，只问义之合与不合，不问其能与不能也。"孔子行事，惟义所在，朝闻道而夕死可也。

13.4 焉用稼章

樊迟请学稼。子曰："吾不如老农。"请学为圃。曰："吾不如老圃。"樊迟出。子曰："小人哉，樊须也！上好礼，则民莫敢不敬；上好义，则民莫敢不服；上好信，则民莫敢不用情。夫如是，则四方之民襁负其子而至矣。焉用稼？"

樊迟请求向孔子学种庄稼。孔子说："我比不上老农民。"樊迟请求向孔子学种菜。孔子说："我比不上老菜农。"樊迟出去后，孔子说："樊迟真是个小人。上位者喜好礼，那治下之民就没有敢不敬的；上位者喜好义，那治下之民就没有敢不服的；上位者喜好信，那治下之民就没有敢不用真情的。如果能做到这样，那四方百姓就会背着襁褓中的孩子前来归化，哪里用得着学种庄稼呢？"

樊迟想当农民。朱子《集注》云："种五谷曰稼，种蔬菜曰圃。"当时诸子百家中，有一家是"农家"。农家重农，以神农为宗，主张躬耕自给，不耕作者不得食。孟子批评了农家这种机械的观点："或劳心，或劳力。劳心者治人，劳力者治于人，治于人者食人，治人者食于人。天下之通义也。"农家主张亲自耕作，而孟子认为，劳心者和劳力者是一个合理的分工。那么，孔子是如何回应樊迟的呢？

樊迟被孔子批评了，还被斥为"小人"。孔子没有教之以稼，而是教之以礼、义、信。樊迟学稼，最后可能会成为一个农业技术专家。但是成为农业技术专家，也不能偏废礼义信，否则便难以成就君子人格，就变成了孔子所谓的"器"。孔子也不反对成为技术专家，但孔子反对囿于技术专家，他鼓励弟子成为既有专长，又懂礼义的"君子人"。这也就是孔子所谓的"君子不器"，通达而已。有时候，我们会说一些理工男不懂风情，其实是因为他们的知识主要是与物打交道的科学知识，相对缺少与人打交道的人情世故。这些看不见摸不着的"社会"知识，也是人立身处世不可缺少的学问，甚至比那些所谓的科学知识更重要。

儒家君子尽管在某些技术专长上比不过别人，但是他们能够把人们集合在一起，团结成一个互相兼容、协调行动的群体，并在思想意识上完成这种社会整合，使得社会运行可以有条不紊。儒家认为，要使社会得以可能，便少不了君子人格，少不了礼义信。与耕田种菜等农业技术相比，修炼具有礼义信的君子人格才是儒家认为的大道。儒家并不是以"奇技淫巧"来鄙视技术，孔子活在今天想必也会大力提倡发展现代技术。儒家对技术的基本观点是"君子不器"，即不囿于技术。君子不能囿于技术而丧失了整合人心与社会的人情和道德。

13.5 诵诗三百章

子曰："诵《诗》三百，授之以政，不达；使于四方，不能专对；虽多，亦奚以为？"

孔子说："诵读《诗经》三百篇，如果让他去为政，却不通达，出使四方，却不能独自应对，虽然诵读得多，那又能做什么呢？"

儒家有经世致用的传统。学是广义的学，包括在学校里的学，也包括在社会上的学，包括书本上的学问，也包括实践中的经验。在这个意义上说，孔子所谓十五志于学，并不局限于校园之学和书本之学，而是无时无刻不注意学习，这是一种非常可贵的、终身学习的人生态度。如果只是背一些律诗绝句或写一些章句小楷，那只不过是儒学之末。真正的儒者能够推己及人和经世致用，能够待人接物和内政外交。程子曰："穷经将以致用也。"

儒家重诗教。为什么诗教这种看似无用的东西可以有助于经世致用呢？《诗经》分为风、雅、颂，风是各地民歌民风，雅是周人礼乐，颂是王官祭祀之乐。船山《训义》云："于风而得十五国治乱之原，于雅而得朝廷治教得失之故，于颂而得先王先公功德之实。"船山主要是从内容上对《诗经》的资治之功进行了概括。朱子《集注》曰："诗本人情，该物理，可以验风俗之盛衰，见政治之得失。其言温厚和平，长于风谕。故诵之者，必达于政而能言也。"《朱子语类》说得更平易："如小夫贱隶闾党之间，至鄙俚之事，君子平日耳目所不曾闻见者，其情状皆可因此而知之。而圣人所以修德于己，施于事业者，莫不悉备。于其间所载之美恶，读诵而讽咏之，如是而为善，如是而为恶；吾之所以自修于身者，如是是合做底事，如是是不合做底事。待得施以治人，如是而当赏，如是而当罚，莫不备见，如何于政不达。若读诗而不达于政，则是不曾读也。"朱子的学生又问："如何使于四方必能专对？"朱子回答说："于诗有得，必是于应对言语之间，委曲和平。"综合朱子和船山的看法，《诗经》一方面从风俗和政教给人以经验和教训，有资治之功。另一方面，以《诗经》之温柔敦厚，养人之平和温厚，有修身之法。

船山《训义》强调，诵诗三百要达到效果，便不能有口无心地背诵，而是要身临其境、将心比心，加以体会。船山《训义》云："不以我求古人之心，不设身于古人之所处，不求其所以然之故，不体其何以能然之实，则临事而忘之，所必然矣。"只有"以意逆志"，以心求心，才能够心心相通，既知其然，又知其所以然，否则儒学很容易变成心灵鸡汤或道德教条。实际上，儒学是有鲜活的生命体验感和厚重的历史经验感做支撑的、温柔敦厚的社会科学知识体系。

13.6 其身正章
子曰："其身正，不令而行；其身不正，虽令不从。"

孔子说："如果自身行正道，则不用命令，下属也会去做；如果自身不行正道，虽然命令了，下属也不会听从。"

领导是组织风气的核心发动机。一个组织的风气怎么样，往往与领导的作风密切相关。船山《训义》云："为君者必欲道之行于天下也，则有教令。而教令，末也，君身，本也。其身正矣，言必正言，行必正行，利欲不能干，邪说不敢惑，则不待施教于下而臣尽其官常，民守其恒法，自然化行而俗美矣。……故为政不在多言，惟力行而已。"任何一个组织的运营，都需要有"教令"或规则。但组织运营成功的关键不在于制定了什么样的"教令"或规则，而在于领导是否正。上行而下效，领导都不正，那下面就歪得离谱了。如果领导自己不带头遵守规则，那规则也就形同虚设了。反过来说，如果领导能够以身作则，促成良好的风气，那么"教令"或规则就会发挥很好的作用。当然，对于不正的领导，规则确实可以形成一定的约束力。但是，不正的领导常常可以想办法通过所谓的"正当程序"来修改规则，如果"正当程序"不允许修改规则，那不正的领导甚至可以想办法修改"正当程序"。不过，规则可以修改，但天理人心自有公道。因此，组织运行的关键在于风气的形成，而风气的形成又高度依赖于领导作风。"一把手"是理解中国政治的关键透视点。

13.7 鲁卫之政章
子曰："鲁卫之政，兄弟也。"

孔子说："鲁国和卫国的政治，真是兄弟啊。"

朱子《集注》云："鲁，周公之后。卫，康叔之后，本兄弟之国，而是时衰乱，政亦相似，故孔子叹之。"鲁国和卫国确实是兄弟之国。周公和康叔是两兄弟，他们辅佐周武王和周成王创立了周代的基业，是开国初期的重臣。周公封于鲁，康叔封于卫，两个国家的始封之君是兄弟。进一步来说，到了孔子的时代，两个国家的政治也出现了相似的情况。第一，鲁国和卫国都是中等国家，他们夹在齐国、晋国、楚国、吴国等大国之间，受到许多不得已的牵制。第二，鲁国和卫国都陷入了某种衰乱。卫国是国君无道，父子反目，鲁国是三桓专权，无视国君。第三，鲁国和卫国依然有很多君子。礼失求诸野。船山《训义》说，鲁国和卫国"奸邪虽执国柄，犹多君子以存其典礼"。周公和康叔以仁厚开国，尚有遗风。如果鲁国和卫国可以正名为先，改革自新，求贤于野，推行仁政，这一对难兄难弟说不定可以复兴先祖开国雄风。孔子对鲁国和卫国抱有深深的同情与期待。

13.8 善居室章
子谓卫公子荆善居室。"始有，曰：'苟合矣。'少有，曰：'苟完矣。'富有，曰：'苟美矣。'"

孔子说卫国的公子荆善于建房安家。"一开始建房，他说：'这个差不多能凑合了。'到初具模样，他说：'这个差不多算完备了。'到家室富有，他说；'这个差不多算美好了。'"

卫国公子荆善于建房安家。孔子对他的赞美主要有两点。第一，公子荆循序渐进，逐步完成了建房安家这件大事。朱子《集注》云："言其循序而有节，不以欲速尽美累其心。"这是说公子荆做事有思路，有次序，有分寸。孔子的第二点赞美是通过三个"苟"字体现出来的。朱子《集注》云："苟，聊且粗略之意。""苟"是差不多的意思。三"苟"连出，意在强调公子荆是一个知足的人。船山《训义》云："身安之，而家安之，家安之，而身愈安之。此起所以上不侵，下不夺，而不失乎君子之素也。"他作为卫国的公子，是有身份有地位的贵族，本来可以更讲究一些。但公子荆忠厚朴素，觉得差不多就行。如果他过于讲究，极尽奢华，那就不免要占用一些本来不该占有的资源。要么取之于公，要么取之于私，最后都会增加国民负担。通过三个"苟"，可以看出公子荆内心知足而安然的状态。如此朴素忠厚，真堪君子之风。建房安家之大事尚且如此，其它事情便可想而知。

13.9 富之教之章

子适卫，冉有仆。子曰："庶矣哉！"冉有曰："既庶矣，又何加焉？"曰："富之。"曰："既富矣，又何加焉？"曰："教之。"

孔子去卫国，冉有为孔子驾车。孔子说："卫国的人真多啊！"冉有问："已经有这么多人口，还可以怎样做得更好？"孔子说："使他们富足。"冉有问："富足之后，还可以怎样做得更好？"孔子说："好好教化他们。"

为政三部曲，一曰庶之，二曰富之，三曰教之，即人口增长，生活富足，民风醇美。人口增长和生活富足相对较易，教之为难。教之是社会治理的高级阶段。

何以富之？朱子《集注》云："制田里、薄赋敛以富之。"通过土地制度和财税制度使老百姓生活富足，即理清土地边界，减少土地纠纷，减少赋税，减轻农民负担。何以教之？朱子《集注》云："立学校、明礼义以教之。"通过教育制度和礼乐制度使老百姓明德守礼。朱子《集注》引胡寅曰："三代之教，天子公卿躬行于上，言行政事皆可师法。"意思是，光有土地、财税、教育、礼乐等制度还不够，徒法不足以自行，还需要为政者率先垂范。儒家反对法家式的富国强兵和严刑峻法。

当下中国，百姓已经逐渐富裕起来，"教之"的重要性和迫切性也被提上日程。如何使现代人自觉到自己处于一个什么样的时空之中？又如何使现代人手足有措且心安理得呢？如果有着儒学知识体系的孔子活在当下，会如何教导当下的中国人乃至地球人呢？儒学实现现代转化的路径又在哪里呢？

13.10 三年有成章
子曰："苟有用我者，期月而已可也，三年有成。"

孔子说："如果启用我来执政，一年可以做得不错，三年可以有所成就。"

"期月"即一整年。朱子《集注》云："可者，仅辞，言纲纪布也。有成，治功成也。"孔子的意思是，如果他来执政，一年左右便可以形成一个大致的治理框架，三年便可以出现明显的治理效果。朱子《集注》云："此盖为卫灵公不能用而发。"孔子虽然处于政教衰乱的年代，但依然认为，儒学有可为。孔子曾任鲁国的中都宰，"一年，四方皆则之"，短短一年的时间，周围的地方官便都来效仿孔子的做法。孔子曾经区域性地短暂实现过他的治理目标。即使卫灵公不重用他，他也依然坚信儒学所指引的大道。孔子不仅相信他的经验，而且相信天道。这一条能读出孔子的遗憾，更能读出孔子的信念。

13.11 善人为邦章
子曰："'善人为邦百年，亦可以胜残去杀矣。'诚哉是言也！"

孔子说:"'善人治理国家一百年,也可以克制残暴去除杀戮。'这话说得实在啊!"

朱子《集注》云:"胜残,化残暴之人,使不为恶也。去杀,谓民化于善,可以不用刑杀也。"这一条的关键是体会这个"亦"字。孔子引用的这句话有两层含义。第一,教化不容易。善心善行者为善人,善人治理国家长达百年,才能变换风气。善人在治理国家的位子上已经可遇不可求,更何况要连续几代都是善人在位,那就更不容易。正如《子路》篇 13.12 章所说,"如有王者,必世而后仁"。三十年为一世。即使是王者兴,也至少要三十年才能化民成仁。第二层含义是,教化有可能。即使需要善人在位,即使需要上百年的时间,实现"胜残去杀"的教化还是有可能的。严刑峻法虽然见效快,但得一时之效而弊在久远,非儒家所取。形成善治,需要善人在位,久久为功,虽百年不为久。总体上看,儒家思想对于教化的难度和可能性有一个理性的把握,并不是天马行空的乌托邦主义者。

13.12 世而后人章
子曰:"如有王者,必世而后仁。"

孔子说:"如果有王者兴起,那么必然也要三十年才能实现仁。"

朱子《集注》云:"王者谓圣人受命而兴也。三十年为一世。仁,谓教化浃也。"王者是指圣人在位执政,如尧、舜,是在位的圣人,即是王者;如孔子,是不在位的圣人,便不能说是王者。不过,即使孔子不在位,也被后世尊为"素王"。《子路》篇 13.10 章,孔子说自己为政可以"三年有成"。本条又说,王者"世而后仁"。程子云:"三年有成,谓法度纪纲有成而化行也。渐民以仁,摩民以义,使之浃于肌肤,沦于骨髓,而礼乐可兴,所谓仁也。此非积久,何以能致?"这里的仁是指仁政流行,教化周到,民风仁厚。要实现这样的仁政仁风,即使王者在位,恐不易得。孔子未曾低估实现仁风善政的难度。《子路》篇 13.11 章,"善人为邦百年,亦可以胜残去杀"。王者高于善人,三十年不仅可以胜残去杀,而且可以致仁。孔子虽处衰乱之世,依然相信王者可以推仁致仁。孔子始终信奉王道,而非霸道。

13.13 苟正其身章

子曰:"苟正其身矣,于从政乎何有? 不能正其身,如正人何?"

孔子说:"如果自身可以行正道,那么从政又有何难呢? 如果自身不能行正道,那又如何使他人行正道呢?"

《颜渊》篇 12.17 章,孔子云:"政者,正也。"为政者要率先垂范,以正其身,"言必法言,行必善行"。如果自己不能做到,恐怕也无法要求别人做到了。这也是一种形式的"名不正则言不顺"。船山《训义》说:"如其不能正其身,以私而背公,以利而弃义,以惛淫傲慢而自恣,则争于廷,令于野,而欲以正人,反顾己躬,先自愧矣。"自己做不到却要求别人做到,难道不会心生愧疚吗? 更何况,立身不正往往会成为政敌的攻击点。正与不正,为政之效果判然两分。求仁得仁,求正得正,为政者善思之!

13.14 冉子有政章

冉子退朝。子曰:"何晏也?"对曰:"有政。"子曰:"其事也。如有政,虽不吾以,吾其与闻之。"

冉子"退朝"比平时回来得晚。孔子问:"怎么这么晚才回来?"冉子说:"有国政要议。"孔子说:"这是家事。如果是国政,虽然我不从政了,但还是大夫,是可以与闻国政的。"

冉子即冉有,孔门弟子,此时出任季氏宰(大管家)。朱子《集注》云:"冉有时为季氏宰。朝,季氏之私朝也。晏,晚也。政,国政。事,家事。以,用也。礼:大夫虽不治事,犹得与闻国政。是时季氏专鲁,其于国政,盖有不与同列议于公朝，而独与家臣谋于私室者。故夫子为不知者而言，此必季氏之家事耳。若是国政，我尝为大夫，虽不见用，犹当与闻。今既不闻，则是非国政也。"按照当时的礼制，孔子是已经致仕的大夫，还有资格与闻国政。季氏专权，变国政为家事，议国政于私室，于是像孔子这样已经退休的大夫就不能与闻国政了。孔子不称之为国政，而称之为家事。"名不正则言不顺"，季氏只找来自己的亲信在家议事，纵然形成了决议，甚至可以任用自己的亲信强制推行，但那只是私议，不是公议，难以具有合法性，也难以服众。

国政与家事，公朝与私室，孔子的话里有一个公私观念。季氏把国政变为家事，是一种自私的表现。只照顾小圈子的利益，无视其他公卿大夫，甚至无视国君，这是目中无人、不仁不义的表现。如果是一个推己及人的做法，那么应该把有关人士叫到一起来讨论，然后形成公议。这里似乎也有一个"公共性"。这个公共性的基础是一种叫做"仁"的理念，而不是个体权利。现代西方意义上的公权是每个人让渡出一部分私权而形成公域。现代公私观念认为，个体权利的独立状态优先于公共连结，而"仁"的理念认为，有关人士的关系及其伦理性优先于个体权利。孔子不得与闻国政，他会批评季氏"不仁"，而不是指责季氏不尊重自己的个体权利。虽然都形成了"公共性"，但支撑它们的观念并不一样。不过，尽管内在逻辑不一样，但不同的文化观念有自己的办法来应对相似的政治问题。

船山《训义》批评季氏"国政在私门"。季氏把自己小圈子的人叫过来开会讨论，只顾着家事而不顾国政，甚至以国政为工具来满足一家一己之私。季氏这样做，恐怕只能领导季氏家族这个小圈子，要他来执掌鲁国，其合法性就会受到质疑，也得不到民众内心真正的支持。要成为更大的团体的代表，就必须超越小团体的利益。所谓超越不是不顾小团体的利益，而是不能只顾小团体的利益。要想到自己有小团体的利益，别人也有小团体的利益，所以要克制自己这个小团体利益的膨胀。这就是儒家讲的推己及人。当季氏无法超越季氏家族的利益，他便无法在更大的范围内成为被人认可的领袖。所以，修齐治平的过程，是一个不断超越"一己之私"、在更大的范围内推己及人的过程，这样才能在更大的范围内代表更多的人。所以，德更高者位更高。

季氏家族有自己的小圈子本来也无可厚非。但是，季氏召集小圈子的人讨论完了之后，还应该进一步到朝廷公议。从实际的政治生活来说，古今中外的政治都讲究圈子和党派。没有忠实的支持者，许多事情便难以得到坚定的支持和执行。没有圈子的政治，很容易犯政治的"幼稚病"。但是圈子和党派也有性质的差异，有君子之党，有小人之党。君子之党风清气正，目标正大光明；小人之党沆瀣一气，目标低俗猥琐。如果一个圈子非常自私，只顾小团体的利益，那么就很容易从君子之党变质为小人之党，在政治生活中，也很容易从朋友变质为朋党。

在公私关系的两难之间，一种合适的状态可能是，既讲人情又不讲人情，在允许的范围内给予适当的照顾。给予照顾是人情，照顾要适当是约束人情。讲人情是仁，不讲人情是义，求一个仁至义尽，才能人己两安，俯仰无愧。

13.15 一言兴邦章

定公问："一言而可以兴邦，有诸？"孔子对曰："言不可以若是其几也。人之言曰：'为君难，为臣不易。'如知为君之难也，不几乎一言而兴邦乎？"曰："一言而丧邦，有诸？"孔子对曰："言不可以若是其几也。人之言曰：'予无乐乎为君，唯其言而莫予违也。'如其善而莫之违也，不亦善乎？如不善而莫之违也，不几乎一言而丧邦乎？"

鲁定公问孔子："一句话就可以振兴邦国，有这样的话吗？"孔子回答说："不要期待这样的话一定有用。有人说：'做君难，做臣也不容易。'如果知道做君难，不是差不多可以一句话振兴邦国吗？"鲁定公又问："一句话就可以丢失邦国，有这样的话吗？"孔子回答说："不要期待这样的话一定有用。有人说：'我不乐于做国君，只有国君的话没有人会违背。'如果国君的话是善言，那也还是好的。如果国君的话不是善言，不是差不多可以一句话丢失邦国吗？"

鲁定公是鲁昭公的弟弟，在位十多年，对孔子多有赏识，他曾任命孔子为大司寇，摄行相事。鲁定公对孔子有知遇之恩。孔子对定公也是知无不言，言无不尽。

"言不可以若是其几也"。朱子《集注》云："几，期也。一言之间，未可以如此而必期其效。"一言兴邦,一言丧邦。国家治理是极其复杂的事情,没有什么公式可循,所以不要期待一定有这样一句话可以兴邦或者丧邦。船山《训义》云:"托于易简,启其骄惰之情……持片言以为守约者,惑乱人心,君子之所深恶也。"现实世界结构复杂,千变万化,为政者必须实事求是,随机应变。教条主义对于执政,有百害而无一利。

没有什么话可以绝对做到一言兴邦,一言丧邦,但是有一些话很有道理,接近于一言兴邦,一言丧邦。一言兴邦如,"为君难,为臣不易",知道做君的难处和做臣的不易,差不多是一言兴邦了。朱子《集注》云:"知为君之难,则必战战兢兢,临深履薄,而无一事之敢忽。"正因为知道其中的难处,所以持敬而不敢懈怠。一言丧邦如,"予无乐乎为君,唯其言而莫予违也",如果君的话是错的,又无人违抗,那就差不多是一言丧邦了。孔子把兴邦与丧邦的问题转变成了君之言善与不善的问题。换言之,兴邦与丧邦的关键分野在于君之善恶。这就把治国的关键转回到了修身的问题上。《大学》云:"自天子以至于庶人,一是皆以修身为本。"

13.16 近者悦章
叶公问政。子曰:"近者说,远者来。"

叶公问孔子如何为政。孔子说:"使近旁之人愉悦,使远方之人来归。"

叶公是楚国的政治家,曾平定楚国内乱。叶公关爱百姓,治理有方,而且他不迷恋权位,平乱之后便辞官回到了自己的封地。孔子周游列国到楚国时曾会见过叶公。楚国是南方大国,地广人多,兵马强壮,对中原形成威逼之势。孔子对楚国叶公如此说,想必也是希望楚国能够行仁政而去霸道。

"近者说"和"远者来"讲的是治理效果。"说",通"悦",意思是,治下百姓心悦诚服。"远者来"则是说,远方之民愿意前来归化。古代交通不便,安家不易。远者愿来那就说明为政者治理有方。船山《训义》云:"非爱物之心根于恻怛之性,而加民之德尽乎休养之仁,亦何能尔哉?"船山认为,"近者说"和"远者来"是施行仁政的结果。《朱子语类》云："近者悦而远者来，则大小强弱，非所论矣。"孔子认为，关键问题是为政者是否推行仁政，至于国家的大小和强弱，不是最关键的。弱小的国家施行仁政，一样可以使"近者悦、远者来"。

朱子《集注》还说："必近者悦而后远者来也。"治理国家有一个先后次序。首先要使治下的百姓安居乐业，其他地方的人才会闻风归化。如果治下百姓尚且处于水深火热之中，那无论出台多么优惠的移民政策，远者也不会来。为政者当先修己身，濡化近者，然后才能风化远人。

13.17 欲速不达章

子夏为莒父宰，问政。子曰："无欲速，无见小利。欲速则不达，见小利则大事不成。"

子夏担任莒父宰，问孔子如何为政。孔子说："不要希望速成，不要只看小利。希望速成则不通达，只看小利就做不成大事。"

莒父是鲁国的一个城邑，子夏去担任莒父的地方长官。子夏问政，孔子专门针对子夏的毛病，给出了自己的回答。朱子《集注》引程子曰："子张问政，子曰：'居之无倦，行之以忠。'子夏问政，子曰：'无欲速，无见小利。'子张常过高而未仁，子夏之病常在近小，故各以切己之事告之。"子夏常常着眼于细枝末节的事情，所以孔子因人设教以正之。

"无欲速，无见小利"。第一，不要急于求成。第二，不要贪图小利。孔子讲的不是心灵鸡汤，而是有具体的实践逻辑在里面。比如不要急于求成。孔子深知，为政需要面对极其复杂的情境。船山《训义》云："事势已定，民心已然，法制已成乎偏重，则通之于他而不能行者多矣。民情不一，国事不一，而抑有常变之异，而可遽得其条理乎？不达矣。"面对复杂的环境，需要条分缕析，循序渐进，如果急于求成，可能剑走偏锋，甚至误入歧途。事情或许很快就做完了，但重要的问题可能并没有解决。急于求成或贪图小利有很多种手段，比如"因俗习而姑饰之"，"革敝政而过激"，"顺愚民苟安之心"，"循世主课功之法"。当他们急于求成或贪图小利时，当然也会取一些好听的名称，比如某某工程或项目。但是，透过现象看本质，这些不过是急于求成或贪图小利的做法。

那为政者应该怎么做呢？船山《训义》云："酌民心，周国计……一邑虽小，必以帝王远大之规模为之。"小到一座城，大到一个国，都要综合考量民心与国情。不要急于求成，要循序渐进，久久为功；不要贪图小利，要目光长远，与闻大道。

13.18 父子相隐章

叶公语孔子曰："吾党有直躬者，其父攘羊，而子证之。"孔子曰："吾党之直者异于是。父为子隐，子为父隐，直在其中矣。"

叶公对孔子说："我的乡党里有躬行正直的人，他的父亲偷了别人的羊，他便去举证揭发。"孔子说："我的乡党里那些躬行正直的人跟这个人的做法不一样。如果偷了羊，父亲会为儿子有所隐瞒，儿子也会为父亲有所隐瞒，正直就在里面了。"

"父子相隐"这一条非常鲜明地反映了两种价值观的冲突。叶公在楚国，南方楚国的风俗与北方鲁国的风俗可能存在比较大的差异。

朱子《集注》云："直躬，直身而躬行。攘，有因而盗。"叶公认为，父子相隐不正直。但孔子却认为，直在其中。直，不曲也，不枉也。《颜渊》篇 12.22 章 "举直错诸枉"这一条的《朱子语类》说："是便是直，非便是枉。"同样是这一条的船山《训义》说："夫人之遵道而行，而是非无所曲挠者，直也。"直即为是，不直即为非。

按照国法的逻辑，偷盗为非。按照人情的逻辑，儿子举证也为非。国法和人情的标准发生了冲突。如果举证，父亲可能要被关起来，这就有伤父子之情；如果不去举证，又有违国法。如果这个事情发生在陌生人身上，去举证并不是一个难做的决定。但是事情发生在自己父亲身上，就比较难办。《孟子》里有一个关于舜的类似的虚拟故事。桃应问曰："舜为天子，皋陶为士，瞽瞍杀人，则如之何？"孟子曰："执之而已矣。……舜视弃天下犹弃敝蹝也。窃负而逃，遵海滨而处，终身欣然，乐而忘天下。"如果舜按照国法，下令处死父亲瞽瞍，那就等于弒父。舜当然不会这样做。孟子认为，舜会想尽办法偷偷地把父亲放出来，然后放弃天子之位，与父亲一起到化外之地去生活，一全父子之情，二全国法公义。相比父子天恩，做不做天子并不是一件重要的事情。

孔子认为，父亲偷了羊，儿子不应该去举证。虽然有违国法，但是全了父子恩情。朱子《集注》引谢良佐曰："爱亲之心胜。"这里并不是没有是非观念，而是在明白是非的情况下选择了"爱亲"。按照西方现代法律的逻辑，父子感情属于私人情感，私人情感不能影响法律的运行。按照这种逻辑，舜可以下令处死父亲，儿子也可以去举证偷羊的父亲，而没有道德上的负疚感。但是按照儒家的逻辑，这虽然符合法律之公，但是不符合人情之公。在西方现代法律的逻辑中，理与情是两分的，理是公，情是私，法律的逻辑是理胜于情。而在儒家思想中，天理不外乎人情，理与情不是两分，而是一本。

人情有一般的人情，也有个别的人情。杀人者死，是一般的人情，于是约定为国法。舜的父亲杀了人，舜为天子，如果国法要舜杀死父亲，这就逆了个别的人情。儒家认为，舜如果不是天子，没有能力救父亲，那舜也只能看着父亲被处死。但是，舜只要有办法救父亲，哪怕放弃天子之位，舜也会毫不犹豫去成全父子之情。即使舜的父亲十恶不赦，至少也不应该由舜这个儿子来下令处死。换言之，父亲偷羊，当然是错的，别人可以去举证，至少儿子不应该去举证。孔子说，直在其中。意思也是说，这个事情从一般的人情上说确实是错了，但是在个别的人情上说，儿子不去举证才是对的。朱子《集注》云："父子相隐，天理人情之至也。故不求为直，而直在其中。"

中国法制史上有一个"容隐"制度。如果亲属犯罪，容许其亲属隐瞒而不去作证。瞿同祖的中国法制史研究发现，普通罪行鼓励容隐，情大于法，而在极端事件下，则是法大于情。所以，在具体的情境中，到底按照情大于法的逻辑还是按照法大于情的逻辑来应对，还是要具体问题具体分析。

讨论一个思维方式的问题。偷盗为非，父子相隐也不对，但直在其中。这不是一种 yes or no 的逻辑而是 yes and no 的逻辑。Yes or no 是思维方式中的两分法，常见之于法学，一种行为，要么违法要么不违法，不存在两可的中间状态。而 yes and no 是三分法，存在某种中间状态，这体现社会学而非法学的逻辑。比如，明知父亲偷羊是错的，但还是不去举证。这个时候，人的是非认知与行为逻辑发生了分离。东京大审判的时候，日本一些战犯觉得自己作为个人是不赞成战争的，但是又有一种总体形势使他们不得不这样做。受到西方法理学训练的法官们对这种 yes and no 的逻辑感到非常苦恼。这种 yes and no 的逻辑，最典型地体现在父子相隐中。Yes 其实代表了法律和一般的人情相同的部分，而 no 则代表了法律和个别的人情不同的部分。西方现代法律的逻辑是理与情两分，所以将此理解为两种相克的东西。而实际上 yes 和 no 在中国人的思维方式里是可以"阴阳"共存的。这种思维方式未必一定是中西之别，比如本条就说明了中国古代思想的内部就有两种相反的观点，只是在现代中西对比之下这种差异被放大了。

本条的船山《训义》最后提到，这个儿子的告发使他的父亲进了监狱，结果这个儿子因为"抑郁不伸之情"而自杀了。

小结本条。"父子相隐"涉及到两个特别重要的问题。第一，天理、人情、法律三者之间的关系。天理不外乎人情，西方现代法律也是西方现代人的人情之总和。"存天理、灭人欲"这种说法把人情与人欲混淆了，进而把天理理解成了一个与人情相反的严酷存在。如果天理与人情相悖，那这样的天理未免也太冷冰冰了。第二，区别于法学 yes or no 的逻辑，yes and no 这种观念结构中隐藏着中国人独特的思维方式，蕴含了某种让矛盾兼容转化、有容乃大的社会学智识。

13.19 恭敬忠章

樊迟问仁。子曰："居处恭，执事敬，与人忠。虽之夷狄，不可弃也。"

樊迟问孔子什么是仁。孔子说："自处要恭肃，做事有敬意，待人要忠诚。即使到了夷狄之境，也不能放弃。"

樊迟问仁，孔子概括为三个字，恭，敬，忠。"居处恭"，自处时恭肃。人在团体中生活时，在他人目光的注视下，往往会更注意约束自己的不当行为。自己一个人独处时，虽说可以更加安静，更加放松，但也可能更加放纵，更加懒散，这样很容易养成坏习惯，荒废好时光。故曰，君子慎独。"执事敬"，做事心存敬意，郑重其事。许多时候事情做不好，一个关键原因是"不走心"，没有倾注敬意。"与人忠"，待人要忠诚。"尽己之谓忠"，尽心尽力做到自己该做到的，这就是忠。这三个字分别从自处、做事、待人三个方面讲述了仁人君子修心养性的基本法门。船山《训义》云："此存心之要，切而可求，圣人之论仁，于斯至矣。"

船山《训义》云："仁者，此心之合于理，而此理之不忘于心者也。当其与事接，则心在事，而所以应乎事者即其心。当其与人交，则心在人，而所以通乎人者即其心。当其事与人未感之际，而此身之视听动履，即其心之所周流而自喻。"仁者最重要的是存养本心。自处、处事、处人，都能让自己的心保持一个清明自觉和灵活感通的状态。反之，则是麻木不仁。

孔子在这一条里还提到了夷夏之别的问题。"虽之夷狄"这种讲法，本身就意味着夷夏有别，而且认为华夏保存的仁人君子之风胜于夷狄。但孔子又说，到了夷狄也不能放弃恭、敬、忠的仁德。也就是说，恭、敬、忠这些德性是超越夷夏之别的。不管处于哪种文化环境中，都需要恭、敬、忠这样的仁德。儒家讲的"仁"可以从华夏推到四夷，具有普遍性。

13.20 行己有耻章

子贡问曰："何如斯可谓之士矣？"子曰："行己有耻，使于四方，不辱君命，可谓士矣。"曰："敢问其次。"曰："宗族称孝焉，乡党称弟焉。"曰："敢问其次。"曰："言必信，行必果，硁硁然小人哉！抑亦可以为次矣。"曰："今之从政者何如？"子曰："噫！斗筲之人，何足算也！"

子贡问孔子："怎么样才可以说是士呢？"孔子说："自己做事时有羞耻之心，出使四方时不辱君命，就可以说是士了。"子贡问："比这个要求低一点是什么情况？"孔子说："宗族称赞为孝顺父母，乡党称赞为友爱兄弟。"子贡又问："如果要求再低一点呢？"孔子说："说出的话一定守信用，行动了就一定要有结果，这样就像顽固的石头一样，真是小人啊。不过也可以算是次一等了。"子贡继续问："如今那些从政的人怎么样？"孔子说："噫！这些贪图利益的斗筲之人，能算是什么呢？"

士有三品上中下。上品是四方之士，德能立身，才能致远，出使四方，不辱使命。上品之士，德才兼备，即使离开熟悉的环境，也能守得住底线，做得成事情。中品是乡党之士，未必能够使于四方，但能够在宗族乡党的范围内躬行孝悌。乡党之士，德行不错，但是才有不足。下品是硁硁之士。朱子《集注》云："硁，小石之坚确者。小人，言其识量之浅狭也。"硁硁之士看重自己的承诺，但有时可能不知如何转弯，显得有点硬邦邦。这样的士，能做到为人谋而忠，但潜藏着教条主义的风险。孟子曰："大人者，言不必信，行不必果，惟义所在。"

士有三品，学而优则仕，但孔子认为，当时的许多为政者，连下品的硁硁之士都算不上。孔子将他们比作"斗筲之人"。朱子《集注》云："斗，量名，容十升。筲，竹器，容斗二升。斗筲之人，言鄙细也。"斗和筲都是中小型容器，引申意思是贪图小利、器量狭小而胸无大志的人。船山《训义》说得更不客气，斗筲之人"多之而不见为有余，少之而不见为不足"。多一个不多，少一个不少，可有可无，这是多么辛辣的讽刺。

船山《训义》云："推其贵贱之原，无他，义利而已矣。"在儒家社会思想中，人的品级高低，由德行来决定，义士居上品。这是一种不太好量化，但却实存于人心的社会分层标准。士与斗筲的分野在于义利之辨。惟义所在则为士，惟利所在则为斗筲。不管在哪种文化环境之中，高风亮节都为人钦佩，唯利是图都被人讨厌。在义利的冲突中，最能看出人的德行。做君子不做斗筲，见利而思义可也。

13.21 必也狂狷章

子曰："不得中行而与之，必也狂狷乎！狂者进取，狷者有所不为也。"

孔子说："如果不能和中道之人一起，那必然要和狂狷之人一起。狂者积极进取，狷者有所不为。"

朱子《集注》云："狂者，志极高而行不掩。狷者，知未及而守有馀。"《朱子语类》云："狂者志气激昂。"狂者有着高远的理想和目标，不屑于"流俗之小功小名"。《朱子语类》说，狷者"有筋骨"，"有节操"。狷者洁身自好，不与世俗同流合污，不安于"流俗之幸成苟免"。狂者如孟子，"方今天下，舍我其谁哉"。狷者如伯夷，"目不视恶色，耳不闻恶声"。与狂者为伍，可同入于"高明广大"；与狷者为伍，可同入于"好善恶恶"。

孔子希望多涌现一些中道之士。《朱子语类》云："中道之人，有狂者之志，而所为精密；有狷者之节，又不至于过激；此极难得。"狂狷之士是退而求其次，因为"狂狷者又各堕于一偏"。《朱子语类》说："狂者，知之过；狷者，行之过。"狂者因为志向高远，常常高谈阔论，而不屑于踏踏实实做些小事。狷者则行动上过于节制和保守，稍有不洁，便嫉恶如仇，不能容物。

针对狂者与狷者的病灶，船山开了一剂药方。船山《训义》云："狂者以笃行充其志，狷者以精义利其用。"狂者言高于行，所以要笃行。狷者过于高洁，所以要精义。狷者的不义标准过于严苛，自守尚可，责人则未免不合人之常情。虽然狂狷之士各有一偏，但如果可以激励而裁成之，可使入于中道。即使不能成为中道之士，狂者积极进取，狷者有所不为，也很不错，孔子对狂狷之士也寄予了厚望。

13.22 人而无恒章

子曰："南人有言曰：'人而无恒，不可以作巫、医。'善夫！""不恒其德，或承之羞。"子曰："不占而已矣。"

孔子说："南方人有句话是这样说的：'人如果没有恒心，不可以从事巫师与医师。'这话说得好啊！"《易经·恒卦》的爻辞说："不恒其德，或承之羞。"（人的德行如果不能恒久，可能会受到羞辱。）孔子说："没有恒德的人，就不用占卦了，占了也没用。"

孔子引用南人和《易经》的话，说明恒德的重要性。南方谚语说："人而无恒，不可以作巫、医。"朱子《集注》云："巫，所以交鬼神；医，所以寄死生。"这句谚语有两种解释。第一种，巫、医为"贱役"（朱子《集注》语），但如果没有恒心，连巫、医也做不了。第二种解释，巫、医不是"贱役"，只有士人才能做巫、医，如果没有恒心，便做不了巫、医。从孔子的语气上看，应该取巫、医是"贱役"这一解释。船山从职业精神的角度来理解孔子所说的"恒"。船山《训义》云："人之忽此忽彼而无定志，一作一辍而无专业者，即以作巫、医焉，不可也。……鬼神无以相信，生死一任其情，术之不工，人且弃之矣。"因为鬼神、生死之事难以琢磨，巫、医必须持之以恒地学习，搞懂其中的玄机，才能给别人解释清楚，否则就没"生意"了。孔子还引用了《易经》里的话"不恒其德，或承之羞"，来说明恒德的重要性。

孔子把巫、医和卜卦这样捉摸不透的东西转化为了恒心恒德来进行解释。孔子认为，如果人无恒德，也就不用卜卦了，即使卜卦也没用。船山用"诚"来解释恒心恒德。船山《训义》说："惟诚为可恒，而伪必无恒。"这样，占卜的问题变成了德性的问题。卜卦中有一套象数之学，但是如何来解释这些卦象，孔子采用了一套仁义道德学说。人们的行动选择，不再仅仅寄托于巫卜，而是开始依靠自己的道德心。换言之，人如果要改善自身处境，就要多下功夫修养德性，有诚有恒，而非寄命于占卜祷告。在一定意义上说，这意味着中国人理性的早启。

13.23 和而不同章
子曰："君子和而不同，小人同而不和。"

孔子说："君子相和而不苟同，小人苟同而不相和。"

朱子《集注》云："和者，无乖戾之心；同者，有阿比之意。"君子平和，即使意见不一，也能和睦相处，各行其是，互补呼应。小人苟同，只是为了私利而姑且与人保持相同，实则内心并不这样认为。朱子《集注》引尹焞曰："君子尚义，故有不同，小人尚利，安得而和。"《为政》篇 2.14 章有云："君子周而不比，小人比而不周。"亦可与本条互相启发。

君子如果与小人的意见不一样，也不至于"挟忿戾以自伤其和平之度"，此君子所以为君子也。小人如果与君子的意见一样，可能就难以保持爱敬之心了，此小人所以为小人也。《朱子语类》举例。和而不同如司马光与范镇，他们意见不一样时，便通过下棋或投壶等方式来决定，二君子关系非常友好。同而不和如王安石与吕惠卿。吕惠卿跟随王安石变法，如师徒，后来吕惠卿担心王安石重返朝廷夺他的权，遂暗害王安石，两人不过是以利相投。船山《训义》云："君子兴而养天下于靡争，小人出而成朋党以致乱。"

13.24 好之恶之章

子贡问曰："乡人皆好之，何如？"子曰："未可也。""乡人皆恶之，何如？"子曰："未可也。不如乡人之善者好之，其不善者恶之。"

子贡问孔子："乡人都喜欢他，怎么样？"孔子说："还不行。"子贡又问："如果乡人都讨厌他，怎么样？"孔子说："还不行。这都不如乡里的善者喜欢他，不善者讨厌他。"

乡人是指乡党民众，乡党是聚居在一起、常相往来的村落社区。"乡人皆恶之"，从语义上判断，不能解释为十恶不赦，否则问这个问题就没有意义了。"乡人皆恶之"应解释为狷者清高。船山《训义》云："道有出于超流俗以表异者，则谓乡人何知，不可苟同其趣也。固必行皆违其所好以伸己志，而令乡人皆恶之。""乡人皆恶之"，说明这个人身上有一种高冷之气，不屑与乡人交往。

朱子《集注》云："善者好之而恶者不恶，则必其有苟合之行。"如果"乡人皆好之"，那么这个人可能为了迎合不善之人而做出苟合的行为。为了讨好所有人，往往会"自失其独立之贞"。这就是孔子所谓的乡愿。如果"乡人皆恶之"，意味着这个人过于清高与自我，处处以自己的意见为高明，看不起乡民们。"乡人皆好之"，与乡民打成一片，有时不免失了是非，过于仁而义不足；"乡人皆恶之"，过于孤高自是，有时不免不通人情，过于义而仁不足。二者都不是正确的自处之道。

君子居乡党，正确的自处之道是仁至义尽。既亲近乡民，又坚守原则，心中有个是非善恶，既不讨好所有人，也不自绝于社会。这样做的结果自然是，善者好之，不善者恶之。善者好之，是君子和而不同；不善者恶之，是君子坚守道义。仁至义尽以自范，天下何处不可居。

13.25 易事而难悦章

子曰："君子易事而难说也。说之不以道，不说也；及其使人也，器之。小人难事而易说也。说之虽不以道，说也；及其使人也，求备焉。"

孔子说："君子容易侍奉，但难以取悦。以不合道义的方式取悦君子，他不开心；君子用人的时候会根据人的材质而用之。小人难以侍奉，但容易取悦。以不合道义的方式取悦小人，他会开心；小人在用人的时候会求全苛责。"

"说"通"悦"。朱子《集注》云："器之，谓随其材器而使之也。"本条主要在讲君子与小人分别会如何对待下属。君子谦和，懂得体恤下情，所以下属侍奉君子比较容易。小人肤浅，往往吹毛求疵，所以下属侍奉小人比较困难。侍奉君子虽然容易，但是取悦君子比较困难，必须以道事之，否则君子不开心。侍奉小人虽然困难，但是取悦小人比较容易，小人不在乎是否以道事之，投其所好便开心。君子用人，量才而用之；小人用人，求全而责备。君子清清爽爽，小人浑浑浊浊。

君子为政与小人为政的差别。船山《训义》总结："君子以事之必成，故需才而共理，而自处于恬静，不以居高得志为利欲之资。小人以权之在己，可骄世而肆志，而不恤国家之成败，初无忧国爱民以求成绩之心。"朱子《集注》云："君子之心公而恕，小人之心私而刻。天理人欲之间，每相反而已矣。"君子小人之别，在德不在位。多用君子，就会形成公道和谐的风气；多用小人，就会形成苟且苛刻的风气。为政者不仅要自己做君子，而且要亲君子而远小人，多任用君子。君子成群，则能成风，则能成事。

13.26 泰而不骄章

子曰："君子泰而不骄，小人骄而不泰。"

孔子说："君子安泰且不傲物，小人傲物却不安泰。"

船山《训义》云："忘物自得曰泰，傲物自侈曰骄。"朱子《集注》云："君子循理，故安舒而不矜肆。小人逞欲，故反是。""泰"是心广、安然、从容的感觉，"骄"则傲物、气急、求胜的感觉。"泰"是广于内，"骄"是肆于外。《朱子语类》以汉高祖刘邦和唐太宗李世民为例说明"泰"与"骄"的区别："汉高祖有个粗底泰而不骄。他虽如此胡乱骂人之属，却无许多私意。唐太宗好作聪明与人辩，便有骄底意思。"朱子对李世民评价不高，大概与玄武门之变有关。船山《训义》云："其居心异，而气象之见于容貌词气者亦别焉。"儒家的身心交感论认为，内在的德性修养与外在的容貌气象之间存在某种一致性。容貌气象上的"骄"与"泰"，反映出德性修养上的差异性。泰者慎独为常，骄者自省阙如。君子可不慎乎？

13.27 刚毅木讷章
子曰："刚毅木讷，近仁。"

孔子说："刚强、坚毅、朴实、谨言，接近于仁。"

朱子《集注》引杨时曰："刚毅则不屈于物欲，木讷则不至于外驰，故近仁。"《朱子语类》说："刚是体质坚强，如一个硬物一般，不软不屈；毅却是有奋发作兴底气象。"刚者不屈，毅者不息，木者有实，讷者谨言。这里的木讷是一种质朴、深沉、正直的品性。刚毅木讷者，有恒心恒德，能存养本心，不易被外物牵引。"巧言令色鲜矣仁"和"刚毅木讷近乎仁"可以对比参看。"近仁"说明还不是仁，但指出了一条通往仁的路径，学习者反躬自省，庶几有得。

13.28 切切偲偲章
子路问曰："何如斯可谓之士矣？"子曰："切切偲偲，怡怡如也，可谓士矣。朋友切切偲偲，兄弟怡怡。"

子路问孔子："怎么样才可以称之为士？"孔子说："态度恳切、详加勉励、和气愉悦，可以称为士了。对朋友是态度恳切、详加勉励，对兄弟是和气愉悦。"

朱子《集注》引胡寅云："切切，恳到也。偲偲，详勉也。怡怡，和悦也。"《朱子语类》云："圣人见子路有粗暴底气象，故告之以'切偲怡怡'。又恐子路一向和说去了，又告之以'朋友切切偲偲，兄弟则怡怡'。"孔子对子路说这番话是针对子路粗暴的脾气，希望子路可以好好修身养性，形成谦和的君子之风。当孔子说完"切切偲偲怡怡"的时候，担心子路混淆了处兄弟和处朋友的态度，所以又加以区别。

对兄弟要和悦。对朋友要不厌其烦地规劝，有时态度不一定和悦。那么，为什么态度不一样？朱子《集注》引胡寅曰："兄弟有贼恩之祸，朋友有善柔之损。"兄弟之间有天生的血缘关系，从小互相帮扶照顾，感情很好；如果不注意和悦相处，伤害了彼此的感情，便会有伤天恩，这叫"贼恩之祸"。做了对不起兄弟的事情，就像把彼此之间的恩情偷走了一样。至于朋友则不然，朋友之间互相规劝，朝着共同的目标进步，彼此之间没有天生的血缘关系，是因为志同道合才走到一起。朋友以义合，不义则散，不会有"贼恩之祸"。但可能出现的问题是，过于顾及哥们义气，所以曲柔事友，结果大义松弛，纵容朋友犯错，这叫"善柔之损"。对待不同的人伦关系，要采取不同的应对方式，对朋友主规劝，对兄弟主和悦。

孔子教导子路如何处朋友和处兄弟。《论语》里很多条目都是在教人如何处理不同的人伦关系，具有很强的实践指南意味。社会学在阐释人们所处的社会、历史与文化结构时，仍然不应该忘记从切近己身的角度思考身处其中的每一个"我"应该怎么办。缺少实践意味的社会学，难以接地气、通人心。

13.29 善人教民章
子曰："善人教民七年，亦可以即戎矣。"

孔子说："由善人来教导百姓，即使要七年的时间，也可以让百姓去打仗了。"

朱子《集注》云："教民者,教之孝悌忠信之行,务农讲武之法。即,就也。戎,兵也。民知亲其上,死其长,故可以即戎。"善人行善政,教民以孝悌忠信和务农讲武,而不仅仅是教百姓行军打仗。船山认为,东周各国战备大多只进行战术训练,"求合于坐作进退之数",并不教民以孝悌忠信,甚至还有些扰民,"劳其民于无事之日"。这样训练出来的兵士,只知道打仗,不知道为谁打和为何打。《朱子语类》说,如果只讲武技,不讲德行,那么这些兵士结束训练之后回到乡里便"不去理会农务生事之属,只管在家作闹,要酒物喫,其害亦不浅"。

"亦可以即戎"的"亦"字须要善加体会。各国都希望强兵,而不思善政。如果善人行善政,"亦"可以使国家强盛起来,只是时间要久一点。所以,孔子主要想强调的不是兵事,而是善人善政。这是"亦"字在这句话里的结构性含义。船山《训义》云:"兵者,帝王所不得已而用之,而今天下以为尚。"所以,治国者要用善人,行善政,育善民;兵革之事,尚在其次。

13.30 以不教民战章

子曰:"以不教民战,是谓弃之。"

孔子说:"让未经教导的百姓去打仗,可以说是抛弃百姓。"

船山《训义》云:"今之呴于战者,甲乘不足,士卒不充,败而思复,乃尽驱其民以从事,不暇教也。而用之以战,其民无亲上死长之情,而又不习于坐作进退之法,有死而已。"君主好战,且急于战,无暇教导百姓备战。既不教之以兵革战阵,又不教之以孝悌忠信,这样的军队送到战场上,等于送死。去得越快,死得越快,这无异于抛弃百姓。兵战的关键不在兵战本身。为政者要行仁政,得民心,再加上战前充分的思想动员和完备的军事训练,兵士才会忠勇善战。保国用兵,仁者无敌。

小结《子路》篇

本篇多为孔子答弟子问，内容以修身和为政居多。结合具体的人物和政事，孔子能近取譬，妙语连珠，止于至善。由此可见，道不远人。

宪问第十四（47 章）

14.1 宪问耻章

宪问耻。子曰："邦有道，谷；邦无道，谷。耻也。"

原宪问什么是耻。孔子说："邦有道只知道领俸禄，邦无道也只知道领俸禄。这都是耻。"

宪即原宪，孔门弟子，曾做过孔子的家宰，事见《雍也》篇 6.3 章。船山《训义》云："原宪，廉洁之士也。"朱子《集注》云："谷，禄也。邦有道不能有为，邦无道不能独善，而但知食禄，皆可耻也。"邦有道之时，正是君子实心用事、大有可为的时候，却只知道领俸禄，君子耻之。《朱子语类》说："邦有道之时，不能有为，只小廉曲谨，济得甚事。"邦有道之时，君子不能认为只领俸禄不贪污便是好的，还要想着能做点贡献。邦无道之时，不能扶危纾难，却一心想着领俸禄，君子耻之。邦无道，君子不谷，此足为发国难财者戒。邦有道，君子不谷，此足为尸位素餐者戒。原宪是廉洁之士，邦无道之时，想必会无道则隐。君子重义不重利，君子惟道不惟谷。

14.2 克伐怨欲章

宪问曰："克、伐、怨、欲不行焉，可以为仁矣？"子曰："可以为难矣，仁则吾不知也。"

原宪问孔子："好胜、自夸、忿恨、贪欲不出现，可以说是仁吗？"孔子说："这可以说很难，是不是仁，我就不知道了。"

本条还是原宪与孔子的对话。朱子《集注》云："克，好胜；伐，自矜；怨，忿恨；欲，贪欲。"船山《训义》云："好胜者气骄，自矜者其志浮，有怨者其心刻，多欲者其情溺。"原宪是个狷介的人，向来安贫乐道，可以说是一个"克、伐、怨、欲不行"的人。孔子认为，能够做到"克、伐、怨、欲不行"，确实难能可贵，但还不能说是仁。

为什么"克、伐、怨、欲不行"不能算是仁？分几层意思来解释。第一层，"克伐怨欲"没有发出来，可能藏在心里，并未被化解。《朱子语类》说："此譬如停贼在家，岂不为害。若便赶将出去，则祸根绝矣。"朱子认为，不仅要防贼，而且要杀贼。

第二层，"克、伐、怨、欲不行"是消极无为的状态，不是积极有为的状态。朱子认为，要"于天理上用功"，存天理、灭人欲才是真正的积极有为。"克、伐、怨、欲不行"只是一种消极无为的克制。《朱子语类》说："原宪却似只要不为，却不理会有为一节。""克、伐、怨、欲不行"只是独善其身，未能推己及人，便不能算是仁。出世归隐也可以做到"克、伐、怨、欲不行"。

第三层，"克、伐、怨、欲不行"是一种高度克己的状态，过于隐忍不是一种健康的心态。船山《训义》云："有必胜于邪僻，而非其克；有大白其心志，而非其伐；有直道之恶怒，而非其怨，有当然之食色，而非其欲。"有些"克伐怨欲"其实是正当的，应该使这种情感或情绪表达出来，当然要发而中节。

14.3 士而怀居章
子曰："士而怀居，不足以为士矣。"

孔子说："士如果只想住得安稳，就不足以为士了。"

"怀居"的意思是，留恋好的居住条件。"士而怀居"有两个问题。第一，过于关心物质条件，缺乏超越物质追求的崇高理想。第二，过于关心个人生活条件之好坏，缺乏超越一己之私的大关怀。船山《训义》云："士以天下为志，以道之得失为忧。"如果只关心自己的居住条件，不关心天下和道统，那便没有资格称为士。"安得广厦千万间，大庇天下寒士俱欢颜"便是这种士人精神的写照。《学而》篇1.14章中，孔子也说："君子食无求饱，居无求安，敏于事而慎于言，就有道而正焉，可谓好学也已。"君子不以食饱居安为志，而以正道好学为志。儒家倒也不是鼓励苦行，而是说，士应该有崇高的志向。退一步说，儒家士人即使身处穷困之中，也会坚守道义，不会滥行。所以，儒家讴歌颜回身居陋巷而不改其乐，赞美孔子饭疏饮水而乐在其中。君子忧道不忧贫，士人怀志不怀居。也可以说，儒家反对躺平主义。

14.4 危行危行章

子曰："邦有道，危言危行；邦无道，危行言孙。"

孔子说："邦有道的时候，说话要高尚正直，做事也要高尚正直；邦无道的时候，做事要高尚正直，但说话要谦逊收敛。"

朱子《集注》云："危，高峻也。孙，卑顺也。""高峻"是高尚正直的意思。邦有道和邦无道的时候，个人应该如何进退出处，是孔子反复谈及的问题。邦有道之时，说话做事都要高尚正直。邦无道之时，做事要高尚正直，但说话要谦卑收敛。邦无道之时，许多人行苟且之事，未必容得下高尚正直的言论。至于做事，当然要高尚正直，否则会直接对他人产生恶劣的影响。高尚正直不等于高调。

邦有道还是无道，很多时候是个人无法决定的。但是，个人可以选择如何自处。而且，如何自处往往是第一位的，不能以邦有道还是无道为借口而放松自处的要求。从个人与社会的关系来说，有时候是社会有问题，不能全怪个人；有时候是个人有问题，也不能全怪社会。退一步说，社会即使有问题，个人还是可以选择不作恶。如果不幸身逢乱世，个人能够以道自处，则邦国从无道入于有道就多一分希望。反之，就多一分阻力。天下无道之时，有贪利做恶者，但也有危行言逊者，有安贫乐道者，有无道则隐者，更有舍生取义者。君子思之！

14.5 仁必有勇章

子曰："有德者必有言，有言者不必有德。仁者必有勇，勇者不必有仁。"

孔子说："有德者必然有善言，有善言者却不一定有德。仁者必然有勇，勇者却不一定有仁。"

《朱子语类》云："有德者，和顺积中，英华发外。能言者，或便佞口给而已。仁者，心无私累，见义必为。勇者，或血气之强而已。"有德者，明是非，知善恶，故言必有中。但是，言语则很容易作假。古往今来，口吐莲花、搬弄是非的奸佞小人也不少。孔子也说"巧言令色鲜矣仁"。仁者有不忍人之心，必有义所当为之事，义不容辞，故必有勇。但是，勇则可能出于各种各样的动机，有时还只是血气之勇。因此，修身养性必须识得本末，其本在德不在言，在仁不在勇。是故，立言必先养德，育勇必先培仁。

14.6 君子尚德章

南宫适问于孔子曰："羿善射，奡荡舟，俱不得其死然。禹、稷躬稼，而有天下。"夫子不答。南宫适出，子曰："君子哉若人！尚德哉若人！"

南宫适问孔子："羿善于射箭，奡善于撑船，但他们都不得好死。大禹、后稷躬耕稼穑，最后却执掌天下。"孔子听了并不作答。南宫适出去后，孔子说："这人是君子！这人真尚德！"

羿善于射箭，他后来篡位了，结果也被臣下杀死并篡位了。奡力气很大，"力能陆地行舟"，但是他"恃其诈力，不恤民事"，后来被夏朝国君少康诛杀。羿和奡都有勇力，但都不仁，也不爱民，最后都不得好死。这二人与大禹、后稷形成鲜明的对比。朱子《集注》云："禹平水土，暨稷播种，身亲稼穑之事。禹受舜禅而有天下，稷之后至周武王亦有天下。"大禹教导百姓挖沟渠、平水土，后稷教导百姓种粮食。大禹和后稷都是仁德之人，躬耕稼穑，爱护百姓。论武力，羿和奡大大胜过大禹和后稷，但是羿和奡却不得好死。论仁德，大禹和后稷远超羿和奡，后来大禹和后稷都执掌天下，活在历史和人心中。

南宫适提到的这四个人是尚力与尚德的绝佳对比。南宫适的话简单平实，寄托了他本人的价值取向：尚德不尚力。孔子由此看出南宫适的人品。孔子没有当面表扬他，等他走后却盛赞不已。南宫适即南容，"三复白圭"的典故讲的就是他。事见《先进》篇 11.5 章："南容三复'白圭'，孔子以其兄之子妻之。"

《朱子语类》说："南宫适大意是说德之可贵，而力之不足恃。说得也好，然说不透，相似说尧舜贤于桀纣一般。"朱子认为，羿、奡二人和禹、稷二人比较德行，根本就没有可比性。这就好比桀、纣二人和尧、舜二人比较德行，也根本没有可比性。这是朱子认为南宫适没有说透的原因。

14.7 君子有不仁章

子曰："君子而不仁者有矣夫，未有小人而仁者也。"

孔子说："君子可能有不仁的时候，但小人没有仁的时候。"

君子之不仁，心仁而事有所不能仁，毫忽之间无法周全，所以有不仁。小人无仁，即使所做的事情刚好和仁很像，也是心未仁而事有所偶合于仁，似仁而非仁。《朱子语类》说："君子譬如纯白底物事，虽有一点黑，是照管不到处。小人譬如纯黑底物事，虽有一点白处，却当不得白也。"小人或有一念之善，但种子不等于果实，蝌蚪不等于青蛙，一念之善也不等于仁。仁与不仁，要叩问其心，看心之所向。君子和小人的差别在于是否志于仁。君子的志向在于求仁，"所与者君子之人，所学者君子之道"。小人孤陋短视，不志于仁，"以利为尚，以欲为徇"。君子志于仁义，小人志于利欲；君子以义为利，小人以利为利。此君子小人之大防。

14.8 爱而勿劳章

子曰："爱之，能勿劳乎？忠焉，能勿诲乎？"

孔子说："爱其子，怎么能让他安逸无劳呢？忠其君，怎么能不直言劝诲呢？"

第一句是针对父子关系说的，第二句是针对君臣关系说的。在父子关系中，如果父亲真的爱孩子，那就不能溺爱娇惯，让孩子全然不用劳作，那是"姑息之爱"，是溺爱而不是真爱。在君臣关系中，如果臣子真的忠心耿耿，就不能只是取悦君主，任君主肆意妄为而不加劝诲，那是"唯诺之忠"，是愚忠而不是真忠。

船山《训义》云："父不知爱其子，则逸之使安也；臣不知忠其君，则曰姑顺之使自适也。"船山认为，父不爱其子，才会"勿劳"；臣不忠其君，才会"勿诲"。一时不忍心磨砺孩子，将来孩子就可能四体不勤，无法自立。一时不忍心劝谏君主，将来君主就可能放辟邪侈，倾覆社稷。"姑息之爱"，是爱之不笃；"唯诺之忠"，是忠之不笃。船山《训义》云："爱之，则成之之心切，虑之之念深，虽欲任其逸豫而不忍也。……忠焉，则在己有必尽之心，在君有必尽之道，欲自为忍隐而不敢也。"父对子有真爱，则为之计之远，必有所劳，即使有刻薄寡恩之嫌，也不得不做。臣对君有真忠，则为之虑之深，必有所谏，即使有沽名钓誉之嫌，也不得不做。大爱，所以忍心而劳之，近似于寡恩，是仁中有义；大忠，所以不离而诲之，近似于沽名，是义中有仁。父子、君臣，人之大伦，敢不仁至义尽乎？

14.9 郑国四贤章

子曰："为命，裨谌草创之，世叔讨论之，行人子羽修饰之，东里子产润色之。"

孔子说："郑国发布君命，裨谌负责草拟，世叔负责讨论，行人子羽负责增删，东里子产负责润色。"

裨谌、世叔、子羽、子产是郑国的四个贤大夫。"行人"是子羽的官名，"东里"是子产的居所。郑国国君发布命令的时候，这四个人分工合作，各尽其职。朱子《集注》云："郑国之为辞命，必更此四贤之手而成，详审精密，各尽所长。是以应对诸侯，鲜有败事。"郑国是东周时期的一个中等诸侯国。郑国内乱之后，实力衰退，但依然能够在东周几个大国的夹缝中生存下来。主要原因是郑国俊杰在位、精诚合作。孔子列数郑国四贤而赞美之，以明治国以人才为先。

14.10 子产惠人章

或问子产。子曰："惠人也。"问子西。曰："彼哉！彼哉！"问管仲。曰："人也。夺伯氏骈邑三百，饭疏食，没齿无怨言。"

有人问孔子，子产怎么样。孔子说："子产施惠于民。"这人又问孔子，子西怎么样。孔子说："他啊！他啊！（不怎么样）"这个人又问孔子，管仲怎么样。孔子说："这个人还不错。齐桓公夺了伯氏封地骈邑的三百户采邑给管仲，伯氏吃着简单的食物，到老也没有怨言。"

这一条孔子品鉴了子产、子西和管仲三个人物。子产是郑国的大夫，喜欢施惠于民。孔子对子产的评价比较高。《公冶长》篇 5.15 章，孔子评价子产："其行己也恭，其事上也敬，其养民也惠，其使民也义。"但是，孟子评价他"惠而不知为政"。比如，子产派人送百姓渡河，却不知道修一座渡桥。子西是楚国的公子，让君位于楚昭王。后来，子西召回白公胜，引发楚国内乱，子西也被白公胜杀死。孔子对子西的评价不高。朱子《集注》云："彼哉者，外之之辞。"管仲是齐国的国相，他治理有方，辅佐齐桓公称霸诸侯。齐桓公把齐国大夫伯氏封地骈邑的三百户采邑转给管仲，伯氏因此变得贫穷。伯氏后来过着简朴的生活，到老也没有怨言。

朱子《集注》云："管仲之德，不胜其才。子产之才，不胜其德。"朱子认为，管仲才高于德，子产德高于才。对于子产和管仲，孔子知道他们有所短，但还是取其长。子产有功于郑国和郑国的百姓；管仲匡扶齐桓公攘夷狄而安华夏，联合诸侯共尊周天子。评价政治人物的是非功过非常困难，孔子能够洞若观火、褒贬得宜，非熟知历史、深明大义者不能也。

14.11 贫而无怨章

子曰："贫而无怨难，富而无骄易。"

孔子说："贫困却无怨言，这很困难；富贵却不傲慢，这很容易。"

处贫与处富，各有其道。身处贫贱之中，不仅要忍受饥寒，还可能遭人白眼，没有深厚的道德修养，很难不产生怨言。身处富贵之中，至少没有饥寒交迫的痛苦，因此可以从容克服精神上的毛病。富而无骄，更容易做到，容易却做不到，足以为耻。贫而无怨，很难做到，困难却能做到，足以为榜样。孔子饭疏饮水而乐在其中，颜回穷居陋巷而不改其乐，那是因为孔子和颜回之乐来自于天理人心之自足，并不来自于富贵。荣华富贵带来的快乐与义理充沛带来的快乐，性质很不一样。君子修身，当留心玩味孔颜乐以自处之乐何在。

14.12 孟公绰章
子曰："孟公绰为赵、魏老则优，不可以为滕、薛大夫。

孔子说："孟公绰去做赵卿或魏卿的家老能够游刃有余，但不可以去做滕国或薛国的大夫。"

本条孔子在讨论孟公绰适合从事什么样的工作。朱子《集注》云："公绰，鲁大夫。赵、魏，晋卿之家。老，家臣之长。大家势重，而无诸侯之事；家老望尊，而无官守之责。优，有余也。滕、薛，二国名。大夫，任国政者。滕、薛，国小政繁，大夫位高责重。"孟公绰是鲁国大夫，这个人比较有德行。《宪问》篇 14.13 章，孔子说："公绰之不欲。"春秋时期，赵和魏是晋国之卿，还不是诸侯国。滕国和薛国是小诸侯国。孔子认为，孟公绰适合做卿的家老，即使是像赵和魏这么有势力的大国重卿；但不适合做诸侯国的大夫，即使是像滕国和薛国这么小的诸侯国。做家老和做大夫不一样，做家老主要是处理内务；做大夫要参与国政，独当一面，还要处理外交事宜。处理内务，更加需要谨慎与内敛；参与国政和独当一面，则更需要才干与魄力。朱子《集注》云："公绰盖廉静寡欲，而短于才者也。"孟公绰的性格沉稳内敛，但缺少独当一面的气魄和才干，更适合去处理内务。现在的干部也有不同的类型。有的适合做官，把握方向做决策；有的适合做僚，辅佐主官分管一部；有的适合做吏，负责处理若干具体的行政事务。想要修明政理，必先网罗人才，各因其才而用之。

14.13 子路问成人章

子路问成人。子曰："若臧武仲之知，公绰之不欲，卞庄子之勇，冉求之艺，文之以礼乐，亦可以为成人矣。"曰："今之成人者何必然？见利思义，见危授命，久要不忘平生之言，亦可以为成人矣。"

子路问怎么样才算是成人。孔子说："像臧武仲那样的明智，公绰那样的廉洁，卞庄子那样的勇气，冉求那样的才艺，再加上礼乐修养，也就成人了。"孔子又说："如今的成人何必一定要这样？见利的时候能想到义，临危的时候能献出自己的生命，约定过了很久也能不忘记，这样也就是成人了。"

这里的"成人"，当然不是生理意义上的成熟，而是才能和人格意义上的成熟。孔子首先给出了一个比较高的标准，"智、廉、勇、艺"，再加上礼乐修养。朱子《集注》云："兼此四子之长，则知足以穷理，廉足以养心，勇足以力行，艺足以泛应，而又节之以礼，和之以乐，使德成于内，而文见乎外。"孔子并不直接列举"智、廉、勇、艺"，而是用了"臧武仲之知"这样的句式，列出了人格上的榜样，这就使道德教条有了鲜活的生命感。每个人的个性禀赋不同，成人也不是只有一条路径，"智、廉、勇、艺"等方面都可以成人。朱子认为，本条最重要的是"文之以礼乐"这一句。《朱子语类》说："此一句最重。上面四人所长，且把做个朴素子，唯'文之以礼乐'，始能取四子之所长，而去四子之所短。""智、廉、勇、艺"在具体的人身上会有过和不及的问题，所以要加之以礼乐，修养之，节文之，使其发而皆中节。比如，智者不应耍小聪明；廉者不应过于狷介高冷；勇者不应徒恃血气之勇；艺者不应泥于器之小成。船山《训义》也说："学以尽文而善其质，斯人事尽而天理全也。"

孔子说出这个回答之后，可能觉得要求太高了，于是说了一个标准更低的答案："见利思义，见危授命，久要不忘平生之言。"朱子《集注》云："授命，言不爱其生，持以与人也。久要，旧约也。平生，平日也。有是忠信之实，则虽其才知礼乐有所未备，亦可以为成人之次也。"孔子的意思是，只要有"忠信之实"，虽然礼乐不足备，也可以说是成人了。"文质彬彬"当然更好，但如果只能取其一，那还是取"质"比较好。就像"忠信之实"和"礼乐之文"的关系，如果只能退而求其次，那还是先取"忠信之实"。孔子说："人而不仁，如礼何？人而不仁，如乐何？"若无"忠信之实"，"礼乐之文"又将焉附？

孔子的两个回答，结尾都是"亦可以为成人矣"。这个"亦"字有什么样的意味呢？这说明，孔子的回答也不是标准答案，不存在完美的成人。完美的道不可言传，只可意会。孔子的目的在于启发学生自己去体会成人的背后所蕴含的天道人心，然后用适合自己禀赋的方式去入道。归根结底，每个人都要以自己的方式成长成人，没有客观标准，旁人也无法代劳。

14.14 义然后取章

子问公叔文子于公明贾曰："信乎？夫子不言、不笑、不取乎？"公明贾对曰："以告者过也。夫子时然后言，人不厌其言；乐然后笑，人不厌其笑；义然后取，人不厌其取。"子曰："其然！岂其然乎？"

孔子向公明贾请教公叔文子的情况。孔子问："这是真的吗？听说公叔文子不爱说话，不爱笑，也不索取别人的东西，是吗？"公明贾回答说："告诉你这个话的人说过了。公叔文子是该说的时候才说，所以别人不烦他说话；开心的时候才笑，所以别人也不烦他笑；义所当取的时候才取，所以别人也不烦他取。"孔子说："是这样啊！真的是这样吗？"

公叔文子是卫国的大夫。孔子与公明贾（卫国大夫，与公叔文子熟识）见面时，聊起了公叔文子的"八卦"。当时，卫国流传着一个说法，说公叔文子有"三不"：不言，不笑，不取。朱子《集注》云："文子为人，其详不可知，然必廉静之士，故当时以三者称之。"船山《训义》云："春秋之季，人皆习于巧言令色，而好货无厌。卫公叔文子者，能寡言笑，慎取与，自好之士也。而人遂谓其不言、不笑、不取。"公叔文子不苟言笑，非义不取，这与当时"习于巧言令色，而好货无厌"的风气形成了鲜明的对比。所以，人们以"三不"来形容他，说明他有狷介之气。

公明贾听到之后立马"辟谣"。他说，公叔文子"时然后言，乐然后笑，义然后取"。意思是，公叔文子是时中者也，非狷介者也。公叔文子谨言慎行，该说才说；不喜逢迎，开心才笑；廉洁自处，当取才取。孔子听完之后的回应是："其然！岂其然乎？"孔子似乎有几分怀疑。船山《训义》云："如贾之言，抑非文子之所能至矣。""三不"把公叔文子传得过于狷介了，但他是否能达到公明贾所说的"时中"，孔子有所怀疑。

孔子对公叔文子多有褒奖。《宪问》篇 14.19 章记载："公叔文子之臣大夫僎，与文子同升诸公。"孔子听说后评价道："可以为'文'矣。"公叔文子把自己的家臣提拔为与自己爵位相等的大夫，这需要很大的肚量，难能可贵，孔子高之。公叔文子去世之后获得的谥号是"贞惠文子"。《礼记·檀弓》曰："昔者卫国凶饥，夫子为粥与国之饿者，是不亦'惠'乎？昔者卫国有难，夫子以其死卫寡人，不亦'贞'乎？夫子听卫国之政，修其班制，以与四邻交，卫国之社稷不辱，不亦'文'乎？故谓夫子'贞惠文子'。"公叔文子纵然未必想公明贾所说的"时中"，仍不失为贤大夫。

14.15 臧武仲要君章

子曰："臧武仲以防求为后于鲁。虽曰不要君，吾不信也。"

孔子说："臧武仲占据防邑，向鲁国国君请求立臧氏后人为防邑的继任封主。即便说这不是要挟国君，我也不信。"

朱子《集注》云："要，有挟而求也。""要"即要挟。臧武仲是鲁国的大夫，因为得罪鲁国权臣而出奔，占据防邑。然后，他给鲁国国君写信，恳求鲁国国君立臧氏后人为防邑的继承人。看起来是言辞卑逊的恳求，但言外之意，如果不立臧氏后人为防邑的继承人，那么臧武仲就要割据反叛了。孔子认为，看似在恳求国君，实则是在要挟国君。朱子《集注》引杨时曰："武仲卑辞请后，其迹非要君者，而意实要之。夫子之言，亦《春秋》诛意之法也。"所谓"诛意"就是诛心。透过臧文仲的行为去看他的动机，臧武仲就是没有尊君之心，不合臣子之道。船山《训义》云："人臣之事君，废立一惟其命，有情求而无势挟。"臣对君，可以求情，但不可以要挟。《宪问》篇 14.13 章，孔了赞扬臧武仲之智。但是，臧武仲要挟国君，可见他是聪明过头了。诸侯国君大权旁落，卿大夫势力崛起，由此可以窥见封建之弊。

14.16 谲而不正章

子曰："晋文公谲而不正；齐桓公正而不谲。"

孔子说："晋文公诡诈而不正直，齐桓公正直而不诡诈。"

齐桓公和晋文公都是春秋时期的霸主。霸主是经周天子承认的诸侯国领袖。后人经常将齐桓晋文并列。但孔子却高齐桓而低晋文。晋文公比较狡猾，不少事情都做得不光明正大，又常常以力服人。《春秋》记载："天王狩于河阳。"其实是晋文公想要称霸，担心诸侯不服，就把天子召过来了。按照礼制，只有天子可以召诸侯，诸侯召天子是非礼的。为了维护天子之尊，《春秋》隐晦地记载为："天王狩于河阳。"用这个春秋笔法，强贬晋文公。相比之下，齐桓公则得到了各诸侯国的心悦诚服。比如，齐桓公信守承诺归还鲁国土地；帮助燕国攻打山戎；齐桓公"九合诸侯，不以兵车"。船山认为，齐桓公和晋文公代表了两个不同的时代。船山《训义》云："齐桓继王道之终，而晋文开分争之始，则世运降矣。齐桓没而德在人心，晋伯兴而功利成习，人心易矣。"

朱子《集注》云："二公皆诸侯盟主，攘夷狄以尊周室者也。虽其以力假仁，心皆不正，然桓公伐楚，仗义执言，不由诡道，犹为彼善于此。文公则伐卫以致楚，而阴谋以取胜，其谲甚矣。二君他事亦多类此，故夫子言此以发其隐。"孔子一语道破齐桓晋文之正与谲。齐桓德高于晋文，这就奠定了齐桓晋文的历史地位。此所以孔子作《春秋》而乱臣贼子惧也。

朱子《集注》说，齐桓公和晋文公"以力假仁、心皆不正"。但是，孔子这里分明是说齐桓公"正而不谲"。朱子之所以这么认为，应该是延续了孟子关于王霸之别的严格界分，贵王而贱霸。齐桓虽然正而不谲，但终究是霸业而非王道。

14.17 管仲不死章

子路曰："桓公杀公子纠，召忽死之，管仲不死。"曰："未仁乎？"子曰："桓公九合诸侯，不以兵车，管仲之力也。如其仁！如其仁！"

子路说："齐桓公杀了公子纠，召忽以身殉主，但管仲没有殉死。"子路问："管仲不仁吧？"孔子说："齐桓公能够多次统合诸侯，而且不动用军队，这是管仲的功劳。像这样就是仁！像这样就是仁！"

管仲辅佐齐桓公称霸诸侯。齐桓公还是公子小白的时候，管仲属于公子小白的敌对阵营公子纠。公子纠落败的时候，同为公子纠部下的召忽和管仲做出了不同的选择。召忽死节，与公子纠共同赴死了，但管仲投降了公子小白。公子小白成为齐桓公后，管仲辅佐有功，齐桓公方才称霸诸侯。子路刚直，他认为管仲没有像召忽那样死节，便是不仁。孔子却有不一样的看法。

春秋时期，周天子的权威衰落，礼乐征伐不自天子出。诸侯之间经常打仗，戎狄和楚蛮也经常袭扰华夏。天子衰微，诸侯纷争，戎蛮搅扰，百姓涂炭，齐桓公和管仲经过艰苦卓绝的努力，一定程度上改变了这种局面。船山《训义》云："王纲解而诸侯散，诸侯散而兵争亟。桓公聚已散之人心，而合之于会盟，却兵车之世局，而相见以衣裳，丁是中国之势复相亲相逊以联为 体，天下之生民罢兵偃武而未免于死亡。"管仲辅佐齐桓公不用武力便统合诸侯、尊王攘夷，这就是仁。

朱子坚守王霸之别，认为霸者不仁。朱子《集注》云："盖管仲虽未得为仁人，而其利泽及人，则有仁之功矣。"朱子认为，管仲有仁者之功，而无仁心，所以只是"以力假仁而霸"。朱子站在孟子贵王贱霸的立场上来看管仲，分离出仁者之心和仁者之功来进行解释。

对于管仲没有像召忽那样与公子纠共同赴死一事，孔子这里没有直接评价，他在《宪问》篇 14.18 章进行了评价。孔子说："岂若匹夫匹妇之为谅也，自经于沟渎，而莫之知也！"孔子认为，如果管仲像匹夫匹妇一样只是为了求一个节名便上吊自杀，后来便无法做出尊王攘夷的功业。船山《训义》也说："天下后世之以一节自许者，又孰有如其仁者乎？"召忽死而得其节义，管仲活下来也没有浪费生命。管仲不是同姓臣属，没有非死不可的道理。所以，死节有死节的道理，活下来也有活下来的道理。重要的是，管仲后来做了什么。假如管仲苟活于世，那还不如和召忽一样殉主。后来，管仲辅佐齐桓公九合诸侯、尊王攘夷、泽被百姓，有仁者之功。

14.18 被发左衽章

子贡曰："管仲非仁者与？桓公杀公子纠，不能死，又相之。"子曰："管仲相桓公，霸诸侯，一匡天下，民到于今受其赐。微管仲，吾其被髪左衽矣。岂若匹夫匹妇之为谅也，自经于沟渎而莫之知也？"

子贡说："管仲不是仁者吧？齐桓公杀了公子纠，管仲不能殉死，反而去辅佐齐桓公。"孔子说："管仲辅佐齐桓公，称霸诸侯，匡正天下，百姓到今天还受着他的恩赐。如果没有管仲，我们可能要像夷狄一样披头散发、衣襟左开了。管仲难道要像匹夫匹妇一样固执于小信，自己吊死在沟沟里，而且没人知道吗？"

公子小白和公子纠两人争夺齐国国君之位。公子纠落败被杀，管仲没有殉死，辅佐齐桓公成为春秋霸主。子贡认为，管仲不是仁者。但孔子有不一样的看法。孔子认为，管仲尊王攘夷、泽被百姓，立下大功。如果没有管仲，华夏之人可能要像夷狄一样"披发左衽"。朱子《集注》云："被发左衽，夷狄之俗也。"夷狄散发，衣襟向左开；华夏束发，衣襟向右开。孔子高度赞扬管仲"存中国人道之功"。

子贡认为，管仲没有像召忽那样殉死，便不仁。孔子却认为，那样的死法不过是"谅"。朱子《集注》云："谅，小信也。"船山《训义》云："君臣之分义正而致其身，忠也。一时之所从未审而固守以不迁，谅也。"船山认为，如果管仲死节，不过是守小信，而忽略了大仁。管仲可以死，可以不死，不必以殉死来责难管仲。

但是，朱子对管仲还是有难以放下的批评。朱子《集注》引程子曰："桓公，兄也。子纠，弟也。仲私于所事，辅之以争国，非义也。桓公杀之虽过，而纠之死实当。仲始与之同谋，遂与之同死，可也；知辅之争为不义，将自免以图后功亦可也。故圣人不责其死而称其功。若使桓弟而纠兄，管仲所辅者正，桓夺其国而杀之，则管仲之与桓，不可同世之雠也。若计其后功而与其事桓，圣人之言，无乃害义之甚，启万世反覆不忠之乱乎？如唐之王珪、魏征，不死建成之难，而从太宗，可谓害于义矣。后虽有功，何足赎哉？"程子和朱子引入了嫡长继位的逻辑来解释这件事情。因为齐桓公是哥哥，公子纠是弟弟，所以，管仲改换门庭辅佐齐桓公就没问题。假如齐桓公是弟弟，公子纠是哥哥，那么管仲改换门庭辅佐齐桓公就是"害义之甚，启万世反覆不忠之乱"。由此可见，朱子认为，关键问题不在于管仲是否应该为公子纠殉死，而是在于，齐桓公和公子小白谁是第一顺位继承人。然而，公子小白和公子纠谁是兄谁是弟，似不可考。

《史记》记载："……群弟恐祸及，故次弟纠奔鲁。其母鲁女也。管仲、召忽傅之。次弟小白奔莒，鲍叔傅之。"这里用的称呼都是"次弟"，有可能是按照长幼顺序进行记述的，也可能是按照出奔的先后顺序记述的，所以，到底谁是哥哥谁是弟弟还是不可考。

孔子强调了管仲尊王攘夷之功，而朱子却认为管仲所为是霸业，不值得肯定。《朱子语类》说："不禀命于天子，不过只是要自成霸业而已。"但朱子又以嫡长继位的大义来肯定管仲。朱子不肯定管仲之仁心，只肯定管仲有仁者之功；不肯定管仲辅佐齐桓称霸，只肯定管仲弃公子纠而辅佐齐桓公符合嫡长继位的大义。程朱一方面肯定孔子的结论，另一方面通过不同的逻辑对功利、霸业、变节、作乱等行为进行了坚决的抵制，始终不肯后退半步，真可谓是用心良苦。程朱之气节，由此可见一斑。

面对宋儒的偏执，钱穆在《论语新解》中也进行了解释："本章舍小节，论大功，孔子之意至显。宋儒嫌其偏袒功利，乃强言桓公是兄，子纠是弟，欲以轻减管仲不死之罪。不知孔子之意，尤有超乎君兄弟臣之上者。言仁道之易，孔子有

'我欲仁斯仁至'之说。论仁道之大，则此章见其一例。要之孔门言仁，决不拒外功业而专指一心言，斯可知也。"钱穆认为，孔子这里想要超越小节、超越君臣兄弟等人伦关系谈论一个更大的道。关于这个更大的道，钱穆这里主要涉及到两点。第一，夷夏之大防非常重要。第二，儒家贵人伦道德，但并不排斥事功；学习儒学，还是要做得成事情才行。

如何评价管仲是《论语》的一个重要问题。《论语》有以下四条直接讨论管仲的问题。

《八佾》篇 3.22 章。子曰："管仲之器，小哉！"或曰："管仲俭乎？"曰："管氏有三归，官事不摄，焉得俭？""然则管仲知礼乎？"曰："邦君树塞门，管氏亦树塞门。邦君为两君之好，有反坫，管氏亦有反坫。管氏而知礼，孰不知礼？"

《宪问》篇 14.10 章。或问子产，子曰："惠人也。"问子西，曰："彼哉！彼哉！"问管仲，曰："人也。夺伯氏骈邑三百，饭疏食，没齿无怨言。"

《宪问》篇 14.17 章。子路曰："桓公杀公子纠，召忽死之，管仲不死。"曰："未仁乎？"子曰："桓公九合诸侯，不以兵车，管仲之力也。如其仁！如其仁！"

《宪问》篇 14.18 章。子贡曰："管仲非仁者与？桓公杀公子纠，不能死，又相之。"子曰："管仲相桓公，霸诸侯，一匡天下，民到于今受其赐。微管仲，吾其被发左衽矣。岂若匹夫匹妇之为谅也，自经于沟渎，而莫之知也？"

3.22 章是说管仲在礼上还有欠缺。14.10 章是说管仲功劳大，人心服。14.17 章是说管仲辅佐齐桓公不使用武力而统合诸侯、尊王攘夷，有大功。14.18 章是说管仲辅佐齐桓公尊王攘夷、泽被百姓。管仲不是完人，如不死子纠和不知礼，但管仲又能统合诸侯、尊王攘夷、泽被百姓。孔子总体上还是肯定了管仲。但是，孟子认为，管仲所为是霸业，他辅佐齐桓公架空周天子，不过是假仁假义。孟子处战国时代，霸道更胜春秋，孟子可能也更加义愤。宋儒轻管仲，由孟子启之。

14.19 公叔文子章

公叔文子之臣大夫僎，与文子同升诸公。子闻之，曰："可以为'文'矣。"

公叔文子举荐家臣僎为大夫，与自己并列于公朝。孔子听闻以后，说："公叔文子的谥号真的可以是'文'。"

公叔文子是卫国的大夫，僎一开始是他的家臣，后来公叔文子举荐僎成为大夫，与自己并列于朝堂之上。公叔文子去世之后获得的谥号是"文"。朱子《集注》云："文者，顺理而成章之谓。谥法亦有所谓'赐民爵位曰文'者。"《逸周书·谥法解》记载："经纬天地曰文，道德博闻曰文，学勤好问曰文，慈惠爱民曰文，愍民惠礼曰文，赐民爵位曰文。"谥号有褒有贬，是对人一生的总结，意在警醒世人积善去恶。公叔文子举荐家臣僎受封大夫，可以说是"赐民爵位"。要做到这一点也很不容易。船山《训义》云："春秋之世，锢其家臣而为己用，而忌与同尊者，众矣，而文子不然。"当时很少有大夫愿意让自己的家臣受封为大夫后与自己平起平坐，公叔文子的气量非常难得。光凭举荐家臣受封大夫这一点，公叔文子就可以获得"文"的谥号了，更何况他还有很多优点。可参看《宪问》篇 14.14 章。

14.20 卫灵公无道章

子言卫灵公之无道也。康子曰："夫如是，奚而不丧？"孔子曰："仲叔圉治宾客，祝鮀治宗庙，王孙贾治军旅。夫如是，奚其丧？"

孔子说卫灵公无道。季康子问孔子："如果是这样，那卫灵公怎么没有丢失国君之位呢？"孔子说："卫国的臣子仲叔圉负责宾客接待，祝鮀负责宗庙礼仪，王孙贾负责军旅之事。如果是这样，卫灵公怎么会丢失国君之位呢？"

卫灵公无道，内闱干政，继统失序，但卫国的局势还算平稳。孔子认为，这主要是因为卫国还有俊杰在位，他们在竭忠尽智地治理卫国。比如，仲叔圉在处理宾客接待等外交事宜，祝鮀在治理宗庙礼仪等重要内务，王孙贾在筹办军旅大事。内政外交、军民礼乐等大事都有人才在尽忠职守，所以卫国还算平稳，卫灵公也没有下台。本条的主旨在于，勉励国君行正道而用贤臣。当然，孔子这句话既有劝君之意，也有劝臣之意。君臣共治才是可喜的局面。国家治理的关键在于人才，俊杰在位才能国泰民安。故船山《训义》云："人才关乎国运。"

14.21 言之不怍章

子曰："其言之不怍，则为之也难。"

孔子说："如果大言不惭，恐怕难以做到。"

一个人如何说话，可见其修养。"其言之不怍，则为之也难"，意思是，一个人如果大言不惭，那他说出来的话就很难兑现。一个人如果有自知之明，就不会把话说得太满。船山《训义》云："君子之言常若不足。""常若不足"就是话不要太满的意思。很多事情想象中比较容易，做起来比较困难，正所谓，"站着说话不腰疼"，"事不经历不知难"。大言而不惭，不足为君子。

14.22 陈恒弑君章

陈成子弑简公。孔子沐浴而朝，告于哀公曰："陈恒弑其君，请讨之。"公曰："告夫三子。"孔子曰："以吾从大夫之后，不敢不告也。君曰'告夫三子'者！"之三子告，不可。孔子曰："以吾从大夫之后，不敢不告也。"

陈成子弑了齐简公。孔子沐浴，然后朝见鲁哀公，孔子告诉鲁哀公："陈恒杀了齐国国君，请出兵讨伐陈恒。"鲁哀公说："你去告诉三桓吧。"孔子说："因为我是大夫，不敢不告诉国君。国君说：'去告诉三桓'。（那我就去吧）"孔子告诉了三桓，三桓不让出兵。孔子说："因为我是大夫，不敢不告诉国君。"

陈成子即陈恒，又称田恒或田常，是齐国田氏家族的首领。弑君之后，田氏大权在握，为日后田氏代齐奠定基础。事情发生于公元前 481 年，时孔子已经周游列国回到鲁国。孔子对陈成子弑君深恶痛绝。作为致仕的大夫，他认为自己依然有责任建议鲁哀公出兵讨伐陈成子。当时，鲁国国政在三桓，哀公不能做主。

哀公父亲鲁定公在位时，孔子与三桓斗争，结果落败。三桓是孔子曾经的政敌，鲁哀公却还让他去请求三桓出兵。孔子也知道大概不会同意出兵，但他还是去了。这对孔子而言，多少有几分自取其辱的意味。钱穆认为，"君曰'告夫三子'者"的"者"字有"无限愤慨"的意思。

程子曰："左氏记孔子之言曰：'陈恒弑其君，民之不与者半。以鲁之众，加齐之半，可克也。'此非孔子之言。诚若此言，是以力不以义也。……若孔子之志，必将正名其罪，上告天子，下告方伯，而率与国以讨之。至于所以胜齐者，孔子之余事也，岂计鲁人之众寡哉？"《左传》记载，孔子试图通过力量对比来说服鲁哀公出兵。但程子认为，《左传》记载的不是孔子的原话，孔子以义不以力，他不会考虑兵力对比，而只会考虑是否名正言顺、义所当为。《朱子语类》则说："圣人举事，也不会只理会义理，都不问些利害，事也须是可行方得。"孔子曾经执政鲁国，又周游列国，还熟知历史，他不会空谈义理。孔子比较敌对双方的力量，也是建立在大义的基础之上。如程子这般思考问题，颇有几分书生论政的意味。

按照现代人的思维，鲁国出兵齐国算不算干涉他国内政？首先，这里的国是周天子治下的诸侯国，不能照搬现在的国际法概念。齐国大夫弑君，鲁国国君可以请示周天子之后出兵讨伐。修身齐家治国平天下，对于儒家士人来说，国之上还有天下。顾炎武说"天下兴亡匹夫有责"，而不是"国家兴亡匹夫有责"。顾炎武的意思是，国家兴亡，肉食者谋之；天下兴亡，匹夫有责，每一个人都有义务维护人伦道德。孔子主张出兵齐国，是为了君臣大义。齐国兴亡，那是国的事情；而臣弑其君，这是天下的事情，人人得而诛之。朱子《集注》说："臣弑其君，人伦之大变，天理所不容，人人得而诛之，况邻国乎？"再者说，齐国和鲁国是婚姻之国，鲁国更不能坐视齐国国君被弑而无动于衷。只不过，鲁国当时是三桓专政，鲁哀公和孔子都无可奈何。如果按照礼乐征伐自天子出的礼制，鲁国即使出兵，也要先请示周天子。

14.23 子路问事君章

子路问事君。子曰："勿欺也，而犯之。"

子路问孔子如何事君。孔子说："不要欺骗他，但要犯颜进谏。"

《礼记·檀弓》云："事君有犯无隐。"朱子《集注》云："犯者，谓犯颜谏争。""勿欺"是上不欺君，内不欺心。船山《训义》云："为臣之道，求之君而不求之己，则负直臣之明，而臣心不可问；求之己而不求之君，则有纯臣之节，而臣道不能尽。"船山认为，处理君臣关系，如果只看君的好恶而当谏不谏，就不是直臣；如果只想着自己做直臣，虽有纯臣之节，却未能上体君心，仍是不足。船山《训义》又说："求之于己者，勿幸君之不及知，而文饰以免咎，勿谅君之不可有为，而苟以塞责。"船山提到的"欺"有以下几种情况。文过饰非，是为欺；敷衍塞责，是为欺；投其所好而不讲义理，是为欺；一心只要做直臣、纯臣而不考虑君的感受，是为欺。所以，"勿欺"是上不欺君，内不欺心；君臣两尽，方是不欺。

14.24 君子上达章
子曰："君子上达，小人下达。"

孔子说："君子通晓义理，日益上进；小人沉溺利欲，日益沉沦。"

"达"即通达。朱子《集注》云："君子循天理，故日进乎高明；小人徇人欲，故日究乎污下。"君子上进于高明，可以学达性天；小人下沉至卑污，可以无耻至极。君子上达和小人下达的分水岭在于，君子追求天理，小人追求人欲。君子能推己及人而日进于高明广大。小人则溺于一己之私，所以日渐狭隘固陋。

14.25 为己之学章
子曰："古之学者为己，今之学者为人。"

孔子说："古时的学习者，是为自己而学；现在的学习者，是为别人而学。"

朱子《集注》引程子曰："为己，欲得之于己也；为人，欲见知于人也。"所谓"为己"，是目标向内，修养自己，让自己变成一个更好的人。所谓"为人"，是目标向外，希望为人所知，硬是要求个名声。实际上，做好了自己，名和利自然也就来了；即使名利没有相随，那也俯仰无愧，"人不知而不愠"。如果一心只想出名当网红，那可能需要处处粉饰，结果真正的内功却没能修炼好，关键时刻容易造成人设崩塌。朱子《集注》引程子曰："古之学者为己，其终至于成物；今之学者为人，其终至于丧己。"真正的"为己之学"，最后往往可以成功；而一心追求"为人之学"，最后往往迷失自己。在一个网红快速崛起（也快速销声匿迹）的时代，孔子这话很值得玩味。

儒家并不鄙视名利，只是认为名利是附带而来的结果。求仁得仁，求仁在己；名利却在他人之手或在老天之手，求之而未必可得。就像产品营销，如果产品质量不行，营销再会蹭热点，消费者最终也不会买账。网红迅速出名，结果被人发现素质很差，粉丝最终也不会买账。归根结底，"为己之学"和"为人之学"有一个用心上的巨大差异。"为人之学"，以名利为先；"为己之学"，以实德为先。孔子在人心险要处留下这句警句，学习者应深以为戒。

14.26 欲寡其过章

蘧伯玉使人于孔子。孔子与之坐而问焉，曰："夫子何为？"对曰："夫子欲寡其过，而未能也。"使者出，子曰："使乎！使乎！"

蘧伯玉派遣使者来见孔子。孔子和使者坐，问使者："夫子在做什么呀？"使者回答说，"夫子想减少自己的过失，但总觉得没能做到。"使者走后，孔子感叹说："这个使者好！这个使者好！"

朱子《集注》云："蘧伯玉，卫大夫，名瑗。孔子居卫，尝主其家。既而反鲁，故伯玉使人来也。"蘧伯玉是卫国大夫，孔子在卫国时曾住在他家，两个人是好朋友。此时，孔子已经返回鲁国。蘧伯玉念旧情，派人来看望孔子。孔子和蘧伯玉派来的使者坐下来聊天，聊起了蘧伯玉的近况。蘧伯玉的使者说："夫子欲寡其过，而未能也。"使者说，蘧伯玉最近在试图减少自己的过错，但总觉得还做不到。使者说的这句话，得到了孔子的高度赞扬。使者没有列举蘧伯玉的事业，而是说他在修德寡过。可见蘧伯玉平时就很看重修德寡过这件事。最妙的是，使者加了一个"未能也"。修德寡过本非易事。不加"未能也"，就会显得有点"装逼"；加了"未能也"，便是以谦自处，反而显出蘧伯玉的高明。朱子《集注》云："使者之言愈自卑约，而其主之贤益彰，亦可谓深知君子之心，而善于辞令者矣。"总结起来，使者的回话有四点妙处。第一，描述了蘧伯玉修德寡过的具体行为，彰显主人之德。第二，彰显了蘧伯玉的谦逊。第三，知道孔子重视德行，所以跟孔子谈德行而非事功，以伸孔子之志。第四，不在孔子面前"装逼"，拉近彼此感情，以通两家之好。

蘧伯玉派出的使者尚且如此明德知礼，更可想见其本人的气象。蘧伯玉是一个怎样的人呢？朱子《集注》引用了庄子的话："伯玉行年五十而知四十九年之非。"50 岁的时候在反思 49 岁时的过错。朱子《集注》说，蘧伯玉"进德之功，老而不倦，是以践履笃实，光辉宣著"。蘧伯玉真乃有德君子。孔蘧相交，可谓友以辅仁。

14.27 不在其位章
子曰："不在其位，不谋其政。"

本章重出。参见《泰伯》篇 8.15 章。

14.28 思不出其位章
曾子曰："君子思不出其位。"

曾子说："君子所思，不超出他的位置。"

这一条与"不在其位，不谋其政"主旨相似，但含义更广。所谓"不在其位，不谋其政"是就行为而言，"思不出其位"是就思想而言。不该做的事情不要做，不该想的事情也不要想，其言更密，要求更高。船山《训义》云："思者，就事而察其理之谓也。"思在其位，非理勿思，不合道理的事情就不要去想。还有一些事情是人力断断不可为也，也应该去多想。船山《训义》云："若位之外，存亡者天也，顺逆者人也，古今者时也。"上天的意志、他人的心思以及一时的大势，这些求而不必得的东西，不应该成为用力的方向。人不应该为那些不可把控的东西而过分焦虑，即使每天都去敬香拜佛也未必能上北大。想上北大，应该致力于掌握良好的学习方法并长期坚持。

一个人不管想要做成什么事情，最终能够着力的都是自己的视听言动，通过驾驭自己的视听言动来撬动整个局面。所以，遇到事情，首先要反省自己，然后调整自己的视听言动，才有可能把不可能变成可能（依然只是可能，不是必然）。总之，先尽人事，再听天命。人应该安安心心地去想该想的事情，踏踏实实地去做该做的事情，其它则交给老天。

14.29 言过其行章
子曰："君子耻其言而过其行。"

孔子说："君子会为自己言过其行而感到羞耻。"

朱子和船山都把这句话拆开来理解，但是两个人的拆法不一样。朱子《集注》云："耻者，不敢尽之意。过者，欲有余之辞。"朱子认为，君子说话不会太满，而是会留有余地；但君子做事则会多做一点，做扎实一些。船山则将这句话拆分为"君子耻其言"和"君子耻过其行"来理解。船山《训义》云："审于无可耻而后发，而言乃为经矣。……极于无可过，而后行以成焉，而行乃无憾矣。"船山认为，这两句的意思分别是，君子会注意自己的言辞，不让自己为自己的言辞而感到可耻；君子还会注意自己的行动，不要让自己的行动过了头。此处从钱穆《论语新解》，以"言过其行，君子耻焉"来理解这句话。孔子的意思是，君子说话做事，要实事求是，慎言笃行。

14.30 仁者不忧章

子曰："君子道者三，我无能焉：仁者不忧，智者不惑，勇者不惧。"子贡曰："夫子自道也。"

孔子说："君子之道有三，我都做不到：仁者不忧虑，智者不困惑，勇者不畏惧。"子贡说："夫子说的就是他自己。"

船山《训义》云："安恬静而养之以纯粹，无土不安，故不忧也；……亶聪明而广之以察识，无几不审，故不惑也；……秉刚直而配之以道义，无理不伸，故不惧也。"纯粹则心安，洞察则明理，持守道义则无所畏惧，这些都是为了养心。心性之中本来就有仁义礼智信，只要善加修养，便可以应万物。之所以惑、忧、惧，是因为养心不足，物欲便趁虚而入了。本条可以与《子罕》篇 9.28 章 "智者不惑，仁者不忧，勇者不惧" 和《颜渊》篇 12.4 章 "不忧不惧" 互相参看。

14.31 子贡方人章

子贡方人。子曰："赐也贤乎哉？夫我则不暇。"

子贡经常议论别人的长短。孔子说："子贡很贤明吗？我就没这个闲功夫。"

朱子《集注》云："方，比也。……比方人物而较其短长。"子贡喜欢议论别人的长处和短处，孔子批评了子贡。孔子说："子贡自己就做得很好吗？我就没这个闲工夫去议论别人的短长。"臧否人物本身没什么问题，准确地臧否人物还是一种本事。但是，有些情况却让人很讨厌。比如，添油加醋、言过其实。再比如，有的人很喜欢讨论别人的短长，但疏于自治；自己批评别人的同时，其实自己也做得不好。当一个傲慢的人批评他人傲慢的时候，我们常常觉得有几分可笑。朱子《集注》云："比方人物而较其短长，虽亦穷理之事。然专务为此，则心驰于外，而所以自治者疏矣。"背后议论他人短长，被议论者常常无法当场进行辩论。这种没有对手辩论的议论，很是可以过一把嘴瘾，容易滋生出一种危险的优越感。子贡善辞令，可能也爱论人短长。子贡的长处恰好也是他的病灶，因此孔子有所教正。"静坐常思己过，闲谈莫论人非"，善哉斯言。

14.32 患人不知章
子曰："不患人之不己知，患其不能也。"

本章近义重出。参见《学而》篇 1.16 章和《卫灵公》篇 15.18 章。

14.33 不逆诈章
子曰："不逆诈，不亿不信，抑亦先觉者，是贤乎！"

孔子说："不先揣度别人会欺骗自己，不先预测别人会怀疑自己，但也能先察觉到这些，这就是贤明啊！"

朱子《集注》云："逆，未至而迎之也。亿，未见而意之也。诈，谓人欺己。不信，谓人疑己。"孔子的意思是，欺骗与怀疑没有发生的时候，不要自己主动迎上去，不要预先把人想坏了或者预设别人会欺骗、怀疑自己，这样只会徒增烦恼和焦虑。一个人如果总是先将他人设想成恶人，那说明他自己心里也挺阴暗。这样的人，一天到晚都活在紧张、焦虑和不安之中，很像得了"被害妄想症"。

孔子教导学生要做仁厚的人，即船山所说的"朴直坦遂"。但是，仁厚的人也可能被人欺骗，对方只要装着很仁厚，就可以获得仁厚者的好感，这就是所谓的"欺其以方"。孔子说，一旦别人要欺骗或怀疑自己，自己也要有洞察力，能率先觉察这种苗头。"不逆诈，不亿不信"是仁，"先觉"是智，有仁有智，必也贤乎！

14.34 非敢为佞章
微生亩谓孔子曰："丘何为是栖栖者与？无乃为佞乎？"孔子曰："非敢为佞也，疾固也。"

微生亩对孔子说："你为什么总是忙碌不安呢？你不是太巧言善辩了吗？"孔子说："我不敢巧言善辩，只是讨厌固陋不化。"

朱子《集注》云："亩名呼夫子而辞甚倨，盖有齿德而隐者。栖栖，依依也。为佞，言其务为口给以悦人也。"微生亩是鲁国的隐士。孔子周游列国寻求出仕的机会，微生亩觉得孔子栖栖遑遑，忙碌不安；还觉得孔子巧言善辩。孔子为自己辩解说："我不是巧言善辩，只是看到许多人都固执己见，隘陋不堪，所以不得不好好地辩解一下。"孔子的心情大概就像孟子所说："予岂好辩也哉？予不得已也!"

朱子《集注》云："疾，恶也。固，执一而不通也。"船山《训义》释"固"云："出处因乎时，而执在我之喜怒以进退，则所见者隘；道德通乎众，而执一人为独是以非世，则所守者穷，为固而已矣。"只凭一己之喜怒或一人之是非来做选择，就会陷入一己之私的狭隘境地。这种狭隘是不仁的表现，也是孔子仁学要批评的对象。孔子的理想正是要超出一己之私，推己及人，以至于治国平天下。微生亩这样的隐士大概是无法理解孔子这一理想的。即使能理解，估计也没有行动的勇气。孔子异乎是，他会"知其不可而为之"，只要义所当为，则一往无前。

14.35 称其德也章
子曰："骥不称其力，称其德也。"

孔子说："好马，不是夸奖其力量好，而是夸奖其德性好。"

朱子《集注》云："骥，善马之名。德，谓调良也。""调良"是指驯服、顺从。船山《训义》云："往来如御者之志，人乃称之曰'骥'也。"只有那些能够服从主人意志的好马，才能称之为"骥"。如果不能顺从主人的意志，纵使日行千里，也不过是一匹野马，不能为主人所用。孔子相马，不称其力而称其德。显然，孔子这里也是以马喻人。观人用人，也是称其德而不称其力。人力有大小，可以量其才力而用之。但如果德行败坏，则不可用。孔门设教，以德行为先。

14.36 以直报怨章

或曰："以德报怨，何如？"子曰："何以报德？以直报怨，以德报德。"

有人说："应该以德报怨，您觉得怎么样？"孔子回答说："如果以德报怨，那么以什么报德呢？应该以直报怨，以德报德。"

朱子《集注》云："德，谓恩惠也。"孔子反对以德报怨，但是老子支持。老子《道德经》有云："大小多少，报怨以德。"老子提出以德报怨，是想解决当时的社会问题。船山《训义》云："春秋之世，以怨相寻，而兵戈狱讼不息，老子之学，思以矫天下。"春秋之时，复仇之风盛行，许多人以怨报怨。老子为了改变这种互相伤害的风气，提出了以德报怨的主张。老子的逻辑是希望通过以德报怨的方式，使对方感到惭愧，从而消除怨恨。

孔子反对以德报怨。以德报怨存在以下几个问题。第一，以德报怨不合乎人情。《朱子语类》说："以德报怨，于怨者厚矣，而无物可以报德，则于德者不亦薄乎！"对自己好的人和对自己不好的人，当然应该区别对待，这是人之常情。如果非要以德报怨，则有悖人情。朱子《集注》云："怨德之报皆不得其平也。"第二，刻意以德报怨是一种不真诚。特别是那些意难平的人与事，"以德报怨"不过是刻意为之，是扭曲自己内心的一种心理技术。有的人是为了求一个大度的名声而以德报怨，心里其实也不认为以德报怨是对的。《朱子语类》说："以德报怨，亦是私。"第三，以德报怨会模糊是非标准，形成不良的风气导向。这就好比做了坏事反而得到奖励，就会鼓励大家做坏事。如果做好事得到奖励，做坏事也得到奖励，那谁还有动力去做好事呢？船山《训义》将以德报怨的不良影响总结为："其为术也巧，居心也刻，制天下以权，而诱天下以名。"

在部分情况下，以德报怨也不是不可以。比如被亲戚算计了，但是却不计较，依然亲近之，并且内心真诚、毫不扭曲地认为自己应该以德报怨。那么，这种情况下的以德报怨是一种大度。换言之，以德报怨具有因人而异的差异性，不应成为放之四海而皆准的统一原则。一怨当前，根据具体的人和事，当事人可以根据实际情况选择以德报怨或以怨报怨。这就是孔子所说的以直报怨。

以直报怨的"直"该如何来理解？"直"的本意是"如矢"，矢就是箭，像箭一样直。"直"的引申意思是，内心正直而不弯曲，与"枉"的意思正相反。朱子《集注》云："于其所怨者，爱憎取舍，一以至公而无私，所谓直也。"朱子把这些不正直的小心思称为"私"。父亲偷羊，儿子举证，这是抛下人之常情而去追求一个"直"的外在名声，这样的小心思便是"私"，便不是"直"。从"天命之谓性"的角度来说，所谓"直"就是让人心贴合天性，顺着天理人情来行事。如父亲偷羊，儿子本着父子恩情，便不应该去举证，否则有伤父子天恩。儿子不去举证，并不代表他认为偷羊是对的。

释"以直报怨"。朱子《集注》云："怨有不雠，而德无不报，则又未尝不厚也。"朱子认为，恩德必须报答，仇怨则有些可以放下。船山《训义》云："直在彼，则忘之可也，亦不必更加以德也；直在我，则怨之可也，而何反施以德也？"船山认为，如果对方对而自己错，那就不能记着报仇的事情；如果对方错而自己对，那么该报仇的时候就得报仇。《朱子语类》说："以直报怨，当赏则赏之，当罚则罚之，当生则生之，当死则死之。"朱子认为，以直报怨是"当怨则怨"。换言之，如果心里不怨，也可以放下来，不失为一种高风亮节。关键是，不匿怨即不藏怨于心。因此，孔子讲以直报怨，可以是以德报怨，也可以是以怨报怨，一言可通上下。老子讲的以德报怨，按其本意，也是特指那一类可以通过以德报怨而加以感化的情况，这种意思也包含在孔子所说的"以直报怨"之中。但是，老子把话说死了。

《朱子语类》还讨论了一个如何应对走后门的故事。有学生问朱子："在官遇故旧，有公事，如何？"朱子回答说："亦权其轻重，只看此心。其事小，亦可周旋；若事大，只且依公。"自己当了官，如果有朋友来"走后门"，应该怎么办？朱子认为，小事还可周旋，大事只能依公。以德报德的方向没有错，但具体怎么报，还是得具体情况具体分析。

"报"是中国人维持人伦关系的一种极其常见的交往方式。特别是恩情，不得不报，这背后有很强烈的伦理规范。大家都不愿意做忘恩负义的小人。不懂报恩，那就连人也不要做了。中国社会的人伦关系不是一种个体主义的逻辑。按照个体主义的交换论逻辑，恩情可以等价交换和结算清楚，利尽则散。但中国人的施恩回报，不是等价交换，也很难结算清楚，更不是利尽则散。这种差异的背后有一个复杂的理论问题。中国社会似乎是先有一个人伦关系存在，然后人的行为要对得起这种关系和关系伦理，而不是先假设了一个独立个体的存在。个体权利具有优先性还是关系伦理具有优先性，反映了不同的社会结构和价值观念。

14.37 怨天尤人章

子曰："莫我知也夫！"子贡曰："何为其莫知子也？"子曰："不怨天，不尤人，下学而上达。知我者其天乎！"

　　孔子说："没有人了解我。"子贡问："怎么会没有人了解夫子呢？"孔子说："我既不埋怨上天，也不归咎他人，我从低近处学习，逐渐上达天理。了解我的大概只有天吧？"

　　孔子曾经在鲁国摄行相事，弟子众多，周游列国又受到各国礼遇，生前已被别人称为圣人，应该说名气很大。可是，孔子却说"莫我知也"。孔子并不是感慨自己名气小，而是在自述心境：人不知我天知我。朱子《集注》称之为："人不及知而天独知之。"

　　"天知我"是一种什么状态呢？孔子提到了三个特征：第一，不怨天；第二，不尤人；第三，下学而上达。孔子总是处在不断的反省之中，他改变别人的方式绝不是抱怨，而是通过调度自己的视听言动来默化他人。孔子的一言一行尽力按天理的要求来行事，上应于天，下合于人，虽然别人未必知道这些隐微之处和良苦用心，孔子依然认为这是应该做的事情。人不知我天知我，孔子有一种"以天为则"的人生态度。

　　"不怨天，不尤人"。船山《训义》云："在天之时数，有顺有逆，非天之过也，吾无不可因之天，奚其怨？在人之情理，有从有违，非人之咎也，吾无所待于人，奚其尤？"人要应天时而变，冬天要多穿，下雨要打伞。人应该怪自己没有穿衣和打伞，不能责怪上天有寒有雨。明白了人要应天时而动的道理，便不会怨天。人处于社会之中，身边有亲疏远近、各种各样的人。各人有自己的难言之隐，事不经历不知难，别人也许被更强大的逻辑支配着。只有找到了对的人和正确的方法，天时、地利、人和皆具备，才能做成事情。能做成事情，必然是自己有所作为的结果，人只能驾驭自己的视听言动，才能做好想做的事情。意识到他人可能有更大的难言之隐以及尽己以自处的道理，便不会尤人。

不怨天、不尤人，转而反求诸己。孔子"下学而上达"。其实反求诸己并没有什么高深的道理，也没有什么捷径可走，不过是去做"下学"的功夫。"下学"是身边低近处去做小事，如洒扫应对，三省吾身，进太庙每事问，非礼勿视、听、言、动。《朱子语类》云："下学者，事也；上达者，理也。理只在事中。若真能尽得下学之事，则上达之理便在此。"下学而上达，不是一朝一夕能够完成的，时间久了才能有成效。同样是一件小事，有的人看不到背后的天理，只是稀里糊涂做过去，便难以下学而上达。

14.38 道之将行章

公伯寮诉子路于季孙。子服景伯以告，曰："夫子固有惑志于公伯寮，吾力犹能肆诸市朝。"子曰："道之将行也与？命也；道之将废也与？命也。公伯寮其如命何！"

公伯寮向季孙氏告子路的状。子服景伯把这件事情告诉了孔子，说："季孙氏一定是被公伯寮迷惑了，把公伯寮的尸体丢到集市上去，我还做得到。"孔子说："道将行吗？这要看命。道将废吗？这也要看命。公伯寮能把命怎么样？"

公伯寮是季孙氏的家臣，子路这时也是季孙氏的家臣。公伯寮向季孙氏告子路的状，结果季孙氏对子路产生了怀疑。"夫子固有惑志于公伯寮"的"夫子"指的是季孙氏。子服景伯是鲁国大夫，他比较亲近孔子，把此事告诉了孔子。子服景伯表示，他有能力可以杀了公伯寮，但被孔子劝下了。孔子说，道之兴废有命数，如果子路不能行道，那也是命，公伯寮改变不了道的命数。实际上，孔子这话是直接无视了公伯寮，他不屑与公伯寮去争论。船山《训义》云："若愤恚而与小人争一旦之是非，则非道也，非命也。"

如果道之兴废只能听之于命，个人就无能为力吗？个人修身又有何用呢？孔子这里说的命是指道之命数。船山《训义》云："穷达，命也，自一人而言之也。道之兴丧，世之治乱，命也，自天下而言之也。"个人穷达之命是不确定的，但自己可以把握的是修身养性，所谓"求仁得仁"。就天下而言，天下之治乱常常不会因为某个人就发生重大逆转，既不会因为公伯寮而天道灭绝，也不会因为孔子出而天下大治。《朱子语类》云："道，只是有废兴，却丧不得。"世有治乱，道有兴废，但天道不丧，这是儒家的历史观。儒家认为，历史有治有乱。儒家虽然抱持王道之理想，但从来不认为治世是常态。即便如此，儒家相信，天道不丧，斯文在兹。孔子知天命，天命亦不负孔子。孔子保存道统于将来，存亡继绝，功莫大焉。

14.39 贤者四避章

子曰："贤者辟世，其次辟地，其次辟色，其次辟言。"

孔子说："贤者避开乱世，其次避开乱地，复次避开无礼，再复次避开乱言。"

"辟"通避。"辟世"是指"天下无道而隐"。"辟地"是指"去乱国，适治邦"。"辟色"是指"礼貌衰而去"，别人对自己辞色不恭，那就离开，不要自取其辱。"辟言"是指"有违言而后去也"，如果对方对自己说一套做一套，大概是道不同不相为谋，那就离开，不要期待太高。程子曰："四者虽以大小次第言之，然非有优劣也，所遇不同耳。"程子认为，孔子虽然使用了"其次"的字眼，但只是列举次序，并无优劣之分。"贤者四避"，指出了贤者在不同场合下应有的进退出处之道。

儒家不主张出世或避世，但也同意"天下无道则隐"。不过，儒家之隐和道家之隐不一样，道家之隐，隐而忘天下；儒家之隐，隐而不忘天下。对于隐而忘天下，儒家是有批评的。《朱子语类》云："若长沮、桀溺之徒，似有长往而不返之意。然设使天下有道而出，计亦无甚施设，只是独善其身，如老庄之徒而已。"（长沮、桀溺的故事参见《微子》篇 **18.6** 章）长沮、桀溺只是独善其身，纵使天下有道，他们出山也别无治世之长策，做不成事情。儒家之隐不同，他们在等待时机，也确有真本事，如果天下有道，他们出山就能做成事情。

贤者"非乐于避也"，盖不得已也。天命所归、人力无能为的事情，那确实没办法。若是有办法，即使再辛苦，士夫君子也愿意直面困难去做些事情。儒家不主张"避"，而主张有为进取，通过修身养性和调度自己的视听言动来改变别人的想法和改善社会的风气。"贤者避而小人昌，天下其何望哉？"

14.40 作者七人章
子曰："作者七人矣。"

孔子说："起而避世的人，已经有七位了。"

朱子《集注》引李郁曰："作，起也。言起而隐去者，今七人矣。不可知其谁何。"孔子关心天下贤者，他注意到，有七位贤者归隐了。钱穆《论语新解》认为，这一条与上一条《宪问》篇 14.39 章应连在一起，上一条讲贤者避世，这一条便说已经有七位贤者避世归隐了。钱穆《论语新解》说："《论语》记孔子所遇隐士，如长沮、桀溺、荷蓧丈人、石门、荷蒉、仪封人、狂接舆，适得七人之数。"本条所指的"七人"究竟是谁，大概不得而知。贤者归隐之多，天下有道也难，世道之衰或不可免，孔子心忧天下，有感而发。

14.41 不可而为之章
子路宿于石门。晨门曰："奚自？"子路曰："自孔氏。"曰："是知其不可而为之者与？"

子路夜宿于石门。晨门问子路："你从哪里来？"子路说："我从孔夫子那里来。"晨门说："就是那个明知道做不到还要去做的人吗？"

本条记载子路在城门口与晨门的一次对话。朱子《集注》云："晨门，掌晨启门，盖贤人隐于抱关者也。"晨门是负责早上开城门的守门人。朱子和船山认为，晨门是贤者，因不得机会施展抱负，于是"隐于下吏"，做个看守城门的小吏。晨门是一位隐者，他评价孔子"知其不可而为之"；他自己则是"知其不可则不为"，故而隐居。朱子《集注》引胡寅曰："晨门知世之不可而不为，故以是讥孔子。然不知圣人之视天下，无不可为之时也。"船山《训义》云："因治而为之，舜、禹之所以兴治；因乱而为之，伊、吕之所以拨乱。"无论身处治世还是乱世，孔子有自己的进退出处之道。

晨门的评价"知其不可而为之"，代表了当时许多人对孔子的印象。孔子周游列国，追求出仕执政的机会，明明礼崩乐坏却还要汲汲奔走。孔子岂不知天下大势？但他还是积极进取，进于庙堂则推己及人、行道邦国，退居乡党则存亡继绝、传道后世，此孔子不息之心也。孔子进退出处，不问可不可为，但问当不当为。义所当为，则百折不挠，虽千万人吾往矣，虽九死其尤未悔。知其不可而为之，这是孔子的大勇，大勇的背后是大仁大义。晨门用"知其不可而为之"来评价孔子，可见他也是一个有见识的人。仔细品味晨门这句话，除了带有一丝嘲讽，似乎又有一些钦佩。

14.42 击磬于卫章

子击磬于卫，有荷蒉而过孔氏之门者，曰："有心哉！击磬乎！"既而曰："鄙哉！硁硁乎！莫己知也，斯已而已矣。'深则厉，浅则揭。'"子曰："果哉！末之难矣。"

孔子在卫国，有一次击磬，有个担草筐的隐士经过门外，说："这人有心啊！这是击磬吧！"过了一会又说："鄙陋啊！心这么固执！既然无人知遇，那就停下来吧。《诗经》说：'过小河时，水深就任衣裳浸入水中，水浅就把衣裳下摆撩起来'。"孔子说："这人说得太果断了！只是说一说，倒也不难。"

朱子《集注》云："磬，乐器。荷，担也。蒉，草器也。此荷蒉者，亦隐士也。圣人之心未尝忘天下，此人闻其磬声而知之，则亦非常人矣。"孔子在卫国时，有一天他在击磬，这时门外有个隐士经过。隐士听孔子击磬，在门外发了些议论。孔子听后，说："这人说得太果断了！只是说一说，倒也不难。"这大概是隐者走后孔子对弟子说的话。

荷蒉者是卫国的隐士，他通过磬声就判断出了孔子的心意。他听出了孔子这个人心怀天下，有进取之心。不过，这位隐士又认为，当时的天下已经渐入衰乱，即使有进取之心也没什么用，所以不应勉强，不如归隐。隐者还引用了《诗经·卫风》里的诗句："深则厉，浅则揭"。朱子《集注》云："以衣涉水曰厉，摄衣涉水曰揭。此两句，《卫风·匏有苦叶》之诗也。讥孔子人不知己而不止，不能适浅深之宜。"隐者借用这句诗来讥讽孔子不知深浅，不识时务，劝他归隐。

孔子听到隐者的评论，也进行了回应。孔子认为，像隐者说的"莫己知则斯已矣"，并没有什么困难。船山《训义》云："知我则出，不知我则隐，不与流俗同汙，而安于贫贱，亦世之所谓难矣。乃任气而自适，决之一朝，而守之终身，自君子观之，亦何难之有哉！"许多人认为，归隐是不同流合污，要安于贫贱，是一件不容易的事情。但是，孔子认为，归隐并不是难事，难的是临危授命，挺身而出；出淤泥而不染不是什么难事，难的是置之淤泥而不染。

在孔子看来，出世简单入世难。入世难在哪里？船山《训义》云："君子之出处，精研之而惟恐知之未当，慎处之而惟恐行之未宜，参乎天之时，因乎道之数，达乎人之情。"君子之一言一行、所思所想，都求一个恰当合宜的分寸。他们希望做到，动容周旋皆中于礼。这就必须综合考虑天道、人心、社会、自然等因素，在天、心、人、我中达成一种综合平衡，找到恰当的分寸。要做成一件事情，必须各方面条件都满足；但要破坏一件事情，只要破坏其中一个条件就可以。出世归隐只要放下、抽身而去就可以，入世修行则要兼顾很多东西。

儒家认为，入世修行的基本品质是要有一颗仁心，把身边的人事物乃至整个天下看成与自己有关的东西。这就不是一种个体主义的行为逻辑，而是一种关系主义的行为逻辑。朱子《集注》云："圣人心同天地，视天下犹一家，中国犹一人，不能一日忘也。"推己及人，天下大同，当然是非常困难的事情，甚至永远不可能完全实现，但是孔子坚信，这就是大道所在。孔子曰："朝闻道，夕死可矣。"大道所在，义无反顾，孔子偏要"知其不可而为之"。

14.43 三年不言章

子张曰："《书》云：'高宗谅阴，三年不言。'何谓也？"子曰："何必高宗！古之人皆然。君薨，百官总己以听于冢宰三年。"

子张问孔子："《尚书》说：'商王武丁居丧，三年没有自己发布政令。'这是什么意思呢？"孔子说："哪里只有商王武丁是这样的？古时候的人都这样。君去世后，百官各自统摄自己的职务，听命于太宰，这种状态要持续三年。"

在孔子的时代，父亲去世，儿子守孝三年，自天子到庶人都是如此，此为天下之通丧。《尚书》云："高宗谅阴，三年不言。"朱子《集注》云："高宗，商王武丁也。谅阴，天子居丧之名，未详其义。"商王武丁守孝三年，不自己发布政令。子张感觉到有点奇怪，作为商王，三年不自己发布政令，政务不会废弛吗？所以，子张有此一问。

朱子《集注》云："总己，谓总摄己职。冢宰，太宰也。百官听于冢宰，故君得以三年不言也。"船山《训义》云："古之人以人子之心不忍践先君之位，代先君之政，而哀毁之下不足以听政，自殷而上皆然，人子之达情，古今之同制也。"新君三年不言，同于"三年无改于父之道"的逻辑。新君这样做的原因是，父亲刚刚去世，孝子内心非常悲痛，无心处理政务。孝子也不忍心在父亲刚去世之后就取代父亲的国君之位。因此，新君会把政务交给冢宰来打理。冢宰就类似于大管家，百官听命于冢宰。这并不意味着新君没有主持政务，大事还是要新君做主。

新君三年不言而听于冢宰，"子道尽而国事不废"。这样做，一方面尽了孝道，另一方面不耽误国事，可谓忠孝两全。国家制度的安排要符合人情的需要，国君也是人，也会有丧父之痛。这也是一种教孝的方式，国君服丧三年，率天下以孝。如果天子不能躬行孝道，怎么能让孝道风行天下？《仪礼·士丧礼》记载了"君视大敛"的详细过程，细腻呈现了臣子的父亲去世时君来吊唁的全过程，细节中充满了教孝的意味。中国古代的丁忧制度也是如此，从国家制度层面规定了在职官员要辞官守孝，这也是国家鼓励孝道的表现。这里面贯穿了一个儒家的理念：

忠臣必是孝子，王道本乎人情。这个理念是理解中国传统政治的一个基本点。正因为王道本乎人情，所以修齐治平可以一以贯之，忠孝一体和家国一体也是在这个理念的基础上展开的。

14.44 上好礼章
子曰："上好礼，则民易使也。"

孔子说："如果在上位者喜欢礼，那百姓就容易役使了。"

"上好礼则民易使"有两层逻辑。第一层逻辑是，为政者要以身作则，以礼治身。为政者自己躬行礼义，而不是一味苛求百姓守礼，知礼守礼的好风气才能上行下效，蔓延开来。第二层逻辑是，为政者治民，以礼治为先。面对百姓，为政者可以利益诱导，可以强权压服，可以诉诸法律，而儒家主张的是礼治。礼治一方面是温和的、有人情味的；另一方面又讲究礼制秩序、非常严格。为政者以礼治民，有敬有和，官民之间既有尊卑差等，又能人情通畅，这样才能形成健康的官民关系。

基层治理的许多措施，看似是利益和权力的逻辑在起作用，其实背后是服从了礼治的逻辑。基层干部礼待民众，才使得利益和权力的施行得以落地。如果一味以利诱人或以权压人，并不能达到善治的效果。许多驻村扶贫的外来干部，驻村之后便开始参加村里的红白喜事，与村民渐渐熟悉起来，工作开展也更加顺利。如果抛弃了礼治的逻辑，专门信奉法治的逻辑，不仅在村里办事行不通，在中国社会的其他场合可能也行不通。

从理论层面看，"礼治"是理解官民关系的一种特殊视角。从实践层面看，除了以利治之，以权治之，以法治之，还有一个以礼治之的传统，这值得重视。在一定程度上说，群众路线就是一种充满礼治色彩的干群关系。

14.45 修己以敬章
子路问君子。子曰："修己以敬。"曰："如斯而已乎？"曰："修己以安人。"

曰:"如斯而已乎?"子曰:"修己以安百姓。修己以安百姓,尧舜其犹病诸!"

子路问如何做君子。孔子说:"修身,让自己持敬。"子路问:"像这样就可以了吗?"孔子说:"修身,让身边的人安心。"子路问:"像这样就可以了吗?"孔子说:"修身,让天下百姓安心,这一点,尧舜还担心自己做不到!"

子路问孔子应该如何做君子。孔子回答了三句话:"修己以敬","修己以安人","修己以安百姓"。这三句话层层递进。"修己以敬"是就自己而言,自己内心要主于敬,从修心来说是存理去欲,从言行来说是郑重其事。"修己以安人"是就自己与身边人的关系而言,主要涉及"齐家"。这里的"人"与"百姓"相对,可知"人"是指身边可以直接接触到的人。修己何以安人?《朱子语类》云:"且以一家言之,一人不修己,看一家人安不安!"朱子打了一个通俗易懂的比方,如果家长脾气很差,全家都会鸡犬不宁。反之,如果家长脾气很好,大家就会安安心心。第三句是"修己以安百姓",这句是就治国平天下而言,有帝王气象。一个人能够修己以安百姓,说明他有其德,有其位,能够兼济天下百姓。这三句话正是修身、齐家、治国平天下的展开。在这个推己及人的过程中,一以贯之的是修己,修养自己的心性和言行。无论要做成什么事,最终都要通过自己的视听言动一点一滴去做。

这三句话中,最根本的一句是"修己以敬"。《朱子语类》说:"敬者,非但是外面恭敬而已,须是要里面无一毫不直处,方是所谓'敬以直内'者是也。""敬"不只是外表上的恭敬守礼,更多是指向自己的内心。船山《训义》作了一番详细的解释:"夫人之有己,有意焉,有欲焉,任之而行,则不期于肆而自肆矣。以道裁意,以理制欲,严审其非几而慎持其志气,先之以莫敢不敬之心,而敬成矣。……敬之为君子,肆之为小人。至于敬而德皆成矣。"船山的意思是,敬是内能够驾驭意和欲,外能够掌握言与行;内能聚精会神存理去欲,外能视听言动皆合于礼。《朱子语类》又说:"心常恭敬,则常光明。"如果心不主敬,则心失其主,陷于昏聩。一个人内心没有敬意,做什么事情都不会郑重其事,整个人总是一副软绵绵的样子。从根本上说,敬是心有所主的一种自觉状态,内而聚精神,外而言行中礼。

14.46 老而不死章

原壤夷俟。子曰:"幼而不孙弟,长而无述焉,老而不死,是为贼!"以杖扣其胫。

原壤蹲在门口等孔子走过来。孔子说:"小时候就不谦逊敬长,长大了也没什么值得称道的事情,到老了还活这么久,简直就是个祸害!"说着就用手杖去敲打原壤的小腿。

朱子《集注》云:"原壤,孔子之故人,母死而歌,盖老氏之流,自放于礼法之外者。"原壤是孔子的老相识。《礼记•檀弓》记载:"孔子之故人曰原壤,其母死,夫子助之沐椁。"郑玄注:"沐,治也。"原壤的母亲去世的时候,孔子曾帮助他修治棺椁。原壤"母死而歌",朱子认为这是学老氏,放浪于礼法之外。《礼记•檀弓》记载,原壤"母死而歌",孔子的反应是"为弗闻也者而过之"。孔子假装没有听到就走过去了。重视孝道和丧礼的孔子,自然看不上这种"母死而歌"的行为。

朱子《集注》云:"夷,蹲踞也。俟,待也。言见孔子来而蹲踞以待之也。"孔子可能是路过原壤家。孔子走来了,原壤却蹲在地上,已是失礼。孔子数落了原壤的三大罪。第一,"幼而不孙弟",小时候就不知道谦逊敬长。第二,"长而无述",长大了也没什么值得称道的地方,乏善可称。第三,"老而不死"。孔子的言外之意是,像原壤这样失德失礼的人,早就该死了。孔子干脆给他定了个性:"是为贼"。朱子《集注》云:"贼者,害人之名。以其自幼至长,无一善状,而久生于世,徒足以败常乱俗,则是贼而已矣。"孔子挺"毒舌",他对原壤的批评非常强烈。孔子不仅数落原壤,还用手杖去击打他,意在警醒他。

原壤的做派可能是受到当时出世之风的影响。船山《训义》云:"春秋之世,法制繁而文成乎伪。于是而旷达之士,矫其太过,以放诞任情为教,人且乐于恣情而从之,则以害道而为祸于人伦者,不可复止。""幼而不孙弟"可能被原壤认为是"天真","长而无述"可能被原壤认为是"无为",而"老而不死"则可能被原壤认为是"天命"。儒家主张入世而非出世。原壤的这种"旷达"在儒家看来就是"放诞任情",是一种不负责任的表现。

孔子对原壤这位故交有意见归有意见,骂也骂了,打也打了,但是本意还是希望他能幡然自新,不然孔子可以直接无视原壤。无论原壤是一个具有道家理想的隐士,还是一个失德失礼的"二流子",孔子是以故交的心态在批评他。孔子对原壤还是有情有义,从中可见孔子之仁厚。

14.47 欲速成者章

阙党童子将命。或问之曰:"益者与?"子曰:"吾见其居于位也,见其与先生并行也。非求益者也,欲速成者也。"

阙党的童子替孔子传命。有人问孔子:"这个童子是追求上进的人吗?"孔子说:"我看见,这个童子坐在主位而不是边角末席,他与老师一起步行,不是肩随而是并行。他不是追求上进的人,只是想要速成的人。"

朱子《集注》云:"阙党,党名。童子,未冠之称。将命,谓传宾主之言。或人疑此童子学有进益,故孔子使之传命以宠异之也。"这里的"党"是一级基层社会组织。《周礼·地官司徒·大司徒》有云:"令五家为比,使之相保。五比为闾,使之相受。四闾为族,使之相葬。五族为党,使之相救。五党为州,使之相赒。五州为乡,使之相宾。"按照这个数字,一党大概是五百家。这个党的名字叫"阙党"。阙党的这名童子,在孔子门下求学。孔子让这个童子帮助他传达宾主之命。阙党的人以为是这个童子很追求上进,所以孔子决定重点栽培他。孔子解释说,并不是这样。

朱子《集注》云:"礼,童子当隅坐随行。孔子言吾见此童子,不循此礼。非能求益,但欲速成尔。故使之给使令之役,观长少之序,习揖逊之容。盖所以抑而教之,非宠而异之也。"按照礼制,童子跟成年长辈坐在一起,主位应该让给成年长辈,而童子应该自觉地坐在边角末席。但是,这个童子经常坐在主位上。按照礼制，学生与老师走在一起，学生应该"肩随"，即在老师肩后随行，既有尊师之礼，又能就近聆听教诲。但是，这个童子总是跟老师并肩而行。根据这些细节，孔子认为，这个童子有急于求成的躁进之弊。孔子使他传命，是希望他在待人接物的过程中能够学习到"少长之序"和"揖逊之容"。孔子默默教化学生，可谓用心良苦。

对于学习者的角度来说，从这一条至少应该领悟两个道理。第一，要知礼行礼，不要像阙党的童子一样不知礼。第二，要循序渐进，不要像阙党的童子一样欲速则不达。船山《训义》说："道莫病于速成，学莫患于有速成之心。"上进和速成看起来很类似，但其实是性质完全不同的两种心态。学贵渐进有恒；学而时习，惟日孜孜，方可积健为雄。

小结《宪问》篇

本篇杂记孔子品评政事，臧否人物，交接隐士，教导学生，可以见君子养成之方。

卫灵公第十五（41章）

15.1 小人穷斯滥章

卫灵公问陈于孔子。孔子对曰："俎豆之事，则尝闻之矣；军旅之事，未之学也。"明日遂行。在陈绝粮，从者病，莫能兴。子路愠见曰："君子亦有穷乎？"子曰："君子固穷，小人穷斯滥矣。"

卫灵公向孔子请教战阵之事。孔子回答说："关于俎和豆等礼器的事，我以前还是听说过的；至于军旅战阵的事情，我没学过啊。"第二天，孔子就离开了卫国。在陈国的时候，孔子没有粮食了，跟随的门人也生病了，不能起身。子路带着怨气去见孔子，说："君子也有穷困的时候吗？"孔子说："君子固然也有穷困的时候，小人如果穷困就要滥行了。"

这一条记载了两次对话。第一次是孔子离开卫国之前与卫灵公的对话，第二次是孔子在陈国绝粮困厄之时与弟子子路的对话。孔子周游列国，在卫国待的时间比较长，卫灵公对他颇为礼遇，奉为座上宾。卫灵公问孔子战阵之事（"陈"通"阵"）。孔子回答说，只懂礼乐，不懂军事。孔子主张礼乐治国，不主张兵战强国，两人的这次谈话可以说话不投机。孔子觉得在卫国行王道无望，于是离开了卫国。

孔子到达陈国，结果断粮了，还有随行弟子重病不起，这次真是穷困潦倒了。一向率直的子路问孔子，君子也有穷困的时候吗？孔子的回答令人拍案叫绝，"君子固穷，小人穷斯滥矣。"朱子《集注》引何晏曰："滥，溢也。言君子固有穷时，不若小人穷则放溢为非。"君子即使穷困潦倒，也不会肆意妄为。孔子饭疏饮水，颜回穷居陋巷，他们也乐在其中。他们的快乐不来源于物质条件，而来源于义理充沛，或者说来源于对君子之道的持守。小人如果陷于穷困，便不能安处之，很可能不择手段去摆脱贫困，甚至为非作歹、伤天害理，这就是滥行。

人的一生要经历很多事情，步步都可能犯错。钱权名利色，哪个都可能诱人犯错。能够守住仁义礼智信之本心，不为钱权名利色所牵引，便是君子。反之，守不住仁义礼智信之本心，陷于钱权名利色而不可自拔，便成小人。君子小人之别，由此可见。参透了君子小人之别，也就明白了儒学入道的法门，庶几可以过好一生。

15.2 一以贯之章

子曰："赐也，女以予为多学而识之者与？"对曰："然。非与？"曰："非也。予一以贯之。"

孔子说："赐啊，你觉得我是学了很多东西然后记住了吗？"子贡说："是啊，难道不是吗？"孔子说："不是，我是一以贯之的。"

孔子博学多才，子贡以为孔子博学是因为多看多学然后记诵下来的结果。孔子觉得子贡没有理解他一以贯之的道理，所以有所教导。

博学多识和一以贯之二者不可偏废。只知道博学多识而不知道一以贯之，便会像船山《训义》所说的那样，"循名迹而遗其实也，广闻见而略于心也"，虽然多看多记，却不能认识其本质，也无法融会贯通于心。当然，多闻多记也很重要。《朱子语类》说："若不是多学，却贯个甚底！且如钱贯谓之贯，须是有钱，方贯得；若无钱，却贯个甚！"如果没有博学多闻的功夫，便也不会懂得一以贯之的大道。子贡属于博学多闻的类型，孔子教导他要领会一以贯之的大道，从而更上一层楼。

那么，什么是一以贯之呢？《里仁》篇 4.15 章，孔子对曾子也说了一个"吾道一以贯之"，曾子近似地理解为忠恕。船山《训义》云："天之全理在人之一心，人心之所涵乃为物理之所当知。若心所不能至，则亦无其理矣。心之体在，尽之而体全，心之用在，推之而用显。"船山认为，天理在心，心体万物。大千世界纷繁复杂，但只有通过心才能感受这个世界；一以贯之的着力点是用力于治心。忠是在心之体上下功夫，恕是在心之用上下功夫。

心是一个人生命的动力来源。天命之谓性，保存在人心。心保存了仁义礼智信，连通了身耳目口鼻。心接通人之内外，可以调度人的视听言动。人通过心来调度视听言动，从而实现格致诚正、推己及人和修齐治平。因此，人之为人，人之成事，其根本皆在养心和治心。当一个人无法自然而舒适地调度自己的视听言动时，往往是他形成悔恨的开始。所以，养心不是空谈义理，而是本于实践的逻辑。

如何修心？心可以体会，但不可把捉，所以，要修心，还得在视听言动上下功夫，如颜回那样，非礼勿视、听、言、动。我们现在常觉得非礼勿视、听、言、动是封建礼教，殊不知，人生的错误与悔恨，很大程度上是因为视听言动不受自己约束。安置好了自己的视听言动，心才能保持正直、清明与活泼的状态。"一以贯之"是身与心，天理与人心反复印合的过程，是一个"活泼泼"的 ING 状态。

15.3 知德者鲜章
子曰："由！知德者鲜矣。"

孔子说"由啊！真正知德的人很少啊！"

朱子《集注》云："德，谓义理之得于己者。非己有之，不能知其意味之实也。"朱子认为，德是内心对义理的真正认可。这种认可，不是偶尔的，而是恒常的；不是表面的，而是真心的；不是嘴上说说，而且行动上也这样实践。真正的德经得起时间的淘洗，经得起良心的叩问，经得起实践的检验。真正的知德者，能自觉到义理的可贵，并坚守义理，在极端的情况下，愿意杀身成仁、舍生取义。由此观之，"知德者确乎鲜矣"。孔子意在勉励子路，立鸿鹄之志，做恒德君子。

15.4 无为而治章
子曰："无为而治者，其舜也与！夫何为哉？恭己正南面而已矣。"

孔子说："无为而治的人，大概是舜吧！舜做了什么呢？恭恭敬敬、端正自己、南面而坐罢了。"

朱子《集注》云："无为而治者，圣人德盛而民化，不待其有所作为也。独称舜者，绍尧之后，而又得人以任众职，故尤不见其有为之迹也。恭己者，圣人敬德之容。既无所为，则人之所见如此而已。"舜的无为有三层意思。第一，继尧之后，沿袭了许多善政，自己不须新制。第二，舜为天子，并不扰民。第三，舜用贤臣治天下，自己可以垂拱而治。所以，舜无为而治的本质是，修己之德，选贤任能，躬行仁政，看似无为而实际有为。这种无为当然区别于道家的无为。船山《训义》云："'为'字自制作立法言，非老庄之清静也。"儒家的无为是指君主德盛，垂拱而风化天下，君主仍然心系天下。而道家的无为是清静无为，是忘天下。二者形似而神不似。

15.5 忠信笃敬章

子张问行。子曰："言忠信，行笃敬，虽蛮貊之邦，行矣。言不忠信，行不笃敬，虽州里，行乎哉？立则见其参于前也，在舆则见其倚于衡也。夫然后行。"子张书诸绅。

子张问孔子有没有什么道理走到哪里都行得通。孔子说："说话要忠信，做事要笃敬，即使远到南蛮北狄之邦也可以行得通。如果说话不忠信，做事不笃敬，即使近在州里，难道能行得通吗？站着的时候，能看见忠信笃敬就在眼前；乘车的时候，能看见忠信笃敬就靠在横木上，这样才能行得通。"子张把孔子的话记录在束衣的大带上。

子张是孔门弟子。子张问"行"是问，有没有什么道理在任何地方都行得通。孔子告诉了他一套内功心法，"言忠信，行笃敬"。这一句采用了互文的修辞，无论是言还是行，都要忠信笃敬。孔子讲忠信笃敬，都是在心上下功夫。尽己之谓忠，诚恳面对自己的内心；尽物之谓信，不夸张或捏造事实，有几分事实就说几分话。笃则深沉，仁厚者也；敬则自制，义重者也。孔子认为，忠信笃敬时时处处不可忘。不管身处华夏还是夷狄，不管是站着还是乘车，都要让"忠信笃敬"

如在左右，念念不忘，"颠沛必于是，造次必于是"。子张将孔子的训诫写在束衣的大带上，时时温习，念兹在兹，以明己志。

船山《训义》云："圣人之心，学以修己者，即以应世，不于行求行，而于己求可以行。则言行者，君子之枢机，而存心尤言行之枢机乎！"子张问"行"，但孔子"不于行求行，于己求可以行"。船山认为，言行是君子的中枢，心又是言行之中枢。所以，君子之道，根本在于存养本心，务必使其忠信笃敬，此谓知本。本立则道生，可以行天下而应万物。

15.6 直哉史鱼章

子曰："**直哉史鱼！邦有道，如矢；邦无道，如矢。君子哉蘧伯玉！邦有道，则仕；邦无道，则可卷而怀之。**"

孔子说："史鱼真是正直！邦有道的时候，正直得像一支箭；邦无道的时候，还是正直得像一支箭。蘧伯玉真是君子！邦有道的时候，可以出仕；邦无道的时候，可以归隐。"

史鱼和蘧伯玉都是卫国的贤者。朱子《集注》云："史，官名。鱼，卫大夫，名鰌。如矢，言直也。史鱼自以不能进贤退不肖，既死犹以尸谏，故夫子称其直。事见《家语》。"史鱼这个人敢于以死进谏，可见其直。蘧伯玉则是邦有道则仕、无道则隐，孔子赞为君子。史鱼是刚正不阿，蘧伯玉是刚柔并济，二人性情有所差异，所处情境也有差异，于是进退出处有所不同。但孔子对二人都是称赞的。无论是归隐还是死谏，都是存仁取义之事。孔了并未对二人做高下之分，不过，朱子认为，史鱼之直不如蘧伯玉之君子。《朱子语类》说："直固是好，然一向直，便是偏，岂得如蘧伯玉之君子！"

15.7 失人失言章

子曰："**可与言而不与之言，失人；不可与言而与之言，失言。知者不失人，亦不失言。**"

孔子说："可以说但不说，这是失人；不可以说却说了，这是失言。智者不失人，也不失言。"

船山《训义》是从育人的角度来解释这句话的。当教而不教，学生感觉学不到东西，便会离去，所以叫失人。不当教而教之，则是教错了，误人子弟，所以叫失言。无论是失人，还是失言，结果终归是失人。

这句话也可以从交友的角度来理解。交深言浅是说少了，本来交情很深，结果情意的表达不够深厚，这样就会失去朋友。比如，看着好朋友跳入火坑而不进谏，这就是交深言浅。交浅言深则是说多了，本来交情没那么好，结果给人以一种情感上的压迫感，最后别人也就"敬而远之"了。比如，人家两口子吵架，一个外人不要轻易插嘴，外人插嘴就叫交浅言深。不论是交深言浅还是交浅言深，结果终归是失去朋友。

真正的智者，通晓人情世故，懂得察言观色。他们会因人设言，拿捏分寸，无过无不及。在我们这个时代，人与人直接相处的时间减少，隔着屏幕交流的时间增多，流动性急剧增加，扎根性急剧减弱，人与人之间感情似乎淡化了。越是在这种情况下，人与人之间的关系就越需要通过言行来加以调节。有来有往，互相通气，才能心心相通。否则，很容易产生交深言浅或交浅言深的误会，最后关系也就慢慢变淡了。在这个意义上说，愿意对远方的亲人朋友多说一句话，多做一件事，便是仁者心动的表现了。

15.8 杀身成仁章
子曰："志士仁人，无求生以害仁，有杀身以成仁。"

孔子说："志士仁人不会因为贪生而戕害仁德，但会献出生命来成全仁德。"

儒家的生命观认为，个体的生命并不纯是生物现象，天在人的生命中灌注了天性，此即所谓"天命之谓性"。生命的本质不在于其物理属性，而在于其精神属性，比如情感和道德。精神生命比生物生命更加重要，这是人之为人的根本，也是人与禽兽的差别。

朱子《集注》云："理当死而求生，则于其心有不安矣，是害其心之德也。当死而死，则心安而德全矣。"这是一种宁死不屈的大志。宁愿死掉，也不愿意去做那些不仁不义、有亏大节的事情。绝大多数人的绝大多数时候都不需要杀身成仁。在一些极端的情况下可能确实需要杀身成仁，但能够做到的人非常少，我们常常会被这种牺牲精神所感动。比如，地震来了，老师将生死置之度外，保护学生先撤离教室，自己却牺牲了，这不就是杀身成仁吗？战争年代，许多义士宁死也不叛变，选择杀身成仁，他们活在了史书丹青里。

在关键时刻，能够将生死置之度外，这不是人的本能反应，而是长期修身养性的结果。大仁大义当前，并不把自己的生命看成是最重要的，所以才能杀身成仁、舍生取义。杀身成仁者，即使献出自己的生命，也要守护仁德，让仁德活在自己身上，活在天地间，这是一种很高的精神境界。中国的历史上不乏杀身成仁者和舍生取义者，他们是中华民族的精神脊梁，正是他们以身载道，舍身成道，传承着中国文明的精髓。

15.9 事贤友仁章

子贡问为仁。子曰："工欲善其事，必先利其器。居是邦也，事其大夫之贤者，友其士之仁者。"

子贡问孔子如何为仁。孔子说："工匠想要把活做好，必须先使工具好用。身处邦国，要侍奉贤德的大夫，要结交仁德的上人。"

子贡问为仁之方，孔子告诉他的是事贤友仁。曾子说："友以辅仁。"仁不是在离群索居的孤独状态下自我修炼，而是在具体的生活实践中与人相交，才能砥砺德行。船山《训义》云："事其大夫之贤者，勿恃吾才也，观其治事之得宜，而可以知物理之随方而皆有其至正。友其士之仁者，勿恃吾学也，与之游心于不妄，而可以知养心之相习而愈向于纯。……一言一行之间，皆有所砥砺；与居与游之下，能相劝以修能。"船山的话里有三层意思。首先，要做到事贤友仁，最基本的心态就是，"勿恃吾才"，"勿恃吾学"，要谦逊一些，不要太把自己当回事。第二，在与仁人贤士交往的过程中，要观察他们修心治事的方法，然后见贤思齐。第三，仁人贤士在交往的过程中，互相砥砺，彼此劝勉，共同进步。

事贤友仁是求仁之方。如果不知道如何讲仁修德，那么，一个靠谱的办法就是与仁人贤士交朋友，向他们学习，久后自然有所进益。有君子之党，有小人之党。与仁人贤士为友，便成君子之党；与小人为友，便成小人之党。家长不希望自己的小孩跟一些不良少年混在一起，而是跟阳光上进的少年交朋友，也是这个道理。当然，与仁人贤士相交，并不是使他们成为辅仁的工具，而是潜移默化便归于仁了。事贤友仁，这件事情本身就是仁，而不是在这之外还另有一个抽象的仁存在。

15.10 颜渊问为邦章

颜渊问为邦。子曰："行夏之时，乘殷之辂，服周之冕。乐则韶舞。放郑声，远佞人。郑声淫，佞人殆。"

颜渊问孔子如何治理邦国。孔子说："使用夏代的历法，乘坐殷代的车马，穿戴周代的衣冠。采用韶乐伴舞。禁绝郑国之音，远离卑鄙谄媚之人。因为郑国之音颓废淫荡，卑鄙谄媚之人危害邦国。"

颜渊问治理邦国之事。概括得说，制度则用礼乐，人事则任贤士。孔子具体列数了夏、商、周三代之礼乐，特别举了韶乐和郑声作为好坏两种典型。人事则以"远佞人"一语概括之。

"夏之时"，取其历法。朱子《集注》云："取其时之正与其令之善。"先秦时期，天子向全国的诸侯国颁布历法，从而形成统一的历法时间，指导工作与生活，百姓也依此进行劳作、交税与休息等。"殷之辂"，取其木制大车。朱子《集注》云："周人饰以金玉，则过侈而易败，不若辂之朴素浑坚而等威已辨，为质而得其中也。"周代的辂比较奢侈，殷代的辂质朴坚固，而且足以显示出礼制等级。孔子认为，商辂得质朴之中道，既维护了士大夫的威仪，又敦化了质朴的风俗，一举两得。"周之冕"，取其衣冠制度。朱子《集注》云："夫子取之，盖亦以为文而得其中也。"周代的特点是，"郁郁乎文哉"。孔子以周之冕来指代周代礼乐制度的发达。舜则取其创制的韶乐。朱子《集注》云："取其尽善尽美。"

夏之时，殷之辂，周之冕，舜之韶乐，这都是举例说明当时的时代风气。如"夏尚忠，殷尚质，周尚文"。舜则化之以乐，夏则不违天时，殷则敦以质朴，周则文之以礼乐。各朝各代各有其特点，也各有其优良传统，都应该得到继承。尧舜禹，夏商周，中国文化不断损益变化，有变有常。正是通过这些变中有常和常中有变，中国文化得以传承至今。

15.11 人无远虑章

子曰："人无远虑，必有近忧。"

孔子说："人如果没有长远之虑，必然有近前之忧。"

我们现在常常把"远虑"理解为计算得周密和长久，实际上孔子的本意未必如此。计算得周密长久，是一个技术问题，而孔子说的远虑和近忧则是两种性质不同的思虑。船山《训义》云："以保一身为可以免咎，以行所易行为可以无阻，我行之而利，无问天下可也，我处之以安，无问他人可也。若此者，其量碍，其情偷。"船山的意思是，人不能只想着自己，还必须考虑他人的感受；人应该走出狭隘的个体主义，学会推己及人。有远虑者，能够超出一己之私，看到他人、万物与天地，能做到义利分明、宽宏厚道。若无远虑，只考虑一己之私，只会越来越狭隘，越来越凉薄。最后别人不喜欢自己，自己也不喜欢自己，以至于终日陷入焦虑之中。因此，这里的远虑，并非指计算得周密长久，而是指修明义理，推己及人，走出一己之私的狭隘状态。义理不明，言行不笃，焦虑自然随之而来。

15.12 好德如好色章

子曰："已矣乎！吾未见好德如好色者也。"

孔子说："算了吧！我没见过像好色一样好德的人。"

喜欢美，讨厌丑，是非常自然的感官。好德如好色，则好德就像是天性一般，如果不好德，就会违背天性而产生极不舒服的别扭感甚至愧疚感。这是"好德如好色"的意思。但是，孔子却感慨自己没有见过这样好德的人。大概是觉得礼崩乐坏，世风日下。

儒家认为，人性本善。人不能做到好德如好色，并不是因为人性非善，而是因为社会风习会影响人。按照宋儒的讲法，人有天地之性和气质之性。天地之性则有人性本善，气质之性则有近朱者赤、近墨者黑。一颗好的种子，如果没有好的环境，也不会开花结果。如果正义的力量太弱小，很可能出现邪不胜正的情况。虽说"天命之谓性"，但善德与正气都离不开后天环境的培育，这也是孔子特别看重礼乐教化和移风易俗的原因。

"好德如好色"这个比喻使人印象深刻，人一想起这个比喻，便会启动好德之心。孔子很会打比方，总能扣住人心来举例，真是一个优秀的教育家。

15.13 臧文仲窃位章

子曰："臧文仲其窃位者与！知柳下惠之贤而不与立也。"

孔子说："臧文仲的官位是偷来的吧！他明知道柳下惠的贤能，却不能使他与自己并立于朝堂之上。"

柳下惠是鲁国的大夫，比孔子早一百多年出生。《孟子》里记载："柳下惠，不羞污君，不辞小官。进不隐贤，必以其道。遗佚而不怨，阨穷而不悯。与乡人处，由由然不忍去也。'尔为尔，我为我，虽袒裼裸裎于我侧，尔焉能浼我哉！'故闻柳下惠之风者，鄙夫宽，薄夫敦。"柳下惠这个人没什么架子，大官小官都能做，君子小人都能处，能够置之淤泥而不染。孟子称赞他为"圣之和者"。听说柳下惠的事迹后，心胸狭窄的人会变得开阔，感情凉薄的人会变得敦厚。柳下惠就是这样一个大贤。

臧文仲是鲁国的大夫，位高权重，但是孔子对他评价不怎么样。《公冶长》篇5.17 章，孔子说，"臧文仲居蔡，山节藻棁，何如其知也？"孔子批评臧文仲谄媚鬼神，不足以为智者。本条又批评臧文仲知贤而不举。孔子的批评很尖锐，他说臧文仲不知道重用贤者，就好像他的官位是窃取过来的一样。国家治理首要的事情是选贤任能，俊杰在位。臧文仲要么是尸位素餐、不负责任，要么是嫉贤妒能、排挤贤才，使得柳下惠这样的大贤不能得到重用。孔子直言臧文仲"窃位"，责之深矣。

15.14 薄责于人章

子曰："躬自厚而薄责于人，则远怨矣。"

孔子说："身体力行，多责备自己，少责备他人，这样就会远离怨恨。"

孔子这句话把人应该如何自处和如何处人的要义讲出来了。从自处的一面说，人应该躬于自厚。躬是指身体力行。《朱子语类》说："厚是自责得重，责了又责，积而不已之意。"多自责，多反省，人就会进于厚道。从处人的一面说，人应该薄责于人，意思是要少责人。最后达到的效果是，自己日进于厚道，又不招他人之怨。朱子《集注》云："责己厚，故身益修，责人薄，故人易从，所以人不得而怨之。"躬自厚而薄责于人，其根本在于自厚，其法门在于薄责于人。自处与处人，本来就是一体两面的事情。

躬自厚者自然会薄责于人，而薄责于人也不意味着没有下限地容忍，更不是做一个像乡愿一样的老好人，毫无原则地曲意逢迎。薄责于人是一种什么样的状态呢？船山《训义》云："其悖理伤化之大者可责也。苟洁身以进，斯受之。明知其有邪心，而姑待之，勿嫌于薄焉。"船山这句话有三层意思，第一，若是伤天害理之事，那就不是薄责了，而是重责，甚至决裂。所以，孔子说的是"薄责于人"，而非"不责于人"。"不责于人"就落入以德报怨的老庄之流了。第二，一个人之前有过错，如果能改过自新，洁身求进，还是要给人机会的。如 7.28 章，互乡之童子改过求见，孔子还是与人为善的。第三，虽然怀疑别人的靠近可能是带有不良的目的，但也不要这么着急就去否定他，先观察一下，说不定别人会被感化自新，也未可知。从这个过程可以看出君子的平和之气和义理之严，二者结合，可谓有仁有义。

15.15 如之何章

子曰："不曰'如之何，如之何'者，吾末如之何也已矣。"

孔子说："对于不说'应该怎么办，应该怎么办'的人，我也不能怎么办了。"

本条叠句，可见孔子幽默。"如之何"，就是如之奈何，即怎么办的意思。朱子《集注》云："如之何如之何者，熟思而审处之辞也。不如是而妄行，虽圣人亦无如之何矣。"如果不知道自己问自己应该怎么做，那就是，说话做事欠思量，缺乏思考能力和反省精神。这就是船山《训义》批评的"冥行而无忌，矜才而自信"。如果一个人自己缺乏主动性，那孔子这个大教育家和大圣人恐怕也无可奈何。孔子看重"活"的自主精神。"不愤不启，不悱不发"，也是为了启发学生学习和思考的主体性。教育不是一个复制粘贴的过程，书须自读，学须自学，事须自做。

15.16 言不及义章

子曰："群居终日，言不及义，好行小慧，难矣哉！"

孔子说："一天到晚待在一起，也不谈及道义，只喜欢耍小聪明，这就难以入道了！"

孔子批评了某种团体生活方式。一群人一天到晚待在一起，但几乎不谈道义，总是耍小聪明、走捷径。朱子《集注》云："小慧，私智也。"不知与闻大道而一心追求小慧，这样的团体生活只会越来越狭隘，越来越无趣。这样的团体，既没有正大光明的宗旨目标，也没有积极健康的生活方式，他们不知道去做一些有积极意义的事情，而只是聚在一起消磨时间，甚至有的团体居心不良，违法犯罪。这样的"朋友圈"是不健康的，无法起到"友以辅仁"的作用。群亦有别，有君子之党，有小人之党，君子之党可以辅仁入道，小人之党则"难矣哉"。所以，卜居则里仁，择群必君子。

15.17 义以为质章

子曰："君子义以为质，礼以行之，孙以出之，信以成之。君子哉！"

孔子说："君子以义为君子之本质，守礼地推行义，谦逊地表达义，诚信地完成义，这就是君子啊！"

"孙"通"逊"。孔子把义视为君子的本质。君子重义，于义利之别有大辨。船山《训义》云："君子则酌乎事之所宜，而裁以其心之制，不谋利，不计功，执其当然而不可挠，唯义而已矣。"君子把义作为言行的根本原则，通过礼、逊、信来实现义。朱子《集注》云："义者制事之本，故以为质干。而行之必有节文，出之必以退逊，成之必在诚实，乃君子之道也。""礼仪三百，威仪三千"，君子通过礼来行义。但如果执礼太过，则可能拘泥于礼法而过于严苛，这便失之于迫了，所以要谦逊。相比于律人，礼更重要的是律己，谦逊以自处。但如果过于谦逊，又恐失之于疏，所以强调要信实，这样才能真正守礼善道。义能成事，不是空谈。礼、逊、信，三者环环相扣，相辅相成。

达之于义，并不容易。义不是一个摆在面前可以照搬的成规，而是要在具体的人事中裁成。义是人性中所固有的，但是要通过礼、逊、信将之培育出来，因此，义的养成需要在事上去磨练。就像一颗种子，具有长成参天大树的可能，但究竟能不能长成参天大树，还要看后天的培育和磨练。这就是修身的功夫。一言一行未发之时，一定要反省一下，是不是义所当为。

15.18 君子病无能章

子曰："君子病无能焉，不病人之不己知也。"

孔子说："君子担心自己没有这个能力，并不担心自己不出名。"

本章近义重出，不赘。参见《学而》篇 1.16 章，"不患人之不己知，患其不能也"；《宪问》篇 14.32 章，"不患人之不己知，患其不能也"。

15.19 没世名不称章

子曰："君子疾没世而名不称焉。"

孔子说："君子担心死去之后却没有善名可以称道。"

《卫灵公》篇 15.18 章的"病人之不己知"和"疾没世而名不称"是两个意思。"病人之不己知"是想出名，汲汲于功名利禄。"疾没世而名不称"则是要追问自己，这一生到底有没有什么值得称道的地方，这是循名以责实的逻辑，是务实而非慕虚名。如果一生乏善可称，就像白活一场。船山《训义》云，"犹草木之萎落于山谷，禽鱼之浮沉于溪涧，乃似天地间之初无此人也。痛莫如之，而如之何不思！"

《中庸》云："天命之谓性。"儒家认为，人性中有天性。人的一生不应乏善可称，生命的意义在于存仁推己，放大生命，而不是享乐，也不是归隐。士夫君子有一种通过自己让天下变得更加美好的内在使命。他们不把生命作为个体的私有物来看待，而是把自己的生命放在自然天地之间，放在社会大群之间，认识到人身上有不容不发的天性，然后在亲亲、仁民、爱物的人伦次序中推己及人。一个人若失去了所有的天性，那就真的无名无实、无善可称了。

15.20 君子求诸己章

子曰："君子求诸己，小人求诸人。"

孔子说："君子反求诸己，小人外求于人。"

朱子《集注》引杨时曰："君子虽不病人之不己知，然亦疾没世而名不称也。虽疾没世而名不称，然所以求者，亦反诸己而已。"宋代学者杨时把《卫灵公》篇15.18，15.19 和 15.20 三章连起来理解，君子即使到死都没有出名，也只是反求诸己，不会滥行以博人眼球。

船山《训义》描述了君子与小人之所求的差异。君子心里想的是，"我之未仁与？我之未知与？"君子"求之未得，则必ôt焉；求之己得，而更有得焉。是以道尽而无忧，而反躬不愧也。"小人心里想的是，"是其可以智取也，是其可以利诱也。"小人"求之而未合，必思合焉，求之己合，又恐其不终合焉。是以一时诡遇，而失节终身也。"君子不断地反躬自省，反思自己是否仁、是否智，以求合于天理人心，俯仰无愧。小人则是怀着侥幸心理，甚至心怀不轨，依靠的办法也是耍小聪明或威逼利诱，不去想是否仁义的问题。

不管要做成什么事情，都要驾驭好自己的视听言动，一事一事做将去。事有不如意，也要驾驭自己的视听言动，一点一点去挽回。如果只是抱怨或者沉沦，那于事无补。反求诸己，并不是说遇到事情就只知道找自己的毛病，使人内向挤压，自我怀疑。反求诸己需要有一种"社会学的想象力"，区分问题出在个人身上，还是社会制度有问题。有些问题是自己的问题，有则改之，无则加勉。如果是社会有问题，那自己便要洞悉事理，择善而从，通过自己的一言一行来改善之，改善局部范围甚至更大范围的风气。在特殊的年代，反求诸己的结果也可能是"武王伐纣"。

"君子求诸己"和"小人求诸人"，是两种不同的思维方式。君子重义，小人重利，君子以人为目的，小人以人为工具。君子不怨天，不尤人，只是反求诸己，义所当为则必为，义所不当为则必不为。

15.21 矜而不争章
子曰："君子矜而不争，群而不党。"

孔子说："君子自我持重而不与人争利，与人群居和处而不结党营私。"

朱子《集注》云："庄以持己曰矜。然无乖戾之心，故不争。和以处众曰群。然无阿比之意，故不党。""矜"是"庄以持己"，有一种"端着"的感觉，意思是，君子讲究一个体面，也就是我们现在常常说的面子。我们说一个人有面子，就意味着，别人跟这个人打交道时，会郑重其事、谨守礼节。君子有德，其体面也在德。与君子相交，德来德往便是体面，争权夺利或者威逼利诱，便是失德，便不体面。君臣相遇，君有面子；父子相遇，父有面子；长幼相遇，长有面子；德与不德相遇，德有面子。

这个面子就是古人所说的"尊"。孟子说，天下有达尊三，爵一，齿一，德一。爵位、年纪和道德，这三个因素可以转化为尊，使人获得面子。孟子说："朝廷莫如爵，乡党莫如齿，辅世长民莫如德。"爵有尊，在朝堂之上，以爵位定尊卑，上级有面子。古人的逻辑是，爵位乃有德者居之，且是君王赐爵，分享君之尊，爵尊有贵贵和贤贤之义。齿有尊，居乡党是以年长者为尊，年长者辈分比较高，拟于父祖之尊，齿尊有亲亲和长长之义。德有尊，是能够守持天性、通晓义理的人居之，德尊有贤贤之义。面子的背后是一套高度共享的义理。船山《训义》说："其理凡三，则爵其一也，以定分也，齿其一也，以明序也，德其一也，以尚贤也。"其背后是"贵贵"、"长长"、"贤贤"的逻辑。如果没有共享的义理，也就不会有这样的"尊"，也就没有"面子"。有些大富大贵和大权在握的人，却不一定有面子，反而被人嗤之以鼻。所以，面子最终来源于天道和义理，并不来源于权力或利益。

群和党的区别不在于组织结构的差异，要看这个群体的宗旨和性质。一群人聚在一起，若是正大光明、平和中正，则为群；若是沆瀣一气、蝇营狗苟，则为党。君子之党，友以辅仁；小人之党，结党营私。是故君子慎交！

15.22 以人废言章

子曰："君子不以言举人，不以人废言。"

孔子说："君子不会因为一个人说的话就举荐他，也不会因为一个人而完全否认他说的话。"

以言举人或以人废言，在大多数情况下有道理，但不完全正确。一些难以把握的曲折隐微之处可能会误导人的判断。君子明察，有不能以言举人者，也有不能以人废言者。

"不以言举人"。是否举荐一个人，不能只看这个人说了什么，还要看其行动，通过行动来洞察其动机。孔子说，不能"听其言而信其行"，而要"听其言而观其行"。甚至有时候行动也可以作伪，紧要之处在于辨伪，把误导判断的虚假变量和偶发因素清除出去。船山《训义》云："一言之偶合于理而遂举之乎？观其行如见其心，而后举之，国家乃以得人而治，言奚当哉！"

"不以人废言"。一个人人品不好，要他去做事，可能会生出许多歪心思，但他说的话倒未必没有道理。这种有道理的话，君子可以节取下来，为我所用。纵使他说的话没有道理，也可以作为镜鉴，然后反其道而行之。船山《训义》云："略其心，用其智，节取其谋而行之，国家乃以受言之益，人何求焉！"

从"不以言举人，不以人废言"可以看出孔子识人的辩证法。孔子从来不是一个教条主义者，他非常灵活，善于变中取常，常中取变。具体如何以言举人和以人废言，还是要具体事情具体分析，不能落于僵化的教条主义窠臼之中，否则就是硁硁然的小人了。

15.23 己所不欲章

子贡问曰："有一言而可以终身行之者乎？"子曰："其恕乎！己所不欲，勿施于人。"

子贡问孔子："有没有哪一句话可以终身践行的呢？"孔子说："是'恕'吧。自己不想要的东西，不要施加给别人。"

孔学要旨，守约而施博。可以终身行之的准则，孔子只答了一个"恕"字。但从孔子的语气可以看出，"其恕乎"也不是一个百分之百肯确的状态。孔子给曾子说的"吾道一以贯之",也未明言,而是借曾子之口说了"忠恕"二字。"忠恕"也不是道的完满定义,只是曾子认为的孔子心中那个一以贯之的道。天道本高,极难言之,孔子能感觉到,但却很难用语言准确地概括出道为何物。

"忠恕"与"恕",虽是两种说法,但言"恕"则"忠"亦在其中。《朱子语类》说:"分言忠恕,有忠而后恕;独言恕,则忠在其中。""尽己之谓忠,推己之谓恕",先有忠才会有恕,就像先有仁才会有义,所以朱子说,"独言恕,则忠在其中"。

船山《训义》解释"恕"为"推己之心以量物之心"。推己及人和推己及物,都是恕。自己有一颗如此这般的心,别人也有一颗如此这般的心。自己有孝心,也要让别人的孝心有发挥的空间;自己不喜欢吃辣,也要理解别人有不喜欢吃的东西。这就是推己及人。能推己及人者必然能够理解人心,洞悉人情,能推己及人者心中有仁。船山《训义》云:"天下之理,皆在于情之中,而天下之情理,皆吾心之所可喻,心无不喻,而几乎仁矣。"仁者心无不喻,可以用心感受天下万事万物,推己心以及于天下万事万物。恕道其大乎!

15.24 谁毁谁誉章

子曰:"吾之于人也,谁毁谁誉?如有所誉者,其有所试矣。斯民也,三代之所以直道而行也。"

孔子说:"我对别人啊,过度批评过谁?过度赞扬过谁?如果有我过度赞扬的人,那是之前有查证过。因为有这些百姓,所以三代的时候能够直道而行。"

如何品评人物,是一门大学问。孔子言毁誉之道,又说到了如何评价百姓的问题。也许当时有不少人觉得,国家之所以难以治理好,主要原因是百姓目光短浅、愚昧无知、刁蛮任性。孔子说,夏商周三代之时,能行直道的正是这些百姓,为什么现在不行了?孔子爱护百姓,责备为政者。

朱子《集注》云:"毁者,称人之恶而损其真。誉者,扬人之善而过其实。"《朱子语类》说:"毁者,那人本未有十分恶,自家将做十分说他,便是毁。若是只据他之恶而称之，则不可谓之毁。譬如一物本完全，自家打破了，便是毁。若是那物元来破了，则不可谓之毁。誉亦是称奖得来过当。"朱子的意思是，别人有五分恶却说成了六分恶，便是毁。别人有五分善却说成了六分善，便是誉。

"如有所誉者，其有所试矣。"之前有证据表明这个人的善，可以据此而确定他将来依然能够做到。这样的誉，虽然过其实，但代表了一种劝人积极向善的意味。就像"雍也可使南面"，南容"三复白圭"，这都包含了孔子对于雍和南容将来必然也是君子的判断。谁又能保证他们不会变坏，所以，这样的评语其实包含了劝善之意。反之，如果有"毁"，则不要因为过去的恶而断定他将来还会继续为恶，只要人有改过自新的迹象，还是要给予改过自新的机会。宁过于誉，不过于毁，此中有劝善之意。

孔子认为，对百姓也不能轻言毁誉。孔子说，夏商周三代，能行直道的，是这些百姓，现在也是这些百姓，为什么三代之民可以直道而行，现在的百姓就变成了偷奸耍滑的刁民呢？孔子当然不认为是百姓的问题，而认为是为政者的问题。朱子说："民无古今，周秦网密文峻，故奸轨不胜；到文景恭俭，民便醇厚。只是此民，在所施何如耳，此政得之。"周秦时期和汉代文景时期的治理效果不一样，并不是民有古今之别，而是为政者和政风不一样了。为政者应该做的不是指责百姓，而是反省自己和政策是否有问题。到如今也是如此，为政者要做的还是修身善治，只是斥百姓为刁民，于治无所补益。

15.25 史之阙文章

子曰："吾犹及史之阙文也，有马者借人乘之。今亡已夫！"

孔子说："我还看到过，史书上有缺省的文字，有马的人愿意把马借给别人骑。如今却没有这样的事情了。"

史缺文，马借人，盖见敦厚之风。修史的人如果没有充分的证据就不敢妄下断语，所以会留下缺文，以待后贤。船山《训义》云："此古之不敢以私意乱真者。"马贵重，肯相借者明通财之义，可谓古道热肠。船山《训义》云："此古之耻于私利废义者。"孔子以史缺文、马借人这两件事情为例是想说明，人心日变，风俗日衰，今人不如古人厚道。

船山《训义》云："世之盛也，人心风俗之醇也，无他，惟昔之有天下者以至公行其政教，而习尚成焉，不以私意生其私智、私欲专其私利而已。"船山认为，风俗之变关键在于政教之变。若欲变风俗，则应变政教。"致君尧舜上，再使风俗淳"，这正是孔门学说孜孜以求的东西。到如今，变革政治与教育依然是改变社会风气的根本。

15.26 巧言乱德章
子曰："巧言乱德。小不忍则乱大谋。"

孔子说："巧言迷乱人的德行，微小处不能忍则会乱了大谋略。"

朱子《集注》云："巧言，变乱是非，听之使人丧其所守。"船山《训义》云："其文辞柔靡而若可爱，其辩论曲折而若可信。"巧言的特点是通过修辞和逻辑上的修饰，使不合理的事情听起来合理，说得好听，实则无理。孔子这里不仅是说要提防他人巧言乱己之德，更是要告诫弟子，不能自己编织巧言。编织巧言这种文过饰非的举动，试图使不合理变为合理，这比直截了当的不合理更危险，更加荼毒人心。这也是孔子为什么讨厌乡愿的原因。乡愿似仁而非仁，巧言似智而非智。子曰："巧言令色鲜矣仁。"

朱子《集注》云："小不忍，如妇人之仁、匹夫之勇皆是。"《朱子语类》云："如妇人之仁，是不能忍其爱；匹夫之勇，是不能忍其忿。"船山《训义》进一步解释"小不忍"："见可欲而不能禁情之动，见可恶而不能戢怒之发。""小不忍"有一个仁与忍的辩证法。仁者不忍，仁心所动，有所不忍。但是，实践的复杂性又要求，在一些场合，必须有所忍。比如，溺爱不可取，血气之勇不可发。小处有所忍，是义之所在，也是智的体现。有义与智，才能实现仁。

"巧言"和"小不忍"，是修身功夫不足的表现。非礼勿言，能有所忍，是君子有所持守。外事纷扰不足论，自乱阵脚方可怕。君子能够反求诸己，有所守，知进退，则能恰当地待人接物。孔子说反求诸己并不是空话，而是从"巧言"和"小不忍"处入手，一人一事地去磨练，然后达于克己复礼的状态。

15.27 众恶众好章

子曰："众恶之，必察焉；众好之，必察焉。"

孔子说："如果众人都厌恶他，那一定要详加考察；如果众人都喜欢他，也一定要详加考察。"

众皆恶之，可能其中有什么难言之隐不易察觉，这种无法说出来的苦衷，可能隐藏着深厚的情感或委曲的衷情。纵使人皆不能察之，明德之君子应该察之，这体现了君子之仁。众皆好之，可能是没有原则讨好人的"乡愿"，如果人们以为没有原则讨好别人就是仁德，那就是入于小道而未闻大道，是对仁德的一种伤害。纵使人皆不能察之，明德之君子应该察之，这体现了君子之义。

从众能够为人所接受，也更加安全。特立独行的判断，则往往难以见容。一般情况下，从众可能是对的。但是，在具体的情况下，众人的意见和自己独到的见解到底哪个更有道理，恐怕要进行更细致的辨别。意见的正确性并不以人数之多寡为标准，很多时候乌合之众意味着群氓的无知。船山《训义》云："大道隐而习俗敝，媚世之巧易酬，而独行之道难容。"沧海横流，方显英雄本色。君子既要有察纳众言的肚量，又要有坚持正确的勇气。这当然很不容易，既要世事洞明、人情练达，又要明辨是非、守死善道。越是在意见纷纷的时代，越需要有"克明峻德，止于至善"的君子。

15.28 人能弘道章

子曰："人能弘道，非道弘人。"

孔子说："人能使道弘大，而不是用道来使人弘大。"

朱子《集注》云："人外无道，道外无人。然人心有觉，而道体无为；故人能大其道，道不能大其人也。"以心循理之所由之谓道。万事万物不离于道，而且要通过人的自觉来实现道。《礼记》云："人者，天地之心也，五行之端也。"孟子曰："心之官则思。"人具有主体性和主动性。心是人的司令部，可以指挥人的视听言动，所思所想。人具有识别道、承载道、运用道、推广道的能力。人能以身载道，也可以弘道。

"非道弘人"作何解释？这里面至少有两层含义。第一，道没有主体性。朱子《集注》说："人心有觉，道体无为。"如果道可以主动作为，那便可以以道加诸四海，使人人做君子，到处是尧舜。《朱子语类》有个比喻："道如扇，人如手。手能摇扇，扇如何摇手？"道本身没有主体性和主动性，因此无法主动运行。第二，道不是一个外在的、可炫耀的标识物。船山《训义》云："岂据一道之名以立有道之望，以其道胜天下之非道，以其道距天下不同之道，侈然自大，而遂足以弘哉！"自以为有道而妄自尊大，这便是"非道"。有财富、有地位、有知识的君子不会以财富、地位、知识而妄自尊大，道亦如是，有道君子不以道自傲。

"以人弘道"展现了一种以身载道的使命感。君子人生的意义在于，依道而行。道作为一种理想，高于个人生命，在必要的关头，可以杀身以成仁、舍生以取义。宁死也不变节，此谓大仁大义，也即大道所在。子曰："君子谋道不谋食，君子忧道不忧贫。"儒家认为，人的道德生命高于财富事功，也高于生物生命。

15.29 过而不改章

子曰："过而不改，是谓过矣。"

孔子说："有了过错而不改正，这才是真正的过错。"

《左传》有云："人谁无过，过而能改，善莫大焉。"过错已经犯下，便应改正。人人都可能犯错，但这不是犯错误的借口。人应该勉力于尽量寡过。在过错未发之时或萌芽状态，便应该将恶念杀死。这就是儒家讲的慎独修身。曾子三省吾身，颜子克己复礼，都是在不停地反躬自省，以期于学达性天。很多时候，人们并不是不知道这个事情是错的，但就是控制不住自己，这本质上还是修身功夫不够严实。知之而不能行之，是亦不知。思持守，行持守，则渐入持守；思放纵，行放纵，则渐入放纵。铸成大错之后，才明白防微杜渐、慎独修身的功夫是多么重要。这时再来三省吾身，恐怕为时已晚。人生是一条只有一次的单行道，恰如白纸一般，染黑了就不能再洗白。一个人面对过错，就像是站在十字路口一样，非常容易走错方向。如何处理过错，可以说是人心险要之处。儒学修身要旨，恰恰是在人心险要之处立论，学习者宜常读常思。

15.30 不如学也章

子曰："吾尝终日不食，终夜不寝，以思，无益，不如学也。"

孔子说："我曾经一天到晚不吃东西，整夜不睡觉，都在思考，结果没什么进步，还不如去学习。"

孔子也曾亲身做过实验——终日不食、终夜不寝地思考，这和阳明格竹七天七夜相似，煞是"可爱"，足见孔子发奋好学、志道之诚。孔子经过实验，大概得出的结论是"思而不学则殆"。如果只是一味地思考，而不知道学习新东西，很容易陷入某种封闭僵化的思维模式之中。如果用这种思维去指导实践，只会害己害人。即使从身体的承受力来说，终日不食，终夜不寝，身体也会被拖垮。从劳与逸的关系来说，劳与逸应该一张一弛，次第进行，才能学有所恒。从学与思的关系来说，学与思应该交相掩护，携手前行，才能学有所成。孔子亲身实验学习方法，然后深入浅出地传授给弟子，可谓至诚者也，善教者也。

15.31 谋道不谋食章

子曰："君子谋道不谋食。耕也，馁在其中矣；学也，禄在其中矣。君子忧道不忧贫。"

孔子说："君子谋求道，不谋求食。好好耕作不免遇到饥饿，好好学道便能出仕得禄。君子担心道是否明，不担心自己是否贫。"

好好耕作，则能收获粮食，但遇到天灾人祸，也可能遭遇饥荒。好好学道，就能出仕做官，获得俸禄。古代读书人少，无论治世还是乱世，都需要知书达理的读书人来主持公共事务。天灾不可控，但是人只要志于学，便可以成为知书达理的君子，便可以为政。船山《训义》云："惟其谋道，故必于学焉，而学乃可成乎其为君子。禄本以养君子，而君子之受禄也不诬，禄固在学之中，而不待谋也。是故，君子念千圣之统绪在我，世教之贞邪在我。"船山的逻辑是，学以成君子，知教化，能为政，所以学做君子，禄在其中。孔子用这一组对比来劝人学道。人之本在道不在食。君子谋道不谋食，君子忧学忧道，不忧耕忧贫。颜回居陋巷而不改其乐，孔子饭疏食而乐在其中，达人知命，守死善道，实乃圣贤气象。

15.32 仁能守之章

子曰："知及之，仁不能守之，虽得之，必失之。知及之，仁能守之，不庄以莅之，则民不敬。知及之，仁能守之，庄以莅之，动之不以礼，未善也。"

孔子说："智能做到，但其仁厚程度不能坚守之，即使得到了，也必将失去。智能够做到，也能守之以仁，但如果不能庄敬地面对百姓，则百姓可能轻慢他。智能够做到，也能守之以仁，还能庄敬地面对百姓，但如果使役百姓不能以礼，还是没做好。"

孔子教人如何为政，要修己之智，守己之仁，临民以庄，使民以礼。从智、仁、庄、礼，一事接一事，一德续一德，圣门求全于君子，积功累仁，学无止境。船山《训义》云："德之内而体于心者曰智，曰仁，外而饬于身者曰庄，合内外身心于一致，而以所性之节文垂之天下者曰礼。智以为入德之门，仁以为修德之实，庄以为居德之范，礼以为昭德之符。故君子博学深思以致知，去欲存理以尽仁，养气饬躬而得庄，用中于民，以胥一世于中和，而由乎礼。"四者是层层递进的关系。智与仁主要是指内修，庄与礼则直接涉及待人接物。凭借聪明才智取得了一定的成绩，但如果没有仁德做基础，往往会将聪明才智应用到错误的方向上去，要不了多久便会失去已有的成绩。内有仁而外无庄，则民轻慢失敬。为政者嘻嘻哈哈，下面的人就会松松垮垮；领导不重视，下面的人就会更加无所谓。临民以庄主要是指收拾自己的精气神，而使民以礼则要与民发生更丰富的互动。如果临民以庄还可以"装一装"，那么使民以礼这种全方位的接触就很难"装"了，对修身的要求比临民以庄要高。

必其智，足以及之；必其仁，足以守之；必其庄，足以使敬；必其礼，足以得中。德行修养一步一步深入，推己及人的范围也逐渐开阔。影响范围越广，越需要智仁庄礼，对德性的要求也越高，否则可能会在更大的范围内留下不好的名声。孟子曰："有天爵者，有人爵者。仁义忠信，乐善不倦，此天爵也；公卿大夫，此人爵也。古之人修其天爵，而人爵从之。今之人修其天爵，以要人爵；既得人爵，而弃其天爵，则惑之甚者也，终亦必亡而已矣。"孟子所说的天爵是仁义忠信、乐善不倦，也即是德性，人爵则是公卿大夫等爵位。"古之人修其天爵，而人爵从之"，意思是，爵位乃有德者居之。儒家思想中的等级观念包含了一个德性基础。这种权力不平等起源于德性修养上的差别，出乎其类而拔乎其萃，其结果是，有德者居大位。儒家思想以德性为权力不平等的起源，这种不平等不是产生压迫的根源。

15.33 君子大受章

子曰："君子不可小知，而可大受也；小人不可大受，而可小知也。"

孔子说："君子在小处或许不值得称道，但可以授予重大任务；小人不能授予重大任务，但或许在小处有值得称道的东西。"

"君子不可小知"，君子在一些细节上可能有不到位的地方，不能从细小处来苛责君子。"小人不可大受"，小人没有足够的才德承担大任，不能将重要任务交给小人。孔子认为，君子大处可取，而小处或有不足；小人小处或有可取，而大处却相当不足。朱子《集注》云："盖君子于细事未必可观，而材德足以任重；小人虽器量浅狭，而未必无一长可取。"所谓大处可取，是才德可堪重任。君子比小人靠谱，重要的任务可以交给君子而不可以交给小人。孔子有识人用人的辩证法。他既没有把君子捧上天，也没有把小人一棍子完全打死。《卫灵公》篇 15.22 章曰："君子不以言举人，不以人废言。"这两条都在识人用人的问题上指出了某种辩证法。君子固然大体优美，而犹有若干小处是不足的，所以应该自勉，从小处克己，以求全德。小人不可大用，但小人还是有些小处值得称赞，可以发扬，孔子这是在勉励小人进取，以进于君子之途。所以，这一条既有观人之法，又有设教之意。

15.34 蹈仁而死章

子曰："民之于仁也，甚于水火。水火，吾见蹈而死者矣，未见蹈仁而死者也。"

孔子说："对百姓来说，仁比水火更重要。我见过投身于水火而死去的人，但从来没见过投身于仁而死去的人。"

孔子用通俗易懂的比喻来启发人的仁心之自觉。孔子能言善辩，俏皮话中充满机锋和智慧。水火是百姓之家日用之物，一天也离不开。但是，仁对于百姓而言比水火更重要。与家人乡党、君长朋友相处，无不动其恻隐之仁心。其实，百姓生活一刻也不能离开仁。船山《训义》云："水火不可一日无，而仁不可斯须去。"只是，水火的重要性，百姓能够自觉到，而仁的重要性，百姓往往日用而不自知。孔子以百姓日用而自知之水火与日用而不自知之仁相比较，来启发百姓对仁心之自觉。

朱子《集注》云："水火或有时而杀人，仁则未尝杀人，亦何惮而不为哉？"投身于水火，人会死去，但投身于仁，却不会死去。船山《训义》云："水火可求人而得，仁则自求以存。"求水求火，都要求助于他人，而求仁则只需自修就可以了。孔子用了一个有趣的对比，意在"勉人求仁"。

15.35 当仁不让章

子曰："当仁，不让于师。"

孔子说："求仁这件事，就不用对老师谦让了。"

学问不如师，德行不如师，这要跟老师谦让，虚心求教，追求进步。不过，在求仁这件事情上，学生不用跟老师谦让。朱子《集注》云："盖仁者，人所自有而自为之，非有争也，何逊之有？"船山《训义》云："当敛气以养心，遏欲以存理，师亦犹是，吾亦犹是也，而何让焉！"为仁由己不由人。求仁是自己去做功夫，并不妨碍老师求仁，可以共同进步，共入仁道。孔子认为，仁具有绝对的正确性，只嫌不够不嫌多，恻隐之心永不息，颠沛造次不违仁。学习者应该勉力求仁，积极向上，学达性天，不可以谦自限，误了求仁的功夫。

15.36 贞而不谅章

子曰："君子贞而不谅。"

孔子说："君子坚守正道，但不拘泥于小信。"

朱子《集注》云："贞，正而固也。谅，则不择是非而必于信。"《朱子语类》云："谅者，信之小者。"（《季氏》篇 16.4 章，"友直，友谅，友多闻，益矣"。这里的"谅"是指固执地忠诚于朋友，属褒义词。）船山《训义》云："审乎是非之正，而固守之以勿失者，曰贞；据其意见之私，而执之不疑者，曰谅。"贞与谅似是而非，相似之处在于坚定固执；不同之处在于，贞者所守是大道，谅者所守是小节。拘于小信小节而不知变通者，孔子称为"硁硁然小人"。孟子也说："大人者，言不必信，行不必果，惟义所在。"有些人执谅以为贞，还沾沾以为自得，实则危险。守其小而不知大，则容易落入狭隘的教条主义。《论语》中像"贞与谅"这种似是而非的例子有不少，比如以乡愿为仁。惟其相似，更容易混淆，孔子不得不明辨之。对于学习者来说，须抛却小道，与闻大道，居仁由义，才能变谅为贞，越活越正确，越活越开阔。

15.37 敬事后食章

子曰："事君，敬其事而后其食。"

孔子说："侍奉君，应当先敬守本职工作，然后再考虑俸禄。"

朱子《集注》云："君子之仕也，有官守者修其职，有言责者尽其忠，皆以敬吾之事而已，不可先有求禄之心也。"侍奉君长，首先想到的事情应该是把本职差事做好，报酬排在相对次要的位置。《雍也》篇 6.20 章，孔子说"仁者先难而后获"，也是把获利之心放在后面。当然，很多时候工作和报酬是结合在一起的。但遇到一些紧急而特殊的情况时，先谋事还是先谋食，就会成为一个问题。如果没有"敬其事而后其食"的精神，随时可能因为一己私利而撂挑子，这样也成为不了一个靠谱的人。孔子这句话的句眼在于"敬"字。

15.38 有教无类章

子曰："有教无类。"

孔子说："无论其材质类别，都可以教化。"

孔子是一个高明的教育家。他在育人的心态上非常诚挚，"诲人不倦"。同时，在教育方法上也很多讲究，比如，能近取譬，不愤不启，因材施教（孔门弟子问政、问孝、问仁，孔子的回答因人而异，但大经大法俱在。）等，当然还有本条所说的"有教无类"这样一种教育理念。

有教无类内含了人性本善的假设。朱子《集注》云："人性皆善，而其类有善恶之殊者，气习之染也。故君子有教，则人皆可以复于善，而不当复论其类之恶矣。"虽然现实中的人的习气禀赋、贫富智愚、性情际遇各有不同，但都有"复于善"的可能性。有教无类的另一个前提是，人性有仁，故可以动之化之。即使是十恶不赦的大坏人，也会存有一点恻隐之心。没有"善与仁"做前提，有教无类就不可能实现。孟子在孔子讲仁的基础上，论述了人性本善的问题，有重要的理论贡献。

有教无类可以用《论语》里的一个小故事来理解。《述而》篇 7.28 章，孔子见互乡童子，孔子说："与其进也，不与其退也，唯何甚！人洁己以进，与其洁也，不保其往也。"互乡这个地方民风不好，但是互乡的这个童子带着诚挚之心来求教孔子，孔子还是见了他。即使这个童子沾染了互乡的不良风气，如果愿意改过自新，孔子便会既往不咎，愿意教他。孔子不会先去假设哪个人是无法被教化的。

有教无类的教育观也可以用来理解孔子的夷夏观。孔子肯定是坚持夷夏之别的。最直接的证据是，孔子赞扬管仲攘夷狄之功。但是，孔子也会怒华夏之不争。《论语》《八佾》篇 3.5 章，孔子说："夷狄之有君，不如诸夏之亡也。"孔子的意思是，夷狄尚且有君，不像华夏诸国，礼崩乐坏，犯上作乱，就好像无君一样，这是反讽华夏还比不上夷狄。不过，夷夏之别也不是固定不变，而是可以融合的。韩愈《原道》云："孔子之作《春秋》也，诸侯用夷礼则夷之，夷而进于中国则中国之。"夷狄想要保留夷狄的习惯，那就依然以夷狄待之；如果夷狄愿意采用华夏之礼，则以华夏待之。这也说明，孔子认为，华夷融合是有方向的，其主流是以华夏变夷狄。华夷有别但有教无类，其实是以一种和平教化而不是暴力战争的方式，使夷狄逐渐接受并融入华夏文明。所以，孔子的夷夏观确实承认文明的差异，但不主张文明的隔绝，而是主张有教无类的教化。尊重华夷之别，同时采取有教无类的教育理念，可能也是中华文明包容性的一个思想基础。

有教无类，不仅是在讲述如何教育别人，更是在讲述一个老师如何教育自己。教育是个良心活，教人教到什么程度，是否尽心尽力，只有老师自己心里才清楚。有教无类，也可以理解为一个教育工作者的反求诸己，如船山《训义》所云，有教无类是"尽吾之心、尽吾之道"。

15.39 道不同章

子曰："道不同，不相为谋。"

孔子说："各自要走的道路不同，就不要一起谋划事情。"

朱子《集注》云："不同，如善恶邪正之类。"船山《训义》云："若显然善恶邪正之不同，则小人必不就正于君子，以露其机诈。君子亦何得妄询于小人，而生其疑惑乎？""道不同"并不是指从事不同领域的工作，而是说人心善恶邪正之别。即使在不同的工作岗位，做着不一样的工作，仍然可以朝着共同的大目标前进，仍然可以是同道中人，可以同声相和，嘤鸣辅仁。反之，即使在相似的领域做相似的工作，也可以"道不同，不相为谋"。孔子的主要意思是，与那些邪恶之辈，当断则断，此乃义所当为之事。但是，"道不同，不相为谋"并不是一种高傲，道也不能用来隔绝人我，更不能步入一种危险的孤芳自赏。

15.40 辞达而已章

子曰："辞达而已矣。"

孔子说："辞令只是要达意。"

朱子《集注》云："辞，取达意而止，不以富丽为工。"朱子的意思是，言语文章要力求准确达意，不需要辞藻过于华丽。船山认为，言语文章，当简则简，当辨则辨，当和婉则和婉，当曲丽则曲丽，既不要过分刊削，也不要过分骈冗。朱子只说辞不可过肥，船山则指出既不能过肥，也不可过瘦，上下兼尽。

15.41 师冕见章

师冕见，及阶，子曰："阶也。"及席，子曰："席也。"皆坐，子告之曰："某在斯，某在斯。"师冕出，子张问曰："与师言之道与？"子曰："然，固相师之道也。"

盲人师冕来见孔子，到了台阶，孔子说："这是台阶。"到了座位，孔子说："这是座位。"大家都坐下来之后，孔子一一告诉师冕在座者的位置："某某在这里，某某在那里。"师冕离开之后，子张问孔子："这就是与盲人师冕说话的方法吗？"孔子说："是，固然是辅助盲人师冕的方法。"

本条讲述了孔子给师冕导盲的故事。朱子《集注》云："相，助也。古者瞽必有相，其道如此。"师冕来见孔子。到了台阶或坐席，孔子都会跟师冕说清楚，保证安全，又跟他一一介绍在场的人。师冕是瞎子，孔子给他导盲，就要去设想一个瞎子可能需要的帮助是什么，他要负责做好师冕的眼睛。从孔子接待师冕这件事情的一系列细节上，便可看出孔子待人接物的真诚与细腻。孔子之所以能做到人情练达，是因为孔子的感受力很强，仁爱之心发出来，便能够温柔曲致，游刃有余。朱子《集注》引尹焞曰："圣人处己为人，其心一致，无不尽其诚故也。有志于学者，求圣人之心，于斯亦可见矣。"

孔子说自己所作所为是相师之道，倒不一定真的有像士冠礼、士婚礼、士丧礼那样成文的"相师礼"或"导盲礼"。而是孔子心中有一个至大之仁道，发出来落到具体的人事物之上，便会有相应的道；落在接待师冕这件事情上，便是"相师之道"，便有"相师之礼"。孔子给师冕导盲是一件小事，但孔子之仁，于斯可见。小事背后有大道，把小事做好的道理和把大事做好的道理其实是一样的。外尽其物，内尽己心，斯天道也。

小结《卫灵公》篇

本篇杂谈君子之道，多于事上见理，对似是而非者明辨入微。

季氏第十六（14章）

16.1 季氏伐颛臾章

季氏将伐颛臾。冉有、季路见于孔子曰："季氏将有事于颛臾。"孔子曰："求！无乃尔是过与？夫颛臾，昔者先王以为东蒙主，且在邦域之中矣，是社稷之臣也，何以伐为？"冉有曰："夫子欲之，吾二臣者，皆不欲也。"孔子曰："求！周任有言：'陈力就列，不能者止。'危而不持，颠而不扶，则将焉用彼相矣？且尔言过矣！虎兕出于柙，龟玉毁于椟中，是谁之过与？"冉有曰："今夫颛臾，固而近于费。今不取，后世必为子孙忧。"孔子曰："求！君子疾夫舍曰欲之，而必为之辞。丘也闻有国家者，不患寡而患不均，不患贫而患不安。盖均无贫，和无寡，安无倾。夫如是，故远人不服，则修文德以来之。既来之，则安之。今由与求也，相夫子，远人不服而不能来也，邦分崩离析而不能守也，而谋动干戈于邦内。吾恐季孙之忧，不在颛臾而在萧墙之内也！"

季氏将要出兵攻打颛臾国。冉有、子路见孔子说："季氏将要起兵攻打颛臾。"孔子说："冉有，这不是你的过错？先王当年让颛臾成为东蒙山之主，而且，颛臾就在鲁国邦域之内，是服膺鲁国的社稷之臣，为什么要攻打颛臾？"冉有说："季氏想要这样做，我和子路都不想这样做。"孔子说："冉有啊，史官周任曾经说过：'展现出相应的才能，然后安排到相应的位置，如果做不到，那就不做了'。这就好比导盲，危险的时候不支持一下，摔倒的时候不搀扶一下，那哪里还用得着他导盲呢？再说，你的话说得不对。老虎和野牛从槛笼中跑出，龟甲和宝玉在盒子里被毁，这到底是谁的过错呢？"冉有说："如今颛臾城池牢固，离季氏所掌握的费邑又很近，今天不攻取颛臾，将来颛臾一定会成为季氏子孙的忧患。"孔子说："冉有啊，君子厌恶的就是那种人，不说自己想要，却要编出一套说辞来。我也听说过，有国有家的人，不担心物资少，却担心分配不均；不担心贫穷，却担心不安定。大概只要平均了就不会有谁特别贫穷，只要和睦了就不会有谁物资短缺，只要安定了就不会有谁将会倾亡。像这样做了，如果远方之人不服，那就完善礼文德行，使他们来归服。前来归服之后，还要使他们安定下来。现在，子路和冉有，你们在辅佐季氏，远方之人不服，不能使他们前来归化，邦国分裂却不能守护，反而还想着在邦国之内大动干戈。我担心，季孙氏的忧患，不在颛臾而在萧墙之内啊！"

季氏将要出兵攻打颛臾，孔门弟子子路和冉有跟孔子讨论这次出兵的事情。孔子认为不应出兵。孔子首先阐明了颛臾的地位，颛臾是先王所封，又是忠诚的社稷之臣，季氏根本没有理由攻打颛臾。季氏伐颛臾，已失其大义。孔子指责子路和冉有作为季氏的家臣没有劝谏季氏不要出兵。冉有解释说这是季氏的野心。但孔子认为，即使季氏不听，冉有也可以辞官，完全没有必要去为不义之举出谋划策。冉有继续辩驳，他说季氏攻打颛臾是不得不如此，如果季氏不攻打颛臾，那么颛臾将来就有可能攻打季氏。看到冉有继续辩驳，孔子生气了。孔子说，"舍曰欲之，而必为之辞"，意思是说，冉有明明就想帮助季氏去攻打颛臾，却还要编出这些冠冕堂皇的理由，来掩盖背后的功利之心。

孔子并不是只批评，不建设，他还谈到了季氏和鲁国应该怎么做的问题。孔子认为，季氏想要收服颛臾，根本不需要出兵讨伐，只要治理好鲁国，颛臾就无法威胁到季氏。孔子的主要观点是，不患寡而患不均，不患贫而患不安，以及修文德以来远。"均无贫，和无寡，安无倾"是指，分配平均之后，大家都差不多，也就不会有谁更加贫穷。大家和和气气，能够互通有无、互相帮助，也就不会有谁物资短缺而活不下去。这样的话，自然大家都比较安定，没有谁会有覆灭的危险。抵御外侮最重要的是搞好内治，一个国家和一个人一样，如果内德不修，则外侮必至，甚至是外患还没来，自己就先倒下了。

孔子论政，条分缕析，大义澄明。孔子从来不空谈义理，而是紧紧结合利害或人的切身感受来谈义理。孔子谈了利害，背后的义理也就辨析清楚了。这是孔子论政的高明之处。

16.2 礼乐征伐章

孔子曰："天下有道，则礼乐征伐自天子出；天下无道，则礼乐征伐自诸侯出。自诸侯出，盖十世希不失矣；自大夫出，五世希不失矣；陪臣执国命，三世希不失矣。天下有道，则政不在大夫。天下有道，则庶人不议。"

孔子说："天下有道的时候，礼乐规矩和征伐命令都由天子发出。天下无道的时候，礼乐规矩和征伐命令则由诸侯发出。如果由诸侯发出，十代能不失位就很罕见了。如果由大夫发出，那么五代能不失位就很罕见了。如果大夫的家臣执掌国家权柄，那么三代能不失位就很罕见了。天下有道的时候，政不在大夫。天下有道的时候，庶人也不用讨论政治。"

孔子认为，礼乐征伐应该自天子出，不能从诸侯出，更不能从大夫或家臣出，否则就是僭越。人人都可僭越，那整个政治秩序就会立马土崩瓦解。孔子希望维持一个具有亲亲尊尊之真精神的社会。可惜，在孔子的时代，礼崩乐坏已成大势。周天子大权已然旁落诸侯，如春秋战国时期的霸主；也有诸侯大权旁落卿大夫，如鲁国三桓专权，三家分晋，田氏代齐；还有家臣执国命者，如阳虎作为季氏家臣却一度执掌鲁国。

"礼乐征伐自天子出"。礼乐征伐是天子大权。礼乐者，制定出共同遵守的礼乐制度，使人手足有措，修身养性，发抒自我，沟通他人，以行教化于天下。征伐者，汇合诸侯，动用舆论或武力等强硬手段，教训那些犯了重大错误的诸侯，以正大义于天下。天子所掌握的礼乐征伐之大权，正是儒家道统所强调的德。船山《训义》云："天子之德足以建中和之极而行讨之正。"从中可以看出孔子对于封建政权构造的基本看法。天子掌握道统，力求德配其位，掌握礼乐征伐大权。"礼乐征伐自天子出"，反映出孔子理想意义上的封建政体，一方面具有等级性，另一方面具有道义性。

"庶人不议政"。按照现在的民主观念来说，庶人不议政简直太不民主。这里的"庶人不议政"并不是指庶人的言论自由被剥夺了，而是天下有道的时候，庶人不需要多说什么。朱子《集注》云："上无失政，则下无私议。非箝其口使不敢言也。"从另一个角度来说，儒家理想中的政治不是庶人政治，而是士人政治。庶人受教育程度不高，难以议政。庶人不议政，不意味着士人会不顾百姓的死活，牺牲百姓的利益。实际上，士人和庶人之间存在很多关系纽带，比如同乡、亲戚、朋友等。士人接受儒家修齐治平的教育，也会对他们所守持的道统有几分敬畏之心。教育、科举、政治以及乡土社会，共同搭配成了一个以士人政治为核心的社会结构，使士人政治得以再生产。

天子与百姓，一个是礼乐征伐自天子出，另一个是庶人不议政。看起来是，一个极有权力，一个极无权力；但实际上，天子与百姓却共享了一套义理——由亲亲尊尊、仁至义尽、礼乐制度等理念构成的儒家义理，儒家义理的担纲者正是士大夫，这是理解中国古代政治的根本。不理解这个逻辑，中国古代政治就不会"文明"，也不会"光明"，而是永远拖着一条名叫"封建"的尾巴，成为现代中国人的"原罪"。

16.3 三桓子孙章

孔子曰："禄之去公室，五世矣。政逮于大夫，四世矣。故夫三桓之子孙，微矣。"

孔子说："鲁国公室失去决定禄位的大权，至今已经五代了。鲁国国政落到大夫手里，至今已经四代了。因此，季氏三桓的子孙，至今也衰落了。"

周天子大权旁落诸侯，鲁国国君大权也旁落大夫，甚至落到大夫家臣的手中。朱子《集注》云："鲁自文公薨，公子遂杀子赤，立宣公，而君失其政。历成、襄、昭、定，凡五公。……自季武子始专国政，历悼、平、桓子，凡四世，而为家臣阳虎所执。"季氏擅权鲁国，后来，季氏又被家臣阳虎篡权。朱子《集注》引苏轼曰："今诸侯大夫皆陵其上，则无以令其下矣。故皆不久而失之也。"船山《训义》也说："己可夺于上，而下亦可夺于己。"如果诸侯可以夺天子之权，那为什么大夫不可以夺诸侯之权，家臣为什么不可以夺大夫之权呢？如此恶性循环，便不会有健康的政治生态。

天子大权旁落诸侯，而后诸侯大权落于大夫，大夫之权落于家臣，贵族门阀之权落于寒族或科举之士，而后又有商人之崛起，劳工之神圣，庶民权利之高涨。

从历史的进程来说，似乎又可以理解为一种平等的普及与扩展。然而，僭越与追求平等，终究是性质不同的两码事，不可以混淆。极端的平等主义是教条主义的平等，过于浪漫，很容易成为政治的工具。

16.4 益者三友章

孔子曰："益者三友，损者三友。友直，友谅，友多闻，益矣。友便辟，友善柔，友便佞，损矣。"

孔子说："有益的朋友有三种，有害的朋友也有三种。朋友正直，朋友守信，朋友见多识广，这便是有益的朋友。朋友装腔作势，朋友阿谀奉承，朋友巧舌如簧，这便是有害的朋友。"

友以辅仁，儒家非常强调朋友的重要性，主张与君子为友，择其善者而从之，亲贤人而远小人等。船山《训义》云："德之修与不修，业之成与不成，因乎习矣。习之至切者，莫甚于友矣。始而求友者何心，则其后友之相报也何等，未有泛交而获益，择交而受损者也。"进德修业的关键是养成良好的习惯，习惯的养成则往往跟身边的朋友有关系。所以，应该特别慎重地选择与哪些人成为真正的朋友。古代说朋友是指，"同门曰朋，同志曰友"，是比较亲近的关系，而不是现在中国人常常泛称的朋友。

益者三友。朱子《集注》云："友直，则闻其过。友谅，则进于诚。友多闻，则进于明。"友直，他们常常会纠正"我"的错误；友谅，他们固执地忠诚于"我"；友多闻，他们可以增广"我"的见闻，有事也可以与他们商量。这些都有助于自己进德修业。损者三友。朱子《集注》云："便辟，谓习于威仪而不直；善柔，谓工于媚悦而不谅；便佞，谓习于口语，而无闻见之实。"友便辟，则喜欢装腔作势；友善柔，则常常阿谀奉承；友便佞，则往往巧舌如簧，口惠而实不至。这三类朋友不真诚，会给人的进德修业带来负面影响，所以最好与之保持距离。

择交的时候，要多交益友，不交损友。反之，自己也在被别人择交，自己也应进德修业，让自己成为一个靠谱的人，成为别人的益友，而不是损友。如此，朋友之间才会惠风和畅，进而整个社会才会君子益多，小人益少。

16.5 益者三乐章

孔子曰："益者三乐，损者三乐。乐节礼乐，乐道人之善，乐多贤友，益矣。乐骄乐，乐佚游，乐宴乐，损矣。"

孔子说："有益的快乐有三种，有害的快乐也有三种。乐于节文礼乐，乐于称扬人善，乐于多交贤友，这些是有益的快乐。乐于傲慢奢侈，乐于放荡闲散，乐于安逸纵情，这些是有害的快乐。"

船山《训义》云："情之所喜而欲为者曰乐。"求其情之乐，本是人之常情。但是所乐是何等性质的乐，值得辨析。有的乐有益于身心，有的乐有害于身心。孔子列举了三种有益的快乐。第一，乐于节文礼乐。朱子《集注》云："节，谓辨其制度声容之节。"乐于节文礼乐的人，会经常留心自己的视听言动，务必使之中于礼，以此来修身养性。第二，乐于称扬人善，鼓励他人进益于善。第三，乐于多交贤友，"因友以求友，因贤以求贤"，贤友多多益善。这三种快乐都是修身养性之乐。

孔子还列举了三种有害的快乐，乐骄乐，乐佚游，乐宴乐。朱子《集注》云："骄乐，则侈肆而不知节。佚游，则惰慢而恶闻善。宴乐，则淫溺而狎小人。"乐于骄乐者，放肆奢侈，经常喜欢一些刺激过头的快乐。乐于佚游者，放荡闲散，整天到处闲逛，一副无所事事的样子。乐于宴乐者，安逸纵情，总是拉着一些跟自己一样喜欢纵欲的人在一起聚会。这三种快乐都是纵情纵欲之乐。修身养性之乐和纵情纵欲之乐，判然两分。学习者应反躬而省之，择善而从之。

16.6 侍君子三愆章

孔子曰："侍于君子有三愆。言未及之而言，谓之躁；言及之而不言，谓之隐；未见颜色而言，谓之瞽。"

孔子说:"侍奉君子有三类过失。君子还没说到,他就要发言,这可以说是急躁。君子说到了,他又不发言,这可以说是隐瞒。说话的时候不看君子的脸色,这可以说是盲目。"

朱子《集注》云:"君子,有德位之通称。愆,过也。瞽,无目,不能察言观色。"侍奉君子可以学到很多东西。自己在旁观君子所为的过程中反观自省,必有所悟。如果行为失当,君子也会教导之。孔子这一条说了侍奉君子时的三种过失。第一种过失是急躁轻率,说话抢着说,有傲人之态。长此以往,不知不觉便会养成一股躁气,不能沉着冷静。第二种过失是隐匿,君子若是问到了相关的事情,那便不应该有所隐匿。隐匿者可能是与君子不贴心,这会造成一种离心的格局,无助于就教于君子之门。隐匿者,还可能是文过饰非,有一些见不得人的事情,不能正大光明地说给君子听。第三种过失是不能察言观色。与君子交谈,需要看君子的脸色,不能只顾自说自话。如果只顾自说自话,有可能多说,有可能少说,有可能没说到重点。有效的沟通者应该会察言观色,灵活措辞,以通人我。孔子认为,如果说话时不能察言观色,就像是瞎子。孔子提到的这三种过失都是跟"言"有关。子曰:"不知言无以知人。"不知言,不仅不可以知人,亦不可以自知;不仅无法处君子,也无法自处。知言而后能谨于言,这便是修身的功夫。

16.7 君子三戒章

孔子曰:"君子有三戒。少之时,血气未定,戒之在色;及其壮也,血气方刚,戒之在斗;及其老也,血气既衰,戒之在得。"

孔子说:"君子有三戒。年少的时候,血气还没稳定,要戒的东西是好色。壮年的时候,血气正好刚强,要戒的东西是好斗。年老的时候,血气已经衰落,要戒的东西是贪得。"

孔子根据人在不同年龄段的特点,非常有针对性地提出了"人生三戒"。人在年少的时候应戒色;好色纵欲过度,既不利于身体健康,也不利于修身养性。人在中年的时候应戒斗；身体强壮，血气方刚，好胜争强，总爱与人比个高下，容易因为血气之勇而失之于冲动。人在年老的时候应戒得；见多识广，年高望重，各种名利和邀约可能也随之而来，但其实体力心力都跟不上了，这时候不应该再贪得求多，而应该给年轻人让让路。

朱子《集注》引范祖禹曰："圣人同于人者血气也，异于人者志气也。血气有时而衰，志气则无时而衰也。少未定、壮而刚、老而衰者，血气也。戒于色、戒于斗、戒于得者，志气也。君子养其志气，故不为血气所动，是以年弥高而德弥邵也。"范祖禹从血气和志气这两个"气"的角度来理解孔子这段话。血气虽然是随着年龄和身体的变化在变化，但是志气可以胜过血气，能够节制和驾驭血气，此即朱子所谓的"以理胜之"。子曰："三军可夺帅也，匹夫不可夺志也。"

如何养志气呢？《朱子语类》云："以道义充养起来，及养得浩然，却又能配助义与道也。"养志气的根本在于知晓道义。若能义理通透，便知义所当为。苟能惟义所在，一往无前，自然俯仰无愧，气有浩然。

16.8 君子三畏章

孔子曰："君子有三畏：畏天命，畏大人，畏圣人之言。小人不知天命而不畏也，狎大人，侮圣人之言。"

孔子说："君子有三种敬畏：敬畏天命，敬畏大人，敬畏圣人之言。小人不知道天命，也不敬畏天命，他们会轻慢大人，蔑视圣人之言。"

君子有敬畏之心，小人无敬畏之心。孔子列举了君子的三种敬畏。第一是敬畏天命。《中庸》云："天命之谓性。"朱子《集注》云："天命者，天所赋之正理也。"在儒家的宇宙观中，有一个天的存在，万事万物按天理运行，天理代表至高的正当性。敬畏天命，就是认识到这种正当性及其具体的存在形式，然后以天理为行事之准则。第二是敬畏大人。这里所谓的"大人"，不是指成年人，也不是指家里的长辈。《朱子语类》说："有位、有齿、有德者，皆谓之'大人'。"敬畏大人，也即是敬畏爵位、年齿和德行。第三是敬畏圣人之言。圣人是人，不是神。

但圣人不是一般的人，而是仁义精纯、道德完备的人。船山《训义》云："圣人能体道义之全而成其变化，言以悉智愚贤不肖之隐而纠其得失。"圣人之言得天人之妙法，通透纯粹，义高理尽，发人深省，故应敬畏。

小人则没有敬畏之心。朱子《集注》云："不知天命，故不识义理，而无所忌惮如此。"小人不知敬畏持守，无所忌惮，日渐沉沦。船山谈到这里时，还批评了明末清初士人的不正之风。船山《训义》云："做科举文字，抄小题油嘴諧语供人笑者，亦是侮圣人之言。"这些士人将科举文字庸俗化，有辱圣人之言，如此这般，也只是小人，不是君子。

畏天命要先知天命，要自觉到人事物都有个天命和义理（在天为天命，在心为义理），才能掌握出处进退的分寸。从这个角度看，这个自觉就是仁，这个敬畏就是义。没有自觉，便生不出这敬畏；没有敬畏，也守不住这自觉。没有自觉与敬畏，便难成乎君子。

16.9 生而知之章

孔子曰："生而知之者，上也；学而知之者，次也；困而学之，又其次也；困而不学，民斯为下矣。"

孔子说："生下来就知道的人，为上等；学习了才知道的人，次一等；困惑了才去学的人，又次一等；困惑了还不去学，这样的人就是下等了。"

朱子《集注》引杨时曰："生知、学知以至困学，虽其质不同，然及其知之一也。故君子惟学之为贵。困而不学，然后为下。"孔子把人分为两类四等。一个大的分类是学与不学。学里面又分三等，生而知之为上，学而知之为中，困而学之为下。困而不学者，麻木不仁，便是同于禽兽草木了。船山《训义》云："凡今之民，以享其利者为德，而何知仁义？以惰四肢、好货财、私妻子为情，而何知忠孝？"

孔子做这种分类，是勉人向学。儒家有一种积极向上的精神，鼓励人充分发扬生命的价值，沿着仁义的方向，通往道德的最高处，以至学达性天。船山《训义》云："君子有养性之功以全其生，时习之说以劝于学，无待其困也。"《论语》第一条即是"学而时习之"，便是勉人向学。若学则可积跬步以至千里，不学则逆水行舟不进则退。君子要保持终身学习、积极向上的习惯。

16.10 君子九思章

孔子曰："君子有九思：视思明，听思聪，色思温，貌思恭，言思忠，事思敬，疑思问，忿思难，见得思义。"

孔子说："君子有九种思考。视力想着要清明；听力想着要敏锐；表情想着要温和；体貌想着要恭敬；说话时想着要忠于己心；做事时想着要有所敬畏；心有困顿时，想着要去问学；心有忿恨时，想着会有麻烦；看到有好处可得，要想是不是义所当得。"

船山《训义》云："君子之体道也，既于静而深存养之功，以保其心之正；又于学而尽格致之理，以得其理之安。""九思"，讲的正是存养之功与格致之理。"视思明、听思聪"偏重于格致，"色思温、貌思恭、言思忠、事思敬、疑思难、见得思义"偏重于存养。其中，"忿思难"可能不太好理解。朱子《集注》云："思难，则忿必惩。"所谓忿恨，是指不平之意。《颜渊》篇 12.21 章说："一朝之忿，忘其身以及其亲。"《大学》也说："身有所忿懥，则不得其正。"果生出忿恨之心，可能因此带来灾祸，于是想着遏制忿恨之心。

九思是修身的功夫。《朱子语类》说："须是逐一做工夫，更反复就心上看。……内外夹持，积累成熟。"九思便是在一件一件的事情上下修身的功夫，其实是很朴素的道理。船山《训义》也说："一物有一物之取舍，一事有一事之从违，必就其所见而思之，情不可任，名亦不可托，思之严也。……略于一端而即成终身之玷。"九思的目的是为了规范自己的视听言动，进退得其宜，理正而心安。如果在大节问题上没有处理好，会留下人生的污点和终身的遗憾。

九思和三省一样，数字不是实指，而是指多，这表明反躬自省的重要性。自我省察的修身功夫不应间断，人心要时时刻刻保持自觉，不失本心不麻木，正所谓"天行健，君子以自强不息"。

16.11 求志达道章

孔子曰："'见善如不及，见不善如探汤。'吾见其人矣，吾闻其语矣。'隐居以求其志，行义以达其道。'吾闻其语矣，未见其人也。"

孔子说："有句话是这样说的：'见到善，就要像追不到一样赶紧追上去；见到不善，就要像把手伸到开水中一样赶紧躲开。'我见过这样的人，也听过这样的话。还有一句话：'隐居并追求志向，践行义并实现道。'我听过这样的话，却没见过这样的人。"

"见善如不及，见不善如探汤"。见到善就追上去，使为己所有。见到不善就像手碰到开水，赶紧缩回来，使自己远离不善。这就好比"如恶恶臭，如好好色"，见到善"如好好色"，见到不善"如恶恶臭"。言下之意是，做人要善恶分明，然后弃恶从善。人能自觉到是非善恶，并不是难事，但践行之恐怕不太容易。在顺境中可以践行，在逆境则未必能做到；一时可以做到，长期坚持恐怕难以做到。

"隐居以求其志"，儒家主张入世，归隐多属无奈，当此之时，仍能坚守志向，可以说难能可贵。"行义以达其道"，一时行义不算难，难的是长期坚持，一己行义不算难，难的是推己及众。行义能致远及众，终能达于道，可谓难之又难。

明明已经隐居，又何以求其志？儒家士君子，天下有道则见，无道则隐。天下有道的时候，他们以身行道，行道于庙堂之上；天下无道之时，他们以身载道，存道于山林之远。即使隐居，士君子也会好好修身养性，或著书立说，或聚友讲学，使道统延续下去。待政治清明之时，儒家的隐君子还会出山。儒家士人之志，超越于事功，不管有官做还是没官做，他们以保存道统为第一要义，正所谓求仁得仁，道不远人。所以，儒家君子隐居也可以求其志。道家之隐，无为也；儒家之隐，有为也。道家之隐，隐而忘天下；儒家之隐，隐而不忘天下。这是儒道之隐的关键差别。

16.12 无德而称章

子曰："齐景公有马千驷，死之日，民无德而称焉。伯夷、叔齐饿于首阳之下，民到于今称之。其斯之谓与？"

孔子说："齐景公有马千驷，他去世的时候，百姓发现齐景公没有什么德行可以被称赞的。伯夷和叔齐饿死在首阳山下，百姓到今天还在称颂他们。是这个道理吧？"

君子贵德不贵富。本条将齐景公和伯夷叔齐对举，意在说明，齐景公虽然贵为国君，富有千驷，但却无德而称之。伯夷叔齐放弃了国君之位，身为商朝之人，宁可饿死也不愿吃周朝的粮食，最后饿死在首阳山，他们大德大节犹存，永远活在了丹青史书和世道人心里。船山《训义》云："自有封建以来，大国之君，淹没不知姓字者多矣。"儒家思想开出了一个道德传统，不屈于权贵与富贵，这是理解儒家思想的一条重要线索。

这一条句首没有"子曰"字样，似有缺文。朱子《集注》引胡寅曰："程子以为第十二篇错简'诚不以富，亦祗以异'，当在此章之首。今详文势，似当在此句之上。言人之所称，不在于富，而在于异也。"朱子《集注》云："愚谓此说近是，而章首当有孔子曰字，盖阙文耳。大抵此书后十篇多阙误。"朱子认为，这一条有缺文，《颜渊》篇 12.10 章的"诚不以富，亦祗以异"应该放在本条。但也存在另外一种可能性，这一条可能是和上一条连在一起的。意在说明，伯夷叔齐正是"隐居以求其志，行义以达其道"的人。宋代张栻《论语解》、明代葛寅亮《四书湖南讲》、清代孔广森《经学卮言》也认为，这一条与上一条为同一章。参见程树德编纂的《论语集释》。

16.13 学诗学礼章

陈亢问于伯鱼曰："子亦有异闻乎？"对曰："未也。尝独立，鲤趋而过庭。曰：'学《诗》乎？'对曰：'未也。''不学《诗》，无以言。'鲤退而学《诗》。他日，又独立，鲤趋而过庭。曰：'学礼乎？'对曰：'未也。''不学礼，无以立。'

鲤退而学礼。闻斯二者。"陈亢退而喜曰:"问一得三:闻《诗》,闻礼,又闻君子之远其子也。"

陈亢问孔鲤说:"你有没有从孔夫子那里听到不一样的教诲啊?"孔鲤回答说:"没有啊。有一天,我父亲一个人站在庭院,我小心翼翼快步走过,父亲问我:'学《诗经》了吗?'我说:'没有。'父亲说:'不学《诗经》,便没办法说话。'我退下之后便去学《诗经》。又有一天,我父亲又一个人站在庭院,我小心翼翼快步走过,父亲问我:'学礼了吗?'我说:'没有。'父亲说:'不学礼,便没办法立身。'我退下之后便去学礼。我在父亲那里听到了这两种教诲。"陈亢走了,他很开心,说:"我问一个问题,收获了三个东西:听到了《诗经》,听到了礼教,还听到了君子会疏远他的儿子。"

陈亢,即子禽,陈国大夫,孔门弟子。他应该是比较"八卦"的一个人,《论语》里有几处都是他在背后议论孔子。参见《学而》篇 1.10 章,子禽问于子贡:"夫子至于是邦也,必闻其政,求之与?抑与之与?"和《子张》篇 19.25 章,陈子禽谓子贡曰:"子为恭也,仲尼岂贤于子乎?"朱子《集注》云:"亢以私意窥圣人,疑必阴厚其子。"陈亢怀疑孔子私底下给自己的儿子孔鲤教了一些"秘籍"。结果发现,孔子对自己的儿子,教的也是诗教和礼教。

为什么学诗?朱子《集注》云:"事理通达,而心气和平,故能言。"《诗》三百,思无邪,诗教人感受、抒发和传递内心真诚的情感。为什么学礼?朱子《集注》云:"品节详明,而德性坚定,故能立。"视听言动皆有礼,孔门弟子通过学礼以修身历事。

陈亢发现,孔子对自己儿子教的东西与对其他弟子教的东西差不多,也是诗书礼乐之类,于是陈亢认为孔子没有私厚自己的儿子,所以感到开心。孔子因材施教,有教无类,诲人不倦,他教学生可以说非常尽心。可以再分析一下陈亢这句话里面的人伦观念。首先,私厚己子是普遍观念。第二,陈亢认定孔子好好教学生的标准是,跟教他自己的儿子是一样的。孔子若能与教儿子一样教学生,那么说明学生们被孔子所重视。在人伦关系中把握轻重对比,是中国人用来判断关系远近的一种常用方法。

但是，孔子对儿子和学生并不是一视同仁。颜渊去世，颜渊的父亲请求孔子卖了马车给助丧，孔子拒绝了，说："才不才，亦各言其子。"参见《先进》篇11.7章。孔子的意思是，自己的儿子虽然不如颜渊有才，但儿子死的时候也没有厚葬，颜渊去世便卖车厚葬，这是人伦亲疏失序。所以，孔子当然是私厚自己的儿子，只不过不体现在教诲上，而体现在其它方面。如果说孔子对学生好那是真的，但如果说孔子"远其子"就说得不准确了。陈亢认为"君子远其子"，船山《训义》则嘲笑他："甚哉！亢之愚也。"

16.14 邦君之妻章

邦君之妻，君称之曰"夫人"，夫人自称曰"小童"，邦人称之曰"君夫人"，称诸异邦曰"寡小君"，异邦人称之亦曰"君夫人"。

国君的妻子，国君称之为"夫人"，夫人自称为"小童"，国人称国君妻子为"君夫人"，国人在他国之人面前称本国国君妻子为"寡小君"，称他国国君妻子为"君夫人"。

《论语》这一条在谈称谓，与《论语》的其它条目风格确有不同。钱穆《论语新解》认为："惟《论语》有齐、鲁、古三本，今所传乃东汉郑玄以《鲁论》为主，又参校齐、古两论而成。或说以此篇为《齐论》，已无证。而本章三论皆有，乌见其为后人之随意附记而羼入？遇古书难解处，当以阙疑为是。"

船山《训义》云："先王制名以定分，著在礼经，天下遵之旧矣。"不同的称呼里面都包含了名分的逻辑。比如，国君称自己的妻子为夫人。为什么称为夫人？船山《训义》云："天子有后，其下有邦君之妻，不可亢也。卿大夫有内子，其上有邦君之妻，不可夷也。后之下为三夫人，邦君之妻视天子之贵妾，故与之同名曰夫人。君称之，因其秩而目言之，以奉王章，以立侯度也。"天子、诸侯、卿大夫分属三个等级，他们的妻子"体夫之尊"，也分为三个等级。诸侯之妻不能称为后，只能比拟于天子之贵妾而称之为夫人。诸侯国君称自己的妻子为夫人，主要是由诸侯国君与天子的关系决定的。再比如，国君夫人在国君面前，自称"小童"。"小童"是谦称，正如国君自我谦称为"孤"、"寡"、"不谷"。国人称国君妻子为君夫人，这是一种尊称。妻可以"体夫之尊"，正所谓"夫妻一体"。从称谓可以看出礼的丰富内涵。纲常为本，名教为大，故孔子为政，必以正名为先。

小结《季氏》篇

本篇行文风格特异，颇多"口诀"体，简明阐述修身养性、立身处世之教义。

阳货第十七（26章）

17.1 阳货见孔子章

阳货欲见孔子，孔子不见，归孔子豚。孔子时其亡也，而往拜之，遇诸塗。谓孔子曰："来！予与尔言。"曰："怀其宝而迷其邦，可谓仁乎？"曰："不可。""好从事而亟失时，可谓智乎？"曰："不可。""日月逝矣，岁不我与。"孔子曰："诺，吾将仕矣。"

阳货想见孔子，但孔子不见他。阳货趁孔子不在家的时候送他猪肉，想让孔子回礼致谢。孔子也趁阳货不在家的时候去回礼拜谢，结果路上遇到阳货。阳货对孔子说："你过来，我跟你说几句话。"阳货说："有治国宝器却忍心让邦国迷乱，这可以说是仁吗？"孔子说："不可以。"阳货说："喜欢做点事情却总是失去时机，这可以说是智吗？"孔子说："不可以。"阳货说："日月逝去，上天也不会再给我们年岁啊。"孔子说："好的，我会去从政的。"

朱子《集注》云："阳货，季氏家臣，名虎。尝囚季桓子而专国政。"阳货是季平子的家臣。季平子去世，季桓子接任执掌三桓。阳货作乱，囚禁了季桓子。阳货作为陪臣，一度掌权，他想拉拢孔子，但孔子没有答应。这一条讲述的就是阳货试图拉拢孔子而不得的故事。

阳货想见孔子。阳货是犯上作乱的家臣，孔子并不想加入阳货阵营，所以避而不见。阳货利用了当时的礼制规定，逼着孔子来见自己。朱子《集注》云："大夫有赐于士，不得受于其家，则往拜其门。"大夫给士颁赐东西，如果士没能亲自在家接受颁赐，那就要去大夫家拜谢。阳货趁孔子不在家时去送猪肉，目的是逼着孔子来登门拜谢。从礼制的角度来说，孔子当然不得不登阳货之门拜谢。但孔子内心不想去，所以反唱空城计，趁阳货不在家的时候去拜谢。这样既按照礼制拜谢了，也可以不见到阳货。不幸的是，孔子在路上恰好遇见了阳货，于是有了这番对话。此时，孔子还只是士，不是大夫。

阳货对孔子说了四句话。第一句，"来！予与尔言"算是打招呼，但这个招呼打得非常傲慢，体现了一副高高在上、神气活现的样子，仅此一句便可推知阳货之为人。第二句和第三句是从仁与智的角度来劝孔子出山，加入自己的阵营。当时孔子以仁智出名，孔子本人也很看重这样的德性。阳货正是利用孔子看重的东西来劝诱孔子。阳货的第四句话是慨叹时光飞逝，劝说孔子尽快出仕。从四句话来看，阳货的话术还是不错的，也算是巧言了。阳货作为孔子的对手，使用的是孔子经常用的那套语言，如仁与智。更有意思的是，阳货说的是一套道理，但做的却尽是些犯上作乱、不仁不义之事。可见，不正义的一方也常常会炮制出做坏事的"正当理由"。

孔子的回答也颇有戏剧性。三言两语，短促有力，优雅地回应，礼貌地敷衍，让阳货想生气也抓不到把柄。假如这一幕化入剧本，一定非常有趣。孔子的机智、幽默、淡定、温厚、正直，都在里面；阳货的心机、高傲、野心、伪善、奸佞，也在里面。朱子《集注》云："阳货之欲见孔子，虽其善意，然不过欲使助己为乱耳。故孔子不见者，义也。其往拜者，礼也。必时其亡而往者，欲其称也。遇诸涂而不避者，不终绝也。随问而对者，理之直也。对而不辩者，言之孙而亦无所诎也。"孔子的动容周旋和进退出处，分寸拿捏非常好，真可谓"圣之时者"。

17.2 性相近也章
子曰："性相近也，习相远也。"

孔子说："人的天性相近，但习惯却相差很远。"

宋儒将性分为天地之性和气质之性。所谓天地之性即是"天命之谓性"，大家都差不多，人皆有恻隐、羞恶、辞让、是非之心。虽说人人心里都有这个心性的根苗，但能不能发育出来，则要看气质之性的养成。气质之性，因为环境不同，修养不同，日积月累，就会相去甚远。这就是孔子说的"性相近，习相远"。

能自觉到性与习的特点，对于修身养性实在是大有裨益。用力的方向不一样，人生也就不一样。君子不强求耳目口鼻之欲的满足，而尽力于仁义礼智之性的修养。孔子以"性相近，习相远"来勉人致力于修养。修养的关键则在于习，即非礼勿视、听、言、动，动容周旋皆中于礼。事情总有该做与不该做，人无时无刻不在拿捏分寸，使自己手足有措而得其宜。儒家教育看重养成，而养成的基础在于知性用习。

17.3 上智下愚章

子曰："唯上智与下愚不移。"

孔子说："只有上智和下愚不能转移。"

所谓上智不移是指，不管怎样的境遇，都坚持修养自己的仁义礼智，不仅出淤泥而不染，而且置之淤泥而不染。所谓下愚不移，则是程子所谓的"自暴自弃"。朱子《集注》引程子曰："所谓下愚有二焉：自暴、自弃也。人苟以善自治，则无不可移，虽昏愚之至，皆可渐磨而进也。惟自暴者拒之以不信，自弃者绝之以不为，虽圣人与居，不能化而入也，仲尼之所谓下愚也。"

如果把这一条和上一条连起来看，孔子的意思包括好几层。第一，性相近，第二，习相远，第三，上智和下愚不可移。性相近是说人性本善，但人性会随着习惯的养成而发生变化，此即所谓习相远。而这种转化并非不可控制，有上智和下愚之不可移。孔子说话很灵活，能把意思说尽。孔子的意思是，"天命之谓性"是差不多的，但人能培育出什么德行，主要在于个人修养。人生在世，升沉流转不定，有的人把一手好牌打烂了，也有的人把一手烂牌打好了。船山《训义》云："其可归过于性而不慎所习哉？"

17.4 武城弦歌章

子之武城，闻弦歌之声。夫子莞尔而笑，曰："割鸡焉用牛刀？"子游对曰："昔者偃也闻诸夫子曰：'君子学道则爱人，小人学道则易使也。'"子曰："二三子！偃之言是也。前言戏之耳。"

孔子到武城,听到弦歌之声。孔子露出浅浅的微笑,说:"割鸡哪里要用牛刀?"子游说:"以前我听夫子说过:'君子学道便会关爱他人,小人学道便会忠厚肯干。'孔子说:"弟子们,偃说的话是对的,我刚才的话是开玩笑。"

言偃,字子游,孔门弟子。武城是鲁国的城邑,子游是武城宰,他采用礼乐来治理当地的百姓。朱子《集注》云:"时子游为武城宰,以礼乐为教,故邑人皆弦歌也。"孔子到武城,在现场证实了子游礼乐治理的实效,不禁莞尔一笑。孔子兴之所至,开了一句玩笑,治理这么个小小的城邑,还需要大兴礼乐之风吗?割鸡焉用牛刀,意思是,子游用礼乐治武城,纯属大材小用。

子游听到之后进行了一番解释。他引用了孔子曾经教导弟子的话来回应孔子,阐明君子学道和小人学道的好处。《朱子语类》说:"'君子学道',是晓得那'己欲立而立人,己欲达而达人'与'乾称父,坤称母'底道理,方能爱人。'小人学道',不过晓得孝弟忠信而已,故易使也。"小人学道是逐渐让自己做一个好人。而君子学道,不仅要让自己做一个好人,还要能够推己及人,在更加广阔的范围内改善社会风气。尽管君子学道和小人学道有不同的效果,但都应该学道。

弦歌何以治城?音乐对人心风气影响很大,有的音乐使人积极向上,有的音乐却不过是靡靡之音。《乐记》云:"德者性之端也。乐者德之华也。金石丝竹,乐之器也。诗言其志也,歌咏其声也,舞动其容也。三者本于心,然后乐气从之。是故情深而文明,气盛而化神。和顺积中而英华发外,唯乐不可以为伪。"乐可以调理人心,使人心归于温柔敦厚、真诚无伪。子游以礼乐治武城,可以说深得礼乐教化之精义。孔子莞尔而笑,乃深许子游也。据说,子游是孔门弟子中唯一的南方人,无怪乎孔子说:"吾门有偃,吾道其南。"

17.5 吾其为东周章

公山弗扰以费畔,召,子欲往。子路不说,曰:"末之也已,何必公山氏之之也?"子曰:"夫召我者,而岂徒哉?如有用我者,吾其为东周乎!"

公山弗扰占据费邑叛乱,召孔子去辅佐他,孔子想去。子路不高兴,说:"没有也不过如此，何必去投靠公山弗扰？"孔子说："他召我前去，难道只是凭空一说吗？如果他肯重用我，我就可能振兴东周吧！"

朱子《集注》云："弗扰，季氏宰，与阳货共执桓子，据邑以叛。"据《阳货》篇 17.1 章，孔子并不待见阳货。孔子不是想做官想疯了，更不会饥不择食，而是有所取舍。从这里似乎可以反推，公山弗扰与阳货不是一样的人，否则孔子应该不会想去投靠公山弗扰。

孔子的政治理想是振兴东周。文武周公开创的西周已经逐渐变成了礼崩乐坏的局面，孔子希望有执政的机会，可以振兴东周，复兴文武周公之治，其志不在小矣。对于辅佐何人，孔子有一个信念，不管什么样的人，都有可能改过自新，有所作为。朱子《集注》引程子曰："圣人以天下无不可有为之人，亦无不可改过之人，故欲往。然而终不往者，知其必不能改故也。"公山弗扰作为陪臣，夺了季氏的权，但孔子觉得，只要公山弗扰愿意改过，在孔子的辅佐下施行仁政，依然可以大有可为。船山《训义》云："诸侯用我，我即用诸侯；大夫用我，我即用大夫；家臣用我，我即用家臣。吾为之，吾有所以为之。兴周道于东方，吾所可自信矣。"孔子的理论是正确的，但公山弗扰可能不是那个可以和孔子一道振兴东周的人。

孟子云："居下位，不以贤事不肖者，伯夷也；五就汤，五就桀者，伊尹也；不恶污君，不辞小官者，柳下惠也。三子者不同道，其趋一也。一者何也？曰：仁也。君子亦仁而已矣，何必同？"伯夷眼里容不得沙子，他不食周粟，饿死于首阳山。伊尹既可以辅佐明主汤王，也可以辅佐暴君夏桀。柳下惠既可以侍奉卑污之君，也可以做小官。伯夷、伊尹、柳下惠，处事风格各不相同，其仁则一。孔子看到这礼崩乐坏的乱世，如果直接归隐，倒也乐得清闲，但孔子还是放不下。这种不忍忘世之心即是仁。如果君子都归隐了，那又有谁来为生民立命呢？虽处乱世，多一个君子入世，振兴东周的可能性就大了一点。这个一心想要振兴东周的孔丘，乍一看，让人觉得狂妄可笑，再一想，又不禁被他置之淤泥而不染的坚白之志与赤诚仁爱、一往无前的天下之心所感动。

17.6 恭宽信敏惠章

子张问仁于孔子。孔子曰:"能行五者于天下,为仁矣。"请问之,曰:"恭、宽、信、敏、惠。恭则不侮,宽则得众,信则人任焉,敏则有功,惠则足以使人。"

子张问孔子什么是仁。孔子说:"行走天下,能做到这五点,那就是仁了。"子张问是哪五点。孔子说:"恭、宽、信、敏、惠。恭敬则不被欺侮,宽和则众心归附,守信则被人信赖,敏勤则能做成事,恩惠则能使唤人。"

孔子以恭宽信敏惠解释仁。船山《训义》云:"内外人己之间,以一心贯通而相喻,为仁矣。"船山以内外人己之间的心灵感通为仁。船山先从正面解释恭宽信敏惠。恭是"不容自驰之心",宽是"无所隔碍之心",信是"一真无妄之心",敏是"自强不息之心",惠是"慈闵不吝之心"。船山又从反面解释:"不以色取不疑为恭,不以泛交不择为宽,不以意气相期为信,不以便习给数为敏,不以私恩市德为惠。""给数"是迅捷的意思,"便习给数"是走捷径的意思。《朱子语类》云:"盖不敏于事,则便有怠忽之意。才怠忽,便心不存而间断多,便是不仁也。"孔子说"仁",并不抽象,而是降下来,解释为恭宽信敏惠,依此而行,修身便有依托处。孔子不喜欢侈谈天理天道,而是讲究从身边人与身边事开始,能近取譬,慎独修身。

17.7 不磷不缁章

佛肸召,子欲往。子路曰:"昔者,由也闻诸夫子曰:'亲于其身为不善者,君子不入也。'佛肸以中牟畔。子之往也,如之何?"子曰:"然,有是言也。不曰坚乎?磨而不磷;不曰白乎?涅而不缁。吾岂匏瓜也哉?焉能系而不食?"

佛肸召孔子辅政,孔子想去。子路说:"以前,我听夫子说:'亲自做了不善的事情,君子不会去投靠他。'佛肸占据中牟叛乱,但夫子却要前去辅佐,这事做得怎么样呢?"孔子说:"是啊,我是说过这样的话。不是也有坚固的东西吗?再磨也不会变薄;不是也有洁白的东西吗?再染也不会变黑。我难道是匏瓜吗?怎么能只是挂在那里而不供人食用呢？"

朱子《集注》云："磷，薄也。涅，染皂物。言人之不善，不能浼己。"本条可以与《阳货》篇17.5章公山弗扰召孔子互相参看，都是讲孔子的进退出处之道。

佛肸是晋国赵氏之家臣，是中牟宰，据中牟叛乱。佛肸召孔子前往辅政，孔子想去，子路不高兴。孔子说，真正坚固的东西再磨也不会变薄，真正洁白的东西再染也不会变黑。孔子把自己比作为真正的坚白之物，能够保持节气，置之淤泥而不染。孔子进退出处有礼有节，如果过于固执，那就像匏瓜。匏瓜是指一种葫芦，切开一半可以用来舀水。匏瓜常常用绳子系着挂起来，等着劈开用来舀水，但却不能吃。孔子说，自己不是匏瓜，意思是自己不是闲置无用之人。

孔子曾经说："亲于其身为不善者，君子不入也。"意思是，如果为政者亲自做不善之事，那么君子就不应该侍奉这样的为政者。孔子用这个话来表达君子向善之志。但是不能把孔子说的这句话形式化和教条化。正如船山《训义》所说，"举世无可入，而皆可入。"佛肸据中牟叛，他来请孔子辅政，说明他愿意改过自新，还是大有可为。孔子愿意去辅佐佛肸有两个前提。第一，孔子认为佛肸可变。君子之仁，与人为善，孔子相信在自己的辅佐下，佛肸会改过自新，施行仁政。第二，孔子相信自己的坚白之志，他靠近佛肸，可以改变佛肸，而不是被佛肸所改变。

孔子面对这种事情，能够做到进退有度。《朱子语类》说："盖二子暂时有尊贤向善之诚心，故感得圣人欲往之意。然违道叛逆，终不能改，故圣人亦终不往也。譬如重阴之时，忽略开霁，有些小光明，又被重阴遮闭了。"若果真佛肸不可为，孔子也能行事有节，全身而退。孔子是"圣之时者"，他能够破除教条，进退有度。至于中人之质，则度德量力而行之可也。

17.8 六言六蔽章

子曰："由也，女闻六言六蔽矣乎？"对曰："未也。""居，吾语女。好仁不好学，其蔽也愚；好知不好学，其蔽也荡；好信不好学，其蔽也贼；好直不好学，其蔽也绞；好勇不好学，其蔽也乱；好刚不好学，其蔽也狂。"

孔子说："子路，你听过六言六蔽吗？"子路说："还没有。"孔子说："你坐，我来跟你说一说。好仁不好学，其蔽在于容易陷入愚蠢的状态；好智不好学，其蔽在于过于追求高广而不知纲要；好信不好学，其蔽在于容易相信似是而非的东西，结果贼害本物；好直不好学，其蔽在于容易变得急切而不通人情；好勇不好学，其蔽在于容易添乱。好刚不好学，其蔽在于容易变得狂妄暴躁。"

朱子《集注》云："六言皆美德，然徒好之而不学以明其理，则各有所蔽。""好仁不好学"，只知道释放仁爱之心而不知克制，爱会泛滥，容易过界，此谓不知义。"好仁不好学"，是不知道"仁义相成"的道理。"好智不好学"，则务于广大高远，甚至漫无边际，不能抓住要点，无法提纲挈领，这便是"荡"。朱子《集注》云："荡，谓穷高极广而无所止。""好信不好学"，则往往会固执于小信而不知变通，也无法分辨那些似是而非的东西，比如以紫乱朱，以乡愿为仁德，这都是"贼"。朱子《集注》云："贼，谓伤害于物。""好直不好学"，则容易"绞"，"绞"是指急切的意思。孔子曰："直而无礼则绞。"揣着个道理就急着去兴师问罪，"尊者无所避，亲者无所讳"，死按着一个道理而不知融通。比如，其父攘羊而其子证之，反而伤害了人情，这就是"绞"。"好勇不好学"，只凭血气之勇，容易冲动行事，不知"酌其进退之宜"，所以常常添乱。孔子曾说："勇而无礼则乱。""好刚不好学"，强撑着一股刚强之气，不知缓转，则容易暴躁。

"愚、荡、贼、绞、乱、狂"，这六蔽都是教条主义的结果。有的是固执己心而不明其理，有的是固执于理而不通其心。如果只是信守道德教条而不知学习变通，则会落入各种形式的教条主义。儒家思想是辩证的，而非教条的。好学者会在心与理之间来回穿梭，以心悟理，以理御心，互相包含，互相矫正，最后达到心理合一而不落于一偏的状态。固执己心或者固执于理，不是完整的、自然的健康状态。通内外，合天人，才是一个完整的、自然的人。

17.9 兴观群怨章

子曰："小子何莫学夫诗？诗，可以兴，可以观，可以群，可以怨；迩之事父，远之事君；多识于鸟兽草木之名。"

孔子说："弟子们何不学《诗经》呢？《诗经》，可以兴发志气情感，可以考见兴衰得失，可以表达合群之心，可以抒发怨慕之意。就近处说，可以事父母；就远处说，可以事君主。还可以多认识鸟兽草木的名称。"

儒家重诗教。学习《诗经》，可以"兴观群怨"。朱子《集注》云："兴，感发志气。"朱熹《诗集传》："兴者，先言他物以引起所咏之词也。"诗可以兴发志气与情感，志气情感得以抒发，则身心舒畅。"观"是"考见得失"。《诗经》里有很多讽喻诗，寓藏褒贬，可以明鉴得失。"群"是"和而不流"，可以合群，但不会放纵。"怨"是"怨而不怒"，有怨气但并不过分，自己会有所节制。朱子《集注》的解释是"怨而不怒"，船山《训义》的解释是"含其情而不尽于言"。"怨"是一种含蓄的生气。儒家诗教并不是要培养没有怨气的老好人。人该生气的时候就应该生气，但要以一种妥帖的方式释放出来。

诗教的目标是涵育君子性情，培养君子人格，使人能够自觉到自己的性情与天地万物自然之关联。程颢有诗云："万物静观皆自得，四时佳兴与人同。道通天地有形外，思入风云变态中。"人能感受到特定时空中的万事万物皆与己心保持着一种感通的状态。诗教的本质即在于培养一种感通的能力，内外人己，心心相通。船山《训义》将之表述为，"以一性一情周人伦物理之变而得其妙"。这种内外人己、心心相通的能力，就是儒家所说的仁。孔门重诗教以育仁。

17.10 周南召南章

子谓伯鱼曰："女为《周南》、《召南》矣乎？人而不为《周南》、《召南》，其犹正墙面而立也与？"

孔子对儿子伯鱼说："你学了《周南》和《召南》吗？人如果不学《周南》和《召南》，就好像面壁而立、寸步难行吧？"

《周南》和《召南》是《诗经》名篇。《周南》收录的是周公封国南部的民歌，《召南》收录的是召公封国南部的民歌。周公、召公治理有道，教化有方，民受其惠，明伦而知礼。《周南》、《召南》收集的诗歌大多描写人伦之理。朱子《集注》云："为，犹学也。周南、召南，诗首篇名。所言皆修身齐家之事。正墙面而立，言即其至近之地，而一物无所见，一步不可行。"程颢曰："二南，人伦之本，王化之基。"《周南》、《召南》里面叙述的人伦之理，是一个人立身处世的根本。不懂这些人伦之理，人就会像面壁而立，寸步难行。所以，孔子家学重诗教，孔门也重诗教。

17.11 礼云乐云章
子曰："礼云礼云，玉帛云乎哉？乐云乐云，钟鼓云乎哉？"

孔子说："礼啊礼啊，难道说的只是玉帛吗？乐啊乐啊，难道说的只是钟鼓吗？"

朱子《集注》云："敬而将之以玉帛，则为礼；和而发之以钟鼓，则为乐。遗其本而专事其末，则岂礼乐之谓哉？"玉帛为礼器，钟鼓为乐器。玉帛承载的是礼，内在精神是敬，意思是郑重其事，肃然起敬，赠送玉帛代表对交际对象的敬意。钟鼓承载的是乐，内在精神是和，意思是人己和谐，内外交融，钟鼓能导出人的情感，融洽彼此的情感。玉帛的背后是敬，钟鼓的背后是和，必须有敬与和，礼乐才有真精神。只有动作而无感发，礼则为虚礼，只有节奏而无融和，乐则为伪乐。

朱子《集注》引程子曰："礼只是一个序，乐只是一个和。只此两字，含蓄多少义理。天下无一物无礼乐。且如置此两椅，一不正，便是无序。无序便乖，乖便不和。又如盗贼至为不道，然亦有礼乐。盖必有总属，必相听顺，乃能为盗。不然，则叛乱无统，不能一日相聚而为盗也。礼乐无处无之，学者须要识得。"程子认为，不是行礼奏乐的时候才有礼乐，礼乐以及背后的敬与和无处不在，贯穿在生活的方方面面；即使做盗贼也要讲究礼乐敬和，否则团伙合作也会有困难，自然偷盗不成。

无礼则失序失敬，手足无措；无乐则失和失睦，人情扞格。礼中有敬，敬意升腾便会有所必为、有所不为，此即是义。乐中有和，和气舒畅便能内外相感、人我相通，此便是仁。礼乐精神的实质是仁义。子曰："人而不仁，如礼何？人而不仁，如乐何？"

17.12 色厉内荏章

子曰："色厉而内荏，譬诸小人，其犹穿窬之盗也与！"

孔子说："表情威严而内心怯弱，如果用小人来打比方的话，应该是像穿墙和爬墙的盗贼吧！"

朱子《集注》云："厉，威严也。荏，柔弱也。小人，细民也。穿，穿壁。窬，逾墙。"船山《训义》云："刚之过者谓之厉。""色厉内荏"的意思是，表面非常刚强，内心比较怯弱，并不像表现出来的那般志气坚定、守死善道。色厉内荏是一种遮遮掩掩的暧昧状态，嘴巴上义正词严，心里可能也明白是非，但落实在行动上时，总还是会因为各种各样的缘由而打折扣，并不靠谱。

孔子为什么会把色厉内荏者比作穿窬之盗呢？穿窬之盗是指钻洞或翻墙到人家里去偷盗，这是偷偷摸摸、见不得人的事。《朱子语类》说："意只在要瞒人，故其心常怕人知，如做贼然。……里面是如此，外面却不如此；外面恁地，里面却不恁地。"穿窬之盗知道自己做得不对，担心被人知道。色厉内荏者也是如此，他们知道自己做得不对，担心别人看出来，所以装做一副正义凛然的样子。色厉内荏者，就像是纸老虎，稍微遇到一点阻力或压力，内心就会崩盘。就像穿窬之盗，一旦被人发现，立马就会乱了阵脚。

色厉内荏，大体还是因为对于义理认识不足，修养无法支撑其守死善道。仁义根于心，但也有一个精熟的过程。仁义的根性就像种子，种子要成苗成材，还需要一个培育修养的过程。色厉内荏者也有这仁义的根苗，但如果不能修养之，仁义便无法壮大，也不能理直气壮。

17.13 德之贼章

子曰："乡原，德之贼也。"

孔子说："乡愿是害德之贼。"

孔子这句话言简意赅，是针对时弊下的一剂猛药。乡原通乡愿。朱子《集注》云："乡原，乡人之愿者也。盖其同流合污以媚于世，故在乡人之中，独以愿称。夫子以其似德非德，而反乱乎德，故以为德之贼而深恶之。"《朱子语类》曰："乡原无甚见识。其所谓愿，亦未必真愿，乃卑陋而随俗之人耳。""愿"是谨厚的意思，乡愿是指乡人皆以为谨厚的人。不管好人坏人，大家都觉得乡愿是好人，因为乡愿没有原则，总是曲意逢迎，也可以说，乡愿是以逢迎为原则。船山《训义》说，乡愿"慕虚名、邀实利，似忠信而不求之天理之安，似廉洁而不知夫取舍之大"。乡愿以忠信廉洁为伪装，一意曲意逢迎，其实枉顾天理。《朱子语类》云："便是世间有这一般半间不界底人，无见识，不顾理之是非，一味谩人。看时也似个好人，然背地里却乖，却做罪过。"朱子认为，乡愿常常不顾是非，颠倒黑白，人前一套，人后一套，表面上是尊重他人，背地里常常骗人伤人。乡愿总是曲意迎合，但人与人的利益不可能相同，要迎合所有人的利益，就只能欺骗或敷衍，到头来乡愿的人设还是会崩塌。真正明智的做法还是去恶向善，以德为先，仗义而行。

乡愿得利有两重逻辑。第一重逻辑是，乡愿似德，故君子引为相近而爱之。第二重逻辑是，乡愿似德而非德，随时可以扭曲德，故小人爱之。乡愿既袭取了德的好处，也袭取了不德的好处。换言之，德不是乡愿行事的依据，合群获利才是乡愿行事的依据。如此枉顾德与不德，岂不就是德之贼吗？

孟子对乡愿也有一段评价："阉然媚于世也者，是乡原也。……非之无举也，刺之无刺也；同乎流俗，合乎污世；居之似忠信，行之似廉洁；众皆悦之，自以为是，而不可与入尧、舜之道，故曰'德之贼'也。"孟子还将乡愿与狂狷进行了对比。狂者进取，狷者有所不为。乡愿看不起狂狷之士，认为狂狷之士不合时宜，一生孤独，踽踽凉凉。乡愿认为自己非常合群，左右逢源。孟子认为，乡愿的基本价值取向是，"生斯世也，为斯世也，善斯可矣"。如何来理解乡愿这种"活在当下"的心态呢？从现实情况来看，乡愿往往是世俗的成功者，他们左右逢源，四通八达，见人说人话，见鬼说鬼话，非常合群，可能还非常油腻。他们不管长远，不管历史，也不管未来，只要一时一地，只要此生此世。所以，乡愿的本质是以仁德为幌子的利己主义者，把周围的人都利益化和工具化了，最后其实也把自己虚无化了。

乡愿是为自己而活。贪图享受的利己主义与修身养性的道德主义有很大的差别。修身养性的道德主义，讲究"为己之学"，"疾没世而名不称"，似乎也是另外一种为自己而活。贪图享受的利己主义者可能正是我们这个时代的乡愿，看起来具有十足的正当性，无法反驳。追求一时的快乐、为自己而活与活在当下的价值观，在我们这个时代，似乎也有了一种崇高的道德感。但这种利己主义其实渐渐把人导入了狭隘的个体主义，反而丧失了超越性的真精神。在似是而非的意义上说，道德主义的"为己"似乎败给了利己主义的"为己"。

似德之谓贼，无心之谓伪。乡愿虽然逢迎获利，但是枉顾德行，终究难以树立正气。流风善教而彪炳千古者，一定是正气，断不会是乡愿。

17.14 道听塗说章

子曰："道听而塗说，德之弃也。"

孔子说："如果在路上听一听德，又只是在路上说一说德，那就是放弃德了。"

道听途说而不能自修，便不能保有此德，这无异于弃德。朱子《集注》云："虽闻善言，不为己有，是自弃其德也。"船山《训义》云："耳入而口旋出，心总无与焉！"船山的意思是，道听途说只是从耳入、从口出，而不走心。对于嘉言善行，自己就像是二道贩子，听说之后又继续讲给别人听，但自己并没有尝试去做，只是过了一把嘴瘾。德是一种心性，只要自己选择做一个有德之人，外力便无法干预。纵使陷入困顿，也应该坚持做一个有德之人。从来没有德弃人，只有人弃德。求仁得仁，德不远人。

17.15 患得患失章

子曰："鄙夫可与事君者与哉？其未得之也，患得之。既得之，患失之。苟患失之，无所不至矣。"

孔子说："鄙陋之人，能够与他一起侍奉君主吗？他们没有得利的时候，担心如何得利。得利之后，又担心将会失利。鄙陋之人如果担心失利，可能就会不择手段、无所不做了。"

朱子《集注》云："鄙夫，庸恶陋劣之称。"船山《训义》云："奸人之态易见，小人之才可使。惟鄙夫者，貌若无奸而不能为小人者。"船山认为，奸人道德恶劣，弃之不用可也；小人贪利，如有才，还可以因势利导而用之；至于鄙夫，则是介于二者之间，其恶不如奸人，其才又不如小人，似乎可用而终不能用。儒家以道德分等级，上等人如圣人、贤人、善人等，下等人如小人、鄙夫、奸人等。不与鄙夫共同事君，意思是说，为政者用人，不能用鄙夫。

鄙夫总是患得患失。他们担忧如何能够得利，又担心会失去已有的功名利禄。患得患失之人，往往是一副积极进取的样子。患得与上进有时候难以从表面分辨出来。但在失利的时候，由富贵转贫穷，树倒猢狲散，甚至墙倒众人推，这时候，患失者便原形毕露了。他们为了防止失利，可能会不择手段，甚至无恶不作。因此，从患失其实更能看出人的道德水平。鄙夫患得又患失，他们眼里只有得失利害，没有道德法则，如何能与之共事？

朱子《集注》引胡寅曰："许昌靳裁之有言曰：'士之品大概有三：志于道德者，功名不足以累其心；志于功名者，富贵不足以累其心；志于富贵而已者，则亦无所不至矣。'志于富贵，即孔子所谓鄙夫也。"宋代学者靳裁之把士分成了三个品类：志于道德者，志于功名者，志于富贵者。钱穆《论语新解》说："人品大略可分为三类，有志于道德者，此为己之学。有志于功名者，此为人之学。有志于富贵者，即本章之所谓鄙夫，乃不可与共学之人。"从道德、功名或富贵的角度出发，会形成自我行为合理化的不同解释逻辑，也会形成不同的处世原则，其背后反映了不同的价值理念。志于道德，志于功名，志于富贵，这三种人的道德境界当然也是不一样的。观人志向，可以察人，可以修己。君子不但不愿意与鄙夫共事，自己更不会去做鄙夫，此毋庸赘言。

17.16 古民三疾章

子曰："古者民有三疾，今也或是之亡也。古之狂也肆，今之狂也荡；古之矜也廉，今之矜也忿戾；古之愚也直，今之愚也诈而已矣。"

孔子说："古时候百姓有三个毛病，今天的百姓可能没有这样的毛病了。古时候志高的人不拘小节，现在所谓志高的人则过于放荡。古时候高洁的人有些棱角、不好接近，现在所谓高洁的人则带有戾气、喜好争斗。古时候愚笨的人是正直的，现在所谓愚笨的人只是善于诈伪罢了。"

朱子《集注》云："狂者，志愿太高。肆，谓不拘小节。荡则逾大闲矣。矜者，持守太严。廉，谓棱角陗厉。忿戾则至于争矣。愚者，暗昧不明。直，谓径行自遂。诈则挟私妄作矣。"古之民，狂者肆，矜者廉，愚者直。今之民，狂者荡，矜者忿戾，愚者诈。孔子说，"观过斯知仁"。古之民和今之民难免都会有些毛病，有失分寸，但从偏离的方向，还是可以看出古今之民的差别。古之民是有毛病，但毛病是朝着好的方向偏离。今之民也有毛病，但毛病是朝着坏的方向偏离。就像君子偏于厚，小人偏于薄，虽说过犹不及，但毕竟性质不同。从这三组对比可以看出古今风气之异，孔子厚古薄今，是有原因的。

孔子在他那个时代已经感觉到了世风日下。在 21 世纪的今天，我们看到一些不良风气，其实在孔子的时代就已经有各种表现了。我们对于古代世界的想象不应过于单一化和脸谱化。无论何时何地，社会有复杂多样的生态，人心有复杂多样的心态。孔子厚古，但他心里的那个古可能也是复杂多样的。

17.17 巧言令色章

子曰："巧言令色，鲜矣仁。"

本章重出。参见《学而》篇 1.3 章。

17.18 恶紫夺朱章

子曰："恶紫之夺朱也，恶郑声之乱雅乐也，恶利口之覆邦家者。"

孔子说："我厌恶紫色夺了朱色，厌恶郑声乱了雅乐，厌恶口舌之利倾覆了邦与家。"

朱子《集注》云："朱，正色。紫，间色。雅，正也。利口，捷给。覆，倾败也。"朱是正色，紫是间色，但"紫艳于朱"。所以，紫色容易扰乱朱色，破坏朱色的正统地位。郑声很像雅乐，实则是淫乐，正因为其相似性，所以郑声容易扰乱雅乐。口舌之利者则容易极尽巧言而行诌媚之事，人主听信之后，家邦有倾覆之危险，所谓"一言丧邦"。从这三组比较可以看出，长处如果没有用在正道，反而会变成短处，甚至成为致乱之源。正如乡愿，长于合群，但毫无原则地合群，便会成为德之贼。所以，人有所长，必用于正道，如用于异端，正好以假乱真，孔子恶之。孔子这里提到的三恶，并不是孔子一人之恶，人心之所同然也。

朱子《集注》引范祖禹曰："天下之理，正而胜者常少，不正而胜者常多，圣人所以恶之也。"是非善恶有性质的差异，也有数量差别和力量大小之分。一时一地来看，奸邪之人不择手段地求利求赢，完全有可能正不压邪。歪风邪气如果过于强大，即使是忠直之人，短期之内也无可奈何。但从一个长时段的历史大趋势来看，邪不胜正，仁者无敌。从个人角度而言，聪明才智必用于正道，才会心安理得。

17.19 天何言哉章

子曰："予欲无言。"子贡曰："子如不言，则小子何述焉？"子曰："天何言哉？四时行焉，百物生焉。天何言哉？"

孔子说:"我希望可以不说话。"子贡说:"夫子如果不说话,那我们这些弟子怎么学习和转述呢?"孔子说:"天说了什么呢?四季运行,百物衍生。天说了什么呢?"

朱子《集注》云:"学者多以言语观圣人,而不察其天理流行之实,有不待言而著者。是以徒得其言,而不得其所以言,故夫子发此以警之。"孔子看到一些学生只是教条地固守他传授的言语,未能体会言语背后的大道。孔子说"欲无言",并不是说他真的不想说话了,而是希望弟子们可以透过他的言语去体会背后的天道。孔子是在阐述一种教育理念,鼓励门人学天道,而不是只学自己的只言片语。天道可以用心体会,非言语所能穷尽。如果拘泥于言语,那便是学之小者,未闻大道。从根本上说,学须自学,不能做截取他人只言片语的二道贩子,而应自己用心体会,温故知新,融会贯通,才能避免各种各样的教条主义。

《中庸》云:"天命之谓性。"天虽无言,但人性受命于天,每个人身上都有天性。天道至广大而尽精微。天从来不言,但也从不遮掩。四时行,百物生,无所隐。一个人只要坚持修养仁义礼智,就能发扬出自己身上的天性。参天性而养人性,不断超拔,可以学达性天。从"天命之谓性"出发,儒家立意甚高,他们在天人合一的关系里看到了人身上的天性。在这个意义上说,天是中国人获得超越性的一个根本来源。

17.20 取瑟而歌章

孺悲欲见孔子,孔子辞以疾。将命者出户,取瑟而歌,使之闻之。

孺悲想见孔子,孔子以病推辞。来传话的人将要离开孔子家门时,孔子取瑟唱歌,故意使他听到。

这一条很有画面感。孔子很"调皮",他不想见孺悲,而且明明白白地让孺悲知道自己不想见他。孔子这是明示孺悲,自己讨厌他,仁者能爱人也能恶人。对于孺悲而言,孔子的"调皮"不失为一种侮辱。朱子《集注》云:"孺悲,鲁人,尝学士丧礼于孔子。……当是时必有以得罪者。"孺悲未必是直接得罪了孔子，但他应该是有什么重大可恶之处，不然孔子也不会无缘无故"戏弄"他。仔细一想，孔子最后鼓瑟而歌，明显是故意让孺悲知道自己对他有所不满，这其实是一种"不见之教"，否则孔子大可不理不睬。孔子大概还是于心不忍，所以有所教之，希望孺悲能自悟自改。孟子曰："教亦多术矣。予不屑之教诲也者，是亦教诲之而已矣。"孔子的"戏弄"，看似决绝，却尚有温度，可见孔子仁厚。

17.21 三年之丧章

宰我问："三年之丧，期已久矣。君子三年不为礼，礼必坏；三年不为乐，乐必崩。旧谷既没，新谷既升，钻燧改火，期可已矣。"子曰："食夫稻，衣夫锦，于女安乎？"曰："安。""女安则为之！夫君子之居丧，食旨不甘，闻乐不乐，居处不安，故不为也。今女安，则为之！"宰我出。子曰："予之不仁也！子生三年，然后免于父母之怀。夫三年之丧，天下之通丧也。予也有三年之爱于其父母乎？"

宰我问："三年之丧，但一年已经够久了。君子三年不行礼，礼必然就坏了；三年不作乐，乐必然就崩了。去年的陈谷已经吃完，今年的新谷已经储备起来了，钻木取火的木材也发生了四季的变化，父母之丧一年就可以了。"孔子说："父母去世了，吃好谷，穿锦衣，你心安吗？"宰我说："安。"孔子说："你心安那就行一年之丧吧。君子守丧的时候，吃美味的食物也不觉得香甜，听欢快的音乐也不觉得开心，日常起居也不觉得安心，所以不会行一年之丧。现在你觉得安心的话，那你就去做吧。"宰我出去了，孔子说："宰我真是不仁啊！孩子出生三年之后，才能离开父母的怀抱。三年之丧，是天下通行的丧礼。宰我有获得过父母怀抱三年的爱吗？"

本条记载孔子与弟子宰我关于三年之丧的辩论。按照《仪礼·丧服》记载，为父服斩衰，为母服齐衰三年。斩衰的服丧时间为 25 个月，前后跨三个年头。齐衰三年也是 25 个月。三年之丧即父母之丧，乃"天下之通丧"。宰我认为，三年之丧时间太久，应该改为一年。宰我提出了两个理由。第一，服丧三年，不举礼乐，则会礼坏乐崩。第二，一年四季已经变化，丧礼也应该随着四季物候变化而变化。宰我举了"改火"的例子来说明四季物候之变。朱子《集注》云："改火，春取榆柳之火，夏取枣杏之火，季夏取桑柘之火，秋取柞楢之火，冬取槐檀之火，亦一年而周也。"一年四季用不同的木材钻木取火，服丧也应以一年为期而变化。但是，孔子严重反对宰我的"父母之丧一年论"。

孔子提出了两个反对的理由。第一，遭父母之丧，食稻衣锦，于心不安。父母之丧，疏食饮水，只能喝点粥，不能吃米饭，要穿斩衰或齐衰的丧服，不能穿锦衣。这是礼制规定，也是人之常情。一般来说，父母死了哪里还会有心情锦衣玉食呢？孔子提出的第二个理由是一个报恩的逻辑。婴儿出生后，不能独立，二十四小时离不开人的照看，他们在父母的怀抱中长大，三年才能免于父母之怀，这说的是父母的养育之恩。即使从三年免于父母之怀的恩情来说，孩子也至少应该回报以三年之丧。儒家鼓励"大孝终身慕父母"，这个终身是终自己之身，而不是终父母之身。父母即使去世了，也要时常思念和祭祀。孔子说，宰我希望父母之丧只行一年，难道他小时候没有得到父母的三年怀抱之爱吗？意思是，难道宰我没有父母、是个孤儿吗？怎么对父母如此无情？孔子其实是在严厉批评宰我之情薄，不懂知恩图报。朱子《集注》云："宰我既出，夫子惧其真以为可安而遂行之，故深探其本而斥之，言由其不仁，故爱亲之薄如此也。"

三年丧是天下之通丧。三年丧是一个折中的礼制规定，使贤者俯而就之，使不肖者跂而及之。那些情厚者，不应长期沉浸在悲伤之中，以至于毁身灭性；那些情薄者，则应该按照礼制三年丧的规定来做，服丧期间，常思父母之恩，使自己归于厚道。曾子服父母之丧，水浆不入于口七日。七天不吃不喝，一般人可能会毁伤身体，这也不是父母所希望看到的。所以，礼制规定，水浆不入于口三日即可。真正的孝子，大孝终身慕父母，即使行了三年丧，恐怕还是心难安，会觉得依然很哀痛。如果像宰我那样，擅自把三年丧减为一年丧，那就失去了丧礼厚德养仁之本意。

17.22 饱食终日章

子曰："饱食终日，无所用心，难矣哉！不有博奕者乎？为之，犹贤乎已。"

孔子说："一天到晚吃饱了饭也不用心做事，这也很难做到啊！不是有六博戏和围棋吗？做这些也比无所事事要好。"

朱子《集注》云："博，局戏也。弈，围棋也。"博与弈是古时候的棋局游戏。朱子《集注》引李郁曰："圣人非教人博弈也，所以甚言无所用心之不可尔。"《朱子语类》云："心若有用，则心有所主。只看如今才读书，心便主于读书，才写字，心便主于写字。若是悠悠荡荡，未有不入于邪僻。"朱子认为，如果无所事事，则心无所主，容易产生不好的念头，"入于邪僻"。

孔子看到有些人饱食终日却无所用心，为他们浪费生命而感到惋惜。孔子认为，道不远人，求仁得仁；一个人只要积极向上，假以时日，便可成材。浪费生命，实在可惜，儒家反对躺平主义。天行健，君子以自强不息，儒家的真精神是发扬人的生命，不断修养本心，坚持向上向善，以期学达性天。向上向善是发扬天性，不是攀比内卷。

17.23 义以为上章

子路曰："君子尚勇乎？"子曰："君子义以为上。君子有勇而无义，为乱；小人有勇而无义，为盗。"

子路说："君子崇尚勇吗？"孔子说："君子崇尚的是义。君子有勇而无义，则容易生乱；小人有勇而无义，则容易为盗。"

子路有血气之勇，义勇则有所不足。子路在义理之明上还做得不够，所以孔子教导之。如果义理认识不清，便会把勇力用在不正确的方向上。勇力就好比火车的动力，义理就好比火车的轨道，义理不明，徒恃血气之勇，越有勇力，越会在错误的方向上飞驰，结果越错越离谱。如果义理分明，则知有所必为和有所不为，便能生出作为和坚守的勇气。真正的大勇乃从义出。朱子《集注》引尹焞曰："义以为尚，则其勇也大矣。"所以，孔子教导子路，勇不足尚，君子尚义。

17.24 君子有恶章

子贡曰："君子亦有恶乎？"子曰："有恶：恶称人之恶者，恶居下流而讪上者，恶勇而无礼者，恶果敢而窒者。"曰："赐也亦有恶乎？""恶徼以为智者，恶不孙以为勇者，恶讦以为直者。"

子贡说："君子也有厌恶的东西吗？"孔子说："君子有所厌恶，厌恶宣扬他人缺点的人，厌恶位居下属而诽谤上司的人，厌恶似勇而无礼的人，厌恶似果敢而僵化的人。"孔子问子贡："你也有厌恶的东西吗？"子贡说："厌恶专门窥伺他人过失还自以为聪明的人，厌恶不谦逊还自以为勇敢的人，厌恶揭发他人隐私还自以为正直的人。"

朱子《集注》云："讪，谤毁也。窒，不通也。称人恶，则无仁厚之意。下讪上，则无忠敬之心。勇无礼，则为乱。果而窒，则妄作。故夫子恶之。……徼，伺察也。讦，谓攻发人之阴私。"子曰："唯仁者能好人、能恶人。"什么都不厌恶，那就变成乡愿了。孔子列数了君子的四个厌恶：宣扬别人的缺点，却自以为正直；作为下属诽谤长上，却自以为刚正；胡搅蛮缠却自以为勇，胡作非为却自以为果敢。子贡也列数了他的三个厌恶：喜欢用小聪明去窥伺他人过失，还自以为智；不知谦逊，做事鲁莽，还自以为勇；发掘别人的隐私然后攻击之，还自以为直。

船山《训义》云："盖世道人心之坏，常生于假托名义以行其私，而浇薄之习因其依附而成。"孔子和子贡列数的七个厌恶，全是船山所说的假托名义。看起来是智、勇、直的行为，其实离智、勇、直已经很远了，甚至可能走向了智、勇、直的反面。这些所谓的假托名义的行为，无论是有心还是无意，从根本上说，还是因为对义理认识不清，未能掌握真正的义理和似是而非的歪理之区别。乡愿会无原则地讨好别人，曲意逢迎，学习者还以为这就是仁德，于是纷纷学习这种曲意逢迎，那就离德万里了。乡愿是典型的似德而非德，孔子严厉批评乡愿是德之贼。又比如爱情，爱情是美好的东西，让人在爱情中受伤的不是爱情本身，而是那些以爱之名造成的伤害。似是而非最危险。君子明德，正是要从这些似是而非的人心险要处入手，三省吾身，善善恶恶，以进于光明俊伟。

17.25 女子小人章
子曰："唯女子与小人为难养也，近之则不孙，远之则怨。"

孔子说："近妾与仆小难养，过于亲近，他们便不恭逊；过于疏远，他们便有怨言。"

"唯"是发语词。朱子《集注》云："此小人，亦谓仆隶下人也。"船山《训义》认为，"女子与小人"是指"妾媵之女子与左右之小人"。本条的"女子与小人"指君子身边那些德行不高、地位地下的人。这里提到了女子难养，实在是大大地冒犯了现在的女权主义者。在君子身边，德行不高、地位低下的人大多有"近之则不逊，远之则怨"的特点，不仅仅是这里提到的女子与小人，还包括一些下属、秘书、学生甚至是朋友，也有这个难养的特点。女权主义者不宜对号入座。孔子这里主要在讲一个德性问题，而不是性别问题。退一步说，孔子也有母亲、妻子和女儿，他大可不必如此普遍地贬低女子。读古书要"以意逆志"，不能以现代人的眼光代替了古人的眼光，否则就会产生误会。

德行不高、地位低下的身边人为什么难养呢？孔子的回答是，"近之则不逊，远之则怨"。船山《训义》云："盖其人安于卑贱而不知名义，近于君上则妄自尊高，……一日失恩而怨蕴于心矣。"船山认为，近妾与仆小地位低下，不识义理，如果君长亲近他们，他们就容易妄自尊大，甚至狐假虎威，所以有后宫干政，宦官专权。问题是，君长身边又少不了这些人伺候，伺候久了，彼此熟悉，他们又会失去庄敬之心，君长说的话也不管用了。君长一旦疏远他们或者加之以威严，他们又会心生怨恨，甚至散布流言，挟私报复。面对这些不识义理的近妾与仆小，君子不能太亲近，也不能太疏远，恩威不能太重，也不能太轻，分寸很难拿捏，所以为难养。

君长应该如何与这些近妾和仆小打交道呢？朱子《集注》云，"君子之于臣妾，庄以莅之，慈以畜之，则无二者之患矣。"船山《训义》云："其惟清心寡欲以无待于彼，而恩不自溢，威不自妄，庶可以畜臣妾而无咎乎！"朱子和船山的意思差不多，恩威并施而得其宜。妾小贪图小利，故不可寡恩。妾小容易狂妄自大而放松规矩，故又不可施恩太过，应该加之以威。妾小不识义理，不能明白君子加威之苦心，易生怨恨，所以又不可太过严苛，以免妾小造谣中伤或伺机报复。近之以仁，不违其义，远之以义，不失其仁，仁义兼尽，庶几无妾小之患。当然，话好说，事难做。这种恩威并施之分寸还是比较难把握。君子只有修身养性，熟仁精义，勉为其难。

17.26 四十见恶章
子曰："年四十而见恶焉，其终也已。"

孔子说："到四十岁还被人厌恶，这人就算是完了。"

朱子《集注》云："四十，成德之时。见恶于人，则止于此而已，勉人及时迁善改过也。"四十岁以前，学习不够，阅历不足，难免犯下不少错误。孔子尚且说，"四十不惑"。人到四十岁以后，应该是见多识广，修养充分，人情练达了，此时如果还被人厌恶，那说明身上有一些问题没有得到改正。同时，四十岁以后，身体素质下降，学习劲头衰减，许多习惯已经积重难返，大好光阴也一去而不复返，这时再想重新改过、进德修业，就相当困难，甚至已经来不及了。孔子的用意是劝人尽早改过迁善，不要等到四十岁之后再来后悔。即使四十岁以后见恶于人，也应该尽早痛改前非，不能破罐破摔，自暴自弃。君子有慎独自省之功。无论何时何地，如果见恶于人，则当反躬自省，有则改之，无则加勉。

小结《阳货》篇
本篇多诫勉之辞，重在教人明辨似是而非者。君子当修养仁义，克明峻德。

微子第十八（11章）

18.1 殷有三仁章

微子去之，箕子为之奴，比干谏而死。孔子曰："殷有三仁焉。"

微子离开了，箕子被囚为奴隶，比干因进谏而死。孔子说："殷代有三位仁人啊。"

殷商末代国君是历史上有名的暴君商纣王。微子、箕子和比干是商朝末年的历史人物。朱子《集注》云："微子，纣庶兄。箕子、比干，纣诸父。微子见纣无道，去之以存宗祀。箕子、比干皆谏，纣杀比干，囚箕子以为奴，箕子因佯狂而受辱。"微子是纣王的庶兄，不忍心看到殷商灭亡，无奈之下便离开了殷商，"微子之去，欲存宗祀"。周初，微子受封于宋国，成了宋国的开国君主。微子一直祭祀殷商先祖，"殷祀赖之以存"。箕子是纣王的叔父，被纣王囚禁，于是箕子装疯受辱。殷商灭亡之后，箕子不愿侍奉周朝。于是率领族人东迁，建立了朝鲜，朝鲜人奉之为先祖。比干也是纣王的叔父，进谏不听，而后死谏。

三个人都是殷朝商年的大贤，一去、一疯、一死，孔子都许之以仁。船山《训义》云："三子之行不同，而心一也。不忍遗其亲，不忍陷其君，去国而不惮奔窜之劳，为奴而不恤戮辱之甚，尽谏而不惜斧锧之加，其自靖于心也，皆以自献于先王也。使三子而欲独善其身，而怒弃宗国，亦何至如此之惓惓乎！故三子可以观仁焉。无道之世，仁者固如是夫！"疾风知劲草，国乱显忠贞。三人身处商末乱世，却能用各自的方式爱护宗国，做到了大节不亏，大义不失，实是出于大仁。《朱子语类》说："观凤一羽，则知五色之备。"从这三人一去、一疯、一死，便可看出三人之仁。殷商之末，有此辈仁人俊杰而不能用之，遂成殷鉴。

三人之中，朱子以箕子为最难。《朱子语类》说："若更死谏，无益于国，徒使人君有杀谏臣之名，就他处此最难。微子去却易，比干则索性死。他在半上半下处，最是难。"箕子进谏无效，选择装疯，他认为自己不能一死了之，因为一死了之会给商纣王留下害贤之名，更彰纣王之恶。这种装疯受辱的处境最是难过。箕子不是贪生怕死，而是选择了负重前行。

18.2 柳下惠三黜章

柳下惠为士师，三黜。人曰："子未可以去乎？"曰："直道而事人，焉往而不三黜？枉道而事人，何必去父母之邦？"

柳下惠做狱官，三次被贬黜。有人说："你不可以离开鲁国去别的国家出仕吗？"柳下惠说："以直道事人，到哪里能不被三次贬黜？如果枉道事人，又何必离开父母之邦？"

柳下惠是鲁国公族。朱子《集注》云："士师，狱官。黜，退也。柳下惠三黜不去，而其辞气雍容如此，可谓和矣。然其不能枉道之意，则有确乎其不可拔者。是则所谓'必以其道'，'而不自失焉'者也。"即使被贬三次，也不愿意枉道事人，此可见柳下惠之直。而从其辞气之间又可见柳下惠之和。孟子云："柳下惠不羞污君，不卑小官，进不隐贤，必以其道，遗佚而不怨，阨穷而不悯。故曰：'尔为尔，我为我，虽袒裼裸裎于我侧，尔焉能浼我哉？'故由由然与之偕而不自失焉。"朱子《集注》里说柳下惠"必以其道"、"而不自失焉"，出处即在于此。柳下惠宽和待人，同时又能置之淤泥而不染，保持廉洁本色。孟子赞誉柳下惠为"圣之和者"。以柳下惠为榜样，其风教之效果是，"闻柳下惠之风者，鄙夫宽，薄夫敦"；那些鄙陋的人会变得宽大，那些刻薄的人会变得敦厚。

关于伯夷和柳下惠的对比，《朱子语类》有一个比喻："伯夷如一颗宝珠，只常要在水里。柳下惠亦如一宝珠，在水里也得，在泥里也得。"孟子云："伯夷，非其君不事，非其友不友，不立于恶人之朝，不与恶人言。"伯夷狷介高洁，不食周粟而亡。伯夷和柳下惠都是宝珠，但伯夷这颗宝珠只能待在水里，不能待在泥里，柳下惠则可以适应各种环境，水里也待得，泥里也待得。也许是因为柳下惠过于和，孟子和朱子对柳下惠有所批评。孟子云："柳下惠不恭。"《朱子语类》说："观孔子之事，则知柳下惠之事亦未得为中道。"

柳下惠虽三黜而不愿枉道事人，亦可见柳下惠和中有义。船山《训义》云："以义之不可逃者为性之所安，故三黜而不去，有合于圣人之道焉。"非至仁者不能生此和气，非至义者不能养此和气。柳下惠至仁至义，其动化之功显著，虽百世而可以为师。

18.3 季孟之间章

齐景公待孔子，曰："若季氏，则吾不能；以季、孟之间待之。"曰："吾老矣，不能用也。"孔子行。

齐景公是这样对待孔子的，他说："像鲁国国君对季氏那样对待孔子我是做不到的，可以按照介于季氏和孟氏之间的待遇来对待孔子。"齐景公又说："我老了，恐怕是不能重用孔子了。"孔子于是离开了齐国。

朱子《集注》云："鲁三卿，季氏最贵，孟氏为下卿。"朱子《集注》引程子曰："季氏强臣，君待之之礼极隆，然非所以待孔子也。以季、孟之间待之，则礼亦至矣。然复曰'吾老矣不能用也'，故孔子去之。盖不系待之轻重，特以不用而去尔。"齐景公打算以季、孟之间的标准来礼遇孔子。季氏为上卿，孟氏为下卿，季孟之间亦是卿位。程子认为，齐景公以季孟之间的标准对待孔子，"礼亦至矣"。但齐景公后来又说，自己老了不能重用孔子。显然这只是一个借口。齐景公打算以卿位养之，但又不重用孔子，这不过是一种虚礼罢了，孔子还是不能施展抱负。孔子不是为了个人待遇而出仕齐国，他是为了施行仁政，治国平天下。面对这种虚位，孔子不为所动，离开了齐国。

18.4 齐人归女乐章

齐人归女乐，季桓子受之，三日不朝。孔子行。

齐国人给鲁国送来了女乐队，季桓子接受了，三天不上朝。孔子便离开了鲁国。

朱子《集注》引《史记》："定公十四年，孔子为鲁司寇，摄行相事。齐人惧，馈女乐以沮之。"孔子虽然摄行相事，但是鲁国大权还是掌握在强臣季桓子手中。《朱子语类》说："孔子当时在鲁，权属季桓子。其隳堕三都，乃是乘其机而为之，亦是难。"孔子在隳三都的时候受到了三桓的反对。鲁国国内，三桓压制孔子。同时，鲁国的邻国齐国忌惮孔子。船山《训义》云："孔子于鲁，由中都宰而为司寇，未尝大用也，而外服强齐，内堕郈、费，教化行，风俗美，称大治焉。"孔子很能干，治理有方，当时还未尝大用，便已经显出治理成效了。齐国担心孔子执政会让鲁国强大起来，于是结好鲁国权臣季桓子一起排挤孔子。齐国给季桓子送了一支女乐队，结好季桓子。季桓子三天不上朝，这使得朝议无法进行，孔子也无法继续摄行相事。于是，孔子离开鲁国，开始周游列国，寻求执政行道的机会。父母之邦不能见用，周游列国皓首垂成，孔子颠沛之中饱含多少辛酸，而其犹能饭疏饮水、乐在其中，犹能春风沂水、歌泳而归，犹能无道则隐、有道则现。仁者乐天知命，大哉孔子！

18.5 楚狂接舆章

楚狂接舆歌而过孔子，曰："凤兮凤兮！何德之衰？往者不可谏，来者犹可追。已而！已而！今之从政者殆而！"孔子下，欲与之言。趋而辟之，不得与之言。

楚狂接舆唱着歌经过孔子的马车前，他唱的是："凤凰啊凤凰！怎么德行衰减了？过去的事情已经无法谏改，未来的事情还可以补救。算了吧！算了吧！如今这些从政者危险啊！"孔子下了马车，想跟他说话。接舆快步避开了，孔子没能和他说上话。

朱子《集注》云："接舆，楚人，佯狂避世。夫子时将适楚，故接舆歌而过其车前也。凤有道则见，无道则隐，接舆以比孔子，而讥其不能隐，为德衰也。"楚国狂士接舆，是一个避世的隐者。接舆听说孔子到楚国来想寻找执政的机会，故意经过孔子的马车，通过吟唱歌谣的方式，想劝孔子放弃为政而归隐。

接舆说了三句话。"凤兮凤兮！何德之衰？"第一句是起兴。他把孔子比喻为凤凰。凤凰德高，象征祥瑞，有道则现，无道则隐。接舆的意思是，像孔子这样德高的人，就像是凤凰，但孔子并没有做到像凤凰一样有道则见无道则隐，偏要在这无道的乱世强行出仕用命，竟然从鲁国颠沛辗转来到楚国。接舆说凤凰德衰，其实是暗讽孔子。"往者不可谏，来者犹可追。"第二句是明理。接舆劝孔子，过去的事情就既往不咎，还是把握未来吧。他劝孔子以后不要强行出仕了，还是选择无道则隐吧。"已而！已而！今之从政者殆而！"第三句是警告。接舆说，如今这无道乱世，从政的人没有什么好下场。他提示危险性，是想警示孔子不要从政。孔子下了马车，本想与接舆说说话，也许是想解释他为什么要出仕。接舆可能不太愿意听，所以急行避开了。

《论语》中多次提到隐士，可谓行文之妙，别有意旨。第一，隐士意味着乱世，无道则隐。第二，隐士恰好衬托了孔子行道天下的志向。纵然天下无道，孔子依然不忍忘天下，周游列国寻找施行仁政的机会。第三，隐士有高风亮节，他们虽然不像孔子那样积极入世，但他们的身上依然保存着道统，或可谓之"隐君子"。隐士代表了道的一种特殊形态，隐士的存在本身就意味着道之可传可继。所不同者，孔子是入世以行道，隐士是出世以守道。

18.6 长沮桀溺章

长沮、桀溺耦而耕。孔子过之，使子路问津焉。长沮曰："夫执舆者为谁？"子路曰："为孔丘。"曰："是鲁孔丘与？"曰："是也。"曰："是知津矣。"问于桀溺。桀溺曰："子为谁？"曰："为仲由。"曰："是鲁孔丘之徒与？"对曰："然。"曰："滔滔者天下皆是也，而谁以易之？且而与其从辟人之士也，岂若从辟世之士哉！"耰而不辍。子路行以告。夫子怃然曰："鸟兽不可与同群，吾非斯人之徒与而谁与？天下有道，丘不与易也。"

长沮、桀溺两人一起合作耕田，孔子路过，让子路去问他们渡口的位置。长沮问："那个在马车上拉着缰绳的人是谁啊？"子路回答说："是孔丘。"长沮问：

"是鲁国的那个孔丘吗？"子路回答说："是的。"长沮说："那他应该知道渡口在哪里啊。"子路又问桀溺。桀溺说："那你又是谁啊？"子路回答说："我叫仲由。"桀溺问："是鲁国孔丘的徒弟吗？"子路回答说："是的。"桀溺说："你看那滔滔江水，动流不安，天下都是如此，又有谁能改变呢？你与其跟着孔子到处躲避不合适的人，还不如追随避世之人归隐啊！"长沮、桀溺一边说一边不停地给种子盖土。子路走了，把对话告诉了孔子。孔子怅然失意，说："又不能与鸟兽同群，我不跟这世间的人同群还能跟谁同群呢？如果天下有道，我就不需要去改变世人了。"

朱子《集注》云："二人，隐者。耦，并耕也。时孔子自楚反乎蔡。"长沮、桀溺是楚国隐士。孔子南去楚国寻求出仕的机会，但是没能成功，于是北返。路上要寻找渡口过河，刚好遇见长沮、桀溺这两位隐士在耕地，于是孔子让子路前去打听渡口的位置。孔子名满天下，只是与长沮、桀溺二隐士道不相同。长沮得知马车上的那个人是孔子之后，便不太想回答渡口在哪里，反而暗讽孔子是"知津者"。朱子《集注》云："知津，言数周流，自知津处。"长沮的意思是，孔子周游列国到处跑，应该知道渡口的位置，话里充满讽刺。

子路与长沮话不投机，便转而去询问桀溺。桀溺得知子路是孔子的弟子之后，便劝他不要追随"避人之士"，而应该追随"避世之士"。何谓避人之士与避世之士？朱子《集注》云："辟人，谓孔子。辟世，桀溺自谓。"孔子周游列国，遇到不称心的人，不愿意枉道事人，所以避开那些人，此谓"避人之士"。长沮、桀溺不是"避人之士"，而是"避世之士"，即是隐士。他们认为，天下滔滔，举世皆浊，如孔子这般避人，只会劳而无功，还不如避世归隐。

长沮、桀溺二隐士最后也没有告诉子路渡口的位置。孔子之所以怅然若失，并不是因为没有打听到渡口的位置，他在思考出仕与归隐的问题。孔子说，不可与鸟兽同群，而只能与斯人同群。这里的"斯人"是什么意思呢？船山《训义》云："斯人也，犹是先王所与建邦启土，以立万民者，犹是与闻诗书礼乐之遗，而可为法于群黎百姓者也。吾既为君子之列矣，非斯人之徒为与，而谁与乎？吾之于斯人，有避焉，必有就焉。旦改之，旦即吾徒也，夕改之，夕即吾徒也，吾何忍忘焉？"这里的"斯人"指的是不避世的人。孔子坚定地主张入世，即使无奈而归隐，也不忘天下。

长沮嘲讽孔子为"知津者"，桀溺劝说子路避世归隐，他们对孔子这样周游列国、积极入世的做法是有批评意见的。而孔子只说了"鸟兽不可与同群"，短短几个字，话带机锋。鸟兽不可与同群，而长沮、桀溺偏要归隐，偏要绝人逃世而与鸟兽同群。与鸟兽同群者亦是鸟兽，长沮、桀溺二隐士"言则无文、行则无礼"，孔子与他们道不同不相为谋。

孔子南游，远至楚国，不仅没有获得执政的机会，而且问个路还被奚落一番，难怪一向乐观的孔子会怅然若失。尽管列国不遇，尽管问津无人，孔子还是坚定地认为，斯文在兹，只有入世行道，才能治国平天下。虽九死其犹未悔，孔子治平之心于此可见，断不是长沮、桀溺等隐士所能理解的。船山《训义》云："圣人仁天下之心无已。人之所以异于鸟兽者，不在狷急自好之小节，而在万物受治之至仁也。"

18.7 荷蓧丈人章

子路从而后，遇丈人，以杖荷蓧。子路问曰："子见夫子乎？"丈人曰："四体不勤，五谷不分，孰为夫子？"植其杖而芸。子路拱而立。止子路宿，杀鸡为黍而食之，见其二子焉。明日，子路行以告。子曰："隐者也。"使子路反见之。至，则行矣。子路曰："不仕无义。长幼之节，不可废也；君臣之义，如之何其废之？欲洁其身，而乱大伦。君子之仕也，行其义也。道之不行，已知之矣。"

子路跟着孔子的队伍，结果落在了队伍后面，他遇到一个丈人用木杖担着除草的竹器。子路问他说："您见到我家孔夫子了吗？"丈人说："手足四肢不勤劳，结果五谷也分辨不清，哪里就是你的夫子了？"丈人把木杖插在地上，开始除草。子路拱手站在一旁。丈人叫住子路在家留宿，杀鸡煮黍招待子路，还叫自己的两个儿子出来见子路。第二天，子路走了，他把这事告诉了孔子。孔子说："那丈人是个隐者啊。"于是又让子路回去见那丈人，子路到了丈人的住处，丈人却不在家。子路说："君子不出仕则是无义。长幼之礼节不可废弃，君臣之大义又怎么可以废弃呢？想要洁身自好，却乱了人之大伦。君子出仕，是做义所当为的事情。道之不可行，我已经知道了。"

子路从孔子而游，结果因故掉队了，他遇上了荷蓧丈人。朱子《集注》云："丈人，亦隐者。"荷蓧丈人是隐士，他与长沮、桀溺一样，看不起汲汲奔走的孔子，主张归隐。荷蓧丈人批评孔子和他的学生四体不勤、五谷不分。他的意思是，与其周游列国求取俸禄，不如躬耕稼穑自食其力。子路听完荷蓧丈人的话之后，恭恭敬敬，拱手在旁。尽管荷蓧丈人批评了孔子和子路，但他还是杀鸡款待子路，并让子路留宿一宿。虽萍水相逢，荷蓧丈人依然礼待子路，可以说有隐君子之风。后来子路追上了孔子，告知了他整个事情。孔子判断这是一位隐士，他让子路回去再见一见荷蓧丈人，应该是为了表示感谢，同时晓之以出仕之义。孔子想让荷蓧丈人知道，自己汲汲求仕，并非为稻粱谋，而是欲伸大义于天下。当时礼崩乐坏，孔子有振兴东周的理想，正是"我曹不出，如苍生何"。

君臣之义，是五伦之一。朱子《集注》云："伦，序也。人之大伦有五：父子有亲，君臣有义，夫妇有别，长幼有序，朋友有信是也。仕所以行君臣之义，故虽知道之不行而不可废。然谓之义，则事之可否，身之去就，亦自有不可苟者。是以虽不洁身以乱伦，亦非忘义以徇禄也。"孔子不愿意出世归隐，废了君臣之义，但也不会为了一点俸禄而忘义屈从。孔子进退出处，有节有义，该出仕的时候，不辞其劳；该离去的时候，不怀其惠。荷蓧丈人不理解孔子的心意。其实，孔子知道礼崩乐坏、世教已衰，但他依然积极奔走，并非汲汲于功名利禄，实有更大的理想。船山《训义》云："夫道之不行，天实为之，人无能强，君子固已知之，岂知之明而犹虚望乎！此夫子之志，所欲自白于天下，以扶大伦而明大义。"

"不仕无义"。难道不出仕便是无义吗？这句话该如何来理解？其实，这句话是针对士君子所说。如果已为人臣，便应该做到君臣之义。士人即使因为种种原因不能出仕，也要为乡党贡献一份力量。士人不一定要一直在朝为官，也可以在乡间贡献于公共事务而使里仁为美。彻底归隐而忘天下、忘乡党，那就是丧失了君臣之义，为孔子所不取。换言之，士人要有政治热情，不要政治冷漠；要关心公共利益，不要只关心一己之利。

船山《训义》总结了孔子必仕的原因。船山《训义》云："盖圣人之必于仕也有三：道之欲行，一也；仁之不忍忘世，二也；义之不可废大伦，三也。"孔子急于求仕，是希望行道于天下。在孔子看来，这是仁至义尽的君子应该做的事情。孔子仁义之心不容已，荷蓧丈人尚不能理解，那些追名逐利、为稻粱谋的人又怎能理解呢？天何言哉？以孔子为天之木铎而传道于天下，虽百世可师也。

18.8 无可无不可章

逸民：伯夷、叔齐、虞仲、夷逸、朱张、柳下惠、少连。子曰："不降其志，不辱其身，伯夷、叔齐与！"谓："柳下惠、少连，降志辱身矣。言中伦，行中虑，其斯而已矣。"谓："虞仲、夷逸，隐居放言，身中清，废中权。我则异于是，无可无不可。"

古时有这些逸民：伯夷、叔齐、虞仲、夷逸、朱张、柳下惠、少连。孔子说："不肯降低志向，不愿有辱其身，是伯夷、叔齐吧！"孔子又说："柳下惠、少连，志或有所降，身或有所辱，但说话符合伦理，做事符合人心，他们能做到这样。"孔子还说："虞仲、夷逸归隐，放弃建言，洁身自好，不理俗事，又能有所权衡。我跟他们不一样，我是无可无不可。"

朱子《集注》云："逸，遗逸。民者，无位之称。虞仲，即仲雍，与大伯同窜荆蛮者。夷逸、朱张，不见经传。少连，东夷人。"船山《训义》云："逸之为言放也，放其身心于人群之外也。逸之为言安也，不以天下劳其心，而无险阻之忧也。""逸民"是指"放逸之士"，逸民未必是隐士。伯夷、叔齐两兄弟是商朝末年的人物，他们让国而归隐。周朝建立之后，兄弟俩不食周粟，饿死于首阳山。周代早期有虞仲，哥哥让国于虞仲，但虞仲不愿意接受，便归隐了。后来还有夷逸、朱张，也是隐逸之士，关于二人的史料比较少，具体不详。柳下惠是鲁国公族，一团和气，有义有节。少连以"善居丧"而闻名。这七个人都是比孔子更早的逸民。

孔子把古代七逸民分成了上中下三等。上等为伯夷、叔齐，不降其志，不辱其身。中等为柳下惠、少连，他们并未归隐，而是积极入世。孔子赞扬柳下惠和少连"言中伦，行中虑"。朱子《集注》云："伦，义理之次第也。虑，思虑也。中虑，言有意，义合人心。"至于虞仲、夷逸等人，则是逸民之下等。他们隐居起来，不再建言，但是"身中清、废中权"，犹有可赞者。"身中清、废中权"这几个字有点费解。船山《训义》云："绝物而自全也。然而身之隐也，物不得而污，中于道之清矣。言之放也，以废于事而免于咎，中于道之权矣。逸之远于人者也。"钱穆《论语新解》解释为："隐居独善，合乎道之清。放言自废，合乎道之权。""身中清、废中权"的意思是，归隐起来，不问世事，只管保全自身清白，但要符合道之权衡，"与方外之士害义伤教而乱大伦者殊科"。

船山认为，孔子说这段话的背景是他周游列国回到鲁国之后。船山《训义》云："夫子之历聘列国也，不逸；而其归老于鲁，又未尝不终于逸。夫子之终于逸，天下逸之也。若夫子之道，夫子之志，则始终不为逸，故列论古人，而自明其迹同而心异焉。"年老的孔子回到鲁国不再出仕，看起来像是逸民，天下也以此时的孔子为逸民。但是，孔子要表明，自己的"逸"不同于上述七人之"逸"，即船山所谓"迹同而心异"。船山《训义》云："吾处不得不逸之势，而必存乎此不欲逸之心。"孔子不得不处于放逸之中，但内心却并不想归隐放逸，而这些逸民却是追求放逸。孔子把自己的态度归纳为"无可无不可"。孔子"可以仕则仕，可以止则止，可以久则久，可以速则速"。逸民执着于归隐放逸，孔子则始终心系天下。

18.9 鲁乐八贤章

大师挚适齐，亚饭干适楚，三饭缭适蔡，四饭缺适秦，鼓方叔入于河，播鼗武入于汉，少师阳、击磬襄入于海。

太师挚去了齐国，亚饭干去了楚国，三饭缭去了蔡国，四饭缺去了秦国，鼓手方叔去了河内，播鼗武去了汉中，少师阳和击磬襄去了海上。

朱子《集注》云："此记贤人之隐遁。"这一条记载了鲁国乐官四散隐遁的故事。朱子《集注》引张栻曰："周衰乐废，夫子自卫反鲁，一尝治之，其后伶人贱工识乐之正。及鲁益衰，三桓僭妄，自太师以下，皆知散之四方，逾河蹈海以去乱。"孔子周游列国，回到鲁国，曾经整治鲁乐，一时归正。但后来鲁国政教益衰，礼乐益坏，因此乐官们纷纷离开了鲁国。

太师、亚饭、三饭、四饭、鼓、播鼗、少师、击磬都是乐官名。太师是"鲁乐官之长"，亚饭、三饭、四饭是"以乐侑食之官"，"侑"即以乐助兴。"鼓"是鼓手。"鼗"是"小鼓，两旁有耳，持其柄而摇之，则旁耳还自击"，类似于拨浪鼓。少师是"乐官之佐"。挚、干、缭、缺、方叔、武、阳、襄是乐官们的名字。其中，襄是"孔子所从学琴者"。齐、楚、蔡、秦、河、汉、海皆为地名。河为河内，汉为汉中，海为海上。

鲁国的八名乐官纷纷离开鲁国，这是因为鲁国礼乐制度已经崩坏。乐官不愿苟从，于是纷纷隐遁。船山《训义》说："非其欲隐，而不得不隐也。"鲁国政教衰弛，有贤达而不知重用，有正乐而不知利导，礼乐崩坏、乐官逃逸也是意料中的事。追思鲁国乐官，实是伤鲁，盖亦伤孔子不得见用于鲁也。

18.10 周公四训章

周公谓鲁公曰："君子不施其亲，不使大臣怨乎不以，故旧无大故，则不弃也，无求备于一人。"

周公对鲁公说："君子不要遗弃自己的亲族，不要使大臣怨慕自己不得重用，故旧之人如果没有大过就不要弃用，也不要求全责备于一人。"

周公是周武王的弟弟，周朝开国重臣，封地在鲁，但是在朝辅政。鲁公是周公的儿子伯禽，周公在朝，伯禽在鲁执政。这里记载了周公对自己的儿子鲁公所说的四句话。朱子《集注》引胡寅曰："此伯禽受封之国，周公训戒之辞。鲁人传诵，久而不忘也。"

"君子不施其亲"。朱子《集注》云："施，遗弃也。"君子会照顾好自己的亲族，更不会遗弃亲族，是谓"亲亲"。对于大臣，则要好好任用他们，不能使他们因不得其用而产生怨慕，是谓"贤贤"。对于故旧之人，要顾念旧情，如果没有大过，不要弃用。不念旧恩，不讲旧情，君子也就成了忘恩负义的小人。对于人才，不要求全责备于一人，应该量材录用，各尽其才。这四句话分别是四个意思：亲亲，贤贤，故旧不遗，人尽其才。故旧不遗和人尽其才也是亲亲和贤贤的具体做法。周公教给儿子鲁公的为政心得是亲亲与贤贤。鲁国以忠厚立国，到中后期却政教衰弛，后人抚今追昔，不胜感慨之至。

18.11 周有八士章

周有八士：伯达、伯适、仲突、仲忽、叔夜、叔夏、季随、季骒。

西周时有一户人家出了八个贤士：伯达、伯适、仲突、仲忽、叔夜、叔夏、季随、季骒。

本条记载周初贤士之多。朱子《集注》云："或曰成王时人，或曰宣王时人。盖一母四乳而生八子也，然不可考矣。"据说，西周周成王或周宣王时期，有一户人家出了八个贤士。船山《训义》云："人才之盛，作人者之休养之也。仁以育之，而人向乎仁，无果于忘世者焉。义以处之，而人喻于义，无傲上孤立者焉。"人才之盛，多是在上者培育之结果。船山《训义》说，这是"先王先公亲亲尊贤，恤故抢才之德"。如果一定要说国有祥瑞，一家八贤士才是国家最大的祥瑞。周初人才兴盛，后世礼崩乐坏。孔子汲汲于传道与行道，正是为了育成更多以身载道之君子，使其教化四方，振兴东周，存道后世。孔子以在野之身犹奔走如此，在位者就更应该育贤才而兴家邦。

小结《微子》篇

本篇多记仁贤隐士之事。政教以人才为本，人才兴则国家兴。欲行王道，必以仁义为本，必以人才为先。

子张第十九（25章）

朱子《集注》云："此篇皆记弟子之言，而子夏为多，子贡次之。盖孔门自颜子以下，颖悟莫若子贡；自曾子以下，笃实无若子夏，故特记之详焉。凡二十五章。"船山《训义》云："孔子殁，弟子分教于四方，而各一说，虽皆原本于圣人之道，而所得者殊，则所言者异。曾子之言，皆中心恻怛之发也，于圣学之本为独深焉。子贡见道明，故知圣至，而非学者之所易体也。子游之言过简而知本，子夏近于执矣而务实。学者循序而进焉，其尚求之子夏而无失乎！子张氏之为儒，意远而言傲忽，故同学者轻之，良有以哉！观于子张之言，而曾子之不可及愈见矣。"

19.1 见得思义章
子张曰："士，见危致命，见得思义，祭思敬，丧思哀，其可已矣。"

子张说："士见到危难能够献出生命而不畏死，见到利得能够想到道义而不贪利，祭祀时心生敬意，居丧时心生哀情，这就差不多可以了。"

朱子《集注》云："四者立身之大节，一有不至，则余无足观。故言士能如此，则庶乎其可矣。"这四个立身之大节分别是，忠义孝仁。为国为家而不惜其命为忠，见利思义而不苟其利为义，祭祀思敬则为孝，居丧思哀则为仁。子张认为，能尽力做到忠孝仁义，就差不多可以了。

不过，船山对子张有所批评，不足之处有三。第一，子张做不到"心不期存而存"。船山的意思是，子张只有刻意制定目标才能做到，否则就做不到，这不是自然纯粹的状态。第二，子张做不到"古不期合而合"。船山的意思是，子张只能做到那些存在先例的事情，否则就做不到，这不是从心所欲不逾矩的状态。第三，子张做不到"可已不已而深取之"。船山的意思是，子张只能做到差不多，不能精益求精，这不是学无止境的状态。子张似乎定了很高远的目标去努力，但是比较机械功利，而非自然纯粹，比较因循拘谨，而非从心所欲，比较安于小成，而非学无止境。所以，船山批评子张"堂堂而未仁"。子张看起来目标高远，但不能绵绵不断地扩充其仁，也没有那颗"活泼泼"的"不容已"之心。真正的士人有仁厚的感情从心底发出而"不容已"，又怎么会自限于"其可已矣"的状态呢？

子张是孔门高徒，学识见解已是不凡，船山的批评也是从美玉中取出了瑕疵，从而警教后人。此外，比较孔子与弟子的言语，既能看出圣门相承之意，又能读出师弟子的道行深浅有差。学习者琢磨自省，应有所悟。

19.2 执德不弘章

子张曰："执德不弘，信道不笃，焉能为有，焉能为亡？"

子张说："掌握德行却不弘大，信守道义却不笃实，哪里能说有，又哪里能说没有呢？"

执德却不能弘大，信道却不能笃实，这都是半上半下的状态，不能说没有道德，但要说有道德，也力有未逮。朱子《集注》云："有所得而守之太狭，则德孤；有所闻而信之不笃，则道废。"船山《训义》说："德不弘而成功不大，信不笃而自处不高。"尽管子张说得很有道理，船山还是提出了批评。船山《训义》云："弘于执德，非心得矣；笃于信道，而不笃于德，是袭取之道也。"船山的逻辑是，子张务于高远，本应该以道与德为用力处，结果却以弘与笃为目标。其结果是，执着于高远的目标，忘记了道德本心，导致心驰于外。以外化的方式理解义理，是船山批评的重点。船山的批评不是说这句话本身有问题，而是认为子张这个人说这样的话有问题。他认为子张根本做不到，甚至没有应用正确的方法和态度，故作弘笃只是"袭取之道"。孔子也曾评价子张"过"，参见《先进》篇 11.15 章，"师也过，商也不及"，师即子张。子张以"在邦必闻，在家必闻"为"达"，亦被孔子批评，参见《颜渊》篇 12.20 章。船山苛则苛矣，然目光锐利，陈义甚严，足以警教后人。

19.3 子张论交章

子夏之门人问交于子张。子张曰:"子夏云何?"对曰:"子夏曰:'可者与之,其不可者拒之。'"子张曰:"异乎吾所闻:君子尊贤而容众,嘉善而矜不能。我之大贤与,于人何所不容?我之不贤与,人将拒我,如之何其拒人也?"

子夏的弟子向子张请教交友之道。子张说:"你们先生子夏是怎么说的啊?"子夏的弟子回答说:"先生说:'可以为友,就跟他交往;不可以为友,就拒绝他。'"子张说:"这跟我听到的不一样。君子尊崇贤人且能够包容大众,嘉奖善行且能怜悯那些做不到的人。我若是大贤,有什么人是我不能包容的呢?我若是不贤,别人就会拒绝我,我哪会去拒绝别人呢?"

本条对比子夏与子张的交友之道。子夏小心谨慎,子张才高意广,两人的对比很有意思。子夏交友,泾渭分明,可者则交,不可则拒。子张交友则粗放一些,贤者也交,不贤者也不拒。朱子认为,子夏和子张的交友之道都有问题。朱子《集注》云:"子夏之言迫狭,子张讥之是也,但其所言亦有过高之病。盖大贤虽无所不容,然大故亦所当绝;不贤固不可以拒人,然损友亦所当远。"朱子的批评,恰如孔子的批评:"师也过,商也不及。"师即子张,商即子夏。孔子认为,子张过于高远,子夏过于谨细,过犹不及,都有问题。

在子夏和子张二人之间,朱子居中而不偏。船山则更加认同子夏。船山《训义》云:"子夏之言拒,固过于碍矣。其人虽不可,而既欲交于君子,则姑与其进,而徐观其改否以为合离,可也。然而子夏之志则正矣,可不可之泾渭不得不分,而朋友人伦之重不容轻,且道未至者尤恐其为损也。若子张所闻,乃君子驭臣民、柔远人之道,而非所论于交友。友也而可以容言,则纳垢藏污,而交道废矣。"船山一针见血地指出了子张的言外之意。船山认为,子张说的其实是一种统治术,意思是,为政者统治臣民、怀柔远人之时,要有容人之量。但是,驭人之术与交友之道毕竟不一样。

船山《训义》云:"子夏之过,过于执也,而为己之切,实初学者之楷则。……子张侈名誉而无实,徇物而失己,学者终当以子夏为正。"船山对小心谨慎、步步踏实的子夏还是多一些褒奖。相比之下,子张给人一种高大上的畅快感和潇洒感,但是可能低估了内在的困难,其风险在于蹈高而务虚。这就不如子夏那般谨守法度,从洒扫应对等一件件小事上去下笨功夫。船山认为,固碍拘谨的子夏应该宽弛一些,好高骛远的子张应该踏实一些。两相比较,船山还是高子夏而低子张,他觉得子夏正直、严谨、朴素、肯下笨功夫,这样更可靠一些,所以船山说,"学者终当以子夏为正"。船山也许在子夏身上看到了自己的影子,或者在自己身上看到了子夏的影子。船山对好高骛远、徒逞口舌之利的学风有深深的不满。学贵朴厚!

19.4 致远恐泥章

子夏曰:"虽小道,必有可观者焉;致远恐泥,是以君子不为也。"

子夏说:"虽说是小道,但也一定有可观之处。如果要到达远方,小道恐怕会阻滞不通,所以君子不行小道。"

"小道"一语双关,既可以指行走的小路,又可以指器物技术。朱子《集注》云:"小道,如农圃医卜之属。"走小路,路上也会遇到值得观赏的景色,但小路会越走越窄,难以到达远方。只是固执于器,而未闻大道,虽然可能技艺精良,但是到不了高远的境界,成不了大师。《朱子语类》说:"小道不是异端,小道亦是道理,只是小。如农圃、医卜、百工之类,却有道理在。只一向上面求道理,便不通了。若异端,则是邪道,虽至近亦行不得。"小道毕竟不是异端邪说,尚有可观者,只是相对来说,比较拘束狭隘,站位和境界不够高远,容易进入死胡同,钻入牛角尖。子夏谨于洒扫应对,从身边小事做起,又明白小道难以致远的道理,他是一个"眼高手低"的人——目光远大,又能放低姿态做好手头的小事。这是非常值得学习的品质。孔门设教,君子不器,修身以致远,行大道以正天下。越是在一个技术发达、分工精细的时代,越需要思考什么是大道。只有与闻大道,才能行稳致远。

19.5 日知其所无章

子夏曰：“日知其所亡，月无忘其所能，可谓好学也已矣。”

子夏说：“每天都学习之前没有学的东西，每月都不忘练习已经学会的东西，可以说好学了。”

子夏是孔门高徒，学问很好。本条可以看出子夏的学习态度。“日知其所无”，每天都学习新东西，日新而不已。“月无忘其所能”，每月都不忘练习之前学到的东西，温故而知新。这是一种循序渐进、惟日孜孜的自觉，展现了踏实进取的学习态度。船山《训义》云：“学者以此自考，玩日愒月之情不生，德成而道广，庶不虚所学哉！”把《子张》篇 19.4 章的“与闻大道”与本条的“惟日孜孜”结合起来互相参看，便是一个人立身成事之法门。向着高尚的目标前进，保持终身学习的习惯，“求知之功不间于一日”，假以时日，便有所成。若能与闻大道，又能惟日孜孜，则虽远必达，学习者安于此道可也。

19.6 博笃切近章

子夏曰：“博学而笃志，切问而近思，仁在其中矣。”

子夏说：“学识广博而能笃行其志，从切近己身的地方发问与反思，仁也就在其中了。”

子夏论养仁之功，有博学、笃志、切问、近思。朱子《集注》云：“四者皆学问思辨之事耳，未及乎力行而为仁也。然从事于此，则心不外驰，而所存自熟，故曰仁在其中矣。”博则广，笃则坚，切则实，近则亲。这样养仁，既能够推远，又经得起时间检验，还有就近可以着手和落脚的地方，学问便不空泛虚高。能够博学、笃志、切问、近思，虽不能说已经成仁，但可以说“仁在其中”，因为这四者正是养仁的功夫，使人保持一颗“活泼泼”的心，务使本心不失。

博笃切近，养仁之功。这也意味着，求仁要在一件件具体的事情上去磨炼存养。《朱子语类》说："须是将心来，一如鏖战一番，见行陈，便自然向前得去，如何不教心经履这辛苦。若是经一番，便自知得许多路道，方透彻。"朱子认为，养心就像打仗，要鏖战，经历种种辛苦，才知道方法，才能彻悟。如果只是思想实验和纸上谈兵，终究不够踏实，甚至南辕北辙。朱子推崇"近思"，意思是，从身边的小事入手，体悟其中的道理，一件一件做过去。要走到高远处，也不过是由近及远，由低及高，循序渐进，一步一步走，一关一关过。孔门学问在切近己身处立教，通乎上下，贯彻始终，人人皆可勉而入道，具有很强的教育意义和实践意味。

19.7 百工居肆章

子夏曰："百工居肆以成其事，君子学以致其道。"

子夏说："工匠们要在铺子里才能做成好器物，君子要用力于学才能入道。"

匠铺曰"肆"。朱子《集注》云："工不居肆，则迁于异物而业不精。君子不学，则夺于外诱而志不笃。"匠人要在工匠铺子里长期训练，才能练出好手艺。如果一颗心游移不定，总去外面玩耍，不用心跟着师傅学，到最后也不会是一个好工匠。船山《训义》云："日有作，月有省，瞬有养，息有存。"船山的意思是，要坚持学习、反省、修养、保存。道无不学，君子坚持学习，方能入道。"侈言道而疏于学"，不过是逞口舌之快，不是诚心向道，终究难以入道。百工居肆，君子居学，都要有恒心恒德坚持学习。子夏用工匠精神打比方，讲了个朴素的学习之道。不管想要做成什么事情，都要静下心来、踏踏实实、长长久久地学习与实践。这种态度就是儒家所说的"敬"。

19.8 小人文过章

子夏曰："小人之过也必文。"

子夏说："小人有了过失，必然会文饰掩盖。"

朱子《集注》云："文，饰之也。小人惮于改过，而不惮于自欺，故必文以重其过。"人谁无过，过亦有道。孔子说，"观过斯知仁"。君子之过常过于厚，小人之过常过于薄。君子处过，会幡然悔悟，有则改之，无则加勉。小人处过，常文过饰非，自以为别人不知，于是心安理得，甚至一错再错，积重难返，何其愚昧，何其浅薄。当然，小人有过失，也可能会幡然悔悟，而不一定文过饰非。子夏从重发言，盖欲振聋发聩。

19.9 君子三变章

子夏曰："君子有三变：望之俨然，即之也温，听其言也厉。"

子夏说："与君子接触会发现君子的三种变化。首先，远远望过去，会觉得君子庄严可敬；其次，近距离接触，会觉得君子温和可亲；再次，听他说说话，会觉得君子言辞峻厉。"

本条是子夏概括的君子气质。随着与君子接触得越来越深，会发现君子气质有着丰富的层次与结构。朱子《集注》云："俨然者，貌之庄。温者，色之和。厉者，辞之确。"与君子接触，远观的第一印象是君子之庄严，令人生出敬畏之心。这是因为君子内心厚重，浅薄者不会让人肃然起敬，此即所谓"君子不重则不威"。如果跟君子近距离接触一下，会觉得君子温和亲切。君子之所以散发出温和的气质，是因为君子心中有仁有爱。如果再与君子说说话，又会发现君子用词准确，分寸得宜。君子公义正直，所以言辞峻厉，毫不含糊。最后，"生其敬，领其和，而不敢不服其教"。君子气质是由内而外散发出来的，有所养而后有所发。义重则俨然，仁厚则温，仁义兼备则分寸得宜。这里的君子三变，其本皆在仁义之间。

19.10 君子信章

子夏曰："君子信而后劳其民；未信，则以为厉己也。信而后谏；未信，则以为谤己也。"

子夏说:"君子要先获得民众的信任,然后才能役使他们;如果没有信任,民众会以为君子在折磨他们。君子要先获得君上的信任,然后才能向君上进谏;如果没有信任,君上会以为君子在诽谤他。"

朱子《集注》云:"信,谓诚意恻怛而人信之也。厉,犹病也。事上使下,皆必诚意交孚,而后可以有为。"君子事上使下,要根据彼此信任的程度而调整言行之分寸,否则只会自取其辱,甚至自取其祸。同样一个道理,效果会因人而异;由不同的人说,对不同的人说,效果都不一样。这并不是因为话语本身有什么问题,而是因为心与心之间感通的状况不一样,有交浅言深者,有交深言浅者。如果不能确定对方的用心是正直友善的,那么自己的态度和行为也会有所顾忌。反之,如果能确定对方的用心是正直友善的,那么自己的态度和行为也会有所放心。不同于自然科学的普遍真理,社会科学的科学性恰恰是在这种因人而异之中。行动者应该审视与对方的关系,体会对方的用心,而后采取相应的措施。从建设性的角度来说,要先建立彼此信任的关系,而后才能办成事情。因此,要使别人信任自己,必先使自己成为一个善良、正直、可靠的人。子夏的话,其深意在于,君子要自信其心,自正其意。如果自己不是一个值得信任的人,又怎么能指望别人来信任自己呢?君子反求诸己。

19.11 大德小德章

子夏曰:"大德不踰闲,小德出入可也。"

子夏说:"德行之大者,丝毫不能越界限;德行之小者,稍有出入也可以。"

朱子《集注》云:"大德、小德,犹言大节、小节。闲,阑也,所以止物之出入。言人能先立乎其大者,则小节虽或未尽合理,亦无害也。"大节不亏,是做人的根本,所以做人应该先立其大者,如忠孝节义。"小德出入可也",如果用来宽以待人或许可取,但如果用来宽以待己则有碍修身。他人如果大节可取,小节可以不必过分追究，不应求全责备。人无完人，过于求全责备则容易使人作伪。如果用"小德出入可也"来为自己不恰当的行为找借口开脱，那就不行。《朱子语类》说："一以小差为无害，则于大节必将有枉寻而直尺者矣！"小节上如果不能防微杜渐，小问题就会潜滋暗长，也有溃堤之险。不过，也不应过于苛责自己。若是与大节有关的小节，那必然不能放过，比如，谋财害命的念头一旦生出，虽小必扼。若是与大节无甚关联的小节，也可不必自苦，稍有出入亦可，也不必为此陷入深深的焦虑。子夏向来谨小慎微，此处的小德应该是与大节不甚相关的小节，所以出入可也。学习者不能降格解释子夏之言而生出侥幸之心，来为自己不必有的过失而开脱。君子应该严于律己，宽以待人。

19.12 洒扫应对章

子游曰："子夏之门人小子，当洒扫、应对、进退，则可矣。抑末也，本之则无。如之何？"子夏闻之曰："噫！言游过矣！君子之道，孰先传焉？孰后倦焉？譬诸草木，区以别矣。君子之道，焉可诬也？有始有卒者，其惟圣人乎！"

子游说："子夏的门人，他们洒水扫地，言语应答，动作进退，做得还可以，但这些是末节，没有抓住根本。这可怎么办呢？"子夏听到之后说："噫！子游说错了啊！君子之道，应该先教什么，后教什么呢？就像草木，种类不一样，便应该有所区别。君子之道，哪能欺枉呢？能做到学贯始终的，大概是圣人吧！"

子游和子夏的教育理念不一样。《子张》篇开篇处的船山《训义》云："子游之言过简而知本，子夏近于执而务实。"子夏注重细节，如洒扫应对之类。子游则认为这些只是细枝末节，不是道之根本。朱子《集注》云："子游讥子夏弟子，于威仪容节之间则可矣。然此小学之末耳，推其本，如大学正心诚意之事，则无有。"子夏认为，传道有先有后，而且要因人而异；能把先后始终贯通一气的可能只有圣人吧。换言之，如果不是圣人，一开始就教一些高深的道理，那不仅是误人子弟，而且欺骗了君子之道。朱子《集注》云："若不量其浅深，不问其生熟，而概以高且远者强而语之，则是诬之而已。"

程子曰："君子教人有序，先传以小者近者，而后教以大者远者。非先传以近小而后不教以远大也。……圣人之道，更无精粗，从洒扫应对与精义入神，贯通只一理。……凡物有本末，不可分本末为两段事。洒扫应对是其然，必有所以然。……自洒扫应对上，便可到圣人事。"程子认为，一开始学习的小东西背后也有大道理。《朱子语类》说："事有大小，故其教有等而不可躐；理无大小，故随所处而皆不可不尽。"事情虽有大小之分，但大事上是这个道理，小事上也是这个道理，二者背后的道理是一以贯之的。洒扫应对中也有入道成圣的道理。船山《训义》干脆说："事外无道，道外无事。"学大道不可不做小事，从小事开始做起才能循序而渐进，下学而上达。

在子游和子夏的教学法中，朱子支持子夏。《朱子语类》说："孔门除曾子外，只有子夏守得规矩定，故教门人皆先'洒扫、应对、进退'。……只是撮那尖利底教人，非教人之法。"船山更严格一些，他认为子夏和子游的教学方法都有问题。子游是"末自为末，而不生于本；本自为本，而非末之可通"，子夏是"以为先后始卒之必有异教，若今日传末而他日传本"。船山的意思是，子游看不到末中有本，所以只传本而不传末；子夏是强行分割本末而先传末。总之，子游和子夏各有偏重，但犯了同样的错误，"歧本末为二"。

钱穆《论语新解》认为："子游非不知洒扫应对为初学所有事，特恐子夏之泥于器艺而忽于大道，故以为说。子夏亦非不知洒扫应对进退之上尚有礼乐大道，不可忽而不传。是两人言教学之法实无大异。"钱穆认为，子游和子夏确实各有所偏，但也不至于偏颇到那么极端的地步；两人只是说出了自己担心的东西；把子游和子夏的话结合起来，彼此纠偏，才能合成完整的教习之法。

事有大小、本末、先后，其理则一。想明白了这个问题，便能超越身份地位、职业选择和生活方式来看到人生。事情无论大小、本末、先后，都凭义理去做，那么，在小天地里做小事情也能聚沙成塔、积健为雄，产生充实的生命感和饱满的意义感。

19.13 学而优则仕章

子夏曰："仕而优则学，学而优则仕。"

子夏说："出仕而有余力则去学习，学习而有余力则去出仕。"

朱子《集注》云："优，有余力也。"优是指有余力，不解释为绩效主义的"优秀"。"仕"是指出仕做官，"学"是泛指各种学习。朱子《集注》云："仕而学，则所以资其仕者益深；学而仕，则所以验其学者益广。""仕而优则学"是说把为政的本职工作做好，此外还要加强学习。为政者容易陷入繁琐的政务和交际之中，可能会有意无意忽略学习，一方面难以对一些重大问题做出深入系统的思考，另一方面也没有那么多时间来反躬自省，所以有必要"仕而优则学"。为学者的弊端在于，陷入本本主义的空想中，容易低估实践的复杂性，所以有必要"学而优则仕"。

朱子《集注》云："仕与学，理同而事异。"学与仕虽各为一事，但内在的道理是贯通的。学的是诗书六艺、格致诚正，用的是进退出处、修齐治平，其本都在天理人心和仁义礼智。仕所以用者，是所学之理；学所以习者，是致用之道。仕与学，二者本一，互相补益。

《朱子语类》说："某尝见一亲戚说得好，谓子夏此语，盖为仕而不问学者设尔。"一般认为，"学而优则仕"是自然而然的事情，但"仕而优则学"是勉而为之的事情。所以，朱子认为，本条中的两句话轻重有别，孔子可能更想强调"仕而优则学"，意在勉励为政者加强学习。

19.14 致哀而止章
子游曰："丧，致乎哀而止。"

子游说："丧礼，尽到哀情就可以了。"

子游说丧礼尽哀而止，意思是不宜过哀，不要像曾子那样七天不吃不喝而毁身灭性。礼以达情，丧以表哀。圣人缘情制礼，依中道而行之，使贤者俯而就之，使不贤者跂而及之。礼有微情者，有以故兴物者。情感过盛，则微杀之，情感过少，则浓郁之。过哀者，礼以节制之；哀不足者，礼以兴发之。

朱子《集注》云："致极其哀，不尚文饰也。"朱子认为，子游重视情感本质，但对于外显之仪文则不够重视。子游在结尾处说了"而止"二字，似乎有重质轻文的意思。重质当然是对的，轻文却有不足。朱子《集注》云："'而止'二字，亦微有过于高远而简略细微之弊。"哀尽其情，而文有不足，也不能说尽善尽美。《八佾》篇 3.4 章，孔子曰："丧，与其易也，宁戚。""易"指治丧熟练，仪式熟悉。孔子认为，丧礼的要点，与其说是熟练丧礼的仪式，不如说是居丧者真诚的哀戚之情。但是，"与其……宁……"这种句式的意思是，在二者不可兼得的情况下，情感的哀戚比仪式的熟练更加重要。二者不可得兼，则重质而轻文，但如果二者可以兼得，最好还是情文两尽比较好。子游的话，重质而轻文，毕竟落于一偏。

19.15 子张未仁章

子游曰："吾友张也，为难能也，然而未仁。"

子游说："我的朋友子张，能做到很难做到的事情，但还不是仁。"

孔子曰："师也过，商也不及。"师即子张。子张过高，经常高谈阔论，危言危行，给人一种高远而不够平实亲切的感觉。钱穆《论语新解》说："仁道，乃人与人相处之道，其道平实，人人可能。若心存高广，务求人所难能，即未得谓仁。"朱子《集注》云："子张行过高，而少诚实恻怛之意。"朱子从诚实恻怛的角度来理解这句话，船山则从存养其心的角度来理解这句话。船山《训义》云："子张氏之学，务外近名，而存心之实不讲。……难能者自难能，而非其心之所安，则非其性之所固有。"务求高广是指，为了一个外在的目标而勉力为之，这是一种汲汲于外求的极端状态，非性所固有，非心所久安，不是温厚踏实的仁者心态。子张外务有余而内功不足，这样大概就是孔子所说的狂者吧；如果有所裁成，当可入于圣道。

19.16 难与并为仁章

曾子曰："堂堂乎张也，难与并为仁矣。"

曾子说："子张庄严高远，但很难与他一起为仁。"

朱子《集注》云："堂堂，容貌之盛，言其务外自高。"子张经常危言危行，刻意说大话，做"大事"，以至于显得冠冕堂皇，这样会给人一种要求过高的距离感甚至严苛感。这恰恰是心驰于外而存养不足的表现。如果大家都去追求这种危言危行，则很容易造假作伪。流于高谈阔论。友以辅仁，像子张这般"务外自高"，当然不能辅友以仁，所以，曾子说子张"难与并为仁"。孔子曰："刚毅木讷近仁。"与其堂堂乎外有余而内不足，不如木讷之内有余而外不足。曾子守约施搏，刚毅慎独，正可以克子张过高之弊。

钱穆《论语新解》说："宋儒说《论语》，有过于贬抑孔门诸贤处，固是一病。清儒强作回护，仍失《论语》之本义。姑拈此例，庶学者能超越汉、宋，平心求之，斯《论语》之真，亦不难得。"虽然孔子、曾子、子游都在批评子张，但这种批评其实是从很高的要求来批评的，子张固然不完美，但还是孔门贤徒。《论语》对孔门贤弟子的批评，不宜看得太重，重要的是在这种批评中镜鉴自我，反求诸己。

19.17 必也亲丧章

曾子曰："吾闻诸夫子：人未有自致者也，必也亲丧乎！"

曾子说："我听夫子说过：人没有自尽其情的，如果有，必然是在父母去世的时候。"

朱子《集注》云："致，尽其极也。盖人之真情所不能自已者。"父母至亲至尊，若父母去世都不能自尽哀情，那对别人更谈不上什么深情厚意。孝不仅是父母和子女之间的一种关系伦理，也可以用于判断一个人与其他人相处是否靠谱。

一个人若是对父母不孝，很难想象他还能把其他人看得多么重要，即使看得很重要，也不过是别有所图。在中国社会，孝是判断一个人是否厚道靠谱的重要指标。爱其亲，其仁至纯；敬其亲，其义至重。以孝治天下的本质含义是以仁义治天下，即推孝中之仁义以至于天下。

19.18 孟庄子之孝章

曾子曰："吾闻诸夫子：孟庄子之孝也，其他可能也，其不改父之臣与父之政，是难能也。"

曾子说："我听夫子说过：孟庄子的孝，其他方面还是可以做到的，但他不改变父亲为政时期的大臣与政策，这就难以做到了。"

孟庄子是鲁国的大夫，其父为孟献子。朱子《集注》云："献子有贤德，而庄子能用其臣，守其政。故其他孝行虽有可称，而皆不若此事之为难。"孟庄子作为鲁国大夫，不仅要做到温清定省，而且要继承父亲孟献子的贤德与仁政，这才是大孝。温清定省是小孝，当然必须做到，而不改父之臣与父之政才是大孝，属难能可贵。船山《训义》云："盖新旧相承之际，立法久而未能无敝，旧臣老而新进者兴，故恒乘此以为更始之图。"作为新继位的大夫，可以推行自己的新政，也确实有不少新继位的大夫迫不及待要推翻父亲的旧政策，更换父亲的老臣。本条可以参看《学而》篇 1.11 章，"三年无改于父之道"。如果父亲留下的是错误的政策，则应该速改。如果父亲留下的是正确的政策，则应遵从。至于那些可改可不改的政策，则可以从缓。对于这类可以从缓的政令，如果父亲一死，儿子就马上改掉，有"死其亲之心"和"扬其亲之过"的嫌疑。在复杂的政治环境中，"三年无改于父之道"藏着孝子的良苦用心。

19.19 哀矜勿喜章

孟氏使阳肤为士师，问于曾子。曾子曰："上失其道，民散久矣。如得其情，则哀矜而勿喜。"

孟氏让阳肤出任负责执法的士师，阳肤请教他的老师曾子应该注意什么。曾子说："上位者治理无方，民情乖离已经很久了。你如果得知了百姓犯法的情状，要怜悯违法的百姓，不要为自己明断执法而感到高兴。"

阳肤是曾子的弟子。船山《训义》云："士师之官在执法。"朱子《集注》云："阳肤，曾子弟子。民散，谓情义乖离，不相维系。"执法者获知了百姓违法的情状，本是职责所系和立功表现，但曾子告诫阳肤，应该对百姓抱以同情，千万不要为自己明断执法而感到高兴。刑律之本意在使民自新，风俗醇美。如果执法者为自己明断执法而沾沾自喜，那无形中把百姓视为自己和刑律要对付的敌人，或者自己建功的工具，这就失去了刑律本来的意义。再者，执法则意味着有人违法，有人服刑，终究不是好事。执法者如果为此感到高兴，其实也就失去了仁者之情。此处正是人心惟危之处，读来令人警醒。执法者如果为自己破案和判决的高超技能而沾沾自喜，至于民风不振、哀哀众生则忘之脑后，大概也就成了古代的酷吏吧。酷吏不仁，以庶民为刍狗。

《左传》有云："国之兴也，视民如伤。"如果国家要兴盛，为政者就要把百姓当成伤病员一样来呵护，怎么忍心因为查出百姓违法的证据而感到喜悦呢？刑罚所加是不得已而为之，正所谓"鞭挞黎庶令人悲"。曾子叮咛至此，可见其深谙人情，宅心仁厚。

19.20 纣之不善章
子贡曰："纣之不善，不如是之甚也。是以君子恶居下流，天下之恶皆归焉。"

子贡说："纣王不善，但没有人们说的那么严重。所以，君子讨厌居于卑污之名，这样天下之恶都会归到他身上。"

朱子《集注》云："下流，地形卑下之处，众流之所归。喻人身有污贱之实，亦恶名之所聚也。"子贡说纣王之不善没有人们说的那么严重，并不是为纣王开脱，而是说，有一些不是纣王做的坏事也加到了纣王身上。船山《训义》云："武王之所申罪，因乎百姓之所流传，史策之所记录，因乎周人之所追咎，纣之不善，遂如是之甚矣。"这种现象用俗话来说就是，苍蝇不叮无缝的蛋。如果不是纣王作恶多端，恶名昭著，那么其他的恶名也加不到纣王身上。子贡话里的意思是，君子若能居善，那么恶名就加不到自己头上。反之，如果自己恶名昭彰，那么可能会有更多的恶名袭来。在一个网络暴力严重的时代，更应谨言慎行，否则恶名集身的速度和效力会强很多。谨言慎行的方向在于明辨善恶，择善而从。船山《训义》说："善恶之分途，在人之自立而已。"一个人成为善人还是恶人，很多时候是自己一步一步选择的结果。勿以善小而不为，勿以恶小而为之，这么一句简单明了的话，却又那么难做到。君子终身致力于慎独修身，求仁求善，庶几恶名无以加焉。

19.21 君子之过章

子贡曰："君子之过也，如日月之食焉：过也，人皆见之；更也，人皆仰之。"

子贡说："君子的过错，就像日食和月食一样。犯下过错的时候，人们都能看得到；改正过错之后，人们又会仰望之。"

人生在世，孰能无过，如何应对过错，可以看出君子小人之别。君子闻过则喜、闻过则改，小人则过而不改，甚至文过饰非。君子之过，常过于厚；小人之过，常过于薄。君子之过，过得光明磊落；小人之过，过得见不得光。子贡的比喻非常好，君子犯错就像日食月食，日食月食在天上，人们只要一抬头就可以看见。因为君子犯了错误，也不会像小人那样文过饰非。君子也不会故意为恶，一旦犯下过错，必然幡然痛改。当其痛改前非时，恰如日食月食之再复光明，此时人们还是会抬头仰望。意思是，君子改过改得彻底，尽复光明，还能光彩照人，得人仰望。君子有过，不文其非，速改痛改，善莫大焉。故曰，"过则勿惮改"。

19.22 夫子无常师章

卫公孙朝问于子贡曰："仲尼焉学？"子贡曰："文武之道，未坠于地，在人。贤者识其大者，不贤者识其小者，莫不有文武之道焉。夫子焉不学？而亦何常师之有？"

卫国的公孙朝问子贡说："孔子的学问是从哪里学来的呢？"子贡说："周文王和周武王的修齐治平之道，从未丢落地上，因为有人承载了。贤者能认识道之大者，不贤者能认识道之小者，里面都有文王和武王之道。孔夫子从哪里不可以学呢？又哪有什么固定不变的老师？"

朱子《集注》云："文武之道，谓文王、武王之谟训功烈，与凡周之礼乐文章皆是也。"这里的文武之道是指，周文王和周武王的修齐治平之道。从文王、武王到孔子，已历数百年，文武之道也由历代贤者传承下来了。圣圣相绍，贤贤相续，各个时期都有一些圣贤挺身而出，以身载道，所以，文武之道，"未坠于地"。贤者传承了道之大者，不贤者亦或传承了道之小者。孔子既向贤者学大道，也向不贤者学小道，无人不可以为师。钱穆《论语新解》说："旧传言孔子问礼于老聃，访乐于苌弘，问官于郯子，学琴于师襄。"孔子博学，并无常师。船山《训义》说："天下何非学也，圣人何弗学也……集千圣之学以为学，而圣学乃大。"世界一体，古今相通，孔子超越时空，以千百人为师，而成其广博精深，故可以为万世师表。在一个全球化的现代世界，学习者也要有世界一体、古今相通的胸怀与眼光。

19.23 夫子之墙章

叔孙武叔语大夫于朝，曰："子贡贤于仲尼。"子服景伯以告子贡。子贡曰："譬之宫墙，赐之墙也及肩，窥见室家之好。夫子之墙数仞，不得其门而入，不见宗庙之美，百官之富。得其门者或寡矣。夫子之云，不亦宜乎？"

叔孙武叔在朝堂上跟大夫们说："子贡比孔子更贤明。"子服景伯把这话告诉了子贡。子贡说："这就好比宫墙。我的宫墙刚到肩膀，从外面可以看见房子的好。

夫子的宫墙高达数仞，如果不得其门而入，则看不见宗庙之壮美，百宫之富丽。找得到这个门的人可能比较少。所以，像叔孙武叔这样评价孔夫子，不也挺合适的吗？"

叔孙武叔是鲁国的大夫，他认为子贡贤于孔子。这话传到子贡耳朵里，子贡用了一个宫墙的比喻，驳斥了叔孙武叔的谬论。叔孙武叔之所以说子贡贤于孔子，也许是因为孔子周游列国却未能获得重用，而子贡作为一个优秀的外交官和商人取得了世俗意义上的成功。连孔子自己也说过"达不如赐，勇不如由"（通达不如子贡，勇气不如子路）这样的话。但是，子贡深深地知道，自己比孔子还差得远。宫墙之喻非常巧妙。子贡说自己的宫墙比较矮，里面有点好东西，从外面就可以看见；而孔子的宫墙非常高，从外面根本看不到里面，自然也看不见里面的好东西，别人也就说不出哪里好。要看到孔府宫墙里面的好东西，就必须从大门进去。如果不得其门而入，则无法领会孔子大道之高妙。子贡的妙喻还讽刺了叔孙武叔的浅薄。如果叔孙武叔特别敬佩的子贡都对孔子叹为观止，那么孔子的水平岂非远在子贡之上？子贡如此敬重孔子，叔孙武叔知敬子贡而不知敬孔子，可见，他对子贡之敬，也不过如此。

儒家不以世俗意义上的成功来衡量一个人的价值。一个人因为时运不济无法成功，也是无可奈何之事。但这不妨碍一个人修身养性、求仁得仁。博施济众，尧舜其犹病诸。能近取譬，是亦求仁之方。朱子有个比喻，他把仁比作水，然后说："不必以东大洋海之水方为水，只瓶中倾出来底，亦便是水。博施济众固是仁，但那见孺子将入井时有怵惕恻隐之心，亦便是仁。"朱子认为，东大洋海之水是水，瓶子里的也是水；博施济众固是仁，见孺子将入于井之恻隐之心亦是仁；纵有规模大小之差异，就其性质而言则是一样的。圣门不以成败论英雄，而以善恶为两分，从而使人一心向善，不求功利。若能超越功利的眼光，看见更高的仁义道德，则庶几可以窥见孔府宫室之美矣。

19.24 仲尼日月章

叔孙武叔毁仲尼。子贡曰："无以为也！仲尼不可毁也。他人之贤者，丘陵

也，犹可踰也；仲尼，日月也，无得而踰焉。人虽欲自绝，其何伤于日月乎？多见其不知量也！"

叔孙武叔诋毁孔子。子贡说："这没什么用！孔夫子是诽谤不了的。贤如他人，就像丘陵，尚可逾越；但贤如夫子，就像日月，无法逾越。一个人如果要自绝于夫子之道，这对日月会有什么伤害呢？只是更能看出这个人不知道自己的分量罢了。"

叔孙武叔多次诋毁孔子，子贡则多次为孔子辩护。子贡善于辞令，驳词井井有条。首先，子贡表明立场，说明叔孙武叔的诽谤没什么用。然后，子贡打了一个比方：一般贤者如丘陵，尚可逾越；孔子德高如日月，不可逾越。最后，子贡对叔孙武叔进行了一番暗讽，叔孙武叔诋毁孔子，不过是自绝于圣人之道，正好显示出他自己的无知。《论语》简奥，想来子贡的话不只这些，这里只是抽出了关键的语句。子贡的比方，可以让弟子形成一个整体印象，即孔子德高如日月，然后怀着敬畏之心去修习孔门教义。但如果没有孔子言行的支撑，子贡的赞美也就漂浮无根了。结合整部《论语》，特别是孔子的言行和孔门弟子的言行，可知孔子德高不是虚言。学习者当见贤思齐而勉力求仁。

19.25 夫子不可及章

陈子禽谓子贡曰："子为恭也，仲尼岂贤于子乎？"子贡曰："君子一言以为知，一言以为不知，言不可不慎也。夫子之不可及也，由天之不可阶而升也。夫子之得邦家者，所谓'立之斯立，道之斯行，绥之斯来，动之斯和。其生也荣，其死也哀。'如之何其可及也？"

陈子禽对子贡说："你那么恭敬孔子，孔子难道比你贤明吗？"子贡说："君子说一句话，别人就可以看出他的智，也可以看出他的不智，说话不可不慎重。夫子那样的境界不可及，天也无法通过阶梯爬上去。夫子治家安邦，能做到'为生民立命而民生，导百姓以行则民行，安抚百姓而民来归，鼓舞百姓而民和气。

夫子生前，受人敬重；夫子死后，使人哀痛。'像这样的境界，怎么可以达到呢？"

朱子《集注》云："为恭，谓为恭敬，推逊其师也。"陈子禽即陈亢，陈国大夫，也是孔门弟子。陈子禽大概跟叔孙武叔一样，觉得孔子"终老而无所成"，事功不如子贡。子贡首先奉劝陈亢要谨言慎行，如"子贡贤于孔子"这样的话不能乱说。子贡说，无论是治家还是安邦，孔子的"立道绥动"都能立竿见影有效果，其视听言动、进退出处，分寸得宜。孔子一生，光明磊落，以人的样子活出了天的感觉，生荣死哀，百世以为师。无论是 19.23 章的宫墙之喻，19.24 章的日月之比还是本章的天阶之方，都可以看出子贡对孔子深深的敬佩。

孔子不爱自夸，只有在少数极其信任又天分极高的弟子面前才会说"吾道一以贯之"。孔子向来谦逊，内心如大海般深沉厚重，有一个强大的精神世界和饱满的道德状态。孔子因为时运不济不能执政行道，当时有一些人会误会孔子。特别是那些汲汲于功名利禄的人，更会觉得孔子是个失败者。

孔门教育，德行高于事功。实际生活中经常看到，无德者居其位，有德者失其位，但如果就此认为，事功高于德行，汲汲于功名利禄，则会走入歧途，这绝非人之道，更不是天之道。陈子禽受教于孔门，但见识不过如此，可见他学习并不认真。

小结《子张》篇

本篇多记孔门弟子之言论。孔门弟子，群贤济济，各有可观者。于孔门弟子群像中反复琢磨，镜鉴自我，可以进德。

尧曰第二十（3章）

20.1 天之历数章

尧曰："咨！尔舜！天之历数在尔躬。允执其中。四海困穷，天禄永终。"舜亦以命禹。曰："予小子履，敢用玄牡，敢昭告于皇皇后帝：有罪不敢赦。帝臣不蔽，简在帝心。朕躬有罪，无以万方；万方有罪，罪在朕躬。"周有大赉，善人是富。"虽有周亲，不如仁人。百姓有过，在予一人。"谨权量，审法度，修废官，四方之政行焉。兴灭国，继绝世，举逸民，天下之民归心焉。所重：民食、丧、祭。宽则得众，信则民任焉，敏则有功，公则说。

尧说："啊！舜啊！天命要落在你身上了。你要信实地秉持中道而行。如果四海之民困穷，那么来自天命的禄位也会永远消失。"舜也像这样授命给禹。汤说："我是后生小子履，请允许我用黑色公牛祭祀，公开敬告庄严浩大的上帝：夏桀确实有罪，我不敢赦免他。上帝之贤臣，我不会埋没，一定会按照上帝的心意选考任用。如果我有罪，请上帝不要责罚万方百姓；如果万方百姓有罪，那都是我一人之罪。"周朝大量颁赐天下，让善人富足。周武王说："虽有至亲拱卫，还不如以仁待人。百姓如有过失，是我一人之过。"周朝初期，仔细明确度量衡，审定礼法制度，修正已经废弃的百官之职，四方之政便顺利运行起来了。已经被灭掉的国家，使其可以再兴；已经绝后的世族，使其有人祭祀；隐逸在野的贤人，使其得以重用。天下百姓便归心了。周朝非常重视：民食、丧礼、祭礼。帝王若能宽厚，则能赢得众民之心；若能讲信用，则能使用民力；若能勤敏政事，则会有功劳；若能行公道，则会人心悦服。

本章分五节来理解，前四节分别记述尧、舜、汤、武的事迹，最后一节总论帝王之道。第一节记述尧禅位于舜时的嘱托。朱子《集注》云："此尧命舜而禅以帝位之辞。"首先，尧告诉舜，天命将转移到舜的身上。其次，尧教导舜应该做到允执其中。第三，尧告诫舜，如果四海之民困穷，那么天命和天禄都会终结。舜能做皇帝，那是来自于天命，而不是尧舜之间的私相授受。《孟子》记载，尧去世之后，诸侯百姓有事，"不之尧之子而之舜"。民心归于舜，这是天命在舜的体现。孟子云："天视自我民视，天听自我民听。"船山《训义》说："民心去而天命不留。"人心所向是帝王"允执其中"的结果。所以，帝王要通晓天理人心，然后中道而行。

第二节记述舜禅位给禹的情况。舜禅位给禹时说的话和尧禅位给舜时说的话是一样，圣圣相传是也。《尚书》记载舜禅让给禹时说："人心惟危，道心惟微；惟精惟一，允执厥中。"

第三节记述商汤"请命而伐桀之辞"。商汤出兵讨伐夏桀时，有敬告上天的仪式。"予小子"是"我"的谦称，"履"是汤的名字。"玄牡"是指黑色公牛。商汤用黑色公牛祭告上天。商汤说，夏桀罪过太大，自己是不得已而起兵伐桀；讨伐成功之后，"我"会根据上天的意志来选拔贤臣，只要是贤臣，即使是夏朝旧臣，也会重用。商汤又说："朕躬有罪，无以万方；万方有罪，罪在朕躬。"商汤"厚于责己，薄于责人"。这句话后来常常用在君王的罪己诏里，很能反映中国古代帝王政治的逻辑。无论是起兵讨伐夏桀，还是上台选贤布政，商汤心里都觉得战战兢兢。商汤也会怀疑，自己起兵伐桀究竟对不对。商汤也会祈祷上天，执政如果有问题，请不要责罚治下的百姓，那是自己选贤布政不力。这种战战兢兢的微妙心理，恰恰反映出商汤"以百姓之心为心"。帝王的天命体现为民心所向。商汤伐桀虽然是以下克上，却是民心所向，具有革命的合法性。

第四节记述武王伐纣和布政的故事。"周有大赉"是说周初大量颁赐天下。商末纣王无道，困穷四海，所以周朝颁赐天下，纾解民困。而且，赏赐对象都是善良的人。周武王说，虽然帝王有至亲拱卫，如果不能以仁待人，也会覆灭，有如商纣王。周武王也说："百姓有过，在予一人。"意思同于"万方有罪，罪在朕躬"。周武王布政，仔细明确度量衡，审订礼法制度，完善职官制度，使政令布达四方。朱子集注云："兴灭继绝，谓封黄帝、尧、舜、夏、商之后。"（周朝给前朝帝室后裔设置封国，使他们可以祭祀祖先，这不是新朝旧朝完全对立的政治逻辑，而是包含了对前朝遗老的某种善意。）"举逸民"则是指重用隐逸在野的贤人。周武王还列举了他治理天下所看重的几样东西：民食、丧礼和祭礼。重视粮食是为了解决温饱问题，重视丧礼和祭礼是为了使民德归厚，然后所有人都可以得到善终和祭祀。周朝以"仁厚开国"，于是周朝大兴。船山《训义》总结说："民得主，神得祀，贤得伸，天下之民于是而归心焉。"

前四节分别记述了尧、舜、汤、武之事。第五节是总论帝王之道。本条特别提到了四个字：宽、信、敏、公。仁者宽，礼者信，智者敏，义者公，仁义礼智之圣学与宽信敏公之王道，在根本上说，并无二致。学治一体，莫非天德。天德在人为人心，在民为民志。承天心，合民志，此王道也。承天性，存人心，此圣学也。二者之大本是一样的。这也是周孔可以上承尧舜禹汤文武的原因。

本章叙述了夏商周三代政治，有助于理解中国古代帝王政治的内在逻辑。帝王政治的关键问题是帝王的合法性问题。中国古代合法取得帝位的方式有三种：禅让、世袭和革命。尧禅位于舜，舜禅位于禹，而禹之位却由禹的儿子启继承。由此，禅让制转为世袭制。对于这个转变，《孟子》里有详细记载。《孟子·万章》云："尧相舜二十有八载，非人之所能为也，天也。尧崩，三年之丧毕，舜避尧之子于南河之南。天下诸侯朝觐者不之尧之子而之舜；讼狱者不之尧之子而之舜；讴歌者不讴歌尧之子而讴歌舜，故曰天也。夫然后之中国，践天子位焉。而居尧之宫，逼尧之子，是篡也，非天与也。泰誓曰：'天视自我民视，天听自我民听。'此之谓也。"舜辅佐尧二十八年，深得民心，尧去世后，舜为尧服完三年之丧，然后避位而去，好让尧之子继位。结果诸侯百姓都去找舜处理各种问题并讴歌舜，而不是去找尧之子。于是，舜便回来继承了天子之位。按照"舜避尧之子"的逻辑，尧之子也有合法继位的可能性，但是因为人心向着舜，而不向着尧之子，所以最后是舜继承大位。假如尧之子和舜同样贤明，同样长期辅佐尧，那么，尧之子继承大位的可能性会更高。因为他是尧之子，人们感念尧的功绩与恩德，于是对尧之子也多一份青睐。

舜禅让给禹也是差不多的情况，但禹禅让的时候，情况发生了变化。《孟子·万章》曰："禹荐益于天，七年，禹崩。三年之丧毕，益避禹之子于箕山之阴，朝觐讼狱者不之益而之启，曰：'吾君之子也。'讴歌者不讴歌益而讴歌启，曰：'吾君之子也。'丹朱之不肖，舜之子亦不肖。舜之相尧，禹之相舜也，历年多，施泽于民久。启贤，能敬承继禹之道。益之相禹也，历年少，施泽于民未久。舜、禹、益相去久远，其子之贤不肖，皆天也，非人之所能为也。"益辅佐禹的时间比较短，并没有深得民心。同时，禹之子启是个贤明的人，"能敬承继禹之道"。诸侯百姓以启为"吾君之子"，民心向着禹之子，而不是向着益，所以最后是禹的儿子启继承大位。启继承大位是两个原因导致的：一则因为启之贤，二则因为启是禹之子。尧之子和舜之子不贤，但禹之子贤，于是禹之子继位。换言之，如果君之子贤，则具有合法继位的优先权。如果君之子不贤，则其他贤人具有合法继位的优先权。由此可见，在尧舜禹时期，虽然世袭也有非常重要的地位，但贤人政治的逻辑依然高于世袭政治的逻辑。禹传位给启，本质而言是传贤。但是，因为禹和启是父子关系，人们心目中也认为父子关系特别重要，所以，自然而然地以为是传子，遂开世袭之先例。由公天下变成家天下，是一个意外后果。

再看汤武革命的合法性问题。商汤伐桀和武王伐纣之所以是革命而不是造反，是因为夏桀和商汤失了民心；再者，汤武革命是不得已而为之。汤武都说了类似于"万方有罪，罪在朕躬"这样的话。如果革命有错，那么汤武便是罪人，他们愿意献出生命。汤武以一己之身承担了万民之意。从天命与民心的关系来说，有德者才能凝聚民心，代天理政。换言之，有德者才具有革命的合法性。由此，儒家政治理论保留了革命继位的合法性。

领袖的政治合法性深植于不同的社会、历史和文化土壤之中。通过何种方式来产生政治领袖，不同的国家有不同的选择。禅让、世袭、革命或民主都有其政治合法性。

20.2 五美四恶章

子张问于孔子曰："何如斯可以从政矣？"子曰："尊五美，屏四恶，斯可以从政矣。"子张曰："何谓五美？"子曰："君子惠而不费，劳而不怨，欲而不贪，泰而不骄，威而不猛。"子张曰："何谓惠而不费？"子曰："因民之所利而利之，斯不亦惠而不费乎？择可劳而劳之，又谁怨？欲仁而得仁，又焉贪？君子无众寡，无小大，无敢慢，斯不亦泰而不骄乎？君子正其衣冠，尊其瞻视，俨然人望而畏之，斯不亦威而不猛乎？"子张曰："何谓四恶？"子曰："不教而杀谓之虐；不戒视成谓之暴；慢令致期谓之贼；犹之与人也，出纳之吝，谓之有司。"

　　子张问孔子："怎么样才可以从政呢？"孔子说："尊崇五美，摒弃四恶，然后可以从政。"子张问："什么叫五美？"孔子说："君子惠而不费，劳而不怨，欲而不贪，泰而不骄，威而不猛。"子张问："什么叫惠而不费？"孔子说："沿着对百姓有利的方向利导之，这样不是施惠于民又不费劲吗？役使百姓去做可以做的事，百姓又会去怨谁呢？如果百姓欲求的是仁，得到的是仁，那百姓怎么会贪呢？君子处理事情，无论涉及人多人少，事大事小，都不敢怠慢，这不也是内心宽泰而不以傲慢待人吗？君子端正其衣冠，庄重其表情，让人望而生出敬畏，这不也是威严而不苛暴吗？"子张问："那什么叫做四恶呢？"孔子说："不先教导而杀之，这叫虐民；不加诫勉却坐视民众犯错，而后又惩罚之，这叫暴民；缓慢地下令，也不叮嘱进度，结果误了期限，而后又惩罚民众，这叫贼害民众；应该给民众好处，但到了真要兑现的时候又很吝啬，这叫小气狭隘的有司。"

　　《尧曰》篇 20.1 章论帝王之道，本章论为政之道。为政者要学会尊崇五美和摒弃四恶。在解释五种为政之美和四种为政之恶的过程中，本章辨析了九种似是而非的情况。

　　第一种为政之美，"惠而不费"。"惠而不费"的意思是，施行惠民政策但为政者又不费劲。如何做到呢？船山《训义》云："天有时，勿夺之；地有产，勿旷之；人有力，勿困之。"出台政策时，通过这种因势利导的方式，百姓便会支持。"惠民疑于费"，一般而言，施惠于百姓好像成本比较高，但如果能因势利导，便能节约成本，做到"惠而不费"。

　　第二种为政之美，"劳而不怨"。"劳而不怨"的意思是，百姓付出了辛劳但是没有什么怨言。如何做到呢？船山《训义》云："事非私也，时非亟也，财非贷也。"不要让老百姓去为为政者的个人私事，不要让老百姓在不恰当的时机做事，不要让老百姓自己出钱为公家做事。"劳疑于召怨"，一般而言，让百姓付出辛劳会让他们有所怨言，但如果能够"择可劳而劳之"，便能做到"劳而不怨"。

　　第三种为政之美，"欲而不贪"。"欲而不贪"的意思是，有正常的欲望，但不贪心。如何做到呢？船山《训义》云："所欲者仁也，求心之安，希理之得，愿民之悦也。"为政者推行仁政,百姓受到教化,做事力求心安理得,便能不贪。"欲疑于徇己",一般而言,遂人欲会助长贪欲,但如果能使百姓去求仁,便能做到"欲而不贪"。

第四种为政之美,"泰而不骄"。泰是指内心的开阔从容,骄是指外在的不可一世。"泰而不骄"是指内心开阔从容又不以傲慢待人。如何做到呢?船山《训义》云:"敬以莅之,慎以行之。"为政者主敬于心,待人庄重,言行谨慎,便能"泰而不骄"。"泰疑于傲物",一般而言,内心宽泰的人也很注重体面,有时会给人一种傲慢之感。但如果能敬以自处、礼以待人,便能做到"泰而不骄"。

第五种为政之美,"威而不猛"。"威而不猛"是指有威严,但又不给人以生猛粗暴之感。如何做到呢?船山《训义》云:"威在己不在物也。正其衣冠,而非法不服;尊其瞻视,而非礼不动;……非以刑及民而制之。"船山认为,为政者要产生威仪,需要靠正己修身,而不是靠刑罚暴力。"威疑似于猛",但如果能够自我持敬、有礼有节,便能做到"威而不猛"。

第一种为政之恶,"不教而杀谓之虐"。不先教导民众,出了问题就加以刑罚,甚至诛杀之,这便是虐民。"虐近于持法",看似在公正地执行律法,实际上却是为政者教化未施。

第二种为政之恶,"不戒视成谓之暴"。不先警戒民众,看着他们养成坏习惯,甚至做成坏事情,再来加以处罚,这便是暴民。"暴近于急公",看似秉公执法,实际上还是为政者教化不力。

第三种为政之恶,"慢令致期谓之贼"。朱子《集注》云:"致期,刻期也。贼者,切害之意。缓于前而急于后,以误其民,而必刑之,是贼害之也。"施行政令,起初缓慢后来急切,结果百姓误了时限,为政者还要加以刑罚,这便是贼害民重。"贼近于宽",起初的缓慢看起来是宽和,实际上是为政者没有做好计划与安排。

第四种为政之恶,"犹之与人也,出纳之吝,谓之有司"。朱子《集注》云:"犹之,犹言均之也。均之以物与人,而于其出纳之际,乃或吝而不果,则是有司之事,而非为政之体,所与虽多,人亦不怀其惠矣。"答应了施行惠民政策,等到真正要兑现的时候又很吝啬,这便是有司。有司是指那些负责操办具体事务的小吏,"量小而情陋"。朱子《集注》举了项羽的例子。项羽给有功的部下许了功名，但是象征官位的官印已经磨坏了，项羽都舍不得给部下。"有司近于俭"，看似为公家节省开支，实际上却是为政者小气的表现。

一些为政者可能会认为，惠则费，劳则怨，欲则贪，泰则骄，威则猛。然而，孔子指出，这些都是似是而非者，通过恰当的方式，可以做到惠而不费，劳而不怨，欲而不贪，泰而不骄，威而不猛。持法与虐民，急公与暴民，宽和与贼民，小气与有司，也是似是而非者。此外还有，大忠似奸，至仁似伪，乡愿可以贼仁，紫亦可以夺朱。似是而非者，看似差不多，从性质上说却差之千里；以形貌事迹而论，可能没什么差别，但其用心却差别很大。一眼就能够看出的差别易于分辨，似是而非者不以分辨，误人最深。为政者不可不辨。孔子深谙人情世故，能看到这些似是而非的隐微之处，并以此告诫将要从政的子张。

20.3 命礼言章

子曰："不知命，无以为君子也。不知礼，无以立也。不知言，无以知人也。"

孔子说："不知命，则不能成为君子。不知礼，则不能有所坚守。不知言，则不能知晓人心。"

君子之道有三知：知命、知礼、知言。先论"知命"。朱子《集注》引程子曰："人不知命，则见害必避，见利必趋，何以为君子？"《朱子语类》说："死生自有定命，若合死于水火，须在水火里死；合死于刀兵，须在刀兵里死，看如何逃不得。此说虽甚粗，然所谓知命者，不过如此。若这里信不及，才见利便趋，见害便避，如何得成君子？"朱子认为，知命者知义所在，不会见利忘义，也不会趋利避害，而是敢于舍生取义。船山《训义》云："天之命，天之理也。"按照天理行事，便不会趋利而行，也不会任意而为。知命者，知道富贵穷达、吉凶祸福有命数，不可求而得之；也知道仁义礼智本于天性、根于人性，可以求而得之，因此能安心去修身养性。不知命者不知性，便无以为君子。

再论"知礼"。在周孔礼乐文明传统中，礼是一套教人举手投足的系统性方案，覆盖了自天子到庶人、从生到死的各个场合，是安顿生命的一整套仪式，包含了儒家对天理与人性的系统性思考。圣人缘情而制礼，使人情感有所安顿，手足有所举措。情感过厚者，以礼节制之；情感过薄者，以礼兴发之。朱子《集注》云："不知礼，则耳目无所加，手足无所措。"船山《训义》云："不知礼，则过焉而不知俯就之安，不及而不知企及之正也，物且乱之，而己且失之矣。""物且乱之"是从行为上说，掌握不了行动的方向与分寸；"己且失之"是从态度上说，失礼则失敬，人会感觉到漂浮无根，甚至觉得人生没有意义。孔子也说："非礼勿视，非礼勿听，非礼不言，非礼勿动。"一个人在什么场合如何言、如何行，都有讲究。不知礼者，不能把握言行之分寸，也无法安顿感情和修养本心。不知礼者，不能守其礼，不能尽其情，也不能尽其义，也就无法立身处世。

后论"知言"。言的重要性不言而喻。有时候，一言可以兴邦，可以丧邦。人心不可见，以言行见之。朱子《集注》云："言之得失，可以知人之邪正。"不会说话或说错了话，本质上还是反映出说话人修养的不足。孔子也说："巧言令色鲜矣仁。"船山《训义》云："夫人而欲知人，其言善者为君子，其言恶者为小人，人可得而知矣，而未也。理无定而言之皆若有定，未察于是非之从来，而听多惑矣。言之生也各有心，而其成也，各见于事，心善变，而言亦数变也。数变者不测之机，不变者至一之理。知言则知贞有所自贞，淫有所自淫，然后人之饰说者不敢雠。不知言，方以为可者，旋以为否，正者常不足，而邪者常有余，佞人进而修士退矣。"船山这段话略显繁难，但很有启发性，可以分为四层意思。第一，如果要知人，就不能只听他说了什么。说善言者不一定是善人，说恶言者不一定是恶人。如果只听其言之善恶，而不看其行动，也不考虑背后的动机，则"听多惑"。第二，要把握言之变与理之不变的辩证关系。相同的话未必是同一个意思，不同的话可能是同一个意思，需要仔细分辨。第三，知言者洞悉人性，可以明辨贞邪，那些想要狡辩的人在知言者面前便不敢狡辩。第四，不知言非常危险，可能会颠倒是非，混淆正邪，结果奸佞之徒进而正人君子退。船山对言的这四点感悟，足见船山深谙人性。知言不仅可以知人，而且可以自修。"非礼勿言"即是以言为抓手来修身养性，也是切己求仁之方。

知命则知天知性，知礼则知情知义，知言则知人知心。知命、知礼、知言则言无不仁、行无不义，可以为君子。

小结《尧曰》篇

本篇三章分别述及帝王之道、为政之道和君子之道。帝王之道与为政之道，皆本于君子之道。君子之道一以贯之，本乎天，存乎心，见乎言行；修仁讲义，推己及人，通而无间，以至天下，是谓大同。君子之道有三知：知命、知礼、知言。知必待于学，欲为君子者，必学而时习之。

后记

本书付梓，应予致谢。首当感谢把我引进中国社会思想史这一研究领域的周飞舟教授。他是我的硕士生导师，春风化雨，受益良多。周师教诲指引我前行。感谢华中科技大学本科期间的导师曹志刚副教授、贺雪峰教授，北京大学博士期间的导师张静教授，韩国首尔大学访学期间的导师韩相震教授，他们的谆谆教导直接形塑了我的社会学知识结构。我带着诚惶诚恐的心情，感谢诸位导师的教育之恩。

感谢早稻田大学全额资助本书出版。特别要感谢早大孔子学院理事长弦间正彦教授，早大副校长、孔子学院院长渡边义浩教授，早大国际部东亚部门长江正殷教授玉成此事。感谢早大国际部杨振老师和周延泉老师给予的大力支持。感谢北京大学外国语学院日语系主任、北大孔子学院理事孙建军教授帮我写出版推荐信。感谢杨立明教授、任哲研究员、杨振老师以及早大本科生杜雨桐、高村龙一提供的翻译支持。感谢东洋出版株式会社董事长田边修三先生和本书的出版担当铃木浩子女士，他们的工作态度和工作质量让我佩服。

感谢我的表弟小亮、丛民和表妹小丹，以及我在早大的本科生帮助我校对书稿。这些学生包括：陈宇鸿、董韫哲、王冶川、蔡牧村、张溪桐、杜雨桐、卫一诺、绀野望、高村龙一、史子玉、许寒阳、王昇临、逯竞遥、雍艺涵、熊浩迪、庄园、刘若雅、顾宇杰。学生们的支持，给了我莫大的精神动力。

来日两年，阅尽种种，受到多位老师的关照。恰逢本书在日出版，特记一笔，以志谢忱。感谢早稻田大学唐亮教授、杨立明教授，东京大学田原史起教授，一桥大学南裕子教授，日本亚洲经济研究所任哲研究员、山田七绘研究员，岩手县立大学三须田善畅教授，福冈县立大学陆丽君教授，龙谷大学教师闫美芳博士，拓殖大学教师本多俊贵博士，上智大学教师前野清太郎博士，早稻田大学国际教养学部行政老师岛田智子女士和陈永盛先生。如果没有他们的帮助，我在日本的学术生活会艰难得多。

本书的目标是把《论语》带入社会学，这是一场学术冒险之旅，吾将继续上下求索。才识所限，错漏难免，全部文责，由我自负。欢迎来信指正：wenminzuo@126.com。

2022 年 12 月 5 日

于东京寓所北斗阁

论语与社会学（論語と社会学）

発行日　　2022 年 12 月 28 日　第 1 刷発行

著　者　　左雯敏（ZUO Wenmin）

発行者　　田辺修三
発行所　　東洋出版株式会社
　　　　　〒 112-0014　東京都文京区関口 1-23-6
　　　　　電話　03-5261-1004（代）
　　　　　振替　00110-2-175030
　　　　　http://www.toyo-shuppan.com/

印刷・製本　日本ハイコム株式会社

©ZUO Wenmin 2022, Printed in Japan
ISBN 978-4-8096-8680-1
定価はカバーに表示してあります

ISO14001 取得工場で印刷しました